叢書・ウニベルシタス　827

キリスト受難詩と革命

1840〜1910 年のフィリピン民衆運動

レイナルド・C. イレート
清水　展・永野善子 監修
川田牧人・宮脇聡史・高野邦夫 訳

法政大学出版局

Reynaldo Clemeña Ileto
Pasyon and Revolution:
Popular Movements in the Philippines, 1840–1910

Japanese translation rights arranged with
Ateneo de Manila University Press, Quezon City
through Japan UNI Agency, Inc., Tokyo.

米国国立公文書館が所蔵するマカリオ・サカイのお守《アンティン－アンティン》りの写真からの複製。

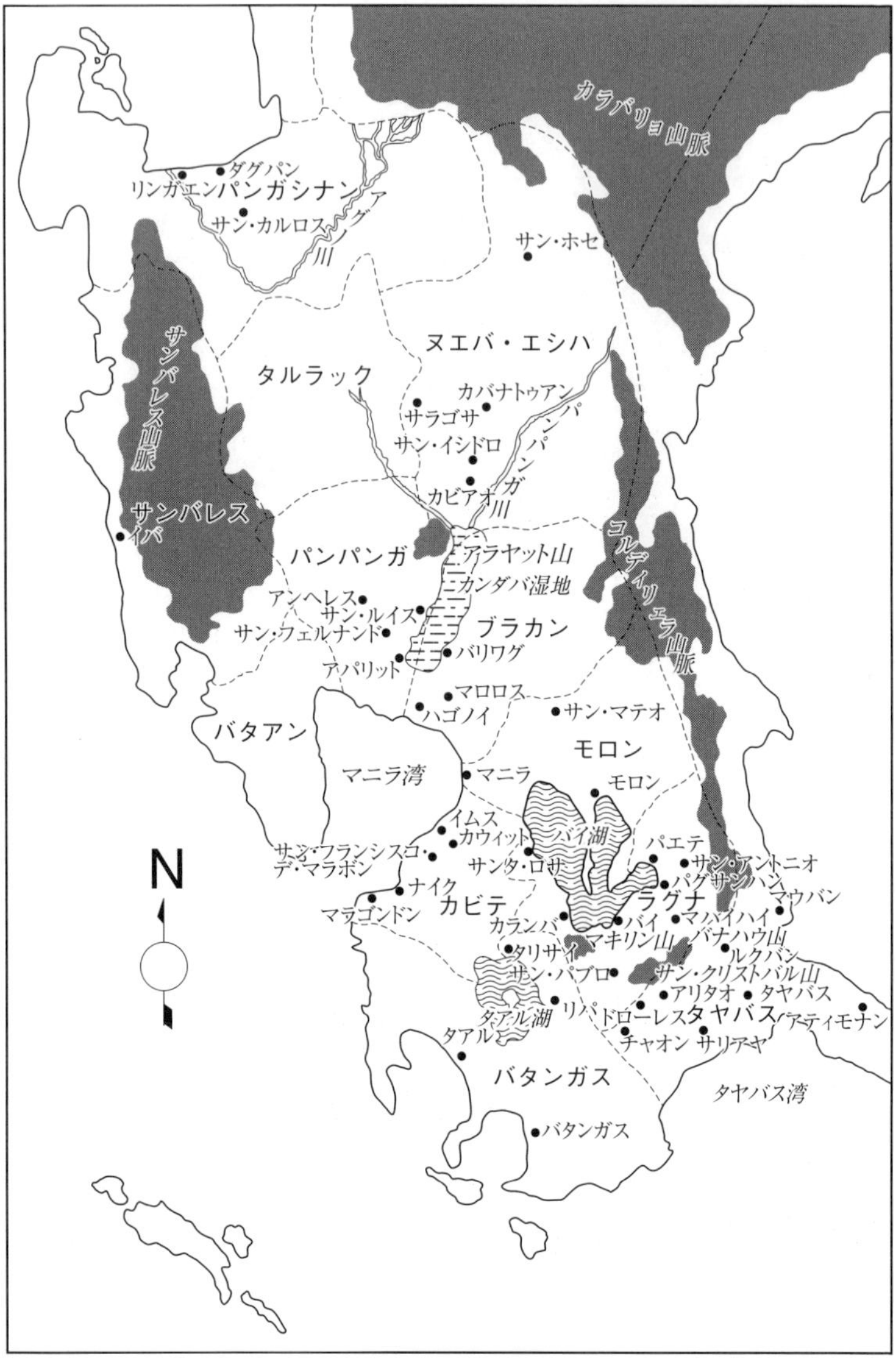

19世紀の中部および南部ルソン地域

ルーリーに

母と父に

そして この行脚《ラカラン》に

共感《ダマイ》してくださったすべての方々に

この書を捧げる

キリスト受難詩と革命——一八四〇～一九一〇年のフィリピン民衆運動◎目　次

日本語版への序文

『キリスト受難詩と革命——一八四〇～一九一〇年のフィリピン民衆運動』の日本語版は、最終的には本書を執筆するにいたった、「職業人としての道《キャリア》」における転身から四〇年目を迎えた年に出版されることになりました。一九六五年六月に、中国系メスティーサの祖母は日本と香港への旅に私を連れ出しましたが、それは生まれてはじめての海外旅行でした。ティタンという愛称の祖母は、私がイエズス会系のアテネオ・デ・マニラ大学で学ぶために学資を支給してくれた人でした。祖母の幼年期は、スペインに対する独立革命とアメリカの侵略という激動の時代にあたり、安全のため彼女はある時期、香港とシンガポールで過ごし（そこで英語を学び）ました。私は、こうした祖母の生い立ち、そして彼女がそこから学んだことが、孫たちをひとりずつ近隣諸国への旅に連れ出すという贈り物をした理由のひとつであったと確信しています。こうして、「インチック（中国人）」と「ハポン（日本人）」について私たちが幼少時代に拾い上げていった偏見がいかなるものであれ、それらは異なる文化への尊敬、そして崇拝の念にすら転化してゆくことになったのです。

東京、日光、箱根、そして香港への旅はとりたてて珍しいものではありませんでしたが、この一〇日間の旅のあいだに見たり経験したものは、それまでアテネオで学んでいたことに対する疑問を私に抱かせました。私は物理や化学、とりわけ電子工学が好きでしたが、私の「当然進むべき」職業人としての道は工学にあるという、父(陸軍将校)がお墨付きを与えた考えを持ち続けることがしだいに難しくなってゆきました。私は一九六五年一〇月に、勉学の焦点を完全に人文学へ転換するという由々しき決定を行なったのです。三つの学期と夏学期にわたって、私は、歴史学、哲学、英文学と文芸批評、芸術、そしてアジア研究に関する講義を集中的に履修しました。当時アテネオ大の若き講師であった吉川洋子の授業に参加し、日本語を学ぶことさえ始めました。この人文学系のさまざまな科目群、しかし、とりわけ哲学から、のちに『キリスト受難詩と革命』のなかで展開される思考の原核が形成されてゆくことになったのです。

一九六七年秋に私は、コーネル大学で東南アジア研究を修めるための奨学金を受けて合衆国に渡りました。『キリスト受難詩と革命』の枠組みは、私が一九七三年末に完成させた博士論文のなかで確定されたものでした。それゆえ、博士論文と本書のなかに映し出されている私の政治的・社会的志向のなかの、いくつかの変化について語るべきでしょう。

そもそも、私が「母なるアメリカ」に滞在したのは、合衆国がヴェトナムの民族解放運動を暴力的に抑圧していた時期でした。私は反戦運動に巻き込まれ、アメリカ帝国主義と東南アジアにおけるアメリカの庇護勢力に対する抵抗運動に参加しました。これは、一九六九〜七〇年のフィリピンにおける学生運動の高揚と機を一にするものでした。私はテオドロ・アゴンシリョ、セサール・マフール、レナト・

コンスタンティーノやその他、国立フィリピン大学を拠点とする民族主義的研究者たちの著作を読みはじめました。私が受けたカトリック系の教育によってもたらされた偏見への反発から、私は教科書のなかで賞賛されていたホセ・リサールを拒絶し、むしろアンドレス・ボニファシオ、マカリオ・サカイ、そしてアルテミオ・リカルテのような、社会的に無視されてきた人物たちについて探求することに魅かれてゆきました。私はまた、一八九九～一九〇二年のフィリピン・アメリカ戦争（当時「アメリカの最初のヴェトナム」と呼ばれていた）についても学びました。第二次世界大戦中のフィリピン・日本戦争がきわめてよく記憶されているのとは対照的に、この出来事はほとんど忘却されています。『キリスト受難詩と革命』は、こうした私の新しい発見の数々を映し出している著作なのです。

第二の大きな転換は、タガログ語に対する私の姿勢にありました。私は、英語でなく現地の言葉を話しているのを見つけられたら五〇センタボの罰金が課せられたという、アテネオの学生の世代に属します。このことが私に問題とならなかったのは、母方の祖父と父方の祖父母はタガログ語圏のブラカン州で生まれ育ちましたが、英語が私の少年時代の言語であったからです。私の両親は、第二次世界大戦のさなか合衆国へ留学していたときに出会ったという経験から、英語に堪能であることが子どもたちの将来を最大限保証することになると決めてかかっていました。しかし、このことはタガログ語に対する代償となりました。私は高校三年生のときに国語でひどく悪い成績をとり、危うく進学できなくなるという結果を生んだからです。

本書のなかでタガログ語がきわめて重要な位置を占めているので、どのようにして私が「意味深長なタガログ語」を理解する能力を身につけたのかについて説明すべきでしょう。当初、私は辞書を頼りに古いタガログ語のテキストを少しずつ読んでおりました。タガログ語を自分のものとして内面化した決定的な時期は、一九七一~七二年のフィールドワーク中に、バタンガス州タナワン町にある私の妻の父祖伝来の家に滞在したときでした。その家の地下は開業医の診療所となっていて、義父の診療を受けるためにやってきたさまざまの生活経験をもった人々と会話を交わすことにより、私は公式の教育によっては習得できないほどのタガログ語に対する能力を得ることができました。さらにもうひとつ幸運だったのは、この家には私の妻の祖母のマリア・ゴンザレス゠カランダンという、スペイン、アメリカ、そして日本との戦いを生きぬいた(そして苦難を経験した)大変すばらしい女性が住んでいて、彼女がタガログ語だけで私に話をしてくれたことでした。歴史のなかの記憶、とりわけ過去の戦争をめぐる記憶について私に考えるきっかけを与えてくれたのが、彼女でした。つまり、タナワンでの経験は、古いタガログ語の文献のなかに発見しつつあった「意味世界の諸範疇」を、それらが現実世界のなかで具体的に表現される姿を通して、理解してゆくのに役立つことになったのです。

『キリスト受難詩と革命』で引用されているタガログ語のテキストの英訳は、大部分が一九七三年に翻訳されたものです。当時、私の奨学金はすでに底をつき、その年の末までに論文を仕上げなければならないというプレッシャーのもとにありました。私が英訳したアポリナリオ・デ゠ラ゠クルスの手紙のなかの文章は、フィリピン公文書館で書き写したものにもとづいていますが、いくつかの文書はほとんど判読できないもので、私の写本にはいくつもの疑問符が付けられていました。一九七三年に私は、この状況で最善を尽くさねばなりませんでした。なぜなら私は、原本を閲覧することができなかったからです。一九七二年九月にマルコス大統領が戒厳令を布告しており、私は政治活動に関わっていたため、時期尚早のままマニラに戻ったら逮捕されるだろうとの警告を、父から受けておりました。私が「意味深長なタガログ語」を理解したのがやや遅く、またその理解が不完全であったということだけでなく、さらにはそのほかの事情によって、私のタガログ語の英訳のなかに誤訳や不完全さが生じることを避けることができませんでした。明白な誤訳は、本書がその後いくたびかにわたって増刷されたおりに訂正しましたが、およそ二六年前に本書が出版されて以来、一九七三年に私が行なった英訳にはほとんど手を加えてきませんでした。

このたび出版される『キリスト受難詩と革命』の日本語版では、私が筆写したタガログ語のテキストと訳文の改善をはかるため、本書が刊行されて以来はじめての有意義な試みが行なわれました。日本語版の翻訳チームは、いくつかの誤訳や遺漏のあることを私に指摘してくださり、それらは日本語版で訂正されました。英語とスペイン語のいくつかの誤植についてもまた、訂正が施されました。もっとも注目すべきことは、一九七九年には主要な読者がフィリピン人であることを想定していたため翻訳しなかった、付録のなかのタガログ語の詩四篇が、日本語版ではタガログ語から日本語に直接に訳出されたことです。翻訳チーム、とりわけ高野邦夫の尽力のおかげで、日本の読者は、本書のはじめの数章でふんだんに引用されているタガログ語テキストの完全邦訳版に接することができるようになりました。

一九七三年一二月に口頭審査を受けた博士論文は、一九七九年に出版された本書の基本的特徴を保持しています。そのもっとも基本的な点は、イエス・キリストの物語に関する省察であると考えていますが、それは幼少の頃に私が学んだものであり、のちにはタガログ語のテキストを通してさらに深く探求したことです。私が採用した分析的アプローチは、数多くの知識人から受けた影響の融合物です。これらの知識人の何人かの名前をあげると、J＝P・サルトル、M・メルロ＝ポンティ、M・ハイデッガー、M・ブーバーにまで遡りますが、彼らの著作をアテネオ時代に私に紹介してくれたのは、先輩にあたるイエズス会のホセ・クルス師、同じくジョゼフ・ロシェ師、そしてとりわけラモン・レイエスでした。アテネオのもうひとりの哲学者レオビノ・ガルシアからは、『バガヴァッド・ギーター』と『ウパニシャット』といった作品のなかの社会と宗教に関するテキストを、私がはじめて読み解くにあたり指導していただきました。

歴史学は、アテネオ時代において私が興味を覚えた科目では決してありませんでした。私が歴史的著作に心躍るような可能性を意識しはじめたのは、コーネル大学においてオリヴァー・ウォルタースの指導を受けたときでした。ウォルタースのように、ごく限られた貴重な石碑文や中国語文献にもとづいて、七世紀から一三世紀における東南アジアに関する研究書や論文を書くことができるとしたら、ほんの少数のタガログ語とスペイン語のテキストからでも何が成せるのかを想像することができるでしょう。ウォルタースは私に、利用できる限られた史料からどのようにして最大限のものを搾り出すのかを示してくれました。彼は歴史的推理を働かせるということだけでなく、テキストの内容を複合的かつ微細に読み解くことの必要性を強調しました。そのために彼は、人類学者、文芸批評家、あるいは「歴史学」に対する理解を豊かにする人々であれば誰の著作でも、私に紹介してくれたのです。

コーネル大学の東南アジア・プログラムにおける二人のインドネシア研究者は、私が博士論文で採用したアプローチに磨きをかけるうえでとりわけ有益な手助けをしてくれました。ひとりは人類学者（またポスト構造主義者）のジェイムズ・シーゲルであり、一九六九年の彼の著作『神のロープ』は、アチェ人の叙事詩『ポチュット・モハンマドの物語』を読み解いた仕事と合わせて、私が見習いうるモデルを提供してくれました。アチェのスルタンが住民に対して発した指令、すなわち「もしあなた方に愛と慈悲があるなら、ジャワ人集落を攻撃せよ」は、『キリスト受難詩と革命』のなかでも聞きうる声なのです。私に知的刺激を与えたもうひとりのコーネル大学の講師はベネディクト・アンダーソンでした。彼の論文「ジャワ文化における権力観」は、今日、同論文の文脈から離れてこれを読んだ研究者たちによってひどく誹謗中傷されていますが、私にとっては、西欧哲学、政治社会学、歴史学、文芸批評を結合した学際的アプローチのみごとな事例でした。アンダーソンはまた、日常会話を通して、キリストを宗教政治的人物として考えるよう私を鼓舞してくれました。こうした考え方は、彼がアイルランド系のカトリックとしての血筋を引いていることから生まれたものだと思います。シーゲルとアンダーソンの二人から響いてくるもののなかに、私はアテネオで学んだことを感知することができたのです。

のちに『キリスト受難詩と革命』となる博士論文を執筆する前に、私は、自分の構想と本から学んだ知識をフィールドワークのなかで固めるため、一九七一年半ばにフィリピンに帰国しなければなりませんでした。タナワンでの経験をすでに述べましたが、この経験は、近隣地域における調査と合わせて、約一年間のフィールドワークのおよそ三分の一を占めるものでした。つぎの三分の一は、公文書館や図書館における通常の文献調査に充てられました。最後の三分の一は、当時の政治活動や議論に参加するために費やされました。アゴンシリョ、マフール、その他の研究者たちによるフィリピン革命に関する研究は、この状況（段階）においては単なる学問上の文献ではなく、より重要なことには、一九七〇年代初頭において「未完の革命」を遂行しようとする急進的な若い活動家たちを鼓舞する、という役割を担っていたのです。その頃には、毛沢東思想の影響を受けたフィリピン革命に関する新しい書物もまた数多く生まれていました。こうした時期に私は、ある勉強会グループと定期的に会合をもっていました。このグループは、私のアテネオ時代の多くの同級生たちからなり、一九六〇年代半ばにはイエズス会系の先生たちから完全にご法度扱いされてきた著作について議論しました。とりわけ私たちの興味を引いたのは現代中国の事例であり、進行中の「文化大革命」でした。私は太平天国から毛沢東革命にいたるまでの中国における農民運動について多くを読み、この過程でフィリピンとの類似性と差異について考えはじめました。

私が一九七三年に博士論文を書きはじめたとき、フィリピンで戒厳令が施行されてから半年がたっていました。私は戒厳令に反対する政治運動に関わっていましたが、コーネル大学に客員教授として到着したマフールに、博士課程を修了することが運動に対する最善の貢献のしかたであると、しっかりと諭されました。イェール大学で客員教授を務めるためにコーネルに立ち寄ったアンソニー・リードは、オーストラリア国立大学で博士号取得者を対象とするフェローシップを私に与える、というかたちで励ましてくれました。その頃までに私の名前がマルコス政府のブラックリストに載っていたため、リードの申し出に勇気づけられて、その年の末までに論文を書き上げることにしました。それからのコーネルでの最後の六カ月間に、宗教と共同体、ナショナリズム、そして革命について、その時点までに私が学んだこと、そして経験したことのすべてをひとつに総合したものが立ち現われることになりました。私はとくに、歴史における「敗北者たち」による、権威と権力に対する抵抗の様式と、既存のものに代わりうる人間としての実存の様式をめぐる想像力について探求したのです。

一九七九年一二月に出版されたあと、『キリスト受難詩と革命』はそれ自身のひとつの命を引き受けることになりました。解放の神学を探求したり、あるいは少なくとも、マルコス独裁体制に反対する政治活動を展開していた多数の司祭や修道女、そして神学生たちは、一八四〇年のアポリナリオ・デ゠ラ゠クルスの兄弟会に始まる変化のための一連の運動のなかで、民衆の信仰心がいかに重要な役割を果たしたかを理解するために、本書を読んでいたように見受けられます。マルコスにとっての最大の政敵であったベニグノ・アキノの一九八三年の劇的な暗殺事件と、この暗殺が引き起こしたとてつもなく大きな共感のほとばしりに際して、本書はふたたび、アキノに類似する過去のさまざまな殉教例とキリストに似た人物像とを提示し、独裁体制に反対する「大衆」を動員するための手引きの役割を果たしました。植民地期以前のフィリピン文化について研究する人々にとって、本書は、制度的なキリスト教のうわべの虚飾のもとで機能している力、内的自己、共同体といった土着的な概念についての瞥見を提供しました。『キリスト受難詩と革命』は多くの――その著者が意図したよりたくさんの――役割を担ってきたように思われ、そして繰り返し増刷されていることが示すように（現在六刷）、本書はそうした役割をこれからも担い続けてゆくことになるでしょう。

今日、帝国主義的支配に反対する民衆運動において宗教的な呼びかけがふたたび、とても重要な役割を果たしています。イラクやその他の地域において、私たちは、ジェームズ・シーゲルが初期の諸著作でオランダに対するアチェの闘争について描いたものとほとんど違わない、聖戦への呼びかけを目にします。シーゲル、アンダーソン、サルトノ・カルトディルジョらのインドネシアに関する著作、マニュエル・サーキスヤンスのミャンマー、ポール・ミュスのヴェトナム、そしてヴェトナム戦争時代の宗教と政治に関するその他多くの著作を通して、私は「底辺から」フィリピンのキリスト教をふたたび読み解き、フィリピンの民衆蜂起のなかでキリスト教がもつ「聖戦」の機能について探求することを鼓舞されました。「無神論的共産主義」に対抗するイデオロギー闘争のなかで、こうした学術的研究が利用可能であったという事実は、一九六〇年代後半から一九七〇年代を通じて、このような研究プロジェクトが制度的および財政的支援を享受することができたことの説明となるでしょう。

以来、状況は劇的に変化しました。イスラムはいまや合衆国によって同盟者ではなく潜在的な敵対者とみなされ、帝国のグローバル化する使命を是認するものとして、「テロ戦争」が「冷戦」に取って代わりました。この結果、宗教の研究は、反植民地闘争や民族解放闘争における歴史的役割から劇的に遠ざかってしまいました。今日の研究は、「穏健な」活動を確認しそれを強化することに専念し、そうでないものは「狂信的」あるいは「過激な」ものとして隅に追いやってしまっています。このように穏健なものと過激なものへ、善良なものと邪悪なものへと分類することは、具体的な反植民地運動や現代の反覇権主義運動におけるイスラムやその他の宗教の役割を完全に無視し、帝国の必要に寄与しうるだけになってしまいます。

『キリスト受難詩と革命』の日本語版の出版によって、「底辺から」の歴史と政治において宗教的言説が引き続き重要性をもつことに読者が気づいてくれることを、私は期待します。一九七〇年代の全盛期と比較すれば精彩を欠いているものの、反植民地運動研究へのこうしたアプローチは、今日の戦争のなかでもやはり攻撃の対象とされているひとつの研究分野、「ポストコロニアル理論」の名称のもとで引き続き追求されております。一九六五年にはじめて訪れて以来、私の日本に対する印象は、たしかに日本は合衆国の政治的同盟国であり、フィリピンと同様に、極度のアメリカ化のもとに置かれてきたというものです。しかし、日本には異質なかたちで自律的に行なわれている多くのものがあり、そしてそのことは、標準化を推し進める帝国の学問に対する挑戦として肯定的に受け取ることができるように思われます。こうしたなかに私たちは、地域の言語や文化に深く精通してフィリピンや東南アジアを研究する研究者たちを数えることができますし、本書の日本語版を生み出した翻訳チームはその最たる事例といえましょう。私はこの新しい日本語版の『キリスト受難詩と革命』を、こうした研究者たちの共同集団に捧げます。

レイナルド・C・イレート
シンガポール　二〇〇五年三月

第三刷への序文

本書の主題の選択は、一九六〇年代後半から一九七〇年代初頭にかけてフィリピン人の若者たちに社会と政治の本質について問い直すよう導いたものと、まったく同一の状況によって決定づけられていた。本書のための基本的調査は、一九七一年と一九七二年初頭における戒厳令前夜のフィリピンで実施された。それはまさに、さまざまな活動分野から、民衆の大いなるエネルギーが噴出した時代であった。興味深い資料を提供してくれたのは、図書館や文書館だけではなく、過去と現在との関係について同様の質問を投げかけていた私の周囲の人々でもあった。そして究極的には、明らかに無関係にみえる一九七一年の二つの経験によって、私の思考の方向性がしっかりと固まったのである。そのひとつは、急進的活動家の司祭であるエド・デ゠ラ゠トーレ神父が、彼自身が発見したというタガログ地方の農民たちがもっともなじんでいる解放の慣用語法《イディオム》について、学生の聴衆に説明するのを耳にしたときであった。デ゠ラ゠トーレ神父によれば、その慣用語法は、キリストの受難、死、復活についてのある特定の理解と関わりをもつというのである。マルクスや毛沢東に慣れ親しんでいた学生たちにとって、これは新鮮な指摘であった。しかし、私は、カランバの農村社会における農民結社「ワタワット・ナン・ラヒ（民族の旗）」の儀礼を観察し、それに参加し、さらにその指導者の故ホセ・バリカノーサにインタビューをしたときに、まったく同じ言葉の力を感じた思いがした。

抗議の慣用語法をめぐる学生たちと農民とのあいだのズレを知ったことによって、私はフィリピン政治において抑圧されてきた諸言説を問い直すことになった。歴史を単線的で発展的な用語で体系化する民族主義的手法は、「民衆から学べ！」というスローガンを真摯に受けとるエド神父のような活動家が再発見しつつあった言説や一連の出来事を、片隅に追いやっていた。だが、私からすれば、一九七二年九月に始まった反省と自己批判の時期がなければ、大学から発散された有産知識階層的《イルストラード》な支配的言説がほとんど崩されずに優勢であり続けたように思う。本書の草稿は、戒厳令時代の最初の二年に書かれた。政府による民族主義的シンボルの恣意的流用、繁栄した新社会という空手形、大指導者の威勢のよい主張を目のあたりにすることは、とても憂鬱なことであった。とはいえ、歴史を読み直すことによって、過去にもそうしたことがまったく同じように起きていたこと、そしてそれ以上に重要なこととして、そのような空虚な形式主義に対する批評の諸要素が、フィリピン文化それ自体のなかにあることが明らかになった。実際、フィリピン人エリートたちは政治権力ゲームを演じることを学んでいたが、個人一人ひとりは、しばしばこうした場面にそれとは異なる一連の優先事項、それも場合によっては、命すら代償にするほどの優先事項をもって処してきたのである。『キリスト受難詩と革命』は、そのような事態が生起する可能性の諸条件を追究している。

いま振り返ってみると、本書のような研究書は、ラモン・レイエスをはじめとするアテネオ・デ・マニラ大学の教授たちから受けたフランスやドイツの哲学の手引きなくしては、著わすことはできなかったであろう。アメリカ流社会科学の頑なさと、ときとして、その無意味さに耐える数年を経て、はじめて——実際、本書を書き上げてゆくことを通して——私は、自分の本質的な知的関心をようやく現代の歴史研究の要請と合致させることができたのである。ベネディクト・アンダーソン、ジェームズ・シーゲル、オリヴァー・ウォルタースのようなよき指導者に接することができたことは、私にとって幸いであった。彼らのおかげで、私は、研究を始めた当初の自分の考え方を再考することができ、また人類学、歴史学、文芸批評、政治学の諸分野から斬新な観点を得ることもできた。彼らの東南アジアに関する学問業績は、私がフィリピンに関して本書で提起した問題に反映されている。草稿に対する彼らの洞察力にあふれる助言は、本書をこのような形にするために大いに役立った。

　私は、本書の計画が進行する諸段階で、そのつど必要な助言や激励や着想を与えてくれた多くの人々に感謝している。民衆《フォーク》宗教および宗教政治結社に関する私の理解は、ロバート・ラヴとプロスペロ・コバールに負うところが大きい。ナイト・ビッガースタッフと中国の農民蜂起について討議したことによって、フィリピンについてこれまでと違った多くの洞察を得ることができた。社会科学の行動主義についての私の疑念は、妻ルーリー・カランダンのピアジェ理論への強い関心によって強化された。アウロラ・ロハス゠リムは、テオドロ・アゴンシリョの著作やタガログ文学の豊かな実りを紹介してくれた。ジョン・ラーキンとデイヴィッド・スターテヴァントは一九七一年に、いかにして、またどこで私が調査を始めればよいのかについて貴重な助言を与えてくれた。豊富な調査経験をもつサミュエル・タンが私につき合ってくれたおかげで、広大な米国国立公文書館での調査に慣れることができた。そしてセサール・マフールは、合衆国で反戒厳令運動が起きたとき、本書の仕事は長い目でみれば、私が行なうほかのどの仕事よりもフィリピン人の大義のために重要な貢献をするものになるだろう、と確信させてくれた。

草稿を書き改めるという忍耐を要する過程では、レオナルド・アンダヤとバーバラ・アンダヤ、シェリー・エリントン、デイヴィッド・マー、ルース・マクヴェイ、アンソニー・リード、デニス・シュースミスの各氏が、本書をよりよいものにしようと批評や助言をしてくれたことが大いに助けとなった。ジム・リチャードソンとジョン・シューマッハー神父は、タイプ書きの長い批評を送ってくれた。それは基本的な誤りを指摘し、私の考え方をより明確にするよう強く促すものであった。ビエンベニード・ルンベラとイサガニ・メディーナは、タガログ文学に関する知識を寛容に分かち合ってくれ、いくつかの難しい讃歌《ダリット》の翻訳を助けてくれた。その他多くの同僚や大学院生たち、とくにフィリピン大学で私の歴史学ゼミ（講義番号二〇七）に参加した人たちからは、貴重な精神的支援と私自身の考えを表現する機会とを与えていただいた。これらすべての人々に、私は終生の恩義を負っている。

本書の調査と執筆は、コーネル大学フィリピン研究プロジェクト、コーネル大学東南アジア研究プログラム、ロンドン大学・コーネル大学共同研究プロジェクトからの寛大な研究助成金によって可能となった。オーストラリア国立大学太平洋東南アジア歴史学科のフェローシップのおかげで、新たな研究費を得ることができ、また本書の草稿を完成するための理想的な環境が与えられた。フォード財団東南アジア研究助成金の一部は、ミシガン大学フィリピン・コレクションを閲覧するためのアナーバーへの研究調査を可能にした。

以下の方々にも謝意を表したい。カロリーナ・エイファン、リサリーナ・コンセプション、セラフィン・キアソンは、国立公文書館と国立図書館に重要な史料があることを教えてくれた。ドリーン・フェルナンデスは、ラピアン・マラヤの写真ファイルを貸してくれた。ニカノール・チョンソンは、丁重にもマロロスに私を招待し、聖週間儀礼を観察させてくれた。文献一覧に挙げたさまざまの文書館や図書館における司書の方々は、親切に閲覧を助けてくれた。最後に、アテネオ・デ・マニラ大学出版会のエスター・M・パチェコとそのスタッフの方々は、私に締め切り期日を辛抱強く催促し、原稿を一冊の本にするという仕事を最後までやりとげ、さらには本書第三版のために完璧に原稿を再タイプする労をとってくれた。いうまでもなく、本書の事実と解釈に誤りがあっても、ここに私がお名前をあげた誰ひとりとして、その責任を負うものではない。

レイナルド・C・イレート
オーストラリア、タウンズヴィル
一九八九年六月

凡例

一、本書は、Reynaldo Clemeña Ileto, *Pasyon and Revolution: Popular Movements in the Philippines, 1840–1910* (Quezon City: Ateneo de Manila University Press, 1979) の全訳である。訳出にあたっては第六刷（二〇〇三年）を底本とした。誤植や誤記と思われる箇所については、原著者に確認した。

一、「序文」は第三刷（一九八九年）に改訂され、第六刷にはその改訂年などの諸事項が記載されていないが、第三刷に従って改訂年などを加えた。なお、本訳書には原著者による「日本語版への序文」を添えた。

一、本文中に引用されているタガログ語のパション、祈禱文、詩歌などについては、原著者による英訳が付されている。本訳書では、本文中に引用されているタガログ語のパション、祈禱文、詩歌などは、原則として原著者の英訳をもとに日本語に訳出した。ただし、タガログ語の引用文と原著者の英訳とを逐一対照させ、両者に大きな齟齬があると判断された場合には、訳注でその旨指摘した。

一、本訳書では、原著書に「付録」として添付されているタガログ語の祈禱文や詩歌四篇を日本語に訳出した。この付録には原著者による英訳は付されていない。訳出にあたっては、本文中に引用されている箇所との対照を行ない、齟齬がある箇所については原著者に確認した。なお、この付録には訳者による簡単な解説を付した。

一、本書の聖書用語は、基本的に新共同訳聖書で用いられている表記に従っている。

一、原著書巻頭の「略語」一覧は参考文献のなかに含めた。

一、巻末の「用語一覧」に掲載されている用語については、初出の場合に原語を示した。その他、必要と思われる若干の専門用語にも初出の場合に原語を示した。

一、とくに必要と思われる場合は、固有名詞、専門用語、現地語に対しルビをふった。とりわけ本書におけるタガログ語の基礎概念や基本的項目については、各パラグラフの初出箇所にルビをふった。すでにフィリピン研究で一般的に用いられている用語については、原則として各章の初出箇所のみルビをふった。

一、文中のパーレン（ ）、ブラケット［ ］は原著者によるものである。

一、文中に訳者が挿入した用語は、キッコウ〔 〕で示した。

一、文中にイタリック体で示されている箇所には、原則として傍点を付した。

一、引用文献中で日本語訳のあるものは適宜参照し、各章注記の初出箇所および参考文献一覧に書誌情報を示した。ただし、訳文は必ずしもそれに拠らない。

一、必要と思われる用語には適宜、訳注を付した。訳注は本文中に〔 〕で通し番号を付し、原注のあとに掲載した。

キリスト受難詩と革命

――一八四〇～一九一〇年のフィリピン民衆運動

原書版本書要約

本書『キリスト受難詩と革命』は、主としてフィリピン人教養エリートの意味世界の範疇に依拠したフィリピン史に関する既存の著作とは異なり、大衆自身の認識の枠組みにもとづいてフィリピンの民衆運動を解釈することをめざしている。イレートは、標準的な文書とともに、民衆のあいだで伝承された歌や詩、そして宗教伝統など、これまで無視されてきた史料について多様な分析を加えることによって、大衆の思考のなかの、隠蔽されあるいは抑圧された特徴を浮き彫りにしている。本書が導き出した結論のなかでもっとも重要なものは、パション、すなわちキリストの人生と死と復活についての現地住民《ネイティブ》による語りが、変化を志向する運動の文化的な枠組みを築いたという指摘である。本書は、フィリピン革命を現地住民の諸伝統の文脈のなかに位置づけ、今世紀〔二〇世紀〕を通して急進的な農民主導型の兄弟結社が持続してきたことを明らかにしている。そして本書で分析されるさまざまな運動――アポリナリオ・デ゠ラ゠クルスの聖ヨセフ兄弟会《コフラディア・デ・サン・ホセ》、アンドレス・ボニファシオのカティプーナン、マカリオ・サカイのカティプーナン、フェリペ・サルバドールの聖教会《サンタ・イグレシア》、コロルム結社やその他のスペイン植民地時代、革命期、アメリカ植民地時代における民衆運動――を、自分たちの観点から世界を変革しようとする、大衆による絶えざる試みとして位置づけている。

第1章　底辺からの歴史〔訳1〕に向けて

バレンティン・デ＝ロス＝サントス，「光明《リワナグ》」のシンボルの上にいるラピアン・マラヤの「至高者《スプレモ》」（ロメオ・ビトゥグ撮影）。

一九六七年五月のある日曜の朝、マニラの市民が目覚めると、奇妙な蜂起が街のど真ん中で起きたことを知った。ラピアン・マラヤ、すなわち「自由の結社」と呼ばれる宗教政治結社の会員数百人と国家警察軍が前夜半にタフト通りの一画で衝突し、路上戦が起きた[1]。神聖な山刀《ボロ》、お守り《アンティン－アンティン》（anting-anting）、それに防弾用の制服を着ただけで、この結社の同胞《カパティド》（kapatid）は政府軍の発砲する自動式の銃器の前に熱狂的にも立ち向かい、仲間の死骸が路上に塁々と横たわってゆくまで怯むことがなかった。衝突の戦火がおさまったとき、いったい何が起きたのかを真に理解した人々は、ごくわずかの政治家や熱心な新聞の読者を除けばほとんどいなかった。いったい誰が、あるいは何がこのような事件を引き起こしたのだろうか。地方の抑圧された状態、やたらと発砲する警察、宗教的狂信、あるいは情報部の内部報告が主張するように、共産主義者たちのせいなのだろうか。数週間のあいだ世間を騒がせたあと、この出来事はたちまち人々の記憶から薄れていった。蜂起に参加した人々、あるいは共感を寄せた人々を除くと、この出来事の一部始終は、この国のおなじみで説明可能な歴史のひな型が一時的に崩れたものにすぎなかった。

「至高者《スプレモ》」と呼ばれたラピアン・マラヤの指導者は、カリスマ性を備えたビコール地方出身者で、名をバレンティン・デ＝ロス＝サントスといった。蜂起当時、彼は八六歳だったが、一九四〇年代後半から過激な党派に加わり、南部ルソン地方出身の農民を四万人ほど集めて一大党派をつくりあげていた。デ＝ロス＝サントスの目標はごく基本的なものであり、国家にとっての真の正義、真の平等、真の自由であった。しかし、彼が人々から英雄視されたり狂人に見られたりしたのは、これらの目標を掲げ、それを達成しようとしたやり方のゆえであった。たとえば、彼は、創世神バトハラ〔訳2〕や過去のフィリピン人愛国者たち、とりわけホセ・リサール〔訳3〕と常日頃から対話のできる霊能者であった。彼は自由の成就を、新約聖書の預言によるキリストの再臨と結びつけた。彼はまた、神聖な武器、文字などが刻まれた物体（お守り）《アンティン‐アンティン》、そして儀礼的祈禱に呪力があるという、古くからの信仰を信じていた。このため一九五七年以降、彼が大統領選挙に立候補し続けたとき、一般の政治家たちは彼の挑戦を面白半分に見ていた。少なくとも一九六六年以来、彼は政府が外国勢力を厚遇しすぎると確信していたが、[2]一九六七年五月の初めにマルコス大統領の辞職を要求したことが、政治体制に対する彼の最後の反逆行為となった。この至高者の要求が即座に退けられたことで緊張が一気に高まり、忌まわしい「暗黒の日曜日」の大虐殺でそれが爆発したのである。その結果、ある匿名の党派指導者によれば、至高者は、

精神病院に連れてゆかれ、精神異常だと断定された。彼は見込みのない暴力的な患者と同じ房に入れられた。まもなく彼は眠っているあいだに袋叩きに遭い、意識を失って隔離病棟に移された……。一週間あまりのちに、彼はふたたび意識を取り戻すことなく亡くなった……。立合医師の診断によれば、死因は肺炎であった。[3]

ラピアン・マラヤ事件は、フィリピン史のなかの例外的出来事ではない。それを除外すれば了解可能となるような、過去のなかのひとつの逸脱というわけでもない。「狂信的行為」、「土着主義運動」、「千年王国運動」といった便利な説明概念は、事件とともに生きた同胞《カパティド》からわれわれを遠ざけてしまうだけであり、こうした概念に頼らなくても、この事件の意味世界についての知見を得ることができるはずである。現代に生きるわれらフィリピン人がまず必要としているのは、われわれの世界の一部でもある彼ら同胞たちの世界を理解するために役立つような、一組の概念の道具立て、すなわち文法である。二〇世紀の経済的・技術的発展は、われわれが帰属する現代フィリピン文化を生み出してきた。しかし、マルクス自身がしばしば指摘するように、文化の変容は不均等に、そして散発的に進むものである。このため、われわれはある特定の歴史的状況のなかで、発展の前段階を反映するような文化の諸様式に遭遇することになる。社会改革を推進するためには、（ラピアン・マラヤにみられるような）「後向き」の思考様式の解体を促進して新しい思考様式への道を開いたり、あるいは現代的思考様式を伝統的な思考様式に接ぎ木したりすることができよう。どのような戦略をとるにせよ、とりわけ変化についての問題と関連して伝統的精神がどのように機能するのかを、まず理解することが肝要である。本書は、こうしたことへの理解の深化に寄与することをめざすものである。

「大衆の反乱」

フィリピン史研究に通じた人なら誰でも、ラピアン・マラヤが一八九六年革命の秘密結社カティプーナン(Katipunan)〔訳4〕と一続きであることをはっきりと理解するだろう。三角形の表象、色彩豊かな制服、「至高者《スプレモ》」の称号、さらには急進的な兄弟愛さえも、カティプーナンの経験に由来していた。実際、ラピアン・マラヤを理解しようとする際にともなう困難は、過去を振り返ってもついてまわるものである。たとえば、カティプーナンの蜂起とはいったい何であったのかを、われわれは本当に理解しているのだろうか。一八七二年以降の時期から一八九六年と一八九八年の革命まで、また革命そのものについて、これまで多すぎるほどの研究がなされてきたことは疑うべくもない。だが、これらの解釈の枠組みはすべてお決まりのものにとどまっている。一八七二年以前の時期の研究が、現地住民《ネイティブ》聖職者が〔スペイン人〕修道会士と同等の地位を得ようとした闘争〔訳5〕に焦点がしぼられがちであるのと同様に、一八七二年以降の時期については一般に、民族主義的運動を推進することになった現地住民とメスティーソ〔混血〕出身のエリート層の活動がおもに扱われている。このきわめて発展段階論的枠組みは、大衆の希求に形を与えたフィリピン人司祭や知識人の思想と活動に重きをおくものである。

手短にいって、歴史学における研究の主題はつぎのとおりである。一九世紀の経済変化、たとえばフィリピン諸島が外国貿易や資本投資に対して開放されたことは、メスティーソや現地住民のエリート層、すなわち地方有力者たち《プリンシパーレス》（principales）の台頭を促した。こうしてはじめてこれらの有力家族は、子弟たちをマニラやヨーロッパの大学で学ばせる経済的ゆとりをもつことができた。西洋自由主義思想に触れ、教育を受けて「啓蒙された」人々、すなわち有産知識人たち《イルストラードス》（ilustrados）と呼ばれたフィリピン人は、本国スペインにもたらされた急速な変化を植民地のなかにも適用させようと決意した。つまり彼らは、スペイン人と同等の扱いを受けることを欲したが、強力なカトリック修道会が植民地の生活を支配しており、それがこの目的を達成するための障害となっていた。有産知識人たちの主張の裏にはきわめて少数の階級的利害しかなかったが、彼らは、程度の差こそあれ、あまねく感じられていた修道士の悪業に焦点をあてることによって、大衆のあいだで民族主義的な感情をかき立てることができた。それゆえ、改革主義や同化主義の諸運動が一八九〇年代初めにはつまずき消滅したものの、ナショナリズムの高揚によって、カティプーナンという分離主義運動が大衆のあいだに根を下ろすことができた。かくして、一八九六年にカティプーナンの蜂起が革命の引き金を引いたのである。しかし一八九七年までに、元来の秘密結社は共和国となる野望をもった革命政府にとって代わられた。こうした進展の絶頂期が一八九八年における共和国樹立であったが、有産知識階層《イルストラード》（ilustrado）のリーダーシップが脆弱であったこと、そしてアメリカによる革命政府打倒のための軍事侵攻と政治的策略が成功したことにより、短命に終わった。(4)

ここで私のはじめの問いに戻ることにしよう。われわれは前記のように要約された枠組みのなかで、カティプーナンを完全に理解してきたのだろうか。私はこの問いを、テオドロ・アゴンシリョ〔訳6〕の古典的研究書、『大衆の反乱』の再読後にはじめて考えはじめた。この書は、（アメリカ統治時代には抑圧されていた）アンドレス・ボニファシオについて当然彼に与えられるべき認識をもたらしたばかりでなく、アゴンシリョのあとに続く幾世代もの研究者たちに対して考えるべき多くの示唆を与えた。(5) この書の題目は、アゴンシリョの目的、すなわち、これまでの歴史家たちが革命を上流階級であるスペイン化した現地住民たちのなせるわざとみなしてきた傾向を是正する、という目的を示している。(6) 従来の見解に代わって彼は、カティプーナンの運動がマニラのつましい事務員、労働者、職工たちから生み出されたこと、そして、その後、教養ある富裕なフィリピン人たちが不本意ながらも闘争に巻き込まれていった点を強調したのである。

私は、カティプーナンとその至高者《スプレモ》ボニファシオの物語がアゴンシリョによって鮮やかに描き直されているとは思いつつも、彼の著書の題目と内容との関係については納得がゆかないままであった。大衆が革命に身をもって関与したことはきわめて明白であるが、有産知識人たちによって西洋からもたらされたナショナリズムや革命についての考え方を、彼らは自分自身の経験に照らして、実際どのように認識していたのだろうか。アゴンシリョは、革命に関わったすべての人々にとって独立の意味は同じであったと想定する。つまり、スペインからの分離と主権国家フィリピンの建設である。これは革命指導者たちによる意味づけであって、ラテンアメリカなどの革命指導者たちの場合ときわめて類似したものであることは十分うなずける。しかし、大衆——革命の大衆的基盤をなし、おもに地方に住み公教育を受けていないフィリピン人たち——にとって革命がもつ意味については、疑問が残されたままである。有産知識階層の思考のなかで明らかに表現されることがなければ、大衆のものの見方や目標は形をなさず不完全で意味をもたなかったなどと、考えるわけにはゆかない。

この問題の重要性は、カティプーナンがマグディワン派とマグダロ派の二派に分裂したこと――ボニファシオの死によってのみ解決された内部危機〔訳7〕――の扱い方によって明らかになる。エミリオ・アギナルドの革命政府からの命令によるボニファシオの処刑は、アゴンシリョをはじめとする研究者たちによって、同じくらい強烈な愛国心を持つ個人間で起きた、革命のリーダーシップをめぐる権力闘争の必然的帰結であったとして合理的に説明される向きがある。(7) 統一のためには、悲劇的なボニファシオの死も正当化されうるということなのかもしれない。さらにはナショナリズムに関する発展段階論的視点に従えば、広範な共同体を体現するものとして、たしかにより進歩した政治的実体である共和国を創り上げようとした革命政府が活力を失わないためにも、ボニファシオの創見によって結成された秘密結社カティプーナンを解体する必要があったのかもしれない。フィリピン革命の歴史において、一八九八年の共和国はあらゆる事柄に影を落とし、ほかのすべての事柄を貫き通すような中心的出来事である。しかしその一方で、われわれはボニファシオについては問いを抱えたままである。彼の激情的な献身や、何千もの人々を立ち上がらせた響きわたらんばかりの語り口、カティプーナンの「奇妙」な加入儀礼、しばしば大衆に呪術的意味を植えつけた紋章や符牒などについて、われわれはいぶかるだけなのだ。かりにここで、究極的な愛国主義と政治的な洗練の問題をさしあたり脇におき、純粋にボニファシオやカティプーナンに語らしめてみれば、いくつかの論争に終止符が打たれるのかもしれない。

要するにわれわれが直面している問題とは、独立を声高に唱え一九三〇年代まで新しい植民地秩序の悩みの種となった、一九〇二年以降の革命結社《カティプーナン》の数々、宗教政治結社、そして農民を主体とする諸集団をどのように類別したらよいのかということにある。革命を支援し導いた大部分の地方有力者たちは、独立を達成するために修正された実施計画を受け入れた。マヌエル・ケソン、セルヒオ・オスメーニャ、マヌエル・ロハスといった有産知識階層出身の政治家たちは、いまやみずからが革命の指導的地位にあることを宣言し、アメリカ人たちから約束された独立を実現するための基礎を築いていった。それでは、当時「厄介者」とされた人々はどのようにみなされうるのだろうか。マカリオ・サカイとその結社《カティプーナン》は、一九〇二年以降の植民地政治という「現実」に適合しそこねた非現実的な理想主義者だったのだろうか。ちょうどボニファシオが頑なにも、一八九七年に革命が広範に展開してゆく状況に折り合いをつけられなかったのと同じように。救世主《メシア》、教皇、至高者、帝王などと称され、その農民信奉者たちとともに独自の共同体を組織し、地主を襲撃したり治安警察隊《コンスタビュラリー》〔訳8〕の武力に立ち向かったりしたさまざまな宗教指導者たちは、抑圧された状態に対して盲目的かつ非合理的に反発した、単なる「宗教的狂信者」もしくは「欲求不満を抱えた農民」だったのだろうか。植民地主義者たちがこのような「騒動」を制圧するのを民族主義的なフィリピン人指導者たちが助けたことは、正しかったのだろうか。善意の歴史家たちでさえ、これらの問いに肯定的に答えがちである。他方、これらの運動を、興味深く面白くはあるが、中央の政治に比べて微《かす》かな光しか放たない些末なこととみなす人々もいる。その反植民地、反エリートの側面に多大な共感を抱く者もいるが、彼らを彼ら自身の考え方に照らして理解してはいない。「盲目的反動」理論が行きわたり、彼らの活動の意図や抱負といった側面が検証されずに残される。かくして、初期の民衆運動は失敗であり、より「合理的」で「世俗的」なものとなるまで失敗したままであった、という先述の結論が導かれることになる。

「いかなる蜂起にも失敗というものはない。それぞれの蜂起が正しい方向への一歩である」。これは、一九三五年のサクダル農民蜂起の女性組織者サルド・アルガブレが、一九六八年のインタビューに答えて語ったもっとも印象に残る発言である[8]。彼女の言葉はまったくといってよいほど明快であるように思われる。この言葉からまず思い浮かべられることは、あらゆる運動はその先例、とりわけ先人の失敗例から学ぶという考え方である。ある蜂起が成功しないにしても、それは将来の勝利への道を開くことになる。しかし、私はアルガブレの言葉はもっと深い意味をもっていると考えており、この意味をつきとめることがまさに本書の目的である。こうした観点から、私は、アルガブレにインタビューを行なった人物であるデイヴィッド・スターテヴァントの最近の業績を追うことにしたい。彼は民衆蜂起を運動それ自体がもつ意味に照らしてとらえるよう試みながら、さらに「大衆の反乱」という用語の意味をも明らかにしている。

　スターテヴァントの博士論文が発表された一九五九年当時、一八九六年以前の抵抗運動に強い関心を向けた研究者は誰もいなかった。わずかに反植民地主義的、「初期民族主義的」、あるいは一八九六年の蜂起に道を開く運動などが取り上げられたにすぎなかった[9]。しかし一九五九年から一〇年も経ないうちに、研究者たちはスターテヴァントのつぎのような見解に従うようになった。すなわちそれは、農村の経済状態の劣悪さや伝統的文化形態の存続ゆえに、農民たちは一九世紀の状況を比較的洗練され都市化した同国人とは違ったふうに見ていたようだ、という指摘である。一九世紀末になると、都市に住む人人は地方における動乱の広がりに注目し、それをスペインに対する民衆の反感であると判断し、本質的に西洋的な革命の要求に対して農村の大衆がほぼ一致して支援する用意があるものと思い込んだという。しかし、スターテヴァントが述べているように、革命の騒乱期に実際起きたことは、ルソン島における膨大な数の民衆運動であった。それらは、租税の免除、小作制度の改革、そして村落の調和と共同体意識の回復といった農民の希求に具体的な血肉を与えるような、地方の「救世主」や「山賊《バンディット》」の頭領に率いられていた。これらの運動のなかには、有産知識階層と地方政治家《カシケ》たちが一八九八年後半に実権を掌握したマロロス共和国〔訳9〕に対して抵抗の刃を向けるものもあった。スターテヴァントに関するかぎり、「有産知識人たちとカティプナーン会員《カティプネーロス》たち、カトリック信徒とアグリパイ派信徒〔訳10〕、マニラの住民《マニレーニョス》たちと地方の住民《プロビンシアーノス》たち、地主と小作農、地域主義者と民族主義者、親米派と反米派」にみられる対立は、「先導者なき革命の主導権をかけて争った」(10)ものであり、「地方の抵抗という脇筋」にはほとんど、あるいはまったく意味をもたなかったのである。

分析的な観点から、スターテヴァントは、フィリピンの社会構造における変差が、「大伝統」に帰属するエリート層主導型の独立運動とは区別され「小伝統」と呼ばれるような、社会不安という農民社会の伝統をいかにして生み出したのかを示すことで、「大衆の反乱」という主題の解明をめざしている(11)。農村の大衆には自分たち自身で言うべきことが確かにあり、スターテヴァントは、フィリピン人エリート層が植民地支配に対抗した国家統一のイメージを大事にするあまり、底辺からの彼らの声に耳を傾けず、またそれを抹殺しようとしたことを非難する。したがって、スターテヴァントにとっての論理的手順とは、彼の分類基準を一八九六～九七年の出来事に適用して、カティプーナン（結局それには広範な農村の基盤があった）における「小伝統」の側面を明確にすることにあったはずである。ところが、彼は革命それ自体について議論することを一切避けている。その理由は、スターテヴァントが、フィリピン人エリート層によるナショナリズム、独立、革命に関する定義を受け入れているからである。彼は、エリート層の定義に代わりうるこれらの用語の適切な意味を「小伝統」のなかで追究しなかったために、農民に基盤をおき、宗教によって導かれた共和国への挑戦が、反民族主義的、非合理的で、もとより失敗する運命にあったとの結論に導かれてしまう。(12) スターテヴァントは農民の反乱者たちの言葉と身振りを読み解くことができなかったため、せいぜいそれらを心理学のストレス・緊張理論〔訳11〕に照らして解釈するにとどまった。たとえば彼によれば、農民反乱は社会的崩壊に対する「盲目的」対応であったという。これとは対照的に、「合理的」で「現実的」な目標とは、エリート層が導いた革命に帰するものである。スターテヴァントが宗教的と世俗的、合理的と非合理的、進歩的と退行的、民族主義者と無政府主義者といった対立的要素の構成割合にもとづいて、それぞれの農民運動を分類しようとするとき、彼は、それらの運動のなかには革命を起動する創造的な刺激が含まれているということを明らかにするより、むしろそうしたことはありきたりの説明で片づけているのである。

「大衆の反乱」という主題は、研究者たちを魅了し続けている。近年、レナト・コンスタンティーノ〔訳12〕はその著書『フィリピン――往時再訪』のなかで、ボニファシオとアギナルドの対立とは、狭い階級的利害のために敵に対する抵抗心が揺らいで妥協したカビテ州出身のエリート層が、カティプーナンの大衆運動を乗っ取ったものであると解釈した。(13) ボニファシオは中流層下層部の出身であり、生噛りの学問しか身につけていなかったが、原初的な民主主義や外国支配からの自由という大衆の希求を明瞭に表現することができた。それ以前の反乱は「社会秩序に対する本能的な反発」であって、内発的であるがイデオロギーを欠いており、断片的なものにすぎなかった。一九世紀の経済発展があってはじめて、真に全国規模の蜂起の物質的基盤が提供されることになった。このような何世紀にもわたる社会不安の伝統を、有産知識人たちのもたらした自由主義思想によって鍛えあげたのがカティプーナンであった。しかしボニファシオには、未熟な願望を持つにすぎない「大衆としての本能があった」ため、彼自身の宣言は「原初的」かつ不完全であり、有産知識階層がそれを明瞭に表現する必要があった。要するにコンスタンティーノは、ボニファシオとカティプーナンを「小伝統」政治の指導者に仕立てるのである。

スターテヴァントの研究の全体的輪郭は、神秘主義的で千年王国的な革命運動について述べた、コンスタンティーノの著作の後半の諸章に現われており、これらの運動はやがて、一九三〇年代末にはより世俗的で階級意識にもとづく運動に変化していったとされる。(14) しかし両者には大きな違いがある。スターテヴァントが革命後の神秘主義的運動の愛国主義的で民族主義的な側面を事実上無視しているのに対し、コンスタンティーノはこれらの運動を「民族の解放と経済状態の改善という民衆の理想を表現した真の媒体」とみている。(15) アメリカ植民地時代の大衆は、有産知識階層の指導を欠いていたが、彼ら自身の原初的で断片的な様式で一八九六年の精神を生き長らえさせたというのである。

ある意味で、コンスタンティーノは本書の研究の試金石を提供している。彼はフィリピン革命以前、革命期、そして革命後における民衆運動の体系的かつ明確な分析を提示している。本書も同様に、一八四〇年から一九一〇年の出来事を扱っているが、それを内側から、つまり史料の許すかぎり、大衆自身の視座から見ようとしている。たとえば大衆は、現実には自分たちの状況をどのようにとらえていたのだろうか。彼らは自分たちの感情や希求をどのように言語化していったのだろうか。ボニファシオとカティプーナンは、どのようにして具体的に伝統と民族の革命との結合を成し遂げていったのだろうか。一九〇二年以降の神秘主義的で千年王国的な運動は、こうした形態をとりつつ、いかにして極度にまで急進的たりえたのだろうか。私は、一連の出来事をとらえる母体《マトリックス》として、ナショナリズムと革命についての先入観や固定化された見方を使うのではなく、大衆の出来事の受けとめ方や運動への参加のありかたを形づくった彼ら自身の意味世界の根本的枠組みを明らかにしようと努めてきた。スターテヴァントが示そうとしたように、農村生活の状態は、大衆の行動様式に大いに影響を及ぼした。しかし、その関係は決定論的でもないし、彼らの文化（すなわち「上部構造」）が物質的生活に対してある程度の自律性を欠いていたわけでもない(16)。本書でこれから検討するように、初期の反乱において、しばしば狂信的、非合理的、さらには「封建的」とさえみなされるある種の行動様式とは、理想的な社会形態と行動様式にもとづいて農民が世界を再構成しようとする企てであった、と解釈することができるのである。

フィリピン社会を理解する

本書が取り扱う問題は、大衆とその革命への参加という主題にとどまらない。われわれはいたるところで、フィリピン人のパーソナリティ、政治の形態、そして社会制度を定義する必要を耳にする。しかし、大衆がこの種の定義づけのなかに関与するよう促されることはめったにない。彼らは農村生活の理想像のなかで描かれるか、あるいはもうひとつの極端なイメージとしては、社会現実主義的表現によって汗水たらして働く、拳を固めた農民として描かれている。いずれの場合も、文化から民族の発展や革命まで、あらゆることに決定権を持つのはエリート層、とくに中流階級である。スペインに対する革命を、有産知識人たちから発した考え方と目標が結実したものとして一般的に解釈することは、教育を受けたエリート層がフィリピン人の価値観や希望を表現する役割を果たしていることを、研究者たちが広く受け入れている事実を示すものである。

恩顧・庇護的《パトロン・クライアント》志向をもつものとしてのフィリピン社会のモデル、すなわち有力者《パトロン》やエリートが金《かね》や恩義だけでなく「文化」の源泉でもあるという考え方は、今日の学識において支配的な観点となっている。貧しい大衆や教育も受けていない庶民《タオ》は、実にさまざまなかたちの負債関係や社会条件によって農村エリートに縛られ、他方、農村エリートは都市中心部の有力者に恩顧を受けている。まさに現実として、今日のフィリピン社会は、裕福で教育を受けたごく一部の人々を頂点に置くピラミッド型構造を形づくっている。しかし、自己保全機能を内包させたこのようなピラミッド型の構造として「正常」の社会を規定すると、問題が生じる。行動科学者が今日、ウタン・ナ・ロオブ（utang na loób: 他人から受けた恩義に対する負い目）、ヒヤ（hiya: 恥）、SIR（smooth interpersonal relations: 円滑な対人相互関係）、パキキサマ（pakikisama: 相手への同調）などの社会的価値観について語るとき、このような価値観によってフィリピン社会は元来、静態的で均衡を保つ傾向があるという印象を与える。(17) そこでは、恩顧を受けた者はそれを施してくれた者に対し報いる義務を負うので、地主や地方政治家に対するタテの忠誠心がヨコの対等な関係にまさることになる。こうして社会は、その秩序に対する「非定型な」挑戦の余地をまったく残さない一連の規範と行動様式に還元されてしまう。対立と緊張は円滑に取り除かれ、それらが解決される代わりに最小限の亀裂を生じるだけで鎮められる。社会的変化がどうしても回避できずに生ずる場合にも、フィリピン社会の内部における何らかのダイナミズムよりは、外部との緊張やイデオロギー上の影響にその原因が求められる。

もっとも流布しているフィリピン人の定義をかりに受け入れるとすれば、微笑んでいて、平和を愛し、宗教心に篤く、うやうやしく、勤勉で、家族を大切にする、もてなしのよい現地住民《ネイティブ》というイメージが浮かび上がる。とりわけ大衆は、現代のマスメディアが効果的にその矛先を向ける変化に対して、ただ受け身でいるだけだとみなされる。彼らにとって「政治」とは、なくてもやっていけそうなゲームにすぎないか、あるいは実際に参加する代わりに、せいぜい口先の約束事にとどまる。このイメージには、さまざまな妥当性がある。たしかに社会のメカニズムは、現存する社会経済構造を維持する傾向をもっている。生存のための闘争は、しばしば政治を脇に追いやってしまうものであるが、その政治というものが政治家同士で権力を駆け引きしたり操ったりする政争《プリティカ》にすぎないと大衆が考えているかぎりは、とりわけそうである。レミヒオ・アグパロの以下のような結論は、多分に真実である。「自分と家族の生存を最初に、そして最優先に考える庶民《タオ》にとって、仰々しい政策、イデオロギー、よい政府や行政の原理にはほとんど関心がない。彼にとって関心があるのは、どの政党、集団、そして政治家個人が彼に仕事を与えてくれるかである[18]」。だが、われわれはフィリピン社会をこのようなイメージに還元してしまうことから身を守るべきである。民衆運動が既成の社会構造を脅かし、動揺させ、さらには覆そうとした数え切れないほどの過去の事例を考慮すべきである。予定調和を示す言葉によってしか社会を見ることができない社会科学者は、そのような民衆運動は逸脱であるとか異常者や疎外された人々、あるいは外部の扇動者のなせるわざであるとしか結論づけられない。他方、これらの民衆運動に共感を寄せる多くの研究者たちは、それらの運動を窮屈な発展段階論的枠組みに適合させがちであるが、この枠組みでは文化的価値や伝統を、封建的な植民地時代というわれわれの過去からの単なる厄介物としてすべて軽蔑すべきことにしてしまう。本書の研究では、通常は対立というよりはむしろ受動性や調停を促すものと考えられる民衆《フォーク》宗教の伝統や恩義関係《ウタン・ナ・ロオブ》や恥《ヒヤ》などの文化的価値が、実は革命を起こすほどの潜在的な意味をもつ可能性があるという点について詳細に論じてゆく。民衆運動を逸脱としてではなく、隠され表現されてこなかった社会的特徴が現代の探求者たちの前に姿を現わす機会とみなす場合にかぎり、この可能性は立ち現われてくるのである。

「底辺からの」歴史を叙述するためには、歴史文書や「底辺からの」その他史料の適切な使用が必要とされる。たとえば、利用可能な範囲でタガログ語の文献を渉猟する者なら誰でも、なぜ大衆の視点からの歴史がなかなか描かれなかったのかをただちに理解することだろう。本書の研究で用いる史料のほとんど、すなわち、詩、歌謡、散逸した自伝、告白録、祈禱文、俗言などは、かつて刊行され、先行研究者たちにすでに知られていたものであるが、それらの史料は、事実の抜粋や出来事を再構築する際に選り分けて用いられるだけであった。このような目的のために、タガログ語の史料は限定された価値しかもたないとされてきたのである。民衆運動の研究に際して、スペイン語か英語の史料が歴史文書の大半をなすのは、こうした理由からである。疑うべくもなく、これらの史料から得られるデータは概して信頼性が高く、物語を再現できる。しかし、言語はその発し手の歴史を担っており、世界との独自の関わり方を表現するものであるから、たとえば有産知識階層の書いた革命に関するスペイン語の歴史文書だけを使用するということは、しばしば多角的な視野を提供する問題や出来事に関して有産知識階層の偏った見方だけを取り出すことになってしまう。出来事に対するタガログ人大衆の理解のしかたに達しようとすれば、彼らの歴史文書を利用して「確立された事実そのもの」の探求を越えてゆかなければならない。
叙事詩や歌謡などのタガログ語史料のひとつの特徴は、明らかに過去の出来事の厳密な記述には重きをおいていない点にある。しかし事実の誤りは、とくにこうした誤りが現われるひとつの傾向がわかりさえすれば、かえってありがたいものとなる。この点に関しては、社会史の分野におけるパイオニア的存在であるマルク・ブロックを引くのがもっとも適切であろう。

誤りはほとんどつねに、前もって方向づけられている。とりわけ、誤りが広まり活気を帯びるのは、それが一般世論の偏見と合致するという条件のもとに限られる。その場合、集団意識はみずからの特徴を眺めるための鏡［のように］なる。(19)

誤りが一定の形式で増え続けるとき、噂が「野火のように」広がるとき、そして史料に首尾一貫した方法で偏りが見られるとき、われわれは、民衆の考えの働きを研究する機会を与えられたことになるわけだ。このことは、なぞなぞや叙事詩のような「民間伝承」史料にだけでなく、作者がわかっている作品にも適用できる。後者は通常、個人の創造力による創作もしくは表現として分析されているが、しかし実際には詩や歴史とは、テキストの範囲を限定する体系立った約束事という文脈の範囲のなかでのみ書かれうるものである。書き手が自分の意思を伝えようとするかぎり、その書き手は、既存の約束事の体系を受け容れている読者の反応を想定しなければならない。この潜在的体系について何らかの知識を持ってさえいれば、多くのタガログ語史料において明確な解答を得ることができないような、作者が誰であるかという問題については不問に付すことができる。民衆の思考構造について何らかの知見が得られさえすれば、公的な報告や外部者の叙述など従来の史料からのデータも有効に利用できる。たとえば、カティプナーン会員《カティプネーロス》たちが加入儀礼のあとに泣いたという記録のもつ重要性を完全に理解できるのは、無数の文学作品に描写されているような、憐れみや涕泣、感情移入といった行動の背後にある意味世界の複雑な構造を分析し理解したのちにはじめて可能となる。いいかえれば、「泣く」ということは、無意識の思考体系のなかに組み込まれてはじめてその意味を獲得するのである。

『パション』と大衆

本書の研究のなかで展開されるべき主要な考え方のひとつに、大衆の聖週間〔訳13〕の経験が、スペイン植民地時代と初期アメリカ植民地時代における農民層の兄弟愛や蜂起の様式を根本的に形づくったということがある。現地住民《ネイティブ》〔訳14〕の真の精神を喚起させるものとして、呪術祭司《ババイラン》の古い儀礼に栄光を帰す代わりに、低地フィリピン人の大多数がスペインのもたらしたカトリシズムに改宗したという事実が受け入れられなければならない。しかし、東南アジアのほかの諸地域でヒンドゥー教、仏教、儒教、イスラム教などの影響が「飼い慣らされた」ように、フィリピンでも、カトリシズムはスペイン人宣教師が押しつけたもの以外の何ものでもないにせよ、民衆《フォーク》キリスト教という独自の形態へとそれが創造的に展開し、そこから一九世紀後半に反植民地主義に関する言語の多くが発せられることになった。聖週間のさまざまな儀礼、とくにイエス・キリスト物語の朗読と戯曲化は、実際に社会のなかでまったく相矛盾する二つの機能をもっていた。ひとつは、ニカノール・チョンソンがキリスト受難劇《シナクロ》（sinakulo）に関する彼の著作のなかで述べているように、聖週間の諸儀礼はスペイン人植民者たちがスペインと教会への忠誠をインディオ（indio）に教え込むために用いられた。さらに植民者たちは、あるがままの物事の秩序を甘受することを奨励し、現世の状態ではなく道徳や死後の世界に心をくだくよう徹底させたのである。[20] 第二の機能は、おそらく宣教師たちも予期しなかったことだが、低地フィリピン社会に、みずからの価値観、理想、また解放の希望をさえも表現するひとつの言語をもたらしたことである。もともとあった叙事詩の伝統が一六世紀から一七世紀にかけて崩壊もしくは衰退していったあとにも、フィリピン人はキリスト受難詩《パシヨン》（pasyon）〔訳15〕に親しむことによって、世界や自分たちの置かれた境遇について筋の通ったイメージを持ち続けた。パションはその内容こそ外来のものだが、歴史的文脈のなかでより詳細に検証することによって、フィリピン人のものの考え方がもつ生命力を明らかにすることができる。

一八一四年にはじめて出版された『わが主イエス・キリストの聖なる受難の物語《カサイサヤン・ナン・パシヨン・マハル・ニ・ヘスクリストン・パギノオン・ナティン》』は、一九世紀のパション朗読《パバサ》に用いられたもっとも一般的なテキストである。[21] これは教会が認定した三種類のパション刊行書のうちの二番目のもので、もっとも洗練されていないものだが、『ピラピル版パション』として農村の民衆に広く普及している理由から、ここではもっぱらこの版のパションを用いることにする。この『ピラピル版パション』という、一八一四年版『わが主イエス・キリストの聖なる受難の物語』の通称は、マリアノ・ピラピルという名の現地住民司祭によってそれが書かれたと長らく信じられてきたことに由来する。しかし最近の研究によると、ピラピルは単に一八一四年版の編集に携わっただけであって、作者は不詳であることが立証されている。[22] このパションはまた『創世記のパション《パション・ヘネシス》』としても知られており、その理由は、一八世紀にガスパル・アキノ＝デ＝ベレンが著わした最初のパションと異なり、このパションが創世記の記述に始まって、聖ヨハネの黙示録にもとづく最後の審判にも少し触れながら終わるという構成をもつためである。

ビエンベニード・ルンベラは、『ピラピル版パション』がそれに先行するデ＝ベレンのパションに多くを負っていると指摘する。後者のパションに言及してルンベラは、それが、作者デ＝ベレンが精通していたと思われるような、スペイン人の描くキリストの一生の単なる翻訳や焼き直しでは到底ありえないだろうと主張する。タガログ地方バタンガス州出身のひとりの地方有力者《プリンシパル》デ＝ベレンは、その聴衆をよく知っており、キリスト教の教えを意味深く伝えるために言葉を操ることに長けていた。

> この詩人は、キリスト、マリア、ユダ、ペトロ、ピラトやその他の新約聖書の人物を、まるで彼がはじめてその物語を語る人物であるかのように描いていった。聖書の描写をねじ曲げることなく、アキノ＝デ＝ベレンは、その感性によるものなのか、あるいは芸術の才によるものなのか、敬虔主義的伝統によってつくりあげられた型どおりの人物描写を避け、まるで彼の同郷者のように登場人物をとらえたのである。[23]

『ピラピル版パション』は、それに先行するパションの特徴を多く備えているものの、まったく別のものである。ルンベラいわく、「その詩句の多くは悲惨なほどにひどい。作者は韻律のセンスを持ち合わせておらず、その欠落はアキノ＝デ＝ベレンから盗用された節のなかでひときわ目立つ(24)」。教養のある都会人のデ＝ベレンが自分の作品のこの「粗悪版」を目にしたら、ショックでぞっとしていたに違いないだろう。

　実際、『ピラピル版パション』は、一九世紀後半にアニセト・デ＝ラ＝メルセドという現地住民司祭の書いた『批評《マガ・プナ》』という小冊子で、完膚なきまでに批判された。デ＝ラ＝メルセドによれば、「本論はこの『聖なる受難《パション・マハル》』〔『ピラピル版パション』〕にみられる、気づかれてはいないがおびただしい誤りに目を向けさせるだろう。これはまさに無知無学の者が書いたものである(25)」。『ピラピル版パション』に対する主たる批判は、首尾一貫性がないこと、誤った知識によること、内容の重複があること、そしてぎこちなく不正確な言語使用が見られることなどである。一九〇六年にデ＝ラ＝メルセドは、『生命の書《エル・リブロ・デ・ラ・ビーダ》』と題して彼自身の版のパションを出版した。ルンベラはこれを評して、「あらゆる点において正しいパションで……文書記録の使用に細心の注意を払っており……聖書の記載の提示や解釈についても『無難』である」と述べている。しかし、こうしたことや「整然として洗練された」詩形であるにもかかわらず、ルンベラはこれが三つのパションのなかでもっともつまらないものだとみなしている(26)。それは決して『ピラピル版パション』の人気を脅かすものではなかったのである。

　作者のわかっているほかの二つの「文学的」パションと比較すると、『ピラピル版パション』はきわめて不完全な作品であり、おそらく文学的あるいは神学的立場からは注目に値するものではない。これは主として――さきのマルク・ブロックの言葉に倣えば――、集団意識を映す鏡として際立っている。

一八世紀後半から一九世紀初頭にかけてアキノ゠デ゠ベレンのパションのテキストは、継続的に記憶され、模倣され、職業的朗読家や受難劇《シナクロ》の役者によって広められる過程で、数々の細かい手直しを受けた。教義上の誤りを多く含むパションの写本が秘かに回覧される習慣があり、ピラピル神父によるこうした習慣によってテキストの手直しが助長されたのである。(27) 一八一四年版を出版したのが誰であれ、数世代にわたる演技者や模倣者、聴衆などとの接触ややりとりを経るにつれて、デ゠ベレン版に導入された変化を組み込み適切に編集されたパションが必要とされた。たとえば、聖母マリアが主要な役割を占める場面が異常なほどにまで発達したが、これは母と子の紐帯に何よりも重きをおく社会的特質に帰されなければならない。『ピラピル版パション』には民衆の意識が刻印されているため、その作者が誰であるかを問う必要がない。パションのテキストそれ自体は、当局によって認定され、修道会が所有する印刷所で印刷されたものであり、そのなかには顕著な異端説や革新的な事実は含まれていないようにみえる。純然たるテキスト分析では、さまざまなパションがどのように社会を形づくり、また逆に、それらが社会によってどのように形づくられたのかについての、おぼろげな対応を明らかにすることができるだけである。しかし、『ピラピル版パション』のようなひとつのテキストはあらゆる点で、一九世紀におけるタガログ地方の社会的叙事詩であることに疑いをはさむ余地はなく、このことは、おそらくタガログ地方以外のフィリピン低地社会でも同様であろう。この点は、本書の後段諸章で一九世紀の民衆運動にひそむ認識の枠組みを検討する際に、明らかにされることになろう。

さしあたり、ここでのテキストに対する関心を『ピラピル版パション』に限定したとしても、パションが民衆運動や社会不安に対して与えた影響をすでにみてとることができる。たとえば、天地創造、人類の失楽園、最後の審判などに関するエピソードを含むことによって、『ピラピル版パション』は単に福音物語ではなく、宇宙の歴史、時間の始まりと終わりのイメージをもっている。またキリストの受難、死、復活、最後の審判の日を語ることを通して、物事のある状態や時代が別の状態や時代へと移り変わることを強烈に印象づける。つまり、暗黒は光へ、絶望は希望へ、悲惨は救いへ、死は生命へ、無知は英知へ、汚辱は清廉さへと移り変わる。スペインとアメリカによる両植民地時代において、これらのイメージは、経済的・政治的危機の状況に際して農民たちが、抑圧からの解放を約束する個人もしくは集団に導かれて行動を起こしえたような、千年王国的信仰の底流を育んでいった。のちにみるように、これらの諸集団のうちのひとつが、国が暗黒、苦難、屈辱に満ちたスペイン統治時代から自由、すなわちカラヤアン（kalayaan）〔訳16〕を勝ちえた輝かしい時代へと移り変わることを告げ知らせたのである。

　パションのテキストはまた、現状を従順に受け入れることを奨励するどころか、広く受け入れられている社会的価値観や関係の限界に実際にメスを入れるような、具体的な主題を含んでいる。イエス・キリストが家を離れる準備をする場面を詳細に描出している部分をみてみよう。これは、いまや成人となった息子が、母によるかつての養育に対して報いる際の――ホームドラマや小説でもよくみられる――恩義に対する負い目《ウタン・ナ・ロオブ》の役割に対する古典的な釈義である。息子に与えた安らぎと愛《ラヤウ》（layaw）の代わりに、なぜ息子を失わなければならないのか、とマリアは問う。イエスは、もちろん母をいとおしく思ってはいるが、人類を救済するために苦しみを受けて死ぬという、果たすべきより重要な使命がある、とだけ答えるのである。

今ぞ我が待ち望みたる
人類を救う〔訳17〕
時こそ来たれ
母よ、今この時より
互いにあいまみえることなし　（七八頁：第七連）

人生には「天からの」声に耳を貸さねばならない時がくる。パションのなかで成し遂げられるのは神の意思である。しかし、往々にして宗教的相貌を持つひとりの反乱指導者に加わってこの「神話」を実現しようとするとき、インディオの妨げになるものとは何であろうか。このような経験に道を拓くために、パションは、ある状況のもとでは家族と離別することもありうることを想定する。家族を経済的、政治的側面においてすら基本単位とするような社会のなかで、家族との離別は明らかに「不本意」なことになるからである。

パションのなかにみられるさらに重要な考え方は、富や教育にもとづいた社会的地位は何ら真の価値をもたないということである。いうまでもなく、伝統的タガログ社会は富や教育に従って階層化されてきた。地方有力者層《プリンシパリーア》（principalia）の階級は、追随者たちを引きつけ保持するために富を必要とし、そのために負債関係を利用した。教育によってこの階級は存続し、選りすぐられたごく少数の者たちだけが底辺から参入することができた。パションは、上記のモデルをふたたび否定し、人間の真の値打ちが存在するところの一人ひとりの内心《ロオブ》、すなわち内的自己が、「過剰教育」と富によって損なわれてしまうことを強調する。外的な権力のあらわれが高貴な内面《ロオブ》と等しくつり合っている場合にかぎり、「貴人《マギノオ》(maginoó)」(首長《ダトウ》を意味するタガログ語)たることが認められる。(28) 具体的事実として、パションのなかで社会的エリート層の内面《ロオブ》と外面《ラバス》は一致しがたいものであり、つぎの隠喩はそれを示している。

うわべは熟れ美しくとも
よくよく見れば未だ熟れざるは
食せばたちまち咽に詰まれり　(一五六頁：第九連)

スペイン人の観点からすると、植民地統治の脅威となりうる程度までに、インディオが富を築き教育を積むのをくじくための効果的な道具として、パションにまさるものはなかった。しかし、パションを受容する大衆の観点からすれば、富を持ち教育を備えたファリサイ派ユダヤ人、〔訳18〕すなわち貴人《マギノオ》や地方の政治指導者《ピヌノン・バヤン》(pinunong bayan)を、キリストを苦難に陥れた人々と同一視することは、実生活のなかで間違いなく急進的な意味合いをもっていた。イエスを処刑するピラトの判決を祭司や貴人たちが要求する、パションの以下の節をみてみよう。

我らここに集《つど》いたる
君《マギノオ》の御前にまみえたるは
位貴きか町　長《ピヌノン・バヤン》なり

いかで我らが訴追をば
君、信ぜざる由あるや

ここに訴追せし我ら
偽りせざる正直者《ディ・シヌガリン》
貴く富める者《マヤマン》たちなり
心を騒がすことなかれ
まことの審理をいざ下せ　（一一四頁：第六連、第七連）

「貴人《マギノオ》」、「町長《ピヌノン・バヤン》」、「富裕者《マヤヤマン》」、「正直者《ディ・シヌガリン》」といった用語までが、お追従なしの文脈で用いられている。言論の自由や合法化された抗議の手段のなかった社会では、パションは、圧制的な修道士、地方有力者たち、国家の代理人などに対する悪感情を吐露するために、有効な言葉をもたらした。この点は、本書後段の諸章で明らかにされよう。

パションのテキストのもっとも挑発的な側面は、「秩序破壊」的人物イエス・キリストについての語り方である。彼は、彼のもとに慕い集まる卑しい一般民衆《タオン・バヤン》を家族や貴人《マギノオ》との屈従関係から引き離し、人類の新時代の到来を告げる兄弟共同体《カティプーナン》をつくりあげる。修道士たちはときとして、卑しい姿格好のキリストのもつ政治的意味合いに悩まされたに違いないが、物語は改変しようがなかった。つぎにあげる節には、大衆がキリストと自分たちが共通の存在であるとみなしえたこと、すなわち貧しく、無学で、卑しい身分の出身であったことが示されている。

我らは皆が知悉せり
かの御方の郷を
それは彼方ガリラヤの地
貧しく卑しき身分の人
雨露しのぐ軒借るほどに

さらにその御方の
父はただなる工
富なければも誉れもなく
倹しく暮らし
蓄えおきたる財もなし

彼の御方のふるまいと人となり
これよりほかになかりせど
いずこにか貴きところ
あらんと問わば

ゆめゆめかくなるところなし　（一一六頁：第四連～第六連）

キリストへの追随が膨れ上がってゆくさまは、伝統的なフィリピン政治の様式とかなり対照的である。この指導者は、忠誠の代償として、武器も金《かね》も安全の保証も与えない。むしろ彼の追随者たちはこれらを置き去らねばならない。使徒マタイが、自分の税吏職や集めた金を置き捨てたのと同じように（四八頁：第二連）。この指導者が呼び起こす大義への献身はその追随者がわが身を案じようとする思慮を超越し、喜んで自分の生命をも犠牲にするほどである。イエスの脇腹を突き刺したロンギヌスという兵士の大いに愛すべき物語が、このことをよく表わしている。目もくらむばかりのキリストの復活の光を目撃した（そしてその光によって刷新させられた）ロンギヌスは、そのことを地方官憲に知らせる。結果を恐れて彼らは、このニュースを広めないようほかの目撃者を言い含める。

我らここに集いたるは
すべて町長なるぞと言はれける
我ら堅く誓うなり
黄金しろがね、いかなる富も
職も位も思いのままに

汝の望みは何なりと

与えられたると知るべし
ただ汝の見たること
語るなかれ広めるなかれ
たとえいかなる者なろうとも　（一七八頁：第一一連、第一二連）

予想されるように、とりわけフィリピンの場面のなかでは、兵士たちは賄賂に屈伏してしまう。しかしロンギヌスだけは捕らえられるまで、町中にキリストの復活を告げ知らせ続ける。突き殺される前、彼は、以前は真理が見えなかったが最近の出来事が自分を照らし《ルミワナグ》、正しき道《ダアン・カトゥウィラン》を教えられたがために喜んで死に、キリストの受難にみずからも参与できると告白するのである。

チョンソンによれば、受難劇《シナクロ》のなかのキリストとその信奉者たちは、様式化された行動の形態を示している。彼らの行動はいつも内気《キミ》で遠慮がち《マビニ》で、温和かつ哀しげで謙虚である。インディオを従属的な植民地の状態にとどめておくのに、ハエをも殺さぬ《ディ・マカプガウ・ラガウ》ようなキリストのイメージにまさるものがあろうか[29]。しかし、今日このイメージがわれわれに意味するものが、一九世紀におけるタガログ地方の農民が抱いたものと同じであったといえるのだろうか。ロンギヌスは、受難劇では哀しげに見え謙遜してふるまうかもしれないが、観衆に知られた物語では、理想に献身するがゆえに権威に対してきわめて挑戦的である。パションのテキストのなかでイエス・キリストは卑しい生まれの無害な指導者として描かれているが、彼はおもに「貧しく無学な」階層から多くの追随者を引きつけている。彼の一二人の弟子たちは地方有力者たちでも有産知識人たちでもなく、また指導者の親族でもなかった。彼らはただ、

貧しく卑しき人々なり
この世に何ら価もなし
学も識らぬ人々なり
何の知識もなし　（四九頁：第六連）〔訳19〕

しかしパションは続けて、このような卑しい生まれの人々がキリストによって使命を与えられ、それを実行するために、特別な力を付与されると語る。

わが主イエス・キリストに
彼らこそは選ばれし者
主の御教えを伝えんがため
奇跡の御業をなさんがため
この地上にて　（四九頁：第七連）〔訳20〕

パションには右記のような節が豊富にあり、有産知識階層が大衆を表わすときに用いる用語でいえば、それらは「貧しく無学な者たち《ポブレス・イ・イグノランテス》（pobres y ignorantes）」の潜在的な力を示唆している。パションが屈従と抵抗、断念と希望のどちらを助長するかについては、つねに議論の余地があるだろう。実のところ、その意味は固定されることなく、社会的文脈によって変わりうるものであった。こうして歴史的アプローチが必要となる。

フィリピンにおける初期の農民運動を扱ううえでのひとつの問題は、それらの運動がどの程度宗教的、社会的、政治的であったかを把握することにある。パションのテキストにかぎって考察してみると、こうした分類基準をどのように厳密に区別できるのか私にはわからない。たしかに、テキストの多くの部分、とくに教訓《アラル》〔受け手のための解説、諭し、黙想の手引きなど〕の部分では、天国での報いに備えて霊魂を清浄にすることが熱心に受け手に説かれている。また、全体としてパションが救済について語っているというのも正しい。だが、パションにおいてもっとも劇的で記憶にとどまる箇所とは、その意味が溢れ出して受け手の社会政治的状況に浸透してゆく部分である。ユダヤ人祭司たちがピラトに訴えを起こす場面では、キリストの教えがモーゼのものから乖離するだけでなく、植民地国家やそれを支持するユダヤ人を脅かすのである。

この悪党の
さらにひとつの背信は
民をそそのかし
カエサルに税を支払うべからずと
何たる慢り高ぶるさま！
我ら富める者《マヤヤマン》すべて
位高き我らが王に

従へり
しかるにここなる愚か者
謀反すごとくに語りたり

彼はイスラエル全土にて
まことこの世の王とぞ言いけむ
さらにここなる売国奴、偽り者
民を惑わせ世を乱し
多くの者を狂はせたり

偽り事はいまひとつ
彼の皆に語りたる
皆申すには彼こそは
待ちこがれたるメシアとぞ
何たる大嘘ぞ　（一一五頁：第一四連〜第一六連、一一六頁：第一連）

右の節において、上流階級（つまり富裕者たち《マヤヤマン》）はイエス・キリストのことを、ユダヤ人から租税を取り立てるローマ帝国に対してだけでなく、ユダヤ人の伝統的指導者にも対立する民衆運動の指導者としてとらえている。新しい秩序へと導いてくれる新しい王、すなわち解放者（待ち望んでいたメシア《メシアス・ナ・ヒニヒンタイ》）のもとに「民」は押し寄せる。本書で議論するさまざまな「宗教的」運動が、「王」や「解放者」によって導かれ、地主や地方有力者たちのみならず植民地体制とも対抗するということは、まったく偶然の一致なのだろうか。私はここで、民衆がパションのイメージと自分たちの抑圧された状況を一対一の対応関係でとらえていたと言いたいのではない。もちろん、そのようなとらえ方が成立する場合もあったかもしれないが、むしろ農民としての大衆はパションのイメージに非常に慣れ親しんでいたので、経済的に抑圧された状況のもとでカリスマ的指導者が現われたときに、実生活において類比されたシナリオにもとづいて行動する準備が文化的にできていた、と結論づけるのが妥当であろう。

マロロス共和国政府とアメリカ植民地政府が修道士による検閲を廃止する以前、パションは、農村の人々が手にした数少ない文学作品のひとつであり、このため確実に民衆《フォーク》の心意を形成していった。その影響は、時間がたつうちに伝統的な社会的叙事詩のほとんどの機能を取り込んだという事実からも知ることができよう。一七世紀の修道士ディエゴ・デ＝ボバディーリャの叙述は、社会的叙事詩の機能がどのようなものだったのかを今日に伝えている。

こうしたインディオたちの宗教はすべて伝統にもとづくものである……。この伝統は、幼少時に暗唱した歌によって、そして船を漕ぐとき、働くとき、娯楽のとき、祭りのとき、さらに、より多くの場合には、死を悼むときに歌われるのを聞くことによって保たれている。こうした粗野な歌のなかで、彼らは神々の伝説上の系譜や行ないを詳しく述べており、そのなかにはすべての神々の長であるひとりの神がいる。タガログ人はこの神をバトハラ・マイ・カパル、すなわち彼らの言葉で「創世神」と呼んでいる……。天地創造という点では、彼らの信仰はわれわれのものとさほど違いがない。彼らは最初の人間、洪水、楽園、死後の罰を信じている。(30)

この記述を、二〇世紀初頭に書かれたつぎの観察と対比させてみよう。すなわち、ある記述によると、聖週間のあいだ「年老いた人々は、その子どもたちが［パションの］詩歌《アウィット》（awit）以外を詠唱することも本を読むことも禁じている」(31)。もうひとつの記述によれば、「誰しもが、イエスの本を読んで彼の生涯について知るよう義務づけられている。人々は彼の生涯について語ったあらゆる詩句を詠唱する。少年であれ少女であれ、男であれ女であれ、イエスの本からとられたこうした詩句の詠唱のしかたを知らない人を見つけ出すことは不可能に近い」(32)とある。ある町々では、パションは死者の遺骸を前にして二四時間ものあいだ詠唱し続けられた(33)。また、パションが求愛儀礼に用いられた地域もあったという。一九一七年の史料によると、四旬節〔訳21〕のあいだ、

ときおり、若者の集団が夕方、若い娘の家へ出かけ、彼女の部屋の窓の下でパションを吟じる。その家の娘は、やはりパションの節のいくつかを詠唱して、それに応じることになっている。しばしば若者たちは家に招き入れられ、家のなかで詠唱する。するとしだいに人々がその家のなかや周囲に集まり、その詠唱に聞き入るのである(34)。

実際、一八世紀中頃に『歴史《イストリア》』という本を書いた修道士ファン・デルガドは、インディオが「パション、すなわちタガログ語の詩で書かれたイエス・キリストの死の物語を、非常に好んで詠唱する」ことを認める一方で、皮肉を込めて、パションを詠唱する夜の儀礼は「浮かれた娯楽、もっと平たくいえば、もっとも聞こえの悪い悪徳の口実へと変わってしまっている」と述べている(35)。この修道士の叙述は、偏見に満ち誇張されてはいるが、インディオがその叙事詩を「娯楽のとき」にさえ詠唱したという、さきのボバディーリャの説明を思い起こさせるものである。

パションは聖週間のあいだだけでなく、年間のその他の重要な行事において広く用いられたため、読み書きのできない人々《タオ》でさえ、そのテキストの全体的輪郭に通じることができた。広く知られるパション朗読《パバサ》では、人々に呼びかけて一軒の家に集まった。家のなかには祭壇が設けられ、そのまわりで二、三人が節ごとに交互に詠唱した。もし集まりが相当大きくなると、家の主人は、実際に村人《バリオ》のすべてを収容できるような仮小屋を屋外に設けた。パションのテキストを完璧に諳んじている詠唱者たちは、半分は家のなか、もう半分は仮小屋と同人数ずつ二組に分けられ、詠唱はその二組が前後して交互に行なわれることもあった。今日もそうであるように、詠唱の様式はさまざまであった。スペインの旋律の影響が大きいものの、タグライライと呼ばれる独特な詠唱のしかたは、装飾のうねりと震え声をともなって、一節全部をひと息で詠唱する形式で、先スペイン時代の詠唱様式にもとづくものである。

パションのテキストが広く観衆に伝わったもうひとつの機会は、受難劇《シナクロ》を通してであった。この演劇はスペイン植民地時代に、修道士が監視の目を光らせているなかで教会や修道院の近くで演じられた。舞台がつくられ、パションの登場人物に扮した役者たちが、記憶をたどって自分の台詞を朗読したり詠唱したりしながら、さまざまな挿話を演じた。受難劇をいくぶん補足するのが十字架の道行き《エスタシオン》で、〔訳22〕これは聖金曜日に行なわれるキリストの苦難の道行き《ビア・ドロローサ》を再演するものであった。町の通りや周囲をひとりの悔悟者が重い十字架を担いで進み、ユダヤ人やローマ人の衣裳を身につけた人々がときおりキリストを嘲ったり鞭打ったりする。パションの基本的主題を人々に教え、想起させる公的儀礼はほかにもある。最後の晩餐《フリン・ハプナン》のミサ、キリストと聖母マリアの再会《サルボン》、教区司祭の説教、数多く行なわれる行列などである。一九一六年にある学生は、行列の際に担がれるキリストやマリアや他の聖人たちのさまざまな聖像を記述したのち、つぎのように結論づけた。「聖像は概して、聖人の姿そのものを表現するような衣服をつけている。この光景全体はとくに学のない人々にとってより大きな意味をもつ。彼らは言葉や教義によってだけではなく、実物を提示することによって、宗教についての知識を得ることを必要とする」(36)。

これらのあらゆる儀礼の要諦は——すべての儀礼を記述しようと思ったら、別に一冊の著作となるほどだ——、単に大衆を楽しませ眩惑させることではなかった。まぎれもなく、民衆のユーモアをちりばめた多くの挿話をともなう生きた瞬間があり、とくに受難劇《シナクロ》のなかではそうであった。しかしこうしたことも、「聖書における時間」と人間の「日常の時間」との溝を狭める一般的文脈のなかで理解しうるものである。少なくとも伝統的タガログ社会にあっては、聖週間は一年のうちで、存在の精神的側面と物質的側面が表裏一体をなすときであった。言い方をかえれば、人々はみずからキリストの受難に参与するのである。以下の記述から、一九一七年にブラカン州では四旬節がどのように執り行なわれていたかをみてみよう。

人々はいかなる種類の肉でも、ほとんど食べようと思わない。司祭が食べないようにと言ったからである……。それで人々は、果物か野菜だけの料理しか口にしない。人々のキリストへの愛が偽りにならないように、司祭はそう指図するのだ。彼らは言う。もしあなたが肉を食べるなら、それはまさにキリストの遺骸を食べていることを意味する。もしあなたが燃料にするために木を切るなら、それはイエスの首を切っていることだ。またあなたが何か乗り物に乗るなら、その乗り物はキリストの体にそって走るのだ、等々。かくしてあなたの挙動はすべて、キリストに関係づけられる(37)。

もうひとりの学生の一九一六年の観察によると、「聖金曜日には、人々は入浴しない。なぜならその日、水のなかにキリストの血が含まれていると信じているからだ(38)」。聖週間の期間中に共同体のほとんどの人々が守る決まりや義務については、膨大な一覧表をつくることができる。つまり、いつ仕事をしてはいけないか、認められた特別な手作業の種類は何か、どんな社会的活動をすべきか、何を着るか、何を食べるか、いつ入浴できるのかまで。自分を鞭打ったり十字架にかかったりするまでには及ばずとも、聖週間における個人の行動はより広い社会劇に適合させられたわけである(39)。

要するにパションは、一九世紀において大衆のあいだで単に詠唱したり聞かれたり、祝われたりしただけではなかった。個人的にも社会においても、聖週間やそのほか折りに触れて、人々はパションを生きていた。さらにパションの意味世界は、受難、死、復活によってキリストが人間の罪を贖ったという教義にとどまるものではなかった。伝統的タガログ社会にとって、聖週間は社会自体が再生する一年に一度の機会であり、内面《ロオブ》の不浄を(鞭打ち苦行者の血と汗のように流れ落とし)取り除くときであり、古い自己を捨てて新しく生まれ変わるとき、そして多くの社会的出来事を通して共同体の成員間の絆《きずな》を新しくしたり修復したりするときであった。パションは自然界に対してさえも影響を及ぼした。キリストの死のそのとき、一転にわかにかき曇り、雨の滴は天から降り、雷鳴や稲妻まで起こって、それら自然の力がパションに参与することを告げたと信じられていたのである。

力とお守り

聖週間はまた、お守《アンティン-アンティン》りが獲得されたり、その効験が試されたりするときでもあった。このようなお守りや特別な力は、農民の反乱者、山賊《バンディット》、革命軍兵士や将校などの考えや動機づけに重要な役割を果たしており、こうした事実からすると、それらを簡単に言及するだけですますべきではないだろう。

お守《アンティン-アンティン》りのひとつの獲得方法――それにはさまざまに異なったやり方があるが――は、まず洗礼を受けずに亡くなった嬰児、あるいは流産した胎児の遺体を掘り起こし、底に穴があけてある竹の管のなかにそれを入れる。そして、そこからゆっくりと滲み出てくる分泌液をビンにため、聖週間まで保存し、誓願者〔訳23〕は聖週間になると聖金曜日までその液体をちびちびとすすった。こうして聖土曜日か復活祭の日曜日に加入儀礼が行なわれ、一人ひとりお守りの力が身についているかどうか〔訳24〕が試された(40)。お守りを手に入れるもうひとつの方法は、この場合それは物体だが、聖水曜日か聖木曜日の真夜中に墓地に行って、墓の上に数皿の食物、葡萄酒一杯、火を灯《とも》した蠟燭《ロウソク》を二本置く。すると精霊たちが、蠟燭の火が燃えつきて消える前に食物と葡萄酒を平らげ、空になった器のひとつに白い石を残してゆく。そこで、このお守りを手に入れようとする人間とラマン・ルパという大地の精霊とのあいだで、その取り合いをめぐる戦いが起こる。[41] 並はずれて勇敢で大胆不敵な人物しかこの方法を用いることはなく、こういった人々はたいてい反逆者や山賊の頭領になったという。より一般的で危険の少ないお守りの獲得方法は、聖週間儀礼に用いられるか、あるいはそれに関連した物を何か手に入れるだけである。シリオ・パスクアルと呼ばれる四旬節の巨大な蠟燭、真暗闇の儀式で用いられる蠟燭（とりわけ最後に消されたもの）、顕示台、聖体拝領のテーブル、さらには聖金曜日の午後三時に〔キリストの死を告げるため〕打ち鳴らされる鐘などを少し打ちかいて取った欠片が、お守りとされた。ある町々では、呪文を記した紙きれを復活祭の日曜日に聖水に浸したものがお守りになった。[42] このような事例は「民間伝承」史料のなかでときおり触れられており、さらに数多くの詳細な事例を加えることができる。以下のラグナ州パエテの例もそのひとつである。

> われわれの偉大なる革命家や反逆者たちは、さまざまな形態のお守《アンティン－アンティン》りを用いた。アセディーリョ、ロンキーリョ、そして同志の「革命軍人たち《ベテラーノス》」が持っていたものは、銅もしくは青銅のメダルの形をしており、聖家族〔訳25〕の図柄が聖書のラテン語の文句とともに刻まれていた……。こうした「お守り」を手に入れられるのは、聖金曜日の教会での諸儀式のあいだだけだった。[43]

歴史文書やカティプーナンの元兵士たち――彼らはときとして「お守《アンティン－アンティン》りの人たち」と称された

――とのインタビューにはお守りの話が頻繁に出てくるのに、この主題はこれまで学問上、それにふさわしい注目を浴びてこなかった。(44) こうした問題は、おそらく「近代的、合理的、科学的」精神が、異質な概念体系の研究や、ましてやその現実を受け入れることを拒んできたことに由来するものであろう。この結果、現在から見ると多くの部分が単に理解不能であるというだけで、過去について追究しうることに厳しい制限がつけられており、還元主義的な方法を採用する誘惑に抗しがたくなっている。しかし、お守りや初期の民衆運動についてこれまで述べてきたような諸現象を理解するためには、力とはいったい何であるかについての常識的概念をいったん棚上げしなければならない。

ベネディクト・アンダーソンによれば、西洋政治思想において力とは抽象概念であり、諸個人や諸集団間の関係を記述する方法である。行動の諸関係と諸様式の分析を通して、力の源泉は富、社会的地位、公職、組織、武器、人力などにあるという考え方が、一般的に受け入れられるようになった。しかし伝統的ジャワ文化において、力とは「理論的仮定ではなく実存する現実」である。アンダーソンはこのことを、以下のように述べている。「宇宙に生命を吹き込む、触知しがたい神秘的で神聖な活力……［そしてそれは］石や木、雲、火など自然界のあらゆる形相のなかに現われる」。ジャワにおける力の観念は、基本的には、宇宙に行きわたった「無定形で絶えず創造的な活力」をめぐる精霊信仰的概念から発しており、それが、バラモン教、仏教、イスラム教の諸要素と融合し、独自なジャワの政治理論を形成している。フィリピンの社会運動に関するわれわれの研究にとってとりわけ重要なのは、極度の禁欲、黙想、貞節、浄化儀礼、さまざまな供犠などの実践をともなうような、ジャワ的な力の蓄積様式である。このような実践によって、宇宙に遍在する活力の一部をわが身に「取り込み」、そして「集中」させる。

清浄さという観念は必ずしも道徳的問題と関連しているわけではなく、むしろ力を拡散させずに集中させるという考え方と結びついている。この世の安楽を捨て去った隠者は逆に力を積むが、他方、現世の享楽に溺れる者は、力を四散させずに留めさせる確固たる決意と「目的へと凝集された専心」を失う。(45)

現代インドネシアの知識人によると、「ジャワの伝統的生命観にみられる中心的な考えは、ある人の内的自己とその人が周囲を統御する能力とが直接に関係しているというものである」(46)。指導者の内的自己の状態が何らかの形象として現われるからこそ、人々は彼のもとに集まるのである。このような形象のひとつに後光《テジャ》があり、アンダーソンによれば、それは「力を備えた人の顔や人格から緩やかに発されるものと考えられていた」(47)。もうひとつの形象として、とくに統治者の場合、精力絶倫ゆえの子沢山があげられる。また力を備えた人は、まわりに異常な力を持つ物体や人間を従えていることが期待される。たとえば統治者の王宮には、

短剣《クリス》、槍、神聖な楽器、馬車などの先祖伝来の家宝《プサカ》がずらりと並んでいるばかりではなく、白子、道化役者、こびと、占い師など、さまざまな異形の人間が数多くいた。(48)

肝要なことは、このような物体や人物のそばにいることで、統治者がそれらの持つ力の一部を吸収できたという点である。それらが失せることは厄災とみなされた。それは統治者の力が失われたことを意味し、王朝の滅亡が差し迫っている前兆とされた。軍隊が敗北したり、統治者の富や家来が縮減したりすると、それは単に彼の内的自己の状態が劣化したせいだとみなされた。

本書の後段諸章で展開される主要な概念のひとつは、内心《ロオブ》、すなわち内的自己についてである。われわれは、内心がリーダーシップや力、ナショナリズムや革命といった概念といかに密接に関連しているかをみてゆくことになろう。心にとどめておくべきは、タガログ人の事例は多くの点で決して特異なものではないということである。ジャワ人にとっても、内的存在の状態は伝統的に、表立った政治事象の決定要因になるとみなされてきた。指導者や集団が成功することと、その心の奥で力を集中させることは結びついている。こうした点からみると、フィリピンで伝統的にお守《アンティンーアンティン》りが好んで用いられてきたことに合点がゆく。お守りは、携帯している人々を呪術的に保護するだけの物体ではない。それは、農民の反逆者では圧倒的に、そして指導者の場合でもある程度は、その行動が基礎づけられている信念と実践の複合的体系の確証となっている。お守りに込められた力を携帯者が身に受けるためには、その携帯者は、禁欲的行為、祈り、抑制された身体動作、その他さまざまな自己鍛錬によって、みずからの内心を正しく涵養しなければならない(49)。お守りが効験を表わすには、その携帯者の内心が刷新され浄化されていなければならない。このような考え方は、ジャワ人にもタガログ人にも共通するものである。だが、歴史的状況はフィリピン人の信念と実践にひとつの独自の形態を与えることになった。聖週間やパションが視野に入ってくるのは、まさにここにおいてである。

お守《アンティンーアンティン》りについての短い著作のなかで、レターナ〔訳26〕はつぎのような考えをめぐらしている。すなわち、スペイン征服時代にインディオは「半分はキリスト教徒的、残りは先スペイン時代の意識」を持っており、どちらからも最良のものを得たいと望んでいた。それで彼らははじめて小さな本《リブリート》——聖アウグスティヌスや聖パウロその他に対する祈禱の書——をつくりだし、それらが実際にはお守りになった。

レターナによれば、少なくとも現地住民《ネイティブ》は、彼らの精霊《アニト》やほかの偶像に祈らなくてもよい「役に立つ」何かをすでに持っていたのである(50)。その後数世紀にわたるスペイン統治の間に、力についての土着的な諸概念の改編はいっそう進んでいったように思われる。一瞥すると、パションは人間の魂の救済を説いているかのようにみえる。貧しく、柔和で、心の貧しい人に天国が用意されている。しかし、この物語それ自体のなかで、人間の内心《ロオブ》の状態は現世でただちに結果を表わすものとなっている。ユダはその内心が「無分別」で「岩のように頑固」であったために裏切り者なのであり、最後には首をくくって自殺してしまう。逆にその内心が清浄で、穏やかで、抑制がきいている人は、キリストに与えられた「特別な力」を持つ。彼らは自然を統御し、病人を癒し、異国語を話し、神のしるし《サイン》〔訳27〕を解き明かし、未来を予言できる。これらはまさに、お守りを通して得たいと望まれる力である。とすれば、お守りが聖週間の期間に獲得され、試され、「ふたたび力を満たされる」のに何の不思議があろうか。自己浄化や再生といったパションの主題を、宇宙の「創造の力」を内心に宿らせるという土着の概念へ敷衍させるなどということは、修道士がまるで意図していなかったことに違いない。しかし、結局、被征服者には彼らなりの方法があった。

さきに述べたように、一九世紀の大衆がどのように現実を認識していたのか知っていれば、記録史料をより有効に利用することができる。たとえば一八九七年二月のある新聞記者の報告によると、アギナルド軍の兵士は皆、「修道士の肩衣と十字架を首にかけており……また赤い綿布の帯をして、そのなかに別のお守《アンティン－アンティン》りをしのばせていた」。しかしもっとも奇妙だったことは、彼は、ほかの部下たちとともに、小姓にふさわしい衣装を着た二人の若者を従えていた。彼は二人をどこに行くにも随行させていた。他人の目からすると、この二人は何ら重要性のない人物のように見えたが、とくにそのうちのひとりが衆目を集めた。ほかの部下たちの説明によると、この興味深い若者はお守り《アンティン―アンティン》の超自然の力を備えていた(51)。

尋常でないお守り《アンティン―アンティン》の力を持った少年をそばに置くことでアギナルドがその力の一部を吸収しようとしたことは、いまや明らかである。たとえアギナルドがお守りを信用していなかったとしても（そんなことはなさそうだが）、力を持った人はいかにあるべきか、またそうした人は何を持つべきかについて、自分の農民兵たちが信じていることに合わせなければならなかった。ミランダいわく、お守りは「賢明な役職者たち」にとって、「勇気を吹き込み、世界のあらゆる軍隊が必要とする落ち着きと冷酷さを維持するための単純な刺激であった(52)」。

リカルテ〔訳28〕は、その回想録のなかで、カカロン・デ・シリのフィリピン人防衛隊長ユーセビオ・ディ＝マブンゴの話を記している。それによると、ユーセビオは、真ん中に十字が描かれ、ラテン語で周囲がふちどられた丸い紙を部下に配った。彼が呪文を唱えているときに、兵士たちは決して負傷しないと信じて、その紙きれを飲み込んだ。そうすることによって兵士たちは、キリストの死と復活に結びついた聖体拝領のパン〔訳29〕のような紙きれのなかに込められた力を吸収した。同じく重要なのは、ユーセビオがお守り《アンティン―アンティン》を「活性化」させるために呪文を唱えたという事実である。また「彼はその兵士に対して、戦闘のさなかに彼に見つめ《タナウ》られた者、呪術的な祝福《バスバス》を与えられた者は誰でも、いかなる生命の危機や困難からも逃れることができると語った[53]」、という。

明らかにユーセビオ・ディ゠マブンゴは、彼自身のなかに強力な力を集中させており、彼の鋭いまなざしでほかの人々に影響を及ぼした。フィリピン革命史のなかのこのひとつの挿話は、フィリピンの民衆がカリスマ的な指導者に率いられて、不撓不屈にスペイン人と戦ったことを物語っている。だがそのことよりも、この話は大衆の闘争のなかに潜在する概念の世界を明らかにするものである。一九世紀の農民にとって、ユーセビオのまなざしは完璧に理解できるものであり、ありふれたものですらあった。結局のところ、彼らは、キリストをはじめその他聖人たちの聖像や聖画の頭部から、とくにその見開いて凝視している目から熱光が発せられていると信じていた。さらに、お守り《アンティン-アンティン》を持つ人や民衆の指導者などの並はずれた人物たちは、彼らの顔から光が発せられること、「憐れみ深い一瞥」を彼らの信奉者たちに投げかける能力を持っていることで注目されたのである。だが、もう一歩先に進んでみよう。歴史文書や紋章において、結社カティプーナンは、植民地の過去という暗黒に彩られた国家に光を満ちあふれさせる輝ける実体として描かれている。こうしたことは、個人にとってのパションと個人の救済に関してここで述べてきたこと、あるいは兄弟愛や民族解放という思想と何らかのかたちで関わりをもつのだろうか。この問いに対する解答はおそらく、聖ヨセフ兄弟会《コフラディア・デ・サン・ホセ》から聖教会《サンタ・イグレシア》にいたる民衆運動の思想と活動のなかに見出すことができるだろう。本書は、それを叙述し解明するものである。

第2章　光と兄弟愛

バナハウ山中における，エルマノ・プーレの聖ヨセフ兄弟会《コフラディア・デ・サン・ホセ》の伝統を受け継ぐ，「三位一体の神《トレス・ペルソナス・ソロ・ディオス》」教団の会堂中の祭壇画。

一八四一年一〇月にスペイン政府軍は、タガログ地方タヤバス州[1]のサン・クリストバル山中腹に布陣した無法者たちの宗教結社と一〇日にわたって交戦した。この反乱のあらましは、フィリピン史を学ぶ者にはよく知られたことである。標準的な教科書のなかで、この反乱は一九世紀の民族主義者の運動の先駆けとみなされている。さらに近年では、これが一連の千年王国運動のひとつであり、今日まで引き続いてフィリピン農村で繰り返し起こってきた「小伝統」としての騒擾のひとつとして扱われている。[2]デイヴィッド・スイートはこの反乱について、すでに公刊された研究のなかでもっとも優れた議論を行なっているが、彼はこの出来事を、「屈辱を受け伝統的慣行の実践も阻止されるという持続的な経験」に対する農民層の反応であり、それは「主として経済的制限を課すことによって存在が強く意識された政府への、重税の支払いと賦役の義務に対する憤怒と結びついた」ものである、との見解を示している。[3]すなわち、農民運動とは、上記の問題を巧みに言語化し、それを解決する道を示しうるような指導者が現われたときに起きたのである。その指導者とはアポリナリオ・デ゠ラ゠クルスであり、支持者のあいだでは「エルマノ・プーレ」として知られ、スイートが続けるには、「タガログ地方の農民層に救済のメッセージを力強く説くその才ゆえに支持者たちを魅了し動員しえた[4]」人物であった。

スイートによると、この運動の宗教的特徴は「弱点であるというよりも、むしろ強みであった。この運動に組織的かつ革命的潜在能力を与えたのは、まさにその世俗を超えた側面であった」[5]。しかし、彼は、この宗教結社の儀礼とイデオロギーが先スペイン時代の信仰とキリスト教とのある種の習合《シンクレティズム》にもとづくものであるとの説明に甘んじるだけで、その宗教的特徴の本性に立ち入って熟考してはいない。本章の目的は、まさにこの反乱の宗教的特徴が、いかにして「弱点であるというよりも、むしろ強み」であったのかを詳細に示すことにある。これまでの著述家たちのように、この反乱を社会集団間の対立が生み出したもの、あるいは日常生活上の欲求不満に対する農民層の反応と述べるだけでは十分ではない。農民を主体とする反乱は、いずれも多少はそのような性質をともなうものである。ここでの関心は、アポリナリオ・デ＝ラ＝クルスと彼の結社の追随者たちが、彼ら自身の行動と反乱自体の意味についていかに了解していたのかについてである。

前章において、パションの主題に大きく影響されている農民層の宗教生活が、安定した存在形態に対して潜在的な破壊力となるような現実のイメージを、どのように農民層に提供してきたのかについて検討した。修道士たちが人々に強要するものとしての宗教は、物事を神の創造の意思の一部として「あるがままに」甘受することを奨励しようとする一方で、一人ひとりが特定の主題、とりわけキリストの受難、死、復活に関わる主題に反応する可能性もあり、それらは「破壊的な」意味合いをもっている。つまるところ、聖書の語る歴史とは地殻変動をともなうような大きな出来事のなかで進展する。日々の生活の流れの陰には神の計画が働き、信仰深い人々が特定のしるし《タンダ》（tanda）を通してのみそれを知ることができる。神の計画はまた、神秘あるいは隠喩《タリンハガ》（talinhaga）を熟考することによっても知ることができ、パションはこの隠喩に富んでいる。
隠喩《タリンハガ》を熟考することはエルマノ・プーレの結社の主要な活動であるが、それは、単に思考する過程を意味するものではなかった。この指導者が手紙のなかで示唆するように、それは祈りと献身の生活様式の一部であり、一人ひとりが現実の秩序に向かうための全体的方向づけを含んでいる。そこでは死そのものを含めて、社会における一人ひとりの「通常」の役割が崩壊することすら現実にありえた。一八四一年に流血の反乱にいたった出来事も、単に植民地社会の抑圧に対する盲目的な反応ではなかった。むしろそれは、結社の会員たちが特定の神秘と神のしるしを熟考することを通して自覚させられるような、ある種のあるべき姿の実現に向けての意識的行動であった。さらに、ここで論じているのは多少なりとも共通の宗教経験を有した一群の人々の世界観の一部に関わることであり、その意味で、一八四〇〜四一年の出来事とその後のタガログ地方の動乱とのあいだの関連性を想定することができる。スイートはいみじくも、この反乱と一八七二年のカビテ暴動〔訳30〕、一八九六年のカティプーナン蜂起、そして二〇世紀初頭のコロルム（Colorum）反乱〔訳31〕とのあいだに安易な関連性を求めることの危険性を指摘している[6]。しかし、これらの動乱にはある種の共通した特徴あるいは了解のしかたがあり、それらのあいだに相互関連性のあることが示唆されている。その共通性とは、出来事の特定の連鎖のなかではなく、みずからの言葉で絶え間なく世界を規定しようとするような、時を隔てても共通する意識の特性のなかに存在するものである。

アポリナリオ・デ＝ラ＝クルスは一八一四年頃、タヤバス州ルクバン町の比較的裕福な農家に生まれた。初等宗教教育を受けたのち、一五歳のときに修道生活に入る決心をし、一八三〇年にマニラに出てきた。ところが、修道士になるという彼の計画は、インディオであるために挫折を余儀なくされた。結局、彼は、慈善施設である神の聖ヨハネ《サン・ファン・デ・ディオス》病院で信徒指導者《ドナード》の職についた。病院で生活をしていた頃のアポリナリオを知るシニバルド・デ＝マスは、彼が「もの静かでまじめな謹み深い青年で、英雄や冒険家の性向はいかほどもなかった」(7)と述べている。当時アポリナリオは、神の聖ヨハネ兄弟会《コフラディア・デ・サン・ファン・デ・ディオス》という、病院に付属しインディオに開かれた結社の会員でもあった。彼は神秘神学に熱中していたようであり、読書や教会での説教を通して知識を仕入れた。そしてついに、信者たちの心を動かす才に秀でた信徒説教者となった。しかし、このことは、彼が聴衆から容易に献金をかき集めるさまをも目撃していた何人かのスペイン人たちの懸念を喚起した(8)。

　一八三二年にアポリナリオは、マニラ近郊の貧民街に住みついた一九人の同郷者の一団を支援して、「聖ヨセフとロザリオの処女の偉大なる信心兄弟会結社《エルマンダッド・デ・ラ・アルチコフラディア・デル・グロリオーソ・セニョール・サン・ホセ・イ・デ・ラ・ビルヘン・デル・ロサリオ》」という名称の宗教結社を組織した。当時、この結社には何ら変わったところはなかった。フィリピン諸島に散在する幾多の同様の結社と同じく、聖ヨセフ兄弟会《コフラディア・デ・サン・ホセ》〔前記結社の略称、以下同様に略記〕は「敬神の実践と慈善活動をその宗教的機能」とする中世スペインの組織から派生した組織のひとつであった。フェラーンによれば信心会〔もしくは兄弟会〕とは、イエズス会がキリスト教化確立のための道具としてフィリピンにもたらしたものである。彼は会員の義務として二つの慈善活動をあげている。

　ひとつは病人と死の床にある人々を見舞って秘跡を受けるよう勧め、これらの未信者たちに洗礼を受けるよう説得することであった。こうした訪問の目的は、病人たちが異教の祭司に慰めを求めるのを思いとどまらせることにあった。もうひとつの慈善活動は、会員による葬式への出席である。信心会の会員たちが出席することによって、聖職者たちが禁止したいと願っていた儀礼的飲酒の慣行を改めさせることが期待された(9)。

アポリナリオの郷里のルクバン町にはこのような結社がいくつもあった。一九世紀のスペイン人旅行者のひとりフアン・アルバレス＝ゲーラは、「これほどの数の兄弟会《コフラディア》、兄弟結社《エルマンダッド》、信心会などが存在する町は世界中でも稀である」と記している。町の教会は、さまざまなフィエスタや祝事の準備をするこれら集団の男女で始終あふれかえっていた。ゲーラがとりわけ関心をもった兄弟会は「誉れ高き《グアルディア・デ・》マリアの衛兵《オノール・デ・マリア》」と呼ばれる女性の組織で、「階層や年齢の区別なく誰でも受け入れられた」。銀のメダルを青の帯やベルトでつり下げるというのが、その会員たちの特徴であった。この結社の基盤は、聖母マリアへの終身続く崇拝であり、姉会《エルマナ・マヨール》員が割り当てを決め、三人ずつの会員が交替で昼夜を通して聖母への祈りを捧げた(10)。したがって、アポリナリオ・デ＝ラ＝クルスが創立した聖ヨセフ兄弟会は、当時ごくありふれた組織にすぎなかった。それは規模が小さく、ルクバン町の裕福な住民によって構成され、おそらく社会的地位が確立された兄弟会の陰に隠れた存在であった。事実、マニラ大司教は、発足当時の会員数がごく少数であったことを理由として、この会を正式の宗教結社として認可する必要を認めなかった。こうして、一八三二年の発足から一八四〇年頃まで、この兄弟会は当局に注目されることなく存在し続けることになった。

一八三九年もしくは一八四〇年のある時期に、理由は定かではないが、聖ヨセフ兄弟会は急激に拡大していったようである。発足当時の一九人の会員たちは、いまや「創始者たち《フォンダドーレス》」と呼ばれるようになった。彼らは代表者たちをタヤバス、ラグナ、バタンガス各州の町々に派遣した。代表者は一二人の新入会員を加入させることができればただちに「支部長《カベシーリャ》(cabecilla)」という地位につき、最高評議会での投票権が与えられた。会員たちは会合と月々のミサの出費をまかなうため、毎月一レアル〔訳32〕を支払わなければならなかった。毎月一九日にあげられる盛式ミサがこの会の儀礼活動の最要諦であり、ミサのあと会員たちは支部長の家に集まって「親睦会」を開き、ロザリオの祈り〔訳33〕、アポリナリオの手紙の朗読のあとに食事をともにした。しかしこうした活動はやがて、ルクバン町の助任司祭マヌエル・サンチョ神父の疑念を招くこととなった。彼は聖ヨセフ兄弟会が異端活動に従事していると告発し、一八四〇年一〇月一九日に親睦会のひとつで強制捜査を行なった。

政府との悶着が深刻化したのは、地方当局との無用の衝突を避けるために、アポリナリオが聖ヨセフ兄弟会の公的認可を受けようとしたときであった。一八四〇年に教会と行政双方の当局にさまざまな申請書が出されたが、いずれも却下されるか、放置されたままであった。しかし、ようやく一八四一年半ばになってオラア総督が嘆願書に目を通したところ、スペイン人とメスティーソはアポリナリオ個人の許可なしに入会できない、という排他的条項を見つけて驚愕した。オラアの勧告に従って病院がアポリナリオを解雇すると、彼は逮捕を逃れるため即座にマニラに潜伏した。こうする間にルクバンとマハイハイの町々では、町と教会の当局が軍勢を結集して、聖ヨセフ兄弟会の指導者とその会員たちの魔女狩りへと向かわせた。市街地を逃れ、いまや「王」の名を冠するアポリナリオに導かれた兄弟会員《コフラーデス》たちは、サン・クリストバル山の山腹に集結した。一八四一年一〇月に政府軍はアリタオにある聖ヨセフ兄弟会の野営地を攻撃・蹂躙し、数百人にのぼるアポリナリオの追随者たちを殺害した。指導者たちは逮捕され、まもなく処刑された。

聖ヨセフ兄弟会の儀礼と祈禱

スペイン人がこの反逆者たちにもっとも大きな衝撃を感じたことは、彼らが興奮したり逆上したりして戦うさまと、彼らをはるかに凌ぐ強力な政府軍と対峙しても、なお彼らが見せた個人の身の安全に対するほとんど「非合理」とさえいえる無頓着さであった。この「非合理」さは、フィリピン諸島におけるほかの農民反乱についてもしばしば指摘されてきたものである。(11) カティプーナン会員《カティプネーロス》たちとコロルム運動やサクダル運動〔訳34〕の参加者たちは、まるで死をも顧みないばかりに戦い、その結果、彼らの側におびただしい数の死傷者を出したと述べられている。イスラム教徒〔訳35〕〔ムスリム〕の発狂的暴発現象《フラメンタード》〔訳36〕の分析のなかにもみられるような心理学的説明は、これらの行動にともなった精巧な儀礼について説明しきれないばかりでなく、運動に参加した民衆たちを「受動的に反応するだけの人々」の地位に押しとどめてしまい、彼らの創造的な歴史的役割を都合よく無視してしまっている。こうした手詰まりは、一見「非合理」に見える行動を首尾一貫した世界観の文脈のなかに位置づけて、はじめて回避されうるだろう。幸い、フィリピン国立文書館所蔵のタガログ語の祈禱関連文献やアポリナリオの手紙から、聖ヨセフ兄弟会の「内なる歴史」を再構築することができる。

ごくありふれたタヤバス州の農民は、聖ヨセフ兄弟会に加わるという行動をどのように了解していたのだろうか。支部長《カベシーリャ》にその意志を告げた入会希望者は、ただちにいくつかの簡単な儀礼を経験した。まずはじめに彼は、ほかの入信者とともに兄会員《エルマノ・マヨール》に連れられて町の教会へ赴き、そこで「感謝ミサ《ミサ・デ・グラシア》」にあずかる。郷里タヤバス州で元兄弟会員たちにインタビューしたと思われるドレンドによると、入信者は教会の埃っぽい沿道にひれ伏して「まさにそのとき、自分たちが新しく得た状態のなかで強化されるよう、神の光、すなわち超自然の恩寵を乞うたのである」(12)。彼らは「古い祈り」を唱えた。高らかなファンファーレは鳴り響かず、聖歌隊の合唱も聞こえなかった。「ただあるのは墓場のような全き静寂か、彼らの単調でくぐもった祈りがかすかに聞こえるだけで、それは天に向かっているのであった」(13)。入信者はまた過去の罪を清めるために告解を行ない、それによって全免償〔訳37〕を与えられた(14)。

この単純な儀礼で鍵となる要素は、特定の祈禱を暗唱することにあった。この祈りは所定の回数を定まった順序に従って繰り返すもので、アポリナリオ自身がその暗記と特定の形式を強調していた(15)。アポリナリオの手紙から判断すると、もっとも頻繁に行なわれた祈りはロザリオの祈りで、省略なしに(すなわち一五奥義まで)唱えられた。それと同様に重要で、ここでの分析にとってより意味があると思われるものは、聖ヨセフ兄弟会の親睦会に対して行なわれた頻繁な強制捜査の際に押収された書類のなかにあった祈禱《ダリット》と讃歌である。この祈禱とは『崇高なる聖ヨセフへの恭順を告白する書《スラット・ナ・パキキアリピン・サ・マハル・ナ・ポオン・サン・ホセフ》』であり、これが大量に印刷されていた事実は、教会がそれを認可していたことを大いに示唆する。とはいえ、そのことが聖ヨセフ兄弟会の立場からこれを吟味するということでの意図を損なうものではないのは、この祈禱は加入者が署名することによって会員証明書の役割を果たしていたからである(16)。

告白は以下のように始まる。

神聖なる父にして主なる聖ヨセフよ、我［署名］は汝の足下にひれ伏す、イエスの聖体、神聖なる
聖母マリアの僕なり

明らかに、隷属と恭順は聖ヨセフのみに対してではなく、聖家族〔訳38〕にも向けられている。当時、パションをはじめとする宗教冊子では、聖家族は一致と連帯のモデルとみなされていた。聖ヨセフがこの兄弟会の祈禱のなかで特別な地位を占めるのは、彼がその守護聖人であり特別な仲介者であったからにほかならない。続きの行では、この聖家族への献身がよりはっきりと述べられている。

我、汝の御前に来り、身を捧げて
わが三つなる主、イエス、マリアと
ヨセフを心に迎え入れんがため

従順のしるしとして兄弟会員は聖ヨセフに「税を支払う」（兄弟会の月会費をさす）ことと、主禱文、天使祝詞、栄唱を毎日七回ずつ唱えることを誓う。

汝［聖ヨセフ］が最愛の妻と結ばれし時、その身の上に起きた七つの試練と幸福を想い起こして《パクンダガン》

パクンダガン（pacundangan）というタガログ語は、ここでもまた「想い起こして」と意訳されているが、それがさす対象や経験へ参加する意図を暗示するものである。たとえばパションでは、この言葉はキリストの経験に参加することを意味するために用いられている。

熱にめまいに飢え渇き
時の与えし試練なり
我ら堪え忍ぶべし
主イエス・キリストの
受難《パクンダガン》を想い起こして

この宣言において聖ヨセフの経験は二重性をもっている。マリアとのつながりと幸福、そして彼の七つの試練への忍従である。ヨセフはマリアとイエスへの愛ゆえにこうした試練を克服し、天国で報いられたのである。聖ヨセフが他者へのリワナグ（liwanag）、すなわち光明の源になったと宣言するのは、このためである。

入信者は従順誓願を行なうことにより、聖ヨセフによって示された「至福にいたる苦難」の「道」に忠実に従う生活を始めることになる。この経験を通して導きを得るため、彼は聖ヨセフにその目から発せられる光を降り注いでくれるよう願う。

汝の慈悲に満ちたまなざしを注ぎたまえ、我を受け入れ、汝の幸運なる僕に加えたまえ

兄弟会員の経験は、外部から照らし出されるがために理解できるものとなる。つまり従順誓願が続けるところによれば、聖ヨセフの「無辺の喜び」に参加するのである。会員一人ひとりは、魂の安楽、「良心と、すばらしい（あるいは美しい《マガンダ》）人生と、幸運な死における平安」を手に入れるという希望をもって苦難の人生を受け入れる。聖ヨセフの助けを借りて、聖家族の慈しみと守護が会員一人ひとりに注がれ、彼らは熱情《シグラ》と喜びに満たされ、その罪は赦され、最終的に聖家族に出会ってともに過ごすことができる、と誓願文は結論づける。この聖家族との親密な交わりにあずかる望みをもって祈りは終えられる。

前述の祈禱の精神のなかで、兄弟会が会員間の深い平等主義の感覚と友愛を説こうとしていたことはほぼ間違いない。聖家族に共同で従順を示すことは、彼らを兄弟や姉妹として一体化するための条件であった。会員たちの月ごとの親睦会では、アポリナリオの手紙の朗読と祈禱文朗読のあとに、彼らはひとつところに座して、年齢や性差の別なく同志会食《セナ・フラテルナル》の席をともにしたのである。「そこは親しげな真情と幸福の雰囲気におおわれ、彼らの心は満足感で満たされた。彼らは自分たちを同胞《カパティド》と考えており、それゆえ互いに給仕し合ったのである」(17)。

入信者たちはこのときもまた、ロザリオの祈りの奥義を唱えるよう要求された。そこには、大天使ガブリエルのマリアに対する受胎のお告げからキリストの復活にいたる、パションの基本的主題が組み入れられている。このロザリオの祈りは、パションが詠唱され受難劇《シナクロ》が再演される聖週間のあいだに群衆

に対して開示される人生の真の道を、兄弟会員に対して思い起こさせることに何よりもその意義があった。

ここで吟味しようとする聖ヨセフ兄弟会の第三番目の祈禱歌もしくは賛美歌は、『信心者が到達する天国の栄光を讃える讃歌《ダリット・サ・カルワルハティアン・サ・ラニット・ナ・カラトナン・ナン・マガ・バナル》』（以下、『讃歌』（ダリット）と略記）という四二連からなる詩歌で、この兄弟会関係文書のひとつとして手書きの祈禱小冊子のかたちで残されている。『讃歌』は本質的には、エデンの園をかつて支配し、やがて天国において取り戻される完全なる状態に関する幻視《ビジョン》を描いている。これは、アポリナリオ・デ＝ラ＝クルスがマニラ時代に収集した神秘主義に関する文献のひとつであったように思われる。その初版は一六四五年、イエズス会の黙想会の手引きの翻訳などとともに、アウグスティヌス会の修道士ペドロ・デ＝ヘレーラによって刊行された。彼はタガログ語を用いるもっとも初期の宣教師詩人のひとりであった(18)。もともと四七連あった原作は四二連に省略されたが、おそらくそれはアポリナリオによって行なわれたものであろう。なぜなら、最後の五連はあまりにも説教じみていて、本文の強力な幻視と合致しないと、彼が考えたと思われるからである(19)。アポリナリオがこの詩を聖ヨセフ兄弟会の活動のために用いたことは、筆写版の最後の注意書き、すなわち「これは一八四〇年二月一九日以降に加入する人々が見ることになろう」という部分に示されている。かくして『讃歌』は、聖ヨセフ兄弟会が急速に拡大した時期と結びついていた。この兄弟会が人々を引きつけた理由のひとつに『讃歌』があったといっても過言ではないであろう。

『讃歌《ダリット》』は、その内容は未来についての特別な幻影として理解されるべきものである、との記述で始まる。

待ち望みたる日
より幸多きものになる
その安楽の源が
我らの目に映らば

したがってその内容は、もしそれが正確に理解されたなら、兄弟会員の現在の苦難を和らげることになろう。なぜなら、このような知識は、会員に対して地上での存在を外側から見る視点を与えるからである。天国とは完全なる状態である。

善と真実
人が探し求めるもの
しかし地上にては手にできず
天にて実現されるものなり　（第二五連）

『讃歌《ダリット》』は、この完全なる状態をありうべき姿のひとつのイメージ、すなわち聖ヨセフ兄弟会の会員たちが日々の活動を方向づけることができるような地平として描いている。これらの活動を彩り形づくる未来像を把握することができなければ、アポリナリオの多くの声明や聖ヨセフ兄弟会の活動のさまざまな記述を理解することは、不可能ではないにしても困難であろう。

『讃歌《ダリット》』は光明《リワナグ》のイメージにあまねく浸潤されている。これは、暗黒と光という慣用語法《イディオム》が一人ひとりの人格のみならず世界を記述する際にも用いることができる、という事実から説明しうるものである。光明は、それですべてのことを説明できるような存在の地平である。そこには光明の存在や欠落、強さの度合い、清浄さ、永続性と集中などがある。『讃歌』において、天国は清く永久に続く光明の状態にある。これは地上における人々の結びつきと対比的であり、アポリナリオによればそれもまた光明のひとつの状態ではあるが、光明が永続しないために壊れやすいものである[20]。おそらくこうした理由から、アポリナリオは他の箇所でも、光明の源はこの世を超えたところにあり、人々の結びつきが光明であるのは、それが究極的な源である天国から力を得ているからである、と説く[21]。概して一般の兄弟会員が光の源泉ではなく受容者であるのに対し、アポリナリオその人のように並はずれた人物は、光の源泉とみなされるのである。『讃歌』によれば、天国では誰しも光の源となる。神の前で畏れすくむ者はおらず、むしろ、

常にその目で
見つめている
絶えることなくいつまでも　（第二二連）

天国にいる人々の輝きは、地上の人間には直視できない。それは目をくらますほどまぶしいからである。

陽の光りに
月の薄光
彼らの傍らでは
暗くかすむがごとし　（第二六連）

『讃歌《ダリット》』によれば、天国が純粋な光明《リワナグ》であるのは、住人たちが完全に一致団結した状態で暮らしているからであり、これは、地上の人々がかりそめの一致しか持ち合わせておらず、その結果、暗黒《ディリム》の脅威にさらされているのとは対照的である。この讃美歌では「完全なる一致」という観念がさまざまに表現されている。ある意味で、一致とは、一人ひとりの外見の相違がなくなることによって示されるものである。天国ではあらゆる人々が「ひとつ屋根の下《イサ・リン・ビサン》」にあり、おしなべてキリストの相貌を帯びるようになる理由が、ここにある。

若人や娘たち
彼らより先に生まれた人々も
親と子どもでさえも
すべて似かよっている　（第一四連）

また、一人ひとりの経歴を語る傷跡――怪我、盲目、跛行など――は、天国にいる人々の身体からはもはやなくなってしまう（第二九連～第三〇連）。しかし、ある意味で外見上の欠損が取り除かれるということは、地上にいるあいだに培われた内心《ロオブ》の純粋さを反映していることにほかならない。

嘲りの声はなし
たとえ裸で伏そうとも
罪とがのなかりせば
何ら恥に思うことなし　（第二八連）

いいかえれば、魂が清ければ、外観は何ら関係なく、内心《ロオブ》において彼らは同等なので、他人の前でも裸でいられ、笑いものにもならない。
完全なる一致とは、この世で人を分け隔てている社会的地位が解消されることを意味する。

高貴な生まれも卑しきも
富める者も持たざる者も
皆同じく見えるなり
神ぞこれを慈しみたる　（第一五連）

さらに、人々の関わり合いを規定する脆弱な絆《きずな》を脅かす要素は根絶やしにされる。ねたみ、傲慢、怒り、自己中心はもはや存在せず、ただ愛のみが残り、人々を結びつけ合う。

嫉みはなく
慢りたかぶりもなく
人々は皆、聖となり
互いを愛し合う　（第一八連）

完全なる一致はまた、現世での親族の紐帯をも解消する。このことはつぎの連に示されている。

たとえ汝の父母が
地獄にあるを見たとても
汝の幸は損なわれず
孤児のごとくにあらず　（第三三連）

実際、天国の共同体は神を父とする新たな家族である。そこには親族を超越した一致という概念の完成した形がある。これこそ聖ヨセフ兄弟会がこの世で実現しようとしたものであった。たしかに親族の絆は、結社を円滑に運営する障害となることが多かった。聖ヨセフ兄弟会への加入や退会に関して、親子間、夫婦間のいさかいがしばしば起きた。この問題に関連しているのが、人間の気の迷いは聖ヨセフ兄弟会にとっておそらく最大の脅威であるが、天国ではもはや存在しないという考えである。アポリナリオはつねづね、兄弟会員たちがその内心《ロオブ》をしっかり抑制するように、家族の圧力に屈する誘惑から身を守るように、また結社が経験する苦難に対峙しても断固とした態度を貫くよう鼓舞していた。多くの兄弟会員たちはそうした自己の抑制を成し遂げられなくなって、結社を退いていった。しかし天国では、

移り気心変わりはなし
良心が苦しめられることもなし
状態は何ら変わることなし
いついつまでも永劫に　（第三二連）

従順誓願の結論部分で希求される聖ヨセフ、マリア、その他のあらゆる聖人との親密な関わりは、天国で成就される。聖人であろうと信心者であろうと、あらゆる存在のあいだにある隔たりは愛によって橋渡しされる。さらに、

天地の創造主なる神
慈しむべきもの
人々は皆、聖となり
互いを愛し合う　（第一九連）〔訳39〕

さらには、

常にともにおりし者
光り輝く天使たち
彼らとともに
語り合う

殉教者は知遇をえ
乙女たちは友となり
証聖者〔訳40〕は慈しみを受ける
すべての者はまばゆく輝く　（第三九連〜第四〇連）

最終行の「すべての者はまばゆく輝く」は、愛と光明《リワナグ》の観念の並置を別の言い方で例示している。『讃歌《ダリット》』における天国のイメージとは、他者との一体化という聖ヨセフ兄弟会の熱望とその光明の探求が成就した場合の状態を描いている。

聖ヨセフ兄弟会の会員になることで各人は特別な知識を手に入れるが、それは共同体をあまねく照らす光明《リワナグ》に包まれることによってもたらされる。人々のあいだ、あるいは地上では、知識《ドゥノン》（dunong）やすばらしい《マガンダン・イシプ／マブティン・イシプ》（善良な）考えは通常では指導者が持つものであり、一般の同胞たちはより劣った程度でそれを持つにすぎない。しかし天国では、すべての人が究極的なかたちの知識を受け取る。神に面と向かってまみえることは、光明のなかで時をともにするだけでなく、同時にあらゆる物事の知識を得ることをも意味する。

賢人や知識人になれる
たとえ無学であろうとも
その思考には
最高の智が与えられる　（第三八連）

したがって、

その思考は研ぎ澄まされ
また記憶力についてもしかり
たとえ小さな赤子であろうとも
賢人になれる　（第三五連〜第三六連）

『讃歌《ダリット》』では、何を知り得るのかについて述べていない。われわれはただ、純粋な光明《リワナグ》のなかにある知性は物事をありのままにとらえるものだと推測するだけである。もっとも、これが意味することのひとつの事例がパションのなかにある。それによると、タボル山においてキリストから放たれた目もくらむばかりの光によって、使徒たちに変容がもたらされ、彼らはイエスをありのままに見ることができるようになる。〔訳41〕アダムは、罪を犯す前にはこの能力を持っていたが、罪を犯したあとには神のまばゆい光からその目を覆わなければならなかった。天国で、人は神から発する光明をじかに見つめる能力を回復するのである。

『讃歌《ダリット》』に関する最後の論点は、お守り《アンティン-アンティン》に関するものである。スペイン当局は、このお守りを首の辺りに取り付ける肩布のかたちで兄弟会員たちに流布させたかどで、アポリナリオを告発した。『讃歌』が描く天国にいる人々のいくつかの特徴は、お守りを持つ人々が主張する特徴とそっくりであった。たとえば第五連から第七連にかけて、天上の人々は、鳥が飛ぶように「瞬きするよりも速く」、きわめて敏速に移動できると述べられている。第四連には、障害や危険をともなわずに行動を続ける能力について書かれている。光明《リワナグ》ついての事柄全体がお守りと関連している。すなわち、より効験のあるお守りは発光し、強力なお守りを持った特定の人物もやはり発光する。一般に、『讃歌』が入っている小さな祈禱書を、兄弟会員たちは力を持つ物、おそらくお守りとみなしていた、という印象を強く受ける。さまざまな史料からお守りに関する記述を集めてみると、その効力は特定の儀礼を正しく行なったり厳しい規則を遵守したりするか否かによっていた、との結論を引き出すことができよう。悲劇にみまわれた際に、うかつにもお守りが不出来であったと咎めることができないのはこのためである。この呪物は実は、所持者が自分自身の存在を適合させてゆくような、もうひとつの現実秩序の存在を示す指標である。その基本的主題は再生である。お守りを所有する人は苦難と死を予期しているので、最後まで戦うことが多い(22)。決定的な年である一八四〇年には、祈禱書が兄弟会員のお守りとなったに違いない。完全なる状態に到達するためには俗世に対して死ぬ〔訳42〕という考えを受け入れなければ、天国のイメージも意味のないものである。

お守《アンティンーアンティン》りと聖ヨセフ兄弟会の祈禱は紙一重である。すべては行動と深く結びついている。再三再四、アポリナリオは、兄弟会員たちに祈るようにと訓戒した。危急のとき、一人ひとりに強さと方向性を与えるのは、ただ祈りだけであった。祈りは現実から逃避する手段ではなく、内心《ロオブ》に静穏さをもたらすものだったことは強調されてしかるべきである。会員たちが州長官による尋問を受けていた時期にしたためられた手紙のなかで、アポリナリオは、神への祈りは「真実の」祈りであるべきであり、恐怖の吐露であってはならないことを同胞たちに思い起こさせている(23)。「真実の祈り」とは、祈禱と自己抑制の関係のなかに、すなわち一人ひとりの内心をすべて特定の方向へ向けることにその本質がある。お守りの特定の形態としての「真実の祈り」によって、人は穏やかに死に直面することができる。なぜなら、死は完成にいたる扉であるとする思考の準拠枠組みのなかに、みずからの実存が「位置づけられて」いるからである。

アポリナリオの教え

アポリナリオ・デ゠ラ゠クルスの聖ヨセフ兄弟会への手紙は、同胞たちに直接宛てられるか、兄会員《エルマノ・マヨール》のひとりであるオクタビオ・サン゠ホルヘに宛てられた。それらの手紙は、月ごとの親睦会の活動の一部として集まった兄弟会員たちに向けて朗読された。アポリナリオは、全員が完全に手紙の内容を知りつくすようになるために、その手紙の朗読のしかたをオクタビオに指示していた。(24) スペイン当局は一八四〇年一〇月一九日に強制捜査を行なったが、その際に没収した手紙のなかにあったと伝えられる「扇動の精神」にとりわけ衝撃を受けた。(25) とはいえ、手紙のなかから発見された(人種的意味合いをもつゆえの)「扇動的な」性格のメッセージとは、アポリナリオの同意なしにメスティーソが結社に加入できないとする条項だけだったのだが。

ドレンドによると、兄弟会員たちはその活動を組織するうえでアポリナリオの手紙に大いに依存していたという。(26) 次回の親睦会の準備、会費の徴収、使節の派遣などの細々した諸事にまで、手紙の記述は行きわたっていたようだ。ドレンドはさらに、兄弟会員たちが「尊敬の念といくばくかの好奇心をもってエルマノ・プーレの手紙」に耳を傾け、「そこから多くの人々が深い洞察を得た」と述べている。(27) ドレンドの言わんとすることは、兄弟会員たちは新しいがゆえに、スペイン人の目には破壊的だと映るような考えに目覚めたということなのであろうか。それとも、その考えは既存のもので、社会の価値観や宗教経験に内在していたものが、単にあるひとりの創造的で表現力に富む指導者によって形を与えられただけだということなのだろうか。

手紙のなかで、観念はさまざまなイメージを通して表現されている。聖ヨセフ兄弟会内部で起きたこと、あるいはそれに関わる世の中の動きは、日常生活の文脈のなかにおかれたままではなく、超越的な観念と並置することで意味が与えられている。このため、兄弟会員たちの何人かが考えを変えて結社を退こうとしていることに言及したいと思うとき、アポリナリオは、薄く高い雲が陽光をさえぎっているという[28]。暗黒と光の対比は、彼の手紙群のなかでもっとも頻出する力強いイメージに見える。ある特定の方法で行動するよう同胞たちを励まそうとするとき、また彼らとの関係を表明しようとするとき、アポリナリオはパションやその他おなじみのテキストを引用してイメージを呼び起こす。その意味するところを強調するためにアポリナリオがつぎつぎとイメージを生み出し、それが継続的な流れとなると、「日常世界」と「パションの世界」の境界はときとして曖昧なものになってゆく。手紙はまさにその形態ゆえに、有無を言わせぬ威力をその聴衆に対して発揮した。兄弟会員たちは単に何を考えるべきかを語られたのではない。むしろアポリナリオが用いた数々のイメージによって、彼ら自身の経験を組織することができるようになった。要するに、指導者の忠告、激励、叱責、出来事の解釈によって、日常生活が超越的で首尾一貫した水準にまで高められた。超越的とは、パションにおける時間との関連のなかで現在を見るということであり（たとえば最後の審判が現在の行為の中心的事柄であるというように）、首尾一貫とは、葛藤、苦難、死すらも含むあらゆる物事が意味をもつということなのである。

アポリナリオがその手紙のなかで自問するもっとも悩ましい問題とは、内心《ロオブ》がぐらつくことである。結社と聖家族への兄弟会員の献身に対する評価基準は、外部からの迫害に抵抗し、また退会してより安楽な生活を送るという誘惑を退ける能力におかれていた。アポリナリオは一八四〇年九月以降、この問題にとりわけ腐心するようになった。この月にルクバン町の助任司祭であるマヌエル・サンチョは、「破壊的」な可能性を秘めたこの組織が彼の教区内でその活動を活発化させてきたことが発覚したことから、この集団の出費によって月例ミサをあげることを拒否した。一〇月一九日の夜に、サンチョ神父は町長《ゴベルナドルシリョ》（gobernadorcillo）や数人の地方有力者たちとともに聖ヨセフ兄弟会の親睦会に対する強制捜査に着手した。その結果、二四三人が逮捕され、募金箱、アポリナリオの手紙、一般の聖像画に見られる様式で描かれた大版の彼の肖像画二枚が押収された。(29) この事件からおよそ一カ月後にアポリナリオは、とくに彼の同胞たちがその試練のときにあって彼らの内心を萎えさせ《ウロン》てしまわないように、との忠告を書き記した。明らかに幾人かは、すでに聖ヨセフ兄弟会に背を向けてしまっていた。なぜなら、アポリナリオは、もはや彼らを仲間《カサマ》とはみなさないと述べることに躊躇しなかったからである。その兄弟会員たちに起きたことは、

まるで薄く高い雲が陽光をさえぎっているようなものだ。だが神の慈しみを通じて私たちのうちには光明《リワナグ》があるだろう、いかなる抑圧も時にかなうもののゆえ堪えしのぶべし。それらは神の意思にもとづいて与えられたものであり、われらを栄光に包みたまう。

彼は、翌月に出席すべきミサのことを兄弟会員たちに思い起こさせ、助任司祭による危害と脅迫があっても欠席すべきではない、と述べる。なぜなら悲惨な苦境は、結局は彼らに利するに違いないから（「苦しみはわれらから取り去られるであろう」《マカババウィ・リン・タヨ・サ・カハピサン》）である。アポリナリオは、兄弟会員たちがその活動を続行すること、とりわけ今後のミサと親睦会に充てるための資金を徴収することを勧めて、文章を終えている。彼らは「その心を強くもって邁進すべき」《スロン・ナマン・アン・ロオブ》(30) なのであった。

一八四一年初めに聖ヨセフ兄弟会を取り巻く情況が急速に悪化していったのは、州長官オルテガが、行政介入せよとのサンチョ神父の頑強な要求に応じ、ルクバン町長に対してこの兄弟会の撲滅に協力するよう命じたからであった。このことが背景となって一月四日に、アポリナリオは兄会員オクタビオ・サン＝ホルへに宛てて、聖ヨセフ兄弟会の来るべき「統一の日」に予期される崩壊に備えるよう手紙をしたためたのであろう。すなわち、そのような事態にいたっても兄弟会員たちは「困惑《イカバクラ》」してはならない。もし彼らが州長官に証言を要請されれば、聖ヨセフ兄弟会に与えられた苦難について述べなければならない。本当に迫害を受けてきたと恐れずに述べなければならない、と。アポリナリオによれば、大切なのは苦しみに真正面から向き合うことであって、背を向けることではない。神への祈りのなかで、彼らは恐れや疑いを吐露するよりも、むしろ「人間であることの尊厳に喜びを覚える《ルマガイ・サ・カシャハン・パグカタオ》」べきなのである(31)。

一八四一年二月一〇日に、アポリナリオは、同じ内容だがもっと激しい言葉で手紙を書き送り、決然として《パカティティバイン・アン・ロオブ》父なる神、聖母マリア、聖ヨセフに請い求めるよう、この兄弟会の会員たちを促した。「従順誓願」を反映するかたちで、彼は会員たちに苦しみは不可欠であり、それこそが永遠なる平安という実りをもたらすことを思い起こさせる。しかし「その内心《ロオブ》が揺れ動き、われらの団結に加わることを躊躇する」人々もいる。こうした人々は、おそらく「暗黒が彼らを覆いはじめている《バカ・マディディリマン・ラマン》」ので、あるいは「今この時代の意味を忘れかけている《ナカリリモット・サ・パナホン・イト》」だろうから、一人ひとりがしっかりと考えるべきである。宿命の時《オラス・ナ・タドハナ》が訪れるとき、彼らの運命がどうなるのかを思い出すべきなのだ。そしてアポリナリオが続けて述べるに、たしかに幾人かはすでに大義に背いてしまったが、それは創始者《フォンダドーレス》たちのせいではない。

なぜなら彼らは、

盲目を開眼させているのであり、汝らが開眼してもいまだ光明《リワナグ》の道をたどり続けていなければ、神の手により痩せ衰えさせられてしまうのがふさわしい。神の使徒の言葉によれば、そういうふとき者は、誰もが見るたびに胸くそ悪くしてしまうような汚れにまみれた豚にたとえるべきである。[32]

内心《ロオブ》の迷いは、一般の兄弟会員たちだけについてまわった問題ではなかった。兄会員のオクタビオ・サン＝ホルへ自身も一点において困難を抱えていた。両親との対立に苦しむだけでなく、彼は州長官から尋常でないほど激しい尋問を受けていた。[33] それは何らかの「罰」であるかもしれぬ、とアポリナリオは日付のない手紙で述べ、信頼する仲間《カサマ》オクタビオに、暗黒《ナヒヒロム》が彼に影を落としていると見えないように、また「内心から生じたものでないこと」はせぬように命じている。アポリナリオは続けて、今この時代になすべきよりよきことについて考えるよう、そしてつぎのことを忘れぬように、と述べている。

身に起きたあらゆることは、天の意思によるものである。汝の受けた罰は真の罰ではなく、五つの喜びの奥義に気づけば、聖ヨセフ兄弟会に光明《リワナグ》をもたらす大いなる恵みのあらわれなのである。[34]

この手紙は、とくに兄会員に宛てたものであるという点で、さきに吟味したものとは異なっている。アポリナリオはオクタビオに、結社の指導者のひとりとして、彼自身がみずからを律する心、すなわち

「真に変革された内心《トゥナイ・ナ・ナパグクンベルティン・ロオブ》」を持つという模範を示すべきであったことを思い起こさせる。このことによってはじめて、彼は明かり《イラウ》となりうる。つまりそれは、何にもまして彼の保護のもとにある教区民の世話を誠心誠意し、また「どうしようもないことに心を騒がせる態度《ポストゥラ・サ・マガ・パグカアブリドン・ワラン・カササピタン》」をとらないようにすることを意味する。(35) ここにおける光明《リワナグ》の観念と自己抑制の関連は明らかである。光明は人々の連帯、天上の存在、そして強力なお守り《アンティン-アンティン》を持った並はずれた人物によって発せられる。しかしオクタビオの場合のように、指導者もまた「真に変革された内心《ロオブ》」を備えているほどに光明を発する。彼の「カリスマ」性は必ずしも富や地位や教育にではなく、他人を魅了するような「美しい」内心にもとづいている。アポリナリオによれば、「高潔な指導者精神は、この世から起こるさまざまな誘惑に動揺する不安定な内心を持つ人を正しく覚醒させる」。まさしくそれに見合った資質を備えているから、オクタビオ・サン＝ホルへはアポリナリオによって、「彼の全共同体における右腕《カマイ・サ・カニラン・ブオン・カダフナン》」と認められる。(36)

内心《ロオブ》が動揺したとき、人はどのようにそれを抑制し安定させればよいだろうか。あるとき、アポリナリオは兄弟会員たちに対し、表面上は苦難が長期化しても「内心にあるものを変えないこと」を説いた。「自己を律し均衡を維持する《ピリティン・ニニョン・タバナン》」よう彼は述べる。「維持《タバン》」とは、ここでは文字どおり「落とさぬよう把握して、均衡を維持すること」を意味する。これがとるべき正しい態度であり、会員たちを見捨てない神と聖ヨセフに対して示すべきことでもある。(37) アポリナリオが書いたほかの文書から、兄弟会員たちのあいだで自己均衡の範囲を示す目に見えた指標とは、共同体を包み込む光明《リワナグ》の度合いであることが明らかである。とはいえ、兄弟会員たちはこうした状態をどのように維持するのだろうか。その答えは、アポリナリオが善良な考え《マブティン・イシプ》を持つという言葉で意味するところに求められる。さきに引用した一節のなかで、彼は「考えること」とは、「時機《パナホン》（panahon）」、すなわち出来事が位置づけられる時代や時を知っている状態であることを暗示している。[38] 彼らの奮闘や試練はより広い文脈において意味をもっており、その文脈をこそ考慮すべきなのである。アポリナリオは別の手紙で、「聖ヨセフの恵みによりて、暗黒に陥った者が絶えず明瞭な考えを持つ」よう彼の教えを省察することを、とくに奨励している。[39] 簡単にいえば、彼の強調する教理とは、兄弟会員たちは、「探求していた幸福が達成される前に苦渋を経験することを内心が予期する」ような状態にあるべきだというものである。ところが、生命を求める者が軽度の苦しみや抑圧《カルワギナン》に音をあげていたのでは、とうてい目的に到達することはないであろう。その者は「囲いのなかにはとどまらないであろう」として、失われた羊の比喩[訳43]が引き合いに出されている。兄弟会員たちのあいだで内心が動揺し弱まるような出来事にアポリナリオは明らかに不安をかき立てられて、「もしそれがわれわれのよき団結における協力であるならば、それはまったく価値がない」と大声で叱正する。そして最後に、これら誤った者たち、すなわち「考え」ない兄弟会員たちは、芽が出ても獣に食われてしまうだけに終わる悪しき種子にたとえられる。[40]

したがって、善良な、あるいは明晰な考えを持てば、苦難と「人々のよき団結」の達成との関係がわかる。オクタビオが試練を甘受することにより同胞たちが最終的に五つの喜ばしき奥義を感得し、聖ヨセフ兄弟会に光明《リワナグ》がもたらされたことを、アポリナリオは想起させた。そして、その助言の重要性とは、結社の一体性のためには困難に直面した際にその内心《ロオブ》を全体として保つ必要があることを、彼の模範を通して同胞たちに認識させた点にあった。

「見抜くこと」、つまり光明《リワナグ》のただなかにいるためには、絶え間ない祈りを必要とした。聖家族への従順を宣言することによって、またつねにロザリオの奥義を唱え天国への『讃歌《ダリット》』を詠唱することによって、兄弟会員は自分自身を律し、明察の状態を維持することができた。このようにして、あらゆる脅威の出来事は疑念と恐怖の原因となるのではなく、むしろ意味のある文脈のなかにおかれるようになった。光明が彼らの祈禱会に満ちあふれているしるしとして、兄弟会員たちは蠟燭《ロウソク》に火をつけて携えた。実際、アポリナリオの指示のなかには、聖ヨセフ像の前に置かれた蠟燭は祈りが全部終わるまで消してはならないというものもあった(41)。

さきに述べたオクタビオの事例は、聖ヨセフ兄弟会の指導者たちはその内心《ロオブ》を模範的に抑制していたがゆえに、並はずれた人物であったことを明示している。したがって、指導者たちは、オクタビオのように、つまずきにあった他人を導く灯明、あるいはアポリナリオが創始者たちを評して言うように、見えぬ者に視力を与える眼となりえたのである。オクタビオには、よき指導者としてのあらゆる必須条件がそろっていた。彼は聖ヨセフ兄弟会で活動した結果、自分の家族と当局の双方から迫害されることになった。はじめは一見動揺したようであったが、その後に確固たる態度を打ち立て、その経験を活かしてほかの人々に奉仕した。オクタビオの働きをとくに明快に述べた文章が、当局による迫害が絶頂に達した時期のアポリナリオの手紙のなかに見られる。オクタビオは「同胞《マナボグ》たちが四散してしまわないように」、彼らの世話にいっそう励むよう促されている。

誤った考えを持つ者たちを教化し、正しき道を示して、誘惑に打ち負かされないようにせよ(42)。

オクタビオの指導力はスペイン当局によって認識され、一八四二年三月のある報告書では、彼は「インディオに普通に見られないような」資質を持ち、「複雑に絡み合った混乱状態にあった彼らのあいだで秩序の体制を築き上げた」(43)と指摘されている。この混乱から秩序へというイメージは、人々に正しき道を示す灯明としてのオクタビオのイメージに合致する。灯明の明かりなしには、人々は道に迷い四方八方にさまようことだろう。

人生の茨《いばら》の道を進む人々を導く灯明のイメージは、タガログ文学でおなじみのものである。信仰の手引書や聖人伝などの宗教文書の序文として書かれた詩のなかで、初期のタガログ詩人たちはこれらの文書を、神を見つけ出そうと出航する船を導く海上の灯明にたとえた。(44)たとえば、一六〇五年に創作された初期のタガログ語の詩のひとつには、まさしくこの主題がある。

たとえ嵐がきて、暗かろうと
悲嘆をこらえ
私は航海に出ることを
みずからに強いる
そして探し出すのだ
我らの父なる神を

かつては目を閉ざされていたけれど

この光明に
感謝せん
神が光を照らしたまい
司祭をして
この尊き本を知らしめんとす

高波に
投げ上げもまれても
我は足を伸ばし
活力を新たにする
この書物においてこそ
救いの浮標はつかみとる(45)

疑いの余地なくスペイン人修道士たちは、海に浮かぶ船というイメージが、もともと川沿いや海で暮らしてきた低地民にキリスト教の観念をもたらすための効果的な媒体であることに気づいたのである。パションでは、有名な——少なくともフィリピン人にとっては——聖母マリアへの言及、すなわち「海の星」というイメージがある。

マリアという名の
無類の輝きをもつ星
海原の沖で航海する
すべての者を
明るく照らす　（一一二頁：第九連）

嵐の海を灯明に導かれて渡ってゆく船のイメージは、人生のある状態からもうひとつの状態への通過、たとえば、それぞれの兄弟会員が入会しようと署名したまさにその瞬間から起こさねばならない遷移の概念に完全に符合する。したがって、アポリナリオのひとつの手紙に、まさにこのイメージを用いたものがあったとしても不思議ではない。その手紙には日付はないが、それは、〔神の聖ヨハネ《サン・ファン・デ・ディオス》〕病院を解雇され、タヤバスに戻るに先立ち、マニラで潜伏生活をしていた一八四一年中頃あたりに書かれたものであろう。その内容の大半は判読しがたく、また「ぼろをまとって」いるといった、彼の窮状をうかがわせる箇所もいくつかある。しかしそのなかでも、つぎの一節は際立っている。「汝らは［難破して］寄る辺なく置き去りにされ、われらは海のただなかで離れ離れになってしまった」[46]。ここには明らかに、目的地をめざし一体となって動く船としての聖ヨセフ兄弟会のイメージがある。しかしこの特定の時点において、船はすでに難破してしまっている。「置き去りにされ《ナガワカワク》」とは「孤立している」ことをも意味し、兄弟会員たちは彼らの基準点を失ったようで、薄闇のなかを手探りでさまよっている。それは導きの灯明であり、あるいは別のいくつかの手紙にあるように、「舵取り《マイ・マネホ》」である指導者と離れ離れになった結果である。[47] あるいはより正確にいうならば、彼らはアポリナリオの教えから離れてしまっている。なぜなら、前記の手紙の終わりで、彼は兄弟会員たちが忘れてしまったように見える教えを思い起こすと、深い悲しみに沈むと述べているからである。

タガログ人のキリスト

アポリナリオと聖ヨセフ兄弟会との関係は、彼の手紙のなかのさまざまな文章から拾い集めることができる。概して、彼には表面上矛盾する二つのイメージがある。そのひとつは、以下に示すように貧しく身分の低い人間としての顔である。

私はひとりの貧民であり、財産はなく、また私の門弟たち［もしくは兵隊］も貧困のなかで育ってきたことを、彼らの心にとどめておきなさい。[48]

他方、アポリナリオが権威、知識、憐れみの源泉であったことには一点の疑いの余地もない。往々にして彼は、子どもがその母親に対するように兄弟会員たちが彼に助けを求める、という印象を与えている。かつて当局が親睦会を禁止したとき、彼はつぎのように兄弟会員たちを叱責した。

われわれがこのようになってしまったのは、おまえたちに責任がある。おまえたちには考えと注意が足りなかった。おまえたちは私が課した命令に従わず、われわれ全員をだめにしてしまった。だから、おまえたちはいまさら誰を「主」と呼ぶというのか。誰について行こうというのか。私はかつての強さを失ってしまい、おまえたちはもはや私に頼ることはできない。(49)

またあるとき、アポリナリオは、「たとえ若輩であろうとも、私には処罰する力がある」として、聖ヨセフ兄弟会に邪意をもたらした者たちに警告を発している。(50)

この明らかな矛盾を説明しうる唯一の方法は、アポリナリオに関するこうしたイメージをパションにおけるキリストの姿と関連させてみることである。われわれはキリストのなかに、神性と人性、謙虚さと絶対的強さといった一見矛盾するような両面をその人となりのなかに兼ね備えた人物を見る。彼は主にして僕、犠牲者にして勝利者である。彼は「無学」といわれながら、知識において誰をも凌駕する。貧しくありながら、あらゆる富を分け与える。十二使徒の足を洗い口づけするのもキリストであれば、〔訳44〕神殿で商いをする商人たちを怒り追い出すのもキリストである。カルバリの丘にただひとりで登り死を〔訳45〕迎えることによってのみ、彼の究極の勝利は成就するのである。

フィリピン史のなかのいくつかの局面において、大衆がキリストの姿を体現しているとみなしたような並はずれた人物たちが出現してきた。その一例はホセ・リサールであり、〔訳46〕彼は有産知識階層に属した数少ない有名な殉教者のひとりである。民衆への標示としての働きをしたのは、(彼の著作のなかの謎めいたいくつかの記述を除けば) その生ではなく死であった。(51) アポリナリオ・デ＝ラ＝クルスはフィリピン史におけるもうひとりのキリスト的人物であり、明らかに、そのきわめて個性的な特質によってではなく、キリストが人々のあいだに現われたことの力強い形象として記憶されている。彼の個性に関する民衆《フォーク》の記憶は、パションにおけるキリスト像との関わりにおいて形づくられてきた。神の聖ヨハネ《サン・ファン・デ・ディオス》病院のなかでのアポリナリオの生活に関する以下の記述は、一九一五年にガブリエル・ベアト＝フランシスコという教養あるタガログ文学者によって出版されたものだが、彼の郷里タヤバス州の年長者たちのあいだで語られてきた民衆伝承に大いに依拠したものである。

神の聖ヨハネ孤児院の信徒指導者となったとき、アポリナリオは募金箱を持ってマニラの家々を回ることをみずからに課した。献金を募ってまわるとき、彼は神への信仰と献身のあかしとして黒い外套を決して肌身離さず、献金箱は、いっぱいになって重くて持てなくなるまで決して手放そうとはしなかった。アポリナリオは外見上こうしたことを続けたが、孤児院長は彼の内面の感情に気づくことはなかった。

奉仕活動の初期には、近郊の町で募金を集めた箱を携えて毎日午後に孤児院に戻ったものだった。のちに彼は、パチョリとバルサムの香をたきしめた箱を持って地方にまで足をのばす許可を得た。箱は〔宗教的な？〕肖像画の前に置かれ、信心したい人がそれに口づけした。日ごとにアポリナリオはマニラからだんだん離れたところまで足をのばした。疲労困憊しても、アポリナリオは「神の聖ヨハネ〔病院〕が貧しいなら、この国の状態はなおさらだ」と思案した。

旅をしながらこのような考えに操られて、彼はバイ湖沿いの町々までやってきた。そしてそこからタヤバス州の生まれ故郷に向かって進んでいった。彼はますます謙虚にふるまった《ナグパカババ》。毎日ミサにあずかり、信心深い態度で巡回するだけでなく、結社を結成するため普通の人々を招き寄せた(52)。

この記述は示唆に富む多くの詳細な内容を含んでいる。アポリナリオが極度に「卑しい身分」にまで降りたということは、キリストのこの世での経験と共通するものである。フランシスコに情報を提供した人々には、おそらくこの人物に関する「事実」のほんの断片が残されただけであったはずであるが、それでも彼らはパションから知りえたキリストをモデルとしながらこうした断片的な情報を組み合わせて、まとまりをもった意味のあるひとつの肖像を描くのである。

かの人の物腰はあはれなり
偉大なる神にもかかわらず
あえて謙虚にふるまいたり
この世の卑しき者どもの
その模範を示さんとて　（八六頁：第一三連）

地方を旅してまわり、アポリナリオの生き方に引きつけられたと思われる人々が集団を形成するまでにいたった経緯は、弟子を探してキリストがさすらったことを想起させる。へとへとになるまで重たい募金箱を担いだ姿からは、十字架を背負ったキリストのイメージが彷彿とされる。彼が信仰のあかしとしてまとった黒い外套《サポット》は、タガログ人にとっては死を迎える覚悟ができていることのあらわれであった(53)。

しかし、民衆の記憶においてアポリナリオ・デ＝ラ＝クルスの生涯が、パションの言葉で解釈されたというだけでは十分ではない。今日と同じく当時も、ルクバンやその周辺の町々は宗教的祝祭のさかんなことで有名であった。たしかに労働のさなかにもパションの一部を詠唱するほどに、その住民はキリストの生涯を熟知していた。彼らの信仰の強さは日常生活に影響を及ぼしており、こうしたことが聖ヨセフ兄弟会をさかんにした。われわれはこの現象を「ダマイ（damay）」、すなわち「共感」〔訳47〕という、個人のパションに対する関係を総括する概念によってよりいっそう深く理解することができる。「ダマイ」は、今日では他人の不幸に同情し、あるいは哀悼の意を表するという意味で用いられているが、より古くは「他者の勤めへの参与」を意味していた言葉である(54)。パション詠唱の本来の趣旨は、キリストへの共感《ダマイ》を喚起させることであり、そのテキストはこの行動様式を示唆する実例に満ちている。つまり、悲しみと憐れみの表現、涙あふれるすすり泣き、十字架を担ぐイエスを助ける人々、清浄な人生を過ごしキリストの模範に従うために内心《ロオブ》の状態を変えることなど、である。アポリナリオ・デ＝ラ＝クルスの人生の多岐にわたる細部は、彼のキリストへの共感の表現としてとらえるべきである。

ある手紙のなかでアポリナリオは、聖ヨセフ兄弟会を設立するに先立ち、ある種の物乞いをしたことについて語っている。たとえば彼は組織の五〇〇〇ペソの財源に言及し、聖ヨセフ兄弟会のミサと儀礼を執り行なうために不可欠であるこの資金の調達のために、「骨折りと不眠《パゴット・アット・プヤット》、朝がけ夜がけ《アラウ・ガビ》」の八年間を捧げたと述べている(55)。しかし、それは聖ヨセフ兄弟会への「配慮」を表わすひとつの手だてにすぎない、と加えて言う。彼は自分自身をさして「追求してきた者《イサン・ナグパガット》」という言い方をするが、それは明らかに昼となく夜となく群れの番をする「よき羊飼い〔訳48〕」のイメージと符合する(56)。

その他の手紙では、会員たちに対する謙虚な指導者というイメージは、創始者たち《フォンダドーレス》の集団に対しても広げられている。一八四一年二月にアポリナリオは、創始者たちは身分の低い《マラリタ》人であり、その生活のあり方が人々を惹きつけている、と記している。彼によれば、創始者たちは兄弟会員たちに昼夜の別なく、愛と慈しみ深い心配りを与えたという(57)。ここでは指導者と追随者たちとの関係を規定する際に、富や高等教育によって得られた地位の役割が指摘されることはない。むしろ地方有力者層のみが尊敬と敬意に「値する」人々の集団であるとする「伝統的」状況が、パションにおける力強いキリスト像によってくつがえされている。少なくとも兄弟会員たちにとって、身分の低い者と呼ばれる人が彼らの指導者たりえた。なぜなら、彼は、キリストが今ふたたび彼らのただなかにいることのあかしだったからである。

アポリナリオの手紙には、彼が聖ヨセフ兄弟会に対してキリストのような関係を築いていたことを示すほかのイメージも溢れている。「よき羊飼い」のイメージに加えて、今まさに花を開かんとしている植物の世話をする庭師のイメージもある。一八四〇年の暮れに、鎮圧を受けるという緊迫した状況を斟酌して、アポリナリオは親睦会の開催を見合わせるよう忠告を与えたうえで、つぎのように述べている。「われわれがばらばらになってしまえば、庭師である私はもはやおまえたちに水撒きもできなくなる。そうしたらどうすればよいというのか(58)」。これに関連してアポリナリオは、悪意をもって聖ヨセフ兄弟会に加入しようとするような人々に言及しながら、芽を出して雑草となる「悪い種子《マサマ・ナ・ビンヒ》」について語っている(59)。とはいえ、たとえ種子が発芽して葉のついた植物となっても、花をつけ実をみのらせるまではそれらとて不完全である。この民衆のあいだの言い習わしは、パションのつぎの連にもっともよく要約されている。

なぜと申すに生まれつき
人にはよき行ないにて
実りをもたらす力あり
さもあらざれば呪われし
いちじくの木のごときなり　（七二頁：第二連）

アポリナリオが庭園――つまり聖ヨセフ兄弟会――の面倒を見ることは、人々に彼らの存在に潜在する最大限の可能性を理解させることをめざす愛の労苦である。庭師が生命の水を撒くイメージに則ってアポリナリオは、オクタビオに心遣いと憐れみという聖なる祝別を降り注ぐ、と語っている。その祝別は共同体全体に対する彼の生得の愛のうちに満ちあふれている。

共同体全体に対する私の生来の愛により、聖なる恵みと祝福、包み込むような慈悲がおまえたちに降り注がれますように。(60)〔訳49〕

創始者たちは、ある意味で普通の人が応答することのできるような、ある種のありうべき姿を映し出す鏡であった。彼らのリーダーシップは、人々をして彼ら自身の生活を外側から見るように、そして、その時点から引き続き結社に関与して「信仰の跳躍」をなすべきかどうかを決定するように、彼らを導くことを意味した。したがって聖ヨセフ兄弟会におけるリーダーシップの「働き」とは、パションの物語の詠唱と類比的であり、共感《ダマイ》と、内心《ロオブ》の持つ潜在能力の開花とを引き起こすことにあった。

一八四一年三月の手紙のなかでアポリナリオは、創始者たちは入会者を得るため、「いかなる人の《ピニサ・》首根っこをつかんだり《サ・レエグ》」、剣をもって人を脅したりは決してしなかったことを強調して述べている。結社への加入は内心《ロオブ》の「自発性《ボルンタド》」から発してなされることであり、鞭によって成し遂げられることは何もなかった。したがって、彼はこの手紙の結論として、本当に手を引こうとしている人に対してできる唯一のことは、彼らの名前を名簿から削除することだけであるという。(61)他方、さきに引用した別の文章でアポリナリオは、創始者たちは盲人の目を開けることができるが、彼らが光の道に対する意識をもってもなおそれをたどろうとしないのならば、神の手で痩せ衰えさせるしかないと念を押している。(62)すなわちこれは、一人ひとりが自分の行動を十分に理解すること、そして、ある状態から光に照らされた別の状態へといたる道を進むか否かを決定するのも自分であることを意味している、と理解することができよう。一八四一年二月一日にアポリナリオは同様の考えを間接的に表現し、兄弟会員たちに対して、キリストが血の汗を流した園〔訳50〕で父なる神から御子〔イエス〕に与えられた啓示について熟考するよう促している。(63)この啓示はパションのなかで明確に示されている。

牧者たる汝がつとめ
この現世地上にて

たとえいかなる羊といえど
柵に入らざりしものあらば
み救けを得ることなし　（九四頁：第一一連）

これが暗示するのは、羊には柵のなかに入るか否かの選択の自由があるということである。聖ヨセフ兄弟会における「よき羊飼い」であるアポリナリオがつくりあげたイメージとは、迷える羊を追い求め結社に招き入れようとするが、最終的には彼らは入会を拒みうるのである。

一八四〇年七月の手紙で、アポリナリオは同胞たちを慰撫する。

人生を再度繰り返すかのように、過去のことに心を砕くことはやめなさい。聖ヨセフと三位一体の神への真の愛の炎をともす素晴らしい働きを汝らに与えたゆえに。(64)

個人的反応の二面的な意味がこの記述に表われている。ひとつは、「再度繰り返しえない」過去との決別である。なぜなら聖ヨセフ兄弟会に献身するという行為は、ある存在状態から別のものへの全面的移行だからである。もうひとつは、応答が「真の愛の炎」という言葉によって示されている。これは「覚醒」もしくは「意識を持つこと」と同義であり、前記の引用に続くつぎの文章にもそれがみられる。

われらが子たちがただちに、われらの結社に呼び覚まされ最上の行ないのもとに育つなら、わずか

だが輝く熱　光《ディキット》があるに等しい。そうなればたとえわれらが死すとも、われらは彼らにひとつの遺産を残したといえる。(65)

この節において、われわれはふたたび、光明《リワナグ》の一形態である熱光が本当はどこにあるのかという問題に遭遇する。注意深く読めば、それは人々の結合そのもののように思われる。実際、アポリナリオはしばしば兄弟会員たちに、おまえたちは光のもとに集っているのだと語っている。そして「ディキット（diquit）」はまた、「たきつけ」もしくは点火に用いるものを意味する言葉であり、アポリナリオはこれによって、聖ヨセフ兄弟会の拡大と永続についての隠　喩《タリンハガ》を表現しているものと思われる。熱光は強さを増し、より広く燃え広がってゆく。実際に、これと同じ手紙の前段部分で、アポリナリオは、彼の許可を必要とするメスティーソ《ドゥゴン・ミスティサ》を除いて、会員になりたい人は誰をも拒否してはならないと警告する。加入者はいまや三つの町が完全に組織化されるほど膨れ上がり、聖ヨセフ兄弟会の各支部は自律的に活動することができるようになっていた。

光明《リワナグ》という慣用語法が個人と集団の双方に適用可能であるとして、アポリナリオはさらに会員募集に関する以下の祈願にみられるように、二つの意味レベルをともなった別の隠喩を用いている。

私は聖ヨセフ兄弟会の敬愛すべき守護聖人に呼びかける。樹木や植物が花を満開にさせ、ついには万人のために幸福の果実を実らせるように、人々の内心《ロオブ》を充溢させたまわんことを。(66)

このイメージは、一人ひとり（したがって一本の樹木にたとえられる）がその潜在能力を全面的に開花させることに関連してすでに用いられたものである。[67] しかしとくにこの節では、樹木は聖ヨセフ兄弟会それ自体を意味しているように思われる。アポリナリオが別のところで述べているように、同胞たちは全体《ブオン》をなす一枚一枚《カダフナン》の葉である。個と全体へ交互に言及することができるのは、全体が一体として動く有機的実体だからである。アポリナリオは同じ手紙のなかで、「一緒に集《つど》うために、われわれは一体としてふるまわなければならない」、とみずから要領よくまとめている。[68] 各会員はその内心《ロオブ》のほとばしりによって結社を支えるのである。

とくにアポリナリオは支部長たち《カベシリヤス》の責任を強調し、とりわけほかの者たちを改宗させる責任を強く主張した。「ほかの人を追い求めない者たちには、私の勝利に与ることは望みえない」という彼の警告は、聖ヨセフ兄弟会に入会を希望する人々に対してあからさまに疑念と恐れを抱くような地方指導者たちに向けられている。[69] 改宗は軽々しく扱うべきことではなく、身も心も捧げつくすに値する活動であると信じていたアポリナリオにとって、彼らの行動は中途半端に思えた。[70]

積極的に新入会員を獲得する行動の重要性は、ラカラン（lakaran: 直訳では「徒歩による旅」の意）、すなわち行脚という考え方によってはじめて十全に理解することができる。アポリナリオはこの言葉を、象徴的ではないにしても制度的側面があるゆえに固有の意味を有する名詞として用いている。この言葉は、教えをほかの土地へ広めるために任命された、聖ヨセフ兄弟会の会員たちが企てた長い旅をさしている。行脚《ラカラン》の範囲は、アポリナリオが作成し、三人の女性の兄弟会員たちが通過することになっていた町々のリストから推測することができる。この行脚は、南部ルソンの四つの州にわたるものであった。

リストには、「女性だけで通るのにふさわしくない危険な場所」で交互に女性たちに付き従った四人の男性たちの名前もあげられていた。[71] 別の手紙で、アポリナリオはオクタビオに対して、「海上で捕虜捕縛を働くモロ〔フィリピン南部イスラム教徒〕とイギリス人」の略奪行為のため、目下、彼の保護下にある人々のうち何人かは海路をとる旅を取りやめなければならない、との説明を行なっている。このような危険があるため、代わりに彼らは徒歩で旅をしなければならない[72]、と。とはいえ行脚は、肉体的消耗は言うにおよばず、明らかにたいへん危険な行為であった。とすると、アポリナリオが改宗に対して与えた重要性とは、行脚がもたらす苦難の経験と関連したものである、ということができるのではなかろうか。「正しき道」とは、自己抑制からくる静穏さをともなって試練と苦しみを経験することを示唆している。そのうえ、アポリナリオは行脚に出るよう、人々を鼓舞することができた。彼みずから、若年時代に物乞いと説教をしながら南部諸州を放浪した経験があったからである。

　行脚《ラカラン》という言葉で説明してきたことは、ほかの社会運動に関するこれからの議論のなかでも繰り返し取り上げられることになるだろう。こうした運動が現われる前から、この言葉は一般のフィリピン人にとってなじみの深いものであった。巡礼、宣教、十字架へ登ってゆくこと——こうした行為はすべて、パションにおけるキリストという範例との関わりで了解されるものである。すなわち、教えの言葉を広めるため処々を行脚《ラカラン》すること、そしてそれは、決して引き返すことなくカルバリの丘にいたる行脚なのである。聖ヨセフ兄弟会が活力をもって急速に拡張していったことは、会員一人ひとりがキリストとの共感《ダマイ》の生活を送る一部として行脚をとらえなければ説明は困難である。このようにして、光明《リワナグ》はしだいにその光線を南部ルソンの景観の彼方へ延ばしていった。スペイン当局は、聖ヨセフ兄弟会という現象がタヤバス州だけでなく、ラグナ、カビテ、バタンガス、カマリネスの諸州をも巻き込みはじめたことを知って、当然のことながら警戒を強めたのである。

アリタオ・コミューン

一八四〇年後半に聖ヨセフ兄弟会に対する破門命令をもってしても、この会の成長や数千の人々からの月別会費徴収を止めることができなかったため、ルクバン町の助任司祭は町長《ゴベルナドルシリヨ》や州長官と協力して武力を結集し会員たちに脅しをかけた。こうした困難に遭遇した聖ヨセフ兄弟会は一八四一年初頭に、その中心地を近接のラグナ州に位置しオクタビオ・サン＝ホルへの郷里であるマハイハイに移動せざるをえなくなった。月ごとの親睦会はそこで続けられた。内心《ロオブ》をしっかり維持する必要を説いたアポリナリオの手紙が書かれたのは、この時期のことであった。そして一八四一年八月か九月頃に、修道士たちからの圧力を受け、また聖ヨセフ兄弟会が反スペイン的であるとの疑惑がマニラで膨らんだため、中央政府はついにこの組織を鎮圧し指導者たちを逮捕するよう命じた。九月一九日の夕方にひとつの親睦会が強制捜査を受けた結果、オクタビオを含む数人の指導者が逮捕され、アポリナリオの有罪を証拠立てる手紙が押収された。その手紙のひとつからアポリナリオのマニラでの隠れ家が発覚したことにより、政府は彼の逮捕に向かった。(73)

ところが、タヤバス州長官がマニラにいったん戻ることにしたため、聖ヨセフ兄弟会のほとんどの指導者たちは逮捕を逃れることになった。指導者たちの検挙はタヤバスの町長に一任されたが、その妻が聖ヨセフ兄弟会の会員であったのだ。こうして町から逃れることを許され、いまや武装してお尋ね者とみなされるようになった指導者たちは、バイ町で、やはりマニラで逮捕を逃れたアポリナリオと接触した。そこから彼らはサン・クリストバル山の西麓付近をともに進み、イサバン村に達し、そこで砦を築くことにした。ノベナ（novena）――祈りと清めの九日間――を過ごすためイサバンに結集するようにとの召集が、全地域の兄弟会員たちに対して発せられた。ルクバン町の助任司祭によれば、聖ヨセフ兄弟会は「信じられないほどの速さでこの連絡をつけ、創始者の威光をもって男女を問わずあらゆる年齢とあらゆる状況の人々を大勢動員し、わずか数時間で人里離れた寒村を巨大で喧しい野営地に変えること」に成功した[74]。この召集に応じて、最初の二日間に槍とライフル銃何丁かで武装した二〇〇〇人を含むおよそ三〇〇〇人の人々が集まった。一週間のうちに人数は二倍に膨れあがったようである[75]。女性と子どもを含め総勢を八〇〇〇～九〇〇〇人とした推計もある[76]。イサバンにおける聖ヨセフ兄弟会の活動はほかの町々で始まったときと同じ状態で続けられたが、「異なる点は、このときから彼らが、隔離されたひとつの集団もしくは結社を形成したこと、そして会員たちが自分たちを追放者と考えるようになったことである」。彼らは「秩序立った通常の生活をしていた。一人ひとりがその宗教的理想と義務を放棄することなく、みずからの生存維持のために働いたのである」[77]。

　アポリナリオの目的は、近隣のタヤバス町を占拠し教区教会で九日間《ノベナ》黙想会を開催することであったといわれている。アポリナリオは町長や州長官代行との交渉をすでに始めていたので、略奪を恐れた地方有力者たちや中央政府による軍隊行動を正確に予期していた教区司祭たちの猛烈な反対がなければ、平和裡に自分の目的を達成していたことであろう。町の防御が完了するまで、町長は何とか聖ヨセフ兄弟会による攻撃を遅らせることができた。

一〇月二二日に州長官オルテガがマニラからタヤバス州に戻ってくると、巡査、首長、賦役労働者《ポロ》[78]による急ごしらえの分遣隊があわただしく組織された。同州長官はアポリナリオに恩赦を提示したところ、即座に断られた。一〇月二三日にはオルテガ率いる三〇〇人の軍勢が聖ヨセフ兄弟会の野営地を攻撃したが、戦闘の興奮状態に駆り立てられた兄弟会員たちのはるかに大きな軍勢を前に、恐れをなして退却してしまった。戦場で配下の兵士たちに置き去りにされた州長官は、捕縛され処刑された。兄弟会員たちがキリスト教式埋葬を拒否したため、彼の遺体は反乱に加わるためにシエラ・マドレから下りてきた異教のアエタ〔訳51〕に渡され、扱いを任された[79]。聖ヨセフ兄弟会は、スペイン人州長官を殺害したことを、会員たちの決意をいっそう増すような「超越的な出来事」とみなした[80]。

聖ヨセフ兄弟会はつぎに、その砦を、二つの河川の狭間に広がり背後をサン・クリストバル山の斜面に防御された、より高地の戦略的要衝であるアリタオに移した。二重の防御柵が建設され、そのなかにオルテガの軍勢から戦利品として奪った大砲が据え付けられた。野営地の中心に陣取ったのは「ヤシで屋根をふいた竹の大きな聖堂で、内部の壁には色彩豊かなつづれ織りや宗教画がかけられていた。そこでマノン・プーレ〔エルマノ・プーレ〕は、九日間の祈り《ノベナリオ》黙想の『神秘的な祈禱会と儀式』を主宰した[81]」。

これまでと異なるアポリナリオの肖像画が登場したのは、この武装反乱期においてであった。スペイン語の史料によると、アポリナリオは聖堂の傍らにある小屋で、彼を守るために死ぬ覚悟ができている信頼のおける男性たちや身の回りの世話をする敬虔な女性たちに囲まれて、籠居の日々を送っていた[82]。

一般の兄弟会員たちは、一日のうちの特定の時間に、盛大な儀式をともなってのみ、謁見することが許された。いまやアポリナリオは、その追従者から「タガログ人の王」と呼ばれていた。

またこの時期にも、その指導者は、彼の手紙からは明らかではないが、多くの予言や約束をしている。兄弟会員たちは、戦闘のとき、見えない兵隊が召集され、天使たちが聖ヨセフ兄弟会に味方して戦況を反転させるだろうと信じ込まされた。また、戦いが始まるや否や、大きな湖が開けて進軍する敵の軍勢を飲み込んでしまうだろうともいわれた。[83]もうひとつの信念は、兄弟会員たちが「まるで恐れも抱かず、現地住民《ネイティブ》がスペイン人に対して抱くような敬意にも反して」戦うというものであった。彼らは自分たちの心が、彼らに洗礼を授ける際にアポリナリオが用いた神秘的な剣のように堅牢であり、スペイン軍の銃弾にも傷つけられはしないだろうと信じていた。そしてついには、戦いのあいだ、タヤバス州から二つの声が発せられ、アモログ山が二回鳴動してそれに答えるだろう。山は割れて教会《イグレシア》が出現し、すべての同胞たちを一体にするだろう。マニラは洪水にみまわれ、兄弟会員でない人々は海から押し寄せた水に溺れてしまうが、会員たちは偉大なる艦隊に救助されるだろうと信じられたのである。[84]

聖ヨセフ兄弟会を扱ってきたこれまでの研究者や著述家たちは、もっぱらスペイン語の史料に依拠してきた。ところがスペイン語の記述は一八四〇年からであり、一八四一年一〇月の武装反乱にとりわけ集中している。これらの報告書は、兄弟会員たちの「迷信がかった信条」やアポリナリオの王としての姿に対する新鮮な驚きを示している。スペイン語の報告書は、この反乱が純粋に政治的動機づけをもっていたという公式見解に沿って、この指導者を扇動家あるいは愚鈍な人心を惑わす者として描こうとするきらいがある。現代のあるスペイン人歴史家によれば、当時のスペイン人観察者たちのあいだでは、

「事実を隠蔽し最悪の部分を強調する傾向があって、アポリナリオを悪の権化として提示していたのである」(85)。

それでは、ここで説明しようとしてきた概念枠組みの文脈からみると、この「アリタオ現象」については、どのようなことがいえるのだろうか。スペイン語の記述によって報告された「迷信がかった」信条がたとえ尋問によって引き出され、したがっておそらくは不正確もしくは不完全なものだとしても、やはりそれを理解可能な文脈におくことはできるであろう。

聖ヨセフ兄弟会の会員として活発に活動するということは、この地域の農民たちが、パションのような宗教儀礼のなかで心に描く理想的社会形態や道徳的価値を、彼らの人間としてのあり方の恒久的状態とするためのひとつの道であった。さきに論じた天国への『讃歌《ダリット》』において、彼らは人間としての完全な状態をかいま見た。それは『讃歌』の作者であるアウグスティヌス会士なら死後の世界にとっておいたであろうが、アポリナリオ・デ＝ラ＝クルスは、兄弟会員たちが現世でも獲得する可能性があると約束したのである。彼は言う、「われらの肉体と精神を維持する《サ・カブハヤン・ナン・カルルワッ・カタワン》」のでなければ、われわれの奮闘は何のためにあるのか、と(86)。さまざまな形態の瞑想と労働を通して会員の内心《ロオブ》が聖ヨセフ兄弟会に向かって調和するかぎりにおいて、聖ヨセフ兄弟会の存在そのものが、人間としてのあり方の実現された姿であった。そこで「アリタオ現象」に立ち戻って考えると、兄弟会員たちが、町から追放されたことを、階層的社会の諸様式と諸関係に特徴づけられた過去に対してなおいっそう「死んでゆくこと」〔訳52〕として認識したのは、理にかなっている。彼らが町で暮らし続けるかぎり、「古きもの」は「新しきもの」の脅威となっていただろう。サン・クリストバル山の中腹では、家族は緊密に結合した町の親族体系から引き離され、男女は配偶者や子どもや親から分かれて新しいひとつの社会のもとに結集した。(87)「隔離された共同体」であることで聖ヨセフ兄弟会の同胞たちの連帯の紐は強くなり、完全なる一体化という理想に一歩近づくのであった。

ここで、イサバンで親睦会を行なおうという指導者の呼びかけに対し、なぜ兄弟会員たちが一団となって応じたのかという問いを発する必要があろう。この問いに迫るひとつの方法は、アポリナリオの「空想的」予言を神が与えるしるしとみなすことである。というのは、アポリナリオが同調した聖書の歴史物語が波乱に満ちているからである。毎日の何気ない出来事の流れの下には人の目には見えない神の意思が働いており、最後の審判の日へと導いてゆく一連の突発的諸事象に沿いながら歴史に構造を与えている。信心深い人々は、一定のしるしを通してこれらの「突発的諸事象」を予期することができる。兄弟会員たちにつねに「時世の意味」を悟るようにと忠告したとき、アポリナリオはおそらくこのことを指摘していたのだと思われる。(88)勝利は「この時代という幕の背後にある《ナサ・カビラ・ナン・タビン・ラマン・サ・パナホン・イト》」、と。最後に幕がたぐり寄せられてしまう前に、すべての人々は神と聖母マリア、それに兄弟会の守護聖人である聖ヨセフを全面的に信頼《パナリグ》しなければならない。(89)反乱が実際に起きているあいだ、アポリナリオは時のしるし〔訳53〕の解釈にさらに特定の意味をもたせることができた――かくして、大洪水や山の深みから教会が姿を現わすという彼の予言が示された。もちろん、これらは終末啓示のしるし〔訳54〕である。

だが、こうしたことを指摘しただけでは、兄弟会員たちがなぜ死にいたるまで戦い続けたのか、という問いに答えたことにはならない。「非合理性」にもとづく説明は退けるにしても、変化の兆候を知覚すれば内心《ロオブ》の変化が起きるはずであり、そうすれば人は開示されつつある出来事に同調し参画することができるという、パションのなかで繰り返されている警告に注目しよう。このことは、聖ヨセフ兄弟会の場合、戦闘のあいだ反逆者たちが恐れることなく鋼鉄の精神で戦い、決してスペイン軍の銃弾に倒れることもないだろうとの信仰によって示唆されている。これはまさに、お守り《アンティン-アンティン》を持った人に期待されている類の行動である。彼が十分に戦えるのは、困難な任務の達成は純粋で晴朗な内心《ロオブ》にもとづくとする準拠枠組みのなかに、その行動が位置づけられているからである。内心がぐらついていれば、神の助けは来るべきものとならないし、この世をあとにする覚悟ができていなければ、救済は視界に入ってこない。あるスペイン人観察者によれば、聖ヨセフ兄弟会の会員たちは「[アポリナリオのために]、そして結社の存続のために死ぬ覚悟ができていた」[90]。ほぼ一世紀を経た今からみれば、これらの出来事はエルマノ・プーレの「ゴルゴタの丘」〔訳55〕として顧みられよう[91]。

アポリナリオが実際にみずからを「タガログ人の王」と称したかどうかは明らかではない。逮捕後の陳述で、彼はこの点を猛烈に否定しているからである。むしろこの称号は、自分の副官であったアポロニオ・プルガトリオが戯れで言ったにすぎない、とアポリナリオは主張した[92]。だがスペイン語の報告書では、少なくとも武装反乱の期間に、兄弟会員たちが彼らの指導者を呼ぶのにそうした称号を用いていたとする点で一致している。アポリナリオ自身が「王」の称号を詐称して（あるいは騙って）いたかどうかについては疑いの余地があるが、兄弟会員たちが自発的に彼を王のような存在だと認識していたということは、完璧に理解することができる[93]。アポリナリオが手紙のなかで、庭師やよき羊飼い、すなわちタガログ人のキリストのイメージに効果的に訴えたとすれば、アポリナリオは彼らの王たるキリストなのだという考えが、その追従者たちによって間違いなく連想されたことであろう。ところが当局にとって、タガログ人の王はスペイン統治に対するひとつの政治的脅威とみなしえた。アポリナリオが兄弟会員たちを扇動してスペインに対する反乱に向かわせたとする証拠は何もないのに、その「異端的」慣行の社会的影響、とりわけ教区司祭とインディオ会衆との――すなわち優越者の劣等者に対する――伝統的関係を覆したその方法ゆえに、聖ヨセフ兄弟会は鎮圧されなければならなかった。一九二九年の調査で古いタガログ語新聞を用いたと主張するロバート・ウッズによれば、

結社の会員たちは何の抵抗もしなかった、と多くの人々が主張した。気高い目的を持つ集団の指導者たちに従った無防備な人々は、ただ教区司祭に不従順だっただけであり、また、もし抵抗した者がたとえいたとしても、それはただ危険時の自己防衛であったというのに、慈悲容赦なく剣にかけられたのである。(94)

アリタオのコミューンは、まもなくマニラからの軍隊と周辺諸州の農民志願兵に包囲された。アポリナリオは、二回目の恩赦申し入れもあっさりと踏みにじった。スペイン語の史料によれば、兄弟会員たちは戦いたくてしかたなく、極度の興奮状態にあった。一〇月三一日に政府軍の先遣隊が兄弟会員たちによって攻撃された。彼らは赤旗を振り、「軍隊行動の技術や思慮分別を上回る勇猛果敢さをもって」戦った。(95) シニバルド・デ゠マスは、統制のとれた儀式的動きを評して、兄弟会員たちは「戦いの踊りを踊っているようであった」と述べている。(96) しかし、まもなく政府軍の優勢な戦力に押されて、反乱軍は防御柵のうしろに退いた。このとき幸運にも仲間のアエタが槍や矢を惜しみなく浴びせかけ、スペイン

軍の前進を遅らせたのである。

　結局、防御柵は破られた。政府軍兵士と農民義勇兵が野営地になだれ込み、そのあとにスペイン騎兵隊が続いた。兄弟会員たちはそれぞれの家ごとに各自の持ち場を防御した。アポリナリオの司令部を護衛していた人々は、彼がようやく森に逃れる間にひとり残らず犠牲になった。およそ四時間の戦いのすえにすべてが終わった。反乱側には三〇〇人から五〇〇人の死体が転がっていた(97)。三〇〇人の女性を含むおよそ五〇〇人の兄弟会員たちが捕縛された。残りはかろうじてバナハウ山の樹海に逃れることができた。追っ手はそこまでこなかった。政府軍のほうにはわずか一一人の負傷者が出ただけであった(98)。

　アポリナリオは戦いの翌日、サリアヤの元兄弟会員たちのもとに避難しようとしているところを捕らえられた。彼はごく手短な審理のあとに射殺され、その遺体は切り刻まれ、首は篭に入れられてマハイハイへ通じる道路の脇に立てられた柱のてっぺんに取り付けられ、見せ物となった。この処刑の立会人のなかには、もともとルクバン町で聖ヨセフ兄弟会迫害の元凶となった助任司祭のサンチョ神父がいた。彼は、アポリナリオ・デ゠ラ゠クルスが「穏やかに、尋常でない魂の偉大さを示して亡くなった」と報告した(99)。同日、二〇〇人が処刑され、その大半は男性であった。死の前に反乱の目的は何だったのかと問われると、彼らは「祈るためだった」と答えたという(100)。

　アポリナリオ・デ゠ラ゠クルスは、そしておそらくその追従者たちも、静穏さと「魂の高貴さ」をともなって死んでいったことだろう。なぜなら、死こそは彼らの希望が成就することであり、純粋な光明《リワナグ》という状態にいたる最終通過点だったからである。そこでは、神やほかの人々と楽園で面と向かってまみえることができるだろう。「既成の権力組織」の手になる死とは、結局彼らにとって、キリストの物語を通してなじみ深い出来事のひとつであった。彼らにとって自分たちの大義のために死ぬことは、さらにもうひとつの共感《ダマイ》の行為にほかならなかった。アポリナリオは、彼らの結合のためには、いかなる苦しみをも、たとえ死でさえも受け入れるよう兄弟会員たちに教えたのである。おそらく彼は正しかったのだろう。この数百の死のおかげで、ひとつの理想が生き残ることができたのかもしれない。この地域の住民はアポリナリオ・デ＝ラ＝クルスの思い出を持ち続け、彼は楽園の地に生きており、やがて自分の民を助けるために再来するであろうと信じることになる(101)。だが特定の人物、特定の運動についての記憶以上に、一般の人々が、アポリナリオのもたらしたと同じ希望のメッセージをもたらす、キリストにも似た人物たちの出現を認識できるようになったのは、パションの伝統のもつ活力によるものであった。このようにして、彼はあとに続く人々のなかに生き続けていったのである。

新しきエルサレム

一八七〇年のスペイン語史料によれば、アポリナリオ・デ＝ラ＝クルスは、彼の弟子アポロニオ・プルガトリオ（一八四一年に殺害された）と聖母マリアとともに何人かの人々の前に姿を現わし、光明《リワナグ》が達成されるよう彼らに対して進むべき道を示した。それは聖ヨセフ兄弟会を再結成し、人々に正しい祈りと黙想のしかたを教えよ、というものであった。彼らの親睦会が定期的に行なわれ、そのひとつが実にアポロニオ・プルガトリオの未亡人宅で催されていたことを知って、スペイン当局は再度警戒した。

彼らの知るところでは、この新しい聖ヨセフ兄弟会は「聖ヨセフ、聖アポリナリオ、聖アポロニオの兄弟会」と呼ばれた。治安判事サルバドール・エリオが述べるように、「これは、［一八四一年の］出来事を……神聖視し、これら二人の犯罪者を殉教者とみなすものであった」[102]。

スペイン当局が再結成された聖ヨセフ兄弟会を発見した当時（一八七〇年）、その指導者はハヌアリオ・ラビオスであった。その義父アンドレス・ラビオスは、地域の住人たちのあいだでは一八四一年の反乱に関与した人物と考えられており、この事実からハヌアリオも旧聖ヨセフ兄弟会と関連をもっていた。アンドレス老人は山近くの村々《バリオ》をよく歩きまわり、聖母マリアやアポリナリオと交信したことや、彼らからいかにして祈りや儀礼を教わったかといったことを住民たちに話して聞かせた。その祈りや儀礼によって、彼の身体が見えなくなったり攻撃が通じなくなったりして、ある種の物理的害悪から身を守る力を得たというのである。彼の教えによって、義理の息子であったハヌアリオは「変革を経験」し、彼自身祈ったり布教したりしながら山々や周辺の村落を彷徨するようになった[103]。彼は、アポリナリオやアポロニオ、それに聖母マリアと話をしたと言って「住民たちの想像力を煽り立てた」。その話の内容は、彼らがハヌアリオに対して聖ヨセフ兄弟会を再生する方法や新たな宗教的実践の制度化をどのようにさし示したかについてであった。兄弟会員たちの不屈の忍耐の見返りとして、彼らに対しては「その魂の死後の世界での永遠の至福、この世での租税の廃止、そして何にもまして独立」が与えられるであろう、というのである[104]。

前記の報告書を書いた州長官エミリオ・マルティンは、「インデペンデンシア（independencia）」、すなわち「独立」がラビオスの聖ヨセフ兄弟会にとって最終的な目的であったと述べている。かりにこの見解が正しく、この事件に対するスペイン人の偏執症の単なる所産でないとすれば、「独立《インデペンデンシア》」という言葉の用法は、マニラで起きていた変化を反映したものであったのかもしれない。(105) スペインで一八六八年の革命が成功して自由主義政府が樹立されると、新総督カルロス・マリア・デ＝ラ＝トーレが一八六九年にフィリピンに着任し、自由主義改革を導入した。デ＝ラ＝トーレの自由主義思想とその行動は現地住民《ネイティブ》エリートの歓迎するところとなった。短い統治期間（一八六九〜七一年）に、彼は言論の自由を奨励し、出版検閲を廃止し、総じてさまざまな分野で活動する教養あるエリートたちのあいだで改革精神を刺激した。首都におけるこれらの「センセーショナルな」出来事の情報が、ゆがんだかたちにせよ、農村各地に漏れ出ていったことはありうることである。これは天地を揺るがすような切迫した大変動のひとつの兆候とみなされ、それゆえ「独立」を約束するようラビオスを導いたのではなかろうか。以下にみるように、世紀転換期における革命の間とその後に、彼と同様の指導者たちは「独立」を意味するのにカラヤアン〔訳56〕（kalayaan）という言葉を用いて、その言葉を最初に導入したエリートたちが意図しなかったような意味を付与していった。

動揺したタヤバス州政府と教会当局は、マニラの自由主義政治と聖ヨセフ兄弟会の再結成とのつながりを明らかに疑うようになった。なぜならその「反逆的」性格は、会員たちによる租税納入および毎年の賦役の拒否という点から明白だったからである。しかし権力者たちは、ハヌアリオ・ラビオスのようなただの農民がすべてを陰で操っていると信じることはできなかった。教育のないひとりの人間が、尋常でない聖ヨセフ兄弟会の祈りと儀礼を生み出したこともまた想像することができなかった。逮捕された数人の会員に対する尋問では、ハヌアリオがおそらくより高い社会階層の人たちからの示唆や助言、あるいは命令を受けていたという趣旨の陳述を得ようとの企てがなされた。しかしいずれの場合にも、被告は「質問の範囲がいったいどこにあるのかを理解できなかった」。このことは、富裕もしくは高学歴の階層の人々がこの運動を鼓舞したという考え方そのものが、彼らには理解不能だったことを示唆している(106)。

バナハウ山の手入れで押収された書類のなかには、キリスト伝、薬の処方、祈禱などをタガログ語で書いたノートが何冊かあった。キリストについての記述はおそらく出版されていたパションからの抜粋であり、巡礼者や兄弟会員たちの儀礼においてパションを詠唱することの重要性を立証するものである(107)。しかし、ほかのいくつかの祈禱は、捜査を担当した当局にはまったく理解できないものだった。ラテン語、スペイン語の単語がところどころに含まれてはいるが、それらは「実際……ラテン語でもカスティーリャ語〔訳57〕でもなく、日課祈禱書やミサ典礼書からひどく不完全に写し取られた祈禱の断片(108)」であった。このことからスペイン人検察官のなかには、このような祈りを唱えていたラビオスは狂人だったという結論に達した者もいた。しかし兄弟会員たちを尋問してみると、彼らはその指導者は狂ってはいなかったとつねに主張するのだった。そのひとりグレゴリオ・エンリケスは、「彼は狂っていなかった。それどころか、彼の知性はまったく正常にしっかりと働いていた」と強く主張した(109)。

前記のことについて詳細な説明を行なうためには、ハヌアリオ・ラビオスは預言者であり、それゆえに時の異なる二つの次元をつなぐ者であったとみなす必要があろう。聖母マリアやアポリナリオと交信できる彼の能力は、それを知る者たちにとっては「聖」と「俗」が相交わるしるしと解釈されたであろう。彼らの知っていた応答のしかたといえば唯一、聞くこと、そして展開しようとしている出来事に参加することだけであった。エリオはつぎのように述べている。

ハヌアリオは神や聖人たちと直接交信できると語り、インディオたちが彼を信じるためにはこのような超自然的な主張だけで十分だった。〔神や聖人の〕顕現ののちに際立った出来事で彼の主張が確証づけられることはなかった。しかし、彼の命令に従い、彼が専制的な支配を行使したインディオたちにとって、それは重要なことではなかった(110)。

この文脈のなかで、ハヌアリオの唱えた祈禱の一部がなぜ理解不能であったのかを知ることができる。その内容それ自体はさして重要ではなかった。理解不能なこととは、合理的な頭の働きでは神の時がもたらす業を知りえないことを示していた。より重要なことは祈りが唱えられる方法であり、その結果生じる聴衆への効果であった。この点を明確にするために、ある巡礼者が祈禱の「理解不能さ」について語っていることに目を向けてみよう(これを書いた人物は、導師《マエストロ》ミントイの祈禱唱和が巡礼者たちに及ぼす効能を説明している)。

すべての人々は
嬉しさと喜びで答える
彼がリズムよく
言葉を発するがゆえ

祈りにても同じ
そのいかに喜ばしきや
彼の舌の動きが光明を
暗黒にある人の心にもたらす

とりわけラテン語のことば多く
聞いても正しきか否かわからず
ラテン語やスペイン語のそのような用語
我が解するところにあらず(11)

一八七〇年の兄弟会員たちにとってと同様に、この巡礼者にとって歓喜と光明《リワナゲ》をもたらしてくれるものとは、導師が祈禱を唱えるその声であった。聞くという経験は、読解したり理解したりするのではなく、感覚的な経験のひとつであった。ほかの人々にとっては単に雑音のようにしか聞こえないかもしれないが、巡礼者たちにとって、それは彼らの宗教的経験によって彼らが応じることができるような主音の調べにも似たものであった。

ラビオスの力強い演説を聞いて、聴衆たちは日々の経験を神の計画という点から系統立てることができるようになった。彼に従う農民の希望も恐れも、もはや一貫性を欠いたままではない。いまや変革が心待ちにされるのだ。大きな嵐と洪水が訪れる。家々や建物は壊され、川や流れは堤を越えて氾濫する。

畑が水浸しとなり家が壊されるのを防ぐためには、川床を深くし、二本の柱を十字に組んで補強し、家の最南面に取り付けなければならない。しかしより重要なのは、兄弟会員たちが祈らなければならないということである。彼らは山へ巡礼に出かけ、そこで「悔悛」を行なわなければならない。それによって彼らは、世の終わりが来たときに破壊されてしまうような現世との最初の離別、あるいはそれへの死を果たすことができる。そして彼らは結社を組織しなければならない。それは、将来の社会に兼ね備わっているような人間同士の関係の先駆けとなるような類の結社である。以上のことに租税と強制労働からの自由を加えたものが「独立《インデペンデンシア》」、あるいはもともとのタガログ語〔自由《カラヤアン》〕の意味するところであった(112)。

ハヌアリオ・ラビオスの呼びかけに応じて、登山巡礼を行なうためにタヤバス、バタンガス、ラグナの諸州から人々がやってきた。兄弟会員のひとりが書き記しているように、若い娘や老人にはとりわけそうだが、山の隠れ場に登ってゆくのは至難のわざだった。森林には蛭が多数生息した。それでも人々は続々とやってきた(113)。教区司祭や行政当局は、ラビオスの教えが、当時首都地域で広まった自由主義思想と直接関連することなく、現状を拒絶すべく貧者や無学者《ポブレス・イ・イグノランテス》たちを率いていることがわかるとパニックに陥った。受動的で忍従するインディオの農民というイメージとは裏腹に、聖ヨセフ兄弟会の会員たちは納税と毎年の賦役を拒否した。彼らはまた、カトリック教会司祭とのいかなる結びつきをも否認した。その主張によれば、彼らの教会は山にあるからである(114)。こうした理由から、この集団を解散させるために軍隊が派遣されたのである。多くの人々が逮捕されたが、ラビオスがどうなったかは定かでない。侵攻部隊はまた、聖なる木を切り倒したり、祭具の一部である聖なる岩の破壊を試みたりもした(115)。

一八七〇年の山地討伐遠征についての州長官の記述は、バナハウ山腹およびその副峰サン・クリストバル山腹にあったひとつの宗派に関するはじめての説明を、われわれに提供している。巡礼者が洗礼を受ける場所には水場があり、[訳58]さらに登ってゆくと、「第一の天国」から「第七の天国」まで順次続いて印を付けられた木が七本あった。また、巡礼者たちが偉大なる教会《イグレシア・マヨール》と呼ぶ巨大な岩もあった。その頂は平坦で、蠟燭が灯《とも》され燃えつきるまで置かれていた。この岩の脇では結婚の儀式も執り行なわれた。結論として州長官が言うには、「住民たちが神殿、隠遁所、神聖な場所と呼ぶようなところには、ただ岩、樹木、渓流があるにすぎない[116]」。

一八八七年の著作のなかでフランス人探検家マルシェは、この宗派についてより多くを記述している。彼は、その地域の住民にとって聖地とはバナハウ山であると指摘している。そこにはヨルダン川、「煉獄」、カルバリといった地名を持つ場所もあるが、それらはすべてアポリナリオ・デ゠ラ゠クルスその人自身によって聖別されたものと考えられていた。

> 彼が聖別した地点は、密かに訪れる大勢の人々でつねに賑わっていた。ヨルダンの水や奇跡の湧き水で沐浴させるため、病人をそこに連れてくる者もいた。そして信仰を持つ者はすべて癒されたのである[117]。

カルバリの丘にある広大な洞窟の「煉獄」は、「長きにわたって預言者とその弟子たちの隠れ家となってきた……。これらすべての場所は、なお秘かに集う現地住民にとって崇拝の対象だった[118]」。マルシェはまた、最近の巡礼者の集まりが治安警察隊《グァルディア・シビル》（guardia civil）による強制捜査を受けたことにも言及している。それは、巡礼の出発地点であるドローレス町の教区司祭の要請によるものだった。

一八九六年に対スペイン革命が始まるまでには、この宗派は四旬節巡礼の中心として確立し、タガログ人だけでなくフィリピン群島全土から人々を集めた。(119) 男性および女性の組織化された祭司制度があり、山で養成された宗教指導者たちに率いられた結社の支部は、ほかの地域にも広がっていたのである。(120)

人々はなぜ魅了され、巡礼するようになったのだろうか。ある巡礼者の詩歌《アウィット》から数連引用してみよう。この巡礼者は最初に、巡礼の始点であるドローレスの町を描写し、遠くの町々から人々が旅してくるさまを述べている。

その当時
ドローレスの町は平和
民は幸せに暮らし
その生活はまるで天国のよう

その地は新たな天国のごとし
ドローレスのうわさは遠く行きわたる
あまりの魅力に故郷を離れ
かの地に至らんとす

何日も幾夜もかけて
老いも若きも旅する
すべて故郷を後にし
ドローレスにこそ落ち着けり

大いなる幸せの導きにより
あらゆる困難をものともせず
わずかな私財は売り払い
残りをわずかに持ちてきたれり[121]

ドローレスと周辺村鄙は、天国のように美しい場所だという主題を何度も繰り返しながら、詳細に描写される。それらの地に住む人々、つまり結社の会員たちは純粋な心の持ち主であると描かれている。とりわけ作者は、導師《マエストロ》カシント、長老《タンダン》アルビーノ、アントリン、サベロといった特定の年配者たちに言及している。

彼らはすべて誉れ高き地位にあり
その心は清く高潔なり
ひとつには彼らは神を真に愛せり

誠実で清らかな愛なり
その他の住民もまたしかり
老いも若きも同様
その清き心は喜びもて
花園の世話したる乙女のごとし(122)

このような自然環境の美しさは、かくして、人々の心、すなわち内心《ロオブ》の清浄さと愛に合致するのである。したがって、ドローレスは群島の隅々からやってくる巡礼者を招き迎える天国のイメージなのであり、巡礼者たちは宗教経験を共有しているゆえに、その意味を理解していた。彼らはドローレスが、巡礼の終わりに用意されている光明《リワナグ》と成就のひとつの見本にすぎないことを理解していた。そして巡礼とは、一八四一年の聖ヨセフ兄弟会が実践した行脚《ラカラン》にほかならなかった。バタンガス州リパの慣習に関する一九一五年の記述によれば、巡礼は徒歩もしくは荷車を用いて行なわれ、決して馬車《カロマータ》でなされることはなかった。なぜなら、「そのような旅のしかたはキリストのカルバリへの道程とは大いに異なっており、『キリストが地上でなさった通りにせよ』というのがつねに巡礼者たちの合い言葉だったからである」(123)。巡礼者の詩歌《アウィット》には、山をよじ登り狭い洞窟を這い、太陽に身を焦がされながら熱烈に祈禱を行なうような、一週間にわたるバナハウ山巡礼の様子が記録にとどめられている。たとえドローレスが人を引き寄せる天国であったとしても、それは明らかに行楽や娯楽の場ではなかった。巡礼者は天国を内心《ロオブ》において経験できるようにと、苦難と消耗を経験するためにそこに行ったのである。

この苦しみが
喜びに取って代わることを私は知っている
だからこのような体験を受け入れたのだ
光明《リワナグ》に出会わんがため(124)

巡礼のクライマックスはカルバリへの登頂である。そこは「『聖なる受難《パション・マハル》』の詩的な叙述にあるのと同じような地点、というよりは、この著作のなかのかすんで不完全な木版画にも似た」丘である。(125)登頂は流血をともなうこともあり困難きわまりないが、それをせずには巡礼は無意味なのであった。

山はきわめて高く急勾配で
鋭利に尖った石を踏みこえて行かねばならぬ
皆その背中には
一一キロの岩を背負っている

よく見てみると尖った石は赤く染っている
わが足裏は全体が傷つき血がにじんでいる

我はあらゆる苦難に堪え忍ぶ
ただ頂に達せんがため

徐々に徐々に歩を進める
体中が汗でびっしょりだ
あらゆる試練に堪え忍ぶ
キリストの苦難と共感《ダマイ》せんがため

朝の七時に
山の麓を発てり
昼時には体は衰弱し
二本の足はふらついている

大いなる苦難に足元はよぼつき
背中の重き岩に耐えつつ
二本の足はもはや先へ進まず
飢えと渇きが混ざり合う

さらに我らが女の同志
男と同じく岩を背負いて
しかしていかに堪えがたくとも
男の自分は同志に不平をもらすことはできない

やがて一時にならんとして
カルバリの頂に達せり
その中央には根元に石を積み上げた
大いなる十字架あり

我らが背負いたる岩を
十字架の根方に下ろせり
そして我らが導師は
かくのごとく話せり

兄弟たちよ、心を清めん
我ら全員で食を分かたん
我らがともに集まりて

我らが主、父なる神に祈りを捧げん

神聖なる食が準備されると
我らが導師は祈りを捧げる
それが終わると全員がともに
飯を分かつ

食事の後で天地の創造主に
感謝を捧げ
導師は説教をふたたび始める
すべての愛する同胞たちへ

汝が心と記憶にとどめよ
我らは幸のためにここに至るにあらず
人類の罪を贖いたる
父なるイエスの受難に共苦《ダマイ》せんがため

この世の幸福は

大海原の藻屑泡沫のごとし
束の間しかあらず
天国にての歓喜に比べればほんの一瞬だ(126)

こののち巡礼者は全員が太陽に身を焦がして跪き、十字架に手をさし伸ばしてロザリオと「七つの懇願」の祈りを捧げる。キリストの受難との共苦《ダマイ》を一緒に経験し、いまや彼らは真の同胞となったのである。

第3章　伝統と反乱——革命結社カティプーナン

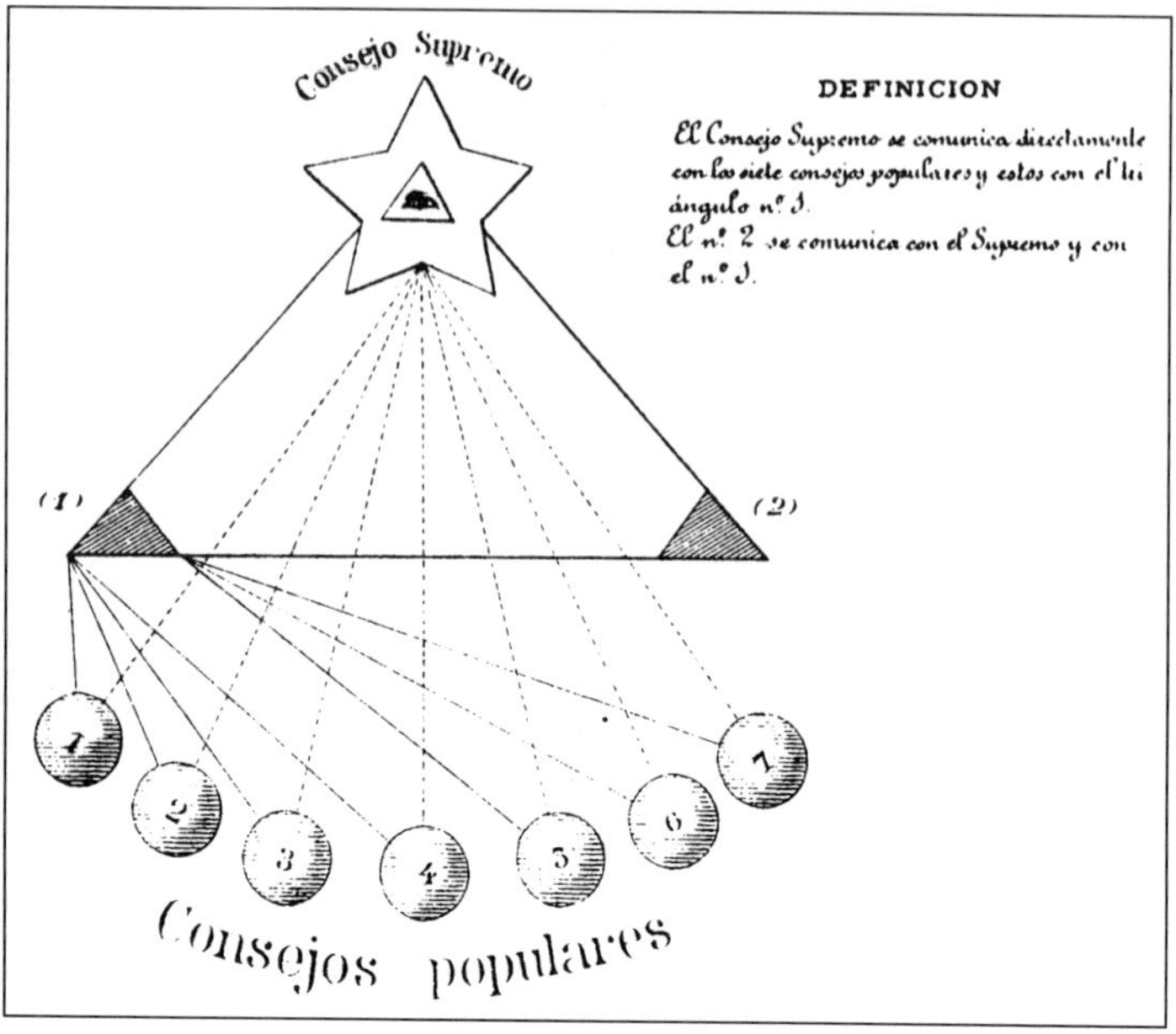

1896年のカティプーナンの組織を表わす三角形の根本原理。線は，「至高者《スプレモ》」あるいは「眼」から底辺に位置する民衆評議会への権威と意思伝達の流れを表現している（カティプーナン会員の証言にもとづく。Jose del Castillo, *El Katipunan* [Madrid, Imprenta del Asilo de Huerfanos, 1897], facing p. 108）。

一八九六年の対スペイン武装蜂起は、「祖国の子たちの最高でもっとも尊敬すべき結社《カタアスタアサン・カガランガラン・カティプーナン・ナン・マガ・アナク・ナン・バヤン》」〔訳59〕と称する秘密結社によって火ぶたが切られた。マニラのはずれで勃発した反乱の炎は、結社カティプーナンの支部やその他の集団が申し合わせたように、スペイン支配の象徴やそれを代表する人々に背叛したために、たちまち中部および南部ルソン地方の農村一帯に燃え広がった。サン・クリストバル山を総本山とする聖ヨセフ兄弟会《コフラディア・デ・サン・ホセ》が著しく拡大したのもこの時期である。この組織は、スペイン軍が全住民に対してしかけた流血の報復を逃れるために南部ルソンの山々や森に落ちのびていた、主として農民からなる多くの人々を引きつけた。コロルム結社と呼ばれるようになったこの組織は、セバスチャン・カネオという名の教導師《パトル》の努力によって、やがて広く革命に関わるようになった。この人物はバタンガス州タアル町の現地住民《ネイティブ》で、のちにラグナ州サン・パブロ町に移り住んだ(1)。彼はスペインからの分離を、いまや世界が根本的な変化をまさに経験せんとする兆候として解釈し、自分の結社が祈りと闘争への参加によってこれに備えなければならないとした張本人である。

カティプーナンの傑出した指導者サンチャゴ・アルバレスは、コロルムの反乱への参加について膨大な情報をわれわれに与えており、それによると、カネオの卓越さは、カビテ州東部の丘陵地帯で起きた奇跡に起因していた。[2] その奇跡とは、当時、旱魃が起こり、そのとき突然、乾燥した山頂の裂け目から湧き水が流れ出したというものである。カネオは歩いていたときにそれを最初に見つけ、驚きと恐れのあまり跪いて祈り出した。ちょうど周囲にいた人々も皆、奇跡への畏怖から跪いた。まもなく、カネオは預言者であって、彼の信心と、のどが渇いた仲間たちへの心遣いに神が応えて奇跡を起こしたのだ、という噂話が広まった。このときから、このお告げのためだけでなく、彼の「穏やかさと礼節」ゆえに、彼のもとに人々が集まりはじめた。彼は集まった人々に、清浄で信仰に満ちた生活を導く手だてを指導し、また賢者にして預言者であるアグリピノ・ロントクが隠遁生活を送る、バナハウ山における宗派の中心地を教えた。

カネオはカティプーナンの対スペイン反乱を、信心深い者たちの希望の成就をもたらす大変動が近づいた神のしるしとして受けとめた。しかしこの結社は、この世のための神の計画がその姿を現わしつつあったときに、手をこまねいて傍観していたわけではなかった。人は、物事の成り行きに携わらなければならなかった。カネオにとってそれは、祈りによって同胞《カパティド》が強められ、対スペイン反乱に参加しなければならないということを意味した。そこで彼は側近のフアン・マグダロとエリヒオ・ディウスディウサンに、なるべく多くの同胞を召集し自由《カラヤアン》への闘争に備えるよう指示した。カネオは、彼がバナハウ山の洞窟で交信した「聖なる声《サントン・ボセス》」によれば、スペイン人は以下の戦略によって戦わずして降伏に追い込まれることになるだろう、と彼らに語った。すなわち、彼ら全員が一ヤードほどの縄を腰に結わえつけて、州都タヤバスのスペイン軍駐屯地まで行軍してゆく。治安警察隊《グアルディア・シビル》の営舎《クアルテル》に接近したところで、彼らが各自の縄をスペイン人たちに向かって投げつけると、奇跡的にもスペイン人たちは縄で縛りつけられることになる。彼らの本当の武器は強力な祈りであろう、と。カネオは自分の計画を賢者アグリピノ・ロントクに伝えると、ロントクはカネオを祝別してこう言った。たしかに、国の自由を守るためにあらゆることをしなければならないし、その勝利は祈りによって神が請け合われるだろう。

カネオの側近ファン・マグダロは、近辺の教導師全員に書状を送り、同胞すべてを男女の別なくバナハウ山麓に集めるよう要請した。即座に集まった約五〇〇〇人の人々を前にして、ファン・マグダロは、彼らは「聖なる声《サントン・ボセス》」の命令により、国の自由《カラヤアン》のために戦わねばならないこと、そのもっとも強力な武器は祈りであると告げた。つぎに彼は戦闘計画の概略、とりわけどのようにして縄を投げるかを説明した(3)。明らかにそれは、身体的統御を大いにともなった儀礼的行動になるはずであった(4)。

一八九七年六月二四日の夜明けに、成人男女と子どもの大規模な行列が皆、蠟燭《ロウソク》を手に祈りを唱和しながらタヤバスの町に入った。年老いた巡礼者たちは白い長服を身にまとい、キリストの使徒のような装いをしていた。行列のなかほどには山車《カロ》(行列の際に聖像を載せて運ぶ台座)があり、その上には洗礼者ヨハネの〔訳60〕装束に身を包んだファン・マグダロの姿があった。信徒たちが兵士の営舎に接近し、彼らが腰に結わえた縄に手を伸ばすのを見ると、治安警察隊が発砲した。最初の一斉射撃で、数十人の老若男女が絶命もしくは負傷して倒れた。信徒たちはたちまち隊列を崩して、指導者ファン・マグダロが走りゆく方向へ逃走した。

セバスチャン・カネオが山の「聖なる声《サントン・ボセス》」にこの大虐殺のことを申し述べたところ、その答えはつぎのようであった。「彼らには十分な信仰《クラン・ナン・パグサンパラタヤ》がなく、戦闘のあいだ、戦死したり負傷したりした者たちは私の名前を口にするのを怠った」。カネオがこの言葉を同胞たちに伝えると、彼らは落ち着きを取り戻した。アルバレスは、「この説明で十分であり、兄弟姉妹や伴侶、子どもや親を亡くした悲しみや喪失感さえも感じることなく、すべての人々は喜んで信仰への専心《サンパラタヤ》を続けることにした」と記している。彼らは深い渓流の土手に沿って山の斜面に蠟燭を灯《とも》して並べ、死出の旅に発った魂がそこを通って天国にいたると信じたのである。(5)

タヤバスへの進攻は、スペインとの戦闘の間にコロルムが集団として戦った唯一の機会だったようである。それでもなお、アルバレスやアルテミオ・リカルテが指摘するように、この結社は援助や保護を求めてやってくるカティプーナンの戦士たちに協力できるようつねに備えていた。サン・クリストバル山における宗派の中心地は、遅くとも一八九七年中頃までには愛国の聖堂となっていた。ホセ・ブルゴス神父やホセ・リサールなどの愛国的殉教者たちがそこに住むといわれたが、それは明らかに巡礼者に預言的助言を授けるためであった。(6)

アゴンシリョは一八九七年のコロルムの大失敗を、どこかほかのところで進行中の本物の闘争に対する「興味深い脇道」にすぎないとみている。彼の結論はこうである。「この痛ましい経験はコロルムにひとつの教訓を与えた。それは、これからは、彼ら自身が革命に関与すべきではなく、その代わりに、彼らの愛国的義務として反逆者たちに物品で寄付をすべきというものである」。(7) 驚くべきことに、スターテヴァントはこの事件を完全に無視しているが、その理由は、革命(「大伝統」の現象)とメシア主義運動(「小伝統」の現象)とのあいだに彼が設けた区別を、この事件が曖昧にするかもしれないからである。(8) 実際、一八九七年の事件は、カティプーナンの段階において、革命が底辺からどのように理解されていたのかを明らかにしている。サンチャゴ・アルバレスはその記述のなかで、コロルムを奇異なものとはみなしていない。それどころか、彼は、この結社の独特な儀礼と信心を除けば、「ちょうど兄弟愛の精神が失われていなかった当時の『人民の子たちの結社カティプーナン』〔訳61〕とまるで同じ」であった、と述べている。(9) これは、聖ヨセフ兄弟会とカティプーナンを結びつけるだけでなく、兄弟愛の精神が存在しているか欠落しているかで革命の二つの段階を区別する、核心的な発言である。カティプーナンを、ありとあらゆるタイプのフィリピン人が魅了されて加入した多くの結社のただひとつにすぎないものととらえることによって、また、こうした結社が日常生活の経験を解釈するにあたりどのような役割を果たしたのかを自問することによって、われわれは大衆に対して革命が与えた真の衝撃を評価しはじめることができる。

不幸なことに、研究者たちは、革命の経験の描写を試みるというよりはむしろ、秘密結社カティプーナンの段階からさまざまな革命政府の段階を経て、一八九八年の立憲共和国樹立によって頂点をきわめた闘争の発展に焦点をあてることを選び取ってきた。フィリピン人には共通の目的——独立（independence）——があるとはじめから断定することで、研究者たちは革命の諸問題を単純化し、個々人の性格の相違、地域の偏差、軍隊の脆弱さ、汚職などに置き換えてしまった。たとえば、エミリオ・アギナルドをはじめカビテ州の有力指導者たちによる、カティプーナン創始者アンドレス・ボニファシオの処刑は、ボニファシオもアギナルドもともに独立という同じ目的を探求していたが、どちらか一方が革命運動の統一のために退けられなければならなかった、という議論によって「片づけられてしまっている」。ボニファシオの処刑は、革命の「秘密結社」の局面が、より有能な軍事指導者であるアギナルドに率いられた、より進歩的な「民族的」運動に道を譲ったあかしであるとみなされている。しかし、わずかな数の権力者たちがより洗練された政治的言語と形態を用いたからといって、それだけで進歩が本当に起きたことの証拠になるのだろうか。カティプーナンやさらには聖ヨセフ兄弟会やコロルムに加盟した人々が、自分たちの創り出したいと望む社会形態に言及して声高に叫ぼうとしていたことを、われわれは深く掘り下げて考察しようとしたことがあるだろうか。民衆の扇動家や失敗した指導者よりもボニファシオのほうに、おそらく見るべきものが多くある。

カティプーナンに関する今日の理解にとって深刻な障害は、一八九六〜一九〇〇年の革命期に絶頂を迎えるナショナリズムの高揚が、ひとえに一九世紀の西欧化の高まりの結果であるという定説化した見解である。一般的な議論はつぎのとおりである。すなわち、スペインで自由主義が台頭し、フィリピンの主要都市が世界貿易に開かれると、ヨーロッパ、香港、シンガポール、日本に子弟を留学させることができるような、富裕な現地住民やメスティーソ階級の形成が促進された。「有産知識人たち《イルストラードス》」と呼ばれる、高度な教育を受けたフィリピン人青年たちは、海外で暮らしてはじめて自由の意味するところを理解した。ある著名な研究者の言を引用すれば、「彼らは言語を学び、歴史書を読み、政治の議論をし、フリーメイソン〔訳62〕の支部に出入りした。もっとも重要なことは、彼らがフィリピン人としてほかの誰にも、もちろんスペイン人にも劣っていないことを発見したことであった(10)」。この高揚した意識が、フィリピン人を植民地的秩序にがんじがらめにしていた「権威の後光と慈悲の光輪」の解消を導いた。強制労働、課税、法のもとでの不平等といった彼らに対する不正義に気がつき、有産知識人たちは、現存する植民地の枠組みのなかでフィリピン人とスペイン人が平等になることを目的とする、プロパガンダ〔啓蒙宣伝〕運動を展開しはじめたのである。それは、改革を求めこそすれ独立をめざしたわけではなかった。

彼らの目的はきわめて限定的であったが、しかし有産知識人たちは、フィリピン人の民族共同体をはじめて構想した人々とみなされている。

かくして、アンドレス・ボニファシオという名の独学で低中間層出身の事務員が一八九二年にカティプーナンを創設したという事実は、過度なまでにデル・ピラールやリサールのような有産知識人たちの影響によるものだとされている。さらに、ボニファシオの運動はつぎのような発展段階的図式のなかにおさめられている。すなわち、有産知識階層《イルストラード》の改革の試みはつねに挫折してきたため、武装革命によるスペインとの完全な分離の時期が訪れたというものである。ボニファシオは有産知識人ではなかったが、それでもリサールの著作の熱心な読者であり、またフランス革命や合衆国大統領の伝記などもよく読んだことが強調されている。こうしたことを考慮に入れたとしても、どうして革命の衝動が「底辺から」起きたのかについて、これまで誰ひとりとして真剣に問うことはなかった。またカティプーナンの指導者たちによるタガログ語の著作やこの時期の文書記録を、その顕著な愛国主義的内容を超えて、変化に対する民衆の認識を明確に表現したものとしてとらえることもなかった。大衆による独立という理想の受けとめ方については、社会の上層と下層を結びつける垂直的な恩顧・庇護関係《パトロン・クライアント》という文脈のなかでこれまで解釈されてきた。したがって、現在のわれわれの革命理解においては、「民衆の伝統」と、変化に対する熱望の誘因となったとされる一九世紀の自由主義思想とのあいだに、不連続が存在する。(11) 実際、運動への大衆の支持を取りつけるための政治的かつ操作的な仕組み以外としては、民衆の諸伝統が言及されることはほとんどない。カティプーナンの秘密結社という概念とその「怪奇な」加入儀礼は、完全にフリーメイソンに起源を発するものだとみなす者さえいる。一八九七年のあるスペイン人の観察によると、大衆が強い決意をもって革命への呼びかけに反応したのは、彼らの興奮しやすい性格、「驚異的なものに惹かれる性癖」、彼らの有力者《パトロン》たちに対する「盲従」、「修行者のような禁欲」、そして迷信的な想像の所産が支配することに対する感受性などに起因するものとされたが、こうした見解を改変したり敷衍して説明したりする努力はほとんどなされてこなかった。(12) いいかえれば、革命で戦った大多数の人々は、本質的に受動的な存在で、有力者や超自然的な力への「盲従」によって突如動員されて行動を起こすにいたったと考えられているのである。

カティプーナンの軍勢に加わって数を膨張させた「貧しく無知な」大衆が、世界とそのなかでの彼らの立場について特定の考えを持ち、しかもそれは「よりよい階級」の人々とはかなり違った考え方であったということは、イサベロ・デ゠ロス゠レイエスが数百人のカティプーナン会員《カティプネーロス》たちに対して一八九八年に行なったインタビューにもとづく記述のなかで示唆されている。彼は言う。「カティプーナンが恐るべき結社であったように思われるのは、それが普通の無知な民衆によって構成されており、庶民はほとんど考えというものを持たないのだが、そのわずかの考えを放棄するよりも、そのために死んでゆくからである」。のちに、デ゠ロス゠レイエスは同様のことをさらに強調して、つぎのように述べている。

すでに述べたことであり、何度でも繰り返して言うが、カティプーナンは庶民の結社であった。これは確かだ。けれども、それが取るに足らないものだと言おうと思ったことは決してなかった。それどころか逆に、人々はほとんど話さず、おそらく考えることもほとんどせず、また教化された知性の持つ人為的な複雑さも身につけてはいなかったかもしれないが、わずかであっても彼らの考えることは強力で、その第二の本性を形成した。彼らが信じるものはその信仰であり、その狂信的行為であり、それが奇跡を起こし、山を動かし、新たな世界やその他の信じられないような出来事を創出したのである。(13)

残念ながらデ＝ロス＝レイエスは、大衆が強力に保持していた考えが何であったのかを詳細には述べていない。しかし彼は、「カティプーナンの大志の行き着く先は共産主義的共和国で」、大衆は、「財産共同体」、すなわち「すべての人に誇りのもてる仕事が与えられ、自由とあまねく幸福に包まれた……輝かしい未来」をもたらすというカティプーナンの勝利を信じきっていた、ときっぱり断言する。(14)これはたしかに社会主義的な思想であって、デ＝ロス＝レイエスは自分自身が認める急進的な共感によってカティプーナンの解釈を彩色している、といえるかもしれない。しかし彼は、その結論が、「多くの」カティプーナン会員たちが彼に打ち明けた話にもとづくものであると主張する。デ＝ロス＝レイエス自身が行なったもともとのインタビューが現存しない以上、カティプーナンとそこにおける大衆の役割を彼ら自身がどのように認識したのかを再構成する方途が、ほかにあるのだろうか。

カティプーナンが突出した個性的な現象であったとか、ボニファシオやハシントのような人々によってそれが創出されたにすぎないといった考えをしばし棚上げしてみると、われわれはフィリピンの社会と文化におけるカティプーナンのルーツについて検討しはじめることができる。カティプーナンと相前後するさまざまな運動の形態や言語のなかに、連続性を見つけはじめることができるのである。カティプーナンを観察した洞察の鋭いひとりのスペイン人によると、指導者たちと追随者たちの行動という点で、それ以前の反乱と当時の反乱とのあいだにはほとんど差異が認められないようである。

アンドレス・ボニファシオの立場にディエゴ・シラン、エミリオ・アギナルドの立場にファン・デ＝ラ＝クルス＝パラリス、マリアノ・リャネーラの立場にファン・マラヤックを置いてみると、それらの人々のなかに同様の人物像、つまり従ってくる者たちを魅了し維持しようと同じ手口を使う、はるか昔から変わらない地方政治家《カシケ》の姿を見つけることになろう。アポリナリオは彼らを聖ヨセフ兄弟会の会員に組み入れた。現在の指導者たちは人々をカティプーナンという結社に組み入れている。ディエゴ・シランはみずからをナザレのイエス《ヘスス・ナサレノ》の小隊長《カボ》と称し、エミリオ・アギナルドは同胞たちの自由のための神の特別使者という称号を流用した(15)。

だがむろん、ここには違いもある。これらの運動はまったく同じものなのか、あるいは連続したものなのか、そしてカティプーナンが新たな調べを奏でるのはどこにおいてなのかという意味について、注意深く追究する必要がある。カティプーナンに先立っていくつもの結社《カティプーナン》や組織があり、革命の時期を通して独自に勢力を伸張したものも多かった。「聖家族の結社《カティプーナン・ナン・サグラダ・ファミリア》」や「誉れ高きマリアの衛兵《グアルディア・デ・オノール・デ・マリア》」、「十字架の道行き信心結社《カティプーナン・ナン・ラギン・パグエエスタシオン》」といった〔訳63〕修道士が支援する集団や、数え切れないほどの町の信心会があったことはいうまでもない。ガビニスタ、コロルム、そして山地逃避者《レモンタード》〔訳64〕と呼ばれた人々による山地部の共同体のような純粋土着的で反体制の集団もあった(16)。多数のフィリピン人を動員するために、革命結社カティプーナンはさまざまな結社のあいだの共通の言語で話し、民衆の期待や望みの底流に触れ、人々の活力をスペインからの独立の達成に向けて導かなければならなかったのである。

カティプーナンの宣言書

一八九六年における結社カティプーナンの迅速な広がりを理解するひとつの手だては、創刊号のみ発行され、中部および南部ルソンの住民たちのあいだに頒布された機関誌『カラヤアン（自由）』の内容を分析することである。発行部数は約一〇〇〇部にすぎなかったが、人から人へとつぎつぎに手渡されていった。カティプーナンの組織者のひとりであるピオ・バレンスエラによれば、一八九六年三月の終わり頃にはすでに『カラヤアン』がかなり広範囲に配られており、「サン・フアン・デル・モンテ、サン・フェリペ・ネリ、パッシグ、パテロス、マリキナ、カロオカン、マラボンの町々やその他の地域で、数百人が一夜のうちにカティプーナンに加入した」。ボニファシオ自身が結社の急速な成長に驚いた。一八九二年に彼がこの結社を創立したときから『カラヤアン』が発刊された一八九六年一月まで、その会員数はわずか三〇〇人ほどであった。ところが、三月中旬からスペインに対する戦いが勃発した一八九六年八月までに、会員は三万人まで急増した。バレンスエラは、この急速な会員数の増加は「刊行物が人々に及ぼした影響」によるものだと述べている[17]。

『カラヤアン』のなかでもっとも重要な記事は、ボニファシオの「タガログ人が知らねばならぬこと《アン・ダパット・マバティッド・ナン・マガ・タガログ》」

という宣言書である。(18) この宣言書の重要性は、独立のための闘争を「伝統的」な意味枠組みのなかに位置づけているという事実に由来する。最初の三段落で、ボニファシオはタガログ人種《レイス》の「堕落」の説明から始めて過去を解釈している。

始原のとき、われらの真の同胞が治めるこの土地にスペイン人たちが足を踏み入れる以前、タガログ《カタガルガン》の民〔直接にはタガログ語圏住民だが、スペイン植民地支配下のフィリピン諸島全域住民を想定〕は豊饒《カサガナアン》（kasaganaan）と繁栄《カギンハワハン》（kaginhawahan）〔訳65〕に満ちあふれた生活を享受していた。彼らはその隣国、とりわけ日本とよい関係を保っており、すべての国々との交易関係を維持していた。それゆえに富と善行はすべての人に行きわたり、老いも若きも、女性をも含め、自分たちの文字を用いて読み書きができた。やがてスペイン人が到来し、われわれの前に現われて、われわれに対してより多くの改善とわれわれの心を開くよう導くと申し出た。われわれの指導者たちは、このような甘言に誘惑された。しかし、スペイン人たちはタガログ人らの慣習を遵守するよう求められ、各々の血管から血を少し採って混ぜ合わせ、裏切りを決してしないと純粋で全霊を傾けた忠誠を誓って互いに飲むという宣誓によって、その盟約に従わざるをえなかった。これは、シカトゥナ王とスペイン王の代表レガスピの「血の盟約」と呼ばれている。

リサールは、モルガ〔訳66〕の『フィリピン諸島誌』（一六〇九年）の注釈のなかで、スペイン人到来以前にフィリピン群島には土着の文明が繁栄していたことを指摘しており、ボニファシオの宣言書がリサールのような有産知識人たちの著作に触発されたものであることは、革命史の研究者たちが正しくみてきたとおりである。ここで注意を喚起しているのは、ボニファシオの著作における歴史的内容ではなく、その様式と語り方である。ボニファシオがフリーメイソンであったのかカトリックであったのかという問いは、ここでは意味をなさない。フィリピン人一人ひとりにとって至上の重要性をもつとボニファシオが考えたことを伝えるために、彼は伝統的にそのような事柄を伝達してきた様式、すなわちパション様式を踏襲したのである。

まずはじめに、ボニファシオは「カサガナアン kasaganaan（語根：サガナ sagana）」と「カギンハワハン kaginhawahan（語根：ギンハワ ginhawa）」という二つの言葉を使って、先スペイン時代の状態を叙述している。これらはともに、楽園の特徴を述べる言葉である。「ギンハワ」という言葉がもつニュアンスは、「繁栄」のほかに、生活の全般的な安楽、痛み・病気・困難からの解放である。さらにボニファシオが記すところによれば、タガログ人は、アダムとイブが楽園であらゆる植物や動物の名前をつけることができた〔訳67〕のと同様に、読み書きができ、したがって知識もあった。タガログ《カタガルガン》の民の周辺住民との良好な関係と交易関係についての言及は、先スペイン時代の全体像をよりいっそう浮き彫りにしている。

そしてスペイン人が到来し、タガログ人が彼らと同盟を結ぶのなら、さらなる繁栄と知識を与えると提案してきた。とりわけタガログ《カタガルガン》の民の指導者たちが「このような甘言に誘惑された」とボニファシオが述べるとき、宣言書の読者は皆、即座にパション物語の言葉で考えるであろう。なぜならパションでは、アダムとイブの喜びに満たされた存在は、イブがその「脆弱な考え」のゆえに蛇の言葉に屈したまさにそのときから、崩壊しはじめるからである。しかし、蛇の言葉は真にその内心《ロオブ》を反映しておらず、内心は嫉妬のせいで「いつも混乱と騒擾のさなかにある」。蛇の記述は、カティプーナンの文書におけるスペイン人修道士に関する記述に合致している。タガログ人は同盟を、つまりシカトゥナとレガスピの血の盟約によって象徴的に示された「純粋で全霊を傾けた忠誠」を受け入れた。スペイン人の外見がその真意と一致していないことにタガログ人たちが気づいたのは、そののちのことであった。打ち立てられた相互的あるいは二者間的《ダイアディック》な関係は虚偽であった。ボニファシオはこのことの意味について詳細に記している。

それ以来三〇〇年以上のあいだ、われわれはレガスピの種族《レイス》にもっとも豊饒《カサガナアン》な生活を与え続けてきた。われわれ自身はものもなく飢えているというのに、彼らには潤沢な暮らしを満喫させ、肥えさせてきた。彼らの統治に屈服しないわれわれの同国人から彼らを守るためにさえ、われわれはみずからの富と生命を無駄にしてきた。そして、タガログ地方《カタガルガン》の土地をスペイン人から奪おうとする中国人やオランダ人と戦った。

いまや、こうしたことのすべてのあとに、彼らスペイン人はいかなる繁栄《カギンハワハン》をわれわれの土地に与えたのだろうか。われわれが犠牲を払って果たした契約を、彼らの側が果たしたのを見ることができるのだろうか。われわれの好意に対する報いとしての裏切り以外、われわれは何も見ていない。われわれをよりよい生活へ目覚めさせるという約束の履行とて、ただわれわれをより盲目的にさせ、卑しい品行で汚し、われわれの土地に伝わる高潔でよい慣習を強制的に打ち壊した。われわれを誤った信仰に目覚めさせ、われらの土地の尊厳《カプリハン》を泥沼に引きずり降ろした。もしわずかな憐れみでも乞おうものなら、追放され、愛する子ども、伴侶、そして年老いた両親から引き離されるという彼らの仕打ちが待っていた。悲嘆にくれ、ため息をつこうものなら、大きな罪とみなされ、非人間的な残虐さでもって罰せられたのである。

最初に、タガログ人がスペイン人に対する義務を果たしたことについての言及がある。しかし、ボニファシオは、スペイン人がこの盟約を尊重することを拒否したと断言する。彼らはフィリピン人に対する重い負債《ウタン》をみずからに招いたが、それを裏切り《カタクシラン》のかたちで「返すのである」。多くの場合に敬意と互酬的関係によって円滑に機能する社会において、こうしたスペイン側の背信行為は破壊的である。タガログ人の世界は解体し混乱に陥る。タガログ人の「堕落」は、増し加わる盲目、光明《リワナグ》の不在という観点から表現される。この状態こそが、人々が長きにわたって、「卑しい品行」と不名誉にみずからを貶めるような本来あるべからざる人間関係を甘受することを可能にしてきた。彼らスペイン人は、タガログ人が苦しんで情け深い加護《リガップ》(lingap)を求めても、それに応じることがなかった。愛も同情も敬意もないがゆえに、関係決裂の条件がそこに整っているのである。

つぎの段落は、スペインが同情心を持つことができず、タガログ人に対する暴虐が悪化した結果についての描写から引き続き始まる。この地は孤児、未亡人、子どもに先立たれた親たちの涙と嘆きで満ちあふれている。「いまやわれわれは、子どもを亡くした母たち、親を慕って泣く孤児たちのあふれるばかりの涙に浸っている」。人々の苦痛と困難に関するボニファシオの記述は、キリストの受難を描写するだけではなく、その受難の経験に参加した聖母マリアをも描写するパションの長大な節を想起させる。パションにおける困難と涙の記述は、読者あるいは聴衆から、同情と共感《ダマイ》、すなわち応答のあらわれと内心《ロオブ》の変革を喚起するという意味をもつ。同様の手法でボニファシオは苦難と抑圧の言葉を詳細に記し、そして彼の聴衆の内心を「軟化」してから、段落のなかごろで起こるべき変革についての議論に移る。

それではいったいどうすればよいのだろうか。東方の地に輝く理性という太陽が、長きにわたって盲目のままにされてきたわれわれの目にも、たどるべき道《ランダス》を示してくれる。その光《リワナグ》によって、われわれに死をもたらした非人間的な人々の残した爪痕が見えてくる。よりいっそうの困難、よりいっそうの裏切り、よりいっそうの恥辱、よりいっそうの隷属以外には、何も望みえないことを、理性《カトゥウィラン》（katwiran）は示している。決して到来しないであろう約束の繁栄《カギンハワハン》を待って時間を無駄にしないようにと、理性はわれわれに教えてくれる。理性は、また、われわれ自身のみをあてにし、われわれの生存権を誰かに決して託したりしないようにと諭す。内心《ロオブ》と考えにおいてひとつになり、われわれの土地を支配する悪を見つけ出す力を持つように、とも理性は言っている。

「理性」という訳語は、「まっすぐなこと」というカトゥウィラン（katwiran）の元来の意味を、あまりよく伝えてはいない。この含意が重要なのは、盲目や暗闇という文脈のなかでは、失われているものとは「まっすぐな道」を保つ能力だからである。真直《カトゥウィラン》はまた、道《ランダス》を照らし示す陽の光《リワナグ》にも関連している。光の来る方向、すなわち東方の地は、昇る太陽が命を賦与する力や再生と関連づけられ、そしてそれはまた、「十字架の道行き」の目的地でもある。したがって「理性という太陽」は、タガログ人が

「見る」ことを可能にするかがり火であるが、それ自体では全体性を回復せずに、たどらねばならない死への道をたださし示すのみである。カティプーナンとコロルムは共通して、ただ繁栄《ギンハワ》を待つだけという態度をとらぬよう勧め、「まっすぐな道を選び取る」ことによって参加しなければならないと訴えているところに特色がある。とりわけ、タガログ人は「彼らの生存権を誰かに託」してはならず、むしろ心と考えにおいて一致するべきである。つまり、「全体性」はもはや、タガログ人とまったく愛を示さない「母なるスペイン」とのあいだの盟約において定められることはない。タガログ人はこの関係に対しては死に、新たな全体性の状態、すなわち結社《カティプーナン》ないし自由《カラヤアン》のうちに生まれ変わらねばならない。

アゴンシリョは、カティプーナンに関するその古典的研究〔『大衆の反乱』〕の脚注のなかで、一八九六年のカティプーナン（マグダロ派）党旗に現われるKの文字の意味に関して、学界で起きている混乱について論じている。このKの文字は、無数の（のちに八本に減らされた）白色光線を発している太陽の中心に、タガログ語の古い表記法で書かれている。このKは、リカルテ将軍が主張するように「自由《カラヤアン》（Kalayaan）」を意味するのだろうか、それとも、アギナルド将軍の言うように「結社《カティプーナン》（Katipunan）」の意味なのだろうか。後者の見解を受け入れて、このKは組織名である「結社」を意味するものであるとアゴンシリョは説明する。もっとも、一八九七年までにその意味が「自由」へと変わっていったかもしれないことを、彼も認めている。「なぜなら、おそらく戦闘の騒乱と強烈な民族主義的感情に迫られて、Kが自分たちの理想、すなわち自由を象徴するほうがより望ましい、という感情が革命運動家たちの意識のなかに入り込んでいたからである」[19]。この問題が未決着のままにみえることは、発光する太陽の中心に書かれたKの文字が、カティプーナン会員たち、とくにみずからの経験に鑑みてそれを解釈した一般会員たちにとって、多義的な意味をもっていたことをいみじくも物語っている。それでは実際に、〝カティプーナン（katipunan）〟と〝カラヤアン（kalayaan）〟、すなわち「結社」と「自由」とのあいだにはどれほどの違いがあるのだろうか。「ラヤ（laya）」という〔カラヤアン（kalayaan）の〕語根は、一八世紀にノセダとサンルカールが編集したタガログ語の辞書には載っていない。ただ「ラヤウ（layao）」という言葉があり、それは「身体的楽しみ」、「必要の充足」、「相手に望みのものを与えること」と定義されている。近年、ホセ・ビリャ＝パガニバンは、「ラヤ（layà）」（自由）と「ラヤ（layâ）」もしくは「ラヤウ（layaw）」（したい放題、わがまま、自暴自棄）とを明確に区別する試みを行なった。いわく、「ラヤ（layà）とラヤ（layâ）を区別せよ。その結果、カラヤアン（kalayaan）は自由、独立、解放、カラヤアン（kalayaán）は自暴自棄、放蕩の意となる。ただし、言語教育を受けていない人は、このような区別を行なわない[20]」。パガニバンの最後のコメントが何にもまして重要である。これは、「カラヤアン」のような言葉には、その意味についていくつもの層があることを示唆している。人々の経験が言葉の意味に与えた内容は、民族主義的な指導者たちがその言葉に付与した定義にもまして重要なのである。

「カティプーナン」という言葉によって示唆される意味の「全体性」や「一体となること」は、「カラヤアン」にもまた含まれている。〔スペインからの〕分離主義運動の高揚以前には、「カラヤアン」という言葉は「自由」や「独立」という意味をもっていなかった。西洋から学んだ「自由、博愛、平等」の概念をタガログ語に翻訳するに際して、ボニファシオ、ハシント、そしておそらくマルセロ・H・デル＝ピラールのようなプロパガンダ運動家たちは、「自己の必要の充足」、「親の甘やかし」、あるいは

「厳しい親の管理からの自由」といった意味をもつ、「ラヤウ」もしくは「ラヤ」という言葉をよりどころにした。したがって、政治用語としての「カラヤアン」は、親子関係がもつ意味合いと不可分であり、それは低地フィリピン社会で母が子どもを甘やかし強い感情的絆《きずな》を結ぶ傾向にある、といった社会的価値観を反映している。幼少期は、惨めな貧困のもと、あるいは世話をしてくれない《パバヤ》継母によって育てられでもしないかぎり、「失われたエデンの園」のような繁栄《カギンハワハン》と豊饒《カサガナアン》に満ちた時期として、いとおしいものと記憶されている。「カラヤアン」という言葉のなかに、革命家たちは、植民地統治者（すなわち愛情どころか残忍さをあらわにした母）からの分離と、カティプーナンにおける人々の「団結」とを結びつけた「独立」を表わす理想的な言葉を見つけたのである。カティプーナンがカラヤアンであるのは、それがスペイン支配以前の状態の全体性、至福と満足、すなわち、一人ひとりによって必要の充足《ラヤウ》として経験される状態の回復であり、それによって各自が「家族的なもの」から「民族的なもの」へと跳躍できるからである。(21) ある革命文書にあるように、「人の結社《カティプーナン》」とは、母と子どもの関係の経験の延長にほかならない。(22)

宣言書の最後の段落で、ボニファシオは「真実の光《リワナグ・ナン・カトトハナン》」について語っている。その光は、タガログ人——ここではすべてのフィリピン人をさす——が、感情《パグダラムダム》、内心《ロオブ》の名誉や清浄さ、恥《ヒヤ》、そしてついには共感《ダマイ》を持つことをあらゆる人々に明示しながら昇るのである。この光《リワナグ》は、したがって、贖いの過程において実現される人間としての実存の可能性のイメージを、タガログ人がスペインの甘言に屈したときに失った状態のイメージをあらわにする。それは、「われわれの思考を盲目のままに覆い包む幕を引き裂く」ような「神聖にして清浄な教え」を示している。この光こそがカティプーナンであると、ボニファシオは結論づける。

『カラヤアン』の創刊号の一つ目の主要記事は、エミリオ・ハシントによる宣言書である。彼は教養もあり、カティプーナンの「目」といわれた人物である。(23) この宣言書のなかで自由《カラヤアン》は擬人化され、暗闇のなかにいる若者（タガログの民《カタガルガン》）の前に姿を現わす。

その導入部分で、暗闇と光の相互作用のイメージがこの宣言書の核心的性格を確定する。「暗い夜だった。この恐ろしい夜の暗い空には星ひとつ輝いていない」。うつむきかげんに顔を手のひらに載せたまま、ひとりの若者は自分の惨状について考え込んでいる。その若者の傍らには灯油ランプがあり、部屋の唯一の明かりである。その光はこの物語のあいだじゅうずっと揺らめき続け、包み込む暗がりに差し込んでくる知覚や啓示が束の間ながら存在することを意味している。

若者が怒りと挫折に屈服しそうになるそのとき、彼の肩をたたく者がある。彼は、「もの悲しげだが甘美な響きの声」がこう問うのを耳にする。「あなたはどうして泣いているのですか。いかなる痛みや苦悩があなたの心を引き裂き、あなたの若さと力強さを鈍らせるのですか」。若者は顔を上げ、薄明かりのなかに、白霧の後光に包まれた影を認める。「ああ、憐れみ深い影よ」と彼は答える。「私の悲嘆は癒されることも、慰められることもありません。私が言わずにおれないことは、あなたにとってまったく大事ではないのに、あなたはなぜやってきて私が泣くのをさえぎろうとするのですか」。影は答えて、無知や愚行によって人々や国々が困窮や苦難に遭うとき、自分はいつでも現われると言う。人々が盲目さから解放されて明晰に考えることができるようになるまで、この影なしには「真実で完全な幸福」が地上を覆いつくすことは決してないことがわかるまで、影は姿を現わし続けるというのである。それでも若者は来訪者が何者であるか気づかないでいると、この来訪者は驚いて主張する。

ということは、あなたはもはや私が誰だかわからないのですか。けれども私は驚きはしません。何しろ私があなたの国を訪れてから三〇〇年以上たっているのですから。あなたの民は、偽りの宗教の神々や人々、すなわちあなたと同類の被造物を崇拝しようと決めたのです。そのために私の記憶があなたの意識からかき消されているのです。

あなたは私が誰だか知りたいのですか。それでは聞きなさい。私は、あらゆる偉大なものの源泉であり、人間性にありうるかぎりもっとも美しく、誉れ高く、高貴で威厳のある者です。私ゆえに王のなかの王でさえ倒れ、王座は打ち砕かれるか移譲され、黄金の王冠は破壊されるのです。私のおかげで、修道士たちが何千何万という人を責め苦しめてきた「異端審問」の炎はかき消されました。私への大義のために、人は各々の自分勝手な利益を忘れ、全員の利益だけをめざして団結するのです。私によって奴隷たちは屈辱と恥の泥沼からすくい上げられ、彼らの残忍な主人の誇りや悪意は打ち砕かれるのです……。私の名は「自由《カラヤアン》」です。

彼女が「自由《カラヤアン》」であることを悟った若者は、「自由」が憐れんで加護してくれることを期待して、同胞に加えられたそしりと苦難について語るようになる。そしてその苦境を訴える言葉は、キリスト教の教えとスペイン人修道士の実際の行ないとの矛盾というかたちで述べられる。

「私たちは空腹です」と人々が言うと、飢えた者には食させよとわれわれに教える者がこう答えるのです。「われわれの捨てたもの、そして美食や贅沢な食卓の残り物でも食べておればよい」。私の兄弟たちが「のどが渇きました」と言えば、渇いた者には飲ませよと教える者がこう答えます。「自分の涙と汗を飲んでいればよい。きっと涙も汗も嫌になるほどたっぷり飲めるようにしてやろう」。

私の兄弟たちは叫びます。「私たちには着るものもなくて、丸裸です」。すると裸の者には着せよと教える彼らが答えます。「おまえたちに今すぐ、何重もの鎖を巻いて包んでやろう」。

私の兄弟たちが「ほんのわずかでも愛情、寛大さ、同情を」と言うと、われわれを法的かつ霊的に支配する指導者や首長たちはこう答えるのです。「この者たちは反逆者だ。神と母なるスペインに刃向かう者だ。この者たちを追放せよ！」

若者は「自由《カラヤアン》」に、この不平は絶望と悲嘆にくれるに十分な理由であるのか、と尋ねる。「自由」はいくぶん皮肉な調子で、涙は人々に加えられた悪行に復讐するだけの活力も血気もない者のためだけにあるのだ、と答える。「家のなかで、夜の静寂と暗黒のただなかで泣いているなんて、およそ考えられないことです。そんなことは若者にはふさわしくない。……まったくもってふさわしくないですよ」。しかし、若者はほかの手だてを考えることができない。「私たちは母親の胎内にいたときから、苦しむこと、そしてあらゆる種類の苦悩や恥辱、拒絶に耐えるよう仕込まれてきました。泣くこと以外に、いったい何を求めようというのですか」。彼は、「よくない性癖」から人々は脱却すべきだという「自由」

の助言を理解できない。若者がおし黙ったので、「自由」は説明を進める。

聞きなさい。始源のとき、あなたの祖先のよき慣習が臆病さにも孤立や囚われの境遇にもくじかれていなかった頃、タガログの人々、すなわち現地《ネイティブ》の住民たちは私の庇護のもとに生活し、私の懐にあって幸福で、生命力と力強さをもたらす大気を吸っていました。その知は私の光によっていや増し、隣国の人々からも尊敬されていました。ところがある日、忌むべくまた呪うべきことに、美徳と正義そのもののような顔をして隷属が到来し、信じて受け入れる者すべてにほかならぬ栄光を保証したのです。

好ましさと善の仮面をかぶって、愛想よく愛情深い行ないを装ってやってきはしましたが、私にはそれが何者かすぐわかりました。この国の幸せはもう終わりで、それがあなたの不幸な民を突き刺してしまったことを知ったのです。……それでもあなたの同胞たちはそれを信じて受け入れ、あがめること、……私を忘れ去ってしまうこと、さらには私を唾棄し私の存在にいらいらしてしまいさえすること、すべてが私にはわかったのです……。しかしこの期におよび、あなたの嘆息が私に届き、私は悲しみでいっぱいになりました。だから私はやってきたのです。でも、もう去らなければなりません。

若者は「自由《カラヤアン》」に、憐れみをもってもういちどタガログの人々を抱擁してくれるよう、とどまってほしいと乞う。「自由」は、まさにその心はタガログの人々の苦しみを感じており、やってきて苦しんでいる者たちを助けることこそ天命である、と答える。「けれども私を好まない者、私を愛さない者、私のために死ぬことができない者は、私の保護と世話を受けるに値しないのです。このことをあなたの同胞たちに伝えなさい」。突然、灯油ランプの炎は揺らめいて消える。

ボニファシオの宣言書に見られたようなタガログ語の細かいニュアンスは、スペイン語の訳文しか手に入らないハシントの宣言書からは失われてしまっている。それでも、この訳は原文に十分忠実であるようだ。なぜなら、このなかに、革命と独立について語る際の「伝統的」意味枠組みをさし示すある特定のイメージを見出せるからだ。部屋を照らし出す揺らめく灯油ランプは、復活祭の徹夜儀礼の際に灯すただ一本の蠟燭、あるいは、光明《リワナグ》の現臨を象徴するために兄弟会員《コフラーデス》たちが祈禱の間に灯しておく蠟燭を想起させる。というのも、このエピソードは、「自由《カラヤアン》」という人格において人間とパションの時間とがつなぎ合わされる光明《リワナグ》の現臨した瞬間だからだ。それは「もの悲しげだが甘美な響きの声」をもった亡霊の姿形で現われ、一八七〇年のアポリナリオの出現や、対スペイン反乱に身を投じるようカネオに命じた「聖なる声《サントン・ボセス》」を連想させる。

若者は以前、ボニファシオのいう先スペイン時代には「自由《カラヤアン》」を知っていた。「自由」が何者なのか今わからないのは、彼の盲目さを反映している。「自由」は自分が何者であるかを説明しなければならず、そうしながら人間にとっての可能性という観点からみずからを明らかにする。その可能性とは専制主義と残忍さの撲滅、人間相互の団結と愛、奴隷解放、そして抑圧者の懲罰である。いいかえれば、自由とは、社会が逆転する条件なのである。

「自由《カラヤアン》」が誰だかわかると、若者は「自由」が彼の民に憐れみを示してくれるかもしれないと期待するようになる。彼は不平を数えたてる――修道士の残忍さにとどまらず、彼らの言葉と思惑の不一致について。彼らは現地住民《ネイティブ》を誘惑するためだけに立派なキリスト教の教えを説く。同情を求める現地住民に対し、ついには残忍にふるまうのは外見と内面の状態が一致していないことの反映にほかならない。「魅力的な外見」はまったくの謀り事《ダヤ》(daya)であって、それに魅惑されないよう、パションは繰り返し警告する。若者とその民は、その内心《ロオブ》の弱さゆえに奴隷状態にあるのであって、そこから脱却する道はパションによって示される。しかし若者は、その盲目さゆえにこの「道」と出会うことができない。タガログの人々は「よくない性癖」を脱すべきだという自由の助言にもかかわらず、若者のすることといえば、ただ嘆き悲しんで絶望するだけなのだ。自由はさらに説明をしなければならない。そしてここにおいて、ボニファシオとハシントの宣言書の論点は一点に収斂してゆく。

若者は、「自由《カラヤアン》」がパションの言葉で彼の過去と現在を説明するに及んではじめて、将来を理解することができる。そこで「自由」は、タガログの人々が、以前は「自由」のことを知っており、その「手厚い保護」のもと、人々は幸福、繁栄、知識、すなわち充足《ラヤウ》に類似した状態を経験してきたという先刻の主張を丹念に繰り返す。やがて「隷属」が到来し、楽園の蛇のようにタガログの人々に究極の栄光を提供しようと提案し、彼らはその美しさ、美徳、「言葉の滑らかさ」にすっかり騙されてしまった。彼らは「自由」を「忘れる」か、あるいは「自由」が何者かわからなくなってしまった。それは恩義《ウタン・ナ・》の負い目《ロオブ》を示すことができなかった古典的な事例であり、ユダが、愛情を注いでくれた師から離反し、マリアの示した母のごとき慈しみを「思いめぐらす」ことのできなかったことによって例示される、あのおなじみの状態である。

そして［ユダよ］汝はもはや思案せざりし
貴き聖母のめぐみたる
汝に降り注がれし充足《ラヤウ》
家に食の在りしとき
汝を忘れたること決してなし　（九〇頁：第五連）

数片の銀貨など価値がないことを知り、ユダは決して克服できなかった絶望に身を委ねた。〔訳68〕しかし、この若者には希望がある。第一に、「自由《カラヤアン》」が何者であるか、そして「自由」が若者の祖先に施した充足《ラヤウ》について気づいた点で。そして抑圧されている者に対して、「自由」を愛しそのために喜んで死ぬようにという、「自由」による呼びかけに耳を傾けている点で。「自由」が示す「未来」とは、人々がパションを経験すること、暗黒状態に対して死ぬことである。翌朝、若者は「計画がくすぶっている」のを目にする。光明《リワナグ》は彼のなかにある。いまや彼は、たどるべき「道」を承知しているからだ。

加入儀礼

ある人物がカティプーナンへの入会の意志を表明すると、この人物はひとりの会員の保証を受け、そしてこの会員によって秘密の場所へ目隠しをしたまま連れてゆかれ、そこで加入儀礼が執り行なわれた。

これまで、この儀礼に内在する意味について適切に検討されたことはなかった。外見上、彼らはフリーメイソンのように見える。しかし、もし彼らが本当にフリーメイソンであったとするなら、無学な農民たちはカティプーナンを真に彼ら自身のものとして受け入れることができたのだろうか。この儀礼を理解する鍵は、デ゠ロス゠レイエスのつぎの言葉にある。「最初、［カティプーナンの指導者たちは］フリーメイソンの様式を採用したが、やがて、おもに労働者や農民の階級に属する会員たちの文化水準に合わせて儀式を単純化していった(24)」。

儀礼が執り行なわれる部屋に入り、新入会員が目隠しを外されてまず目にしたものは、目の前の机に置かれた灯油ランプであった。結社に加入していたある女性は、この光にくらまされた経験を、つぎのように書いている。「私は一本の灯油ランプ《ティンホイ》が灯《とも》された小さな部屋にいました。その灯は息も絶え絶えの人のように揺らめいていました。その光に私は目がくらみました(25)」。わずかに光が灯された周囲に目が慣れてくると、新参者は壁につぎの警告が書かれた平板があるのを認めたのである。

強靭さと勇気を持つ者は、進むがよい。
好奇心のみでここまで来た者は――去れ！
激情《パッション》を抑制する方途を持たざる者は――去れ。「荘厳にして尊敬すべき祖国の子たちの結社〔訳69〕」の門が、おまえの前に開かれることは二度とないであろう(26)。

同様の警告文が、結社の門の入り口を守護していた凶暴者《マバラシク》、すなわち「恐るべき同胞」のやからと呼ばれる、ひとりの役職者によって朗読される場合もあった。最初に目をくらませる光明《リワナグ》の経験は、一人ひとりの内心《ロオブ》における固い決意をともなうものであった。新参者は強靭さと勇気、そして少なくとも自分の「激情《パッション》」を抑制する強固な意志がなければ、光に向かってさらに一歩近づくことはなかったであろう。

新参者はつぎに、質問用紙に印刷された以下の質問に答えるよう要求される。(一)この国の原初の頃の状態とはどのようなものだったのか。(二)この国の今日の状態はどうなのか。(三)この国の未来の状態はどうなるのか。この質問項目に対する答えは、身元保証人からすでに教えられており、ボニファシオが宣言書のなかで述べていたことと同じようなものであった。すなわち、スペイン到来以前、この国は完全な調和と富を享受し、アジア周辺諸国との交流もさかんであった。やがて修道士たちがやってきて、カトリシズムの外面的な様式とその浅薄な装飾を教え込み、豪華絢爛で金《かね》のかかる祝祭を通して、現地住民《ネイティブ》を真の宗教の本質に対して盲目にしたのである。なすべきことは、信仰と勇気と忍耐によってこの国の自由《カラヤアン》と独立を回復することであった(27)。

この段階の儀礼は、新参者にこの国とその将来についての一定の事実を知らせるだけでなく、その事実を意味ある文脈におくことを意図している。暗い儀礼場がたったひとつの「まぶしい」灯油ランプによって照らされていたことは、そのあらゆる言外の意味とともに重要である。実際、カティプーナンの新参者には、儀礼の数多くの側面がなじみ深く感じられたことだろう。新参者のそれまでの宗教諸儀礼の経験が、フィリピンの歴史とは、やがて訪れる救済に先立つ「没落」なのだ、という理解を促したことであろう。一九〇〇年にある結社《カティプーナン》で用いられた加入儀礼のひとつの変化形態をみると、そこでのメッセージはあらゆるインディオにとって明らかである。すなわち、結社へ加入することは、各人に「末期の苦しみ」と死という、キリストの贖罪の業と類比できる経験を与えるのである。


（指導者）いままで加入したことがない者で、新たにこの神殿の任務に加わりたい者は誰だ。

（答　え）光を求め、「人民の子」〔訳70〕になることを望む者です。

（指導者）俗人よ、おまえが義務をすべて果たしうるかどうか、よく考えよ。たった今この瞬間に結社がおまえの生命と身体を要求したら、それを与えられるか。おまえは今、鐘の音を聞いたが、それは何を意味しているのか。

それは、末期の苦しみにある者がその生命を終えようとしているように、おまえもかつての人生を終えようとしていることを意味する。そしておまえの痛苦は、かつての人生から切り離された指標であり、同時におまえが結社に加入した指標でもある。そこでおまえは真の光を見るであろう。(28)


コロルムの巡礼者の世界では、楽園は、聖週間のあいだに行なわれる長く苦しい探求の果てにある。楽園は、巡礼者が詠う詩歌《アウィット》の作者を引用すれば、苦難を経験した結果として得られる光明《リワナグ》に等しい。(29)このような考え方は、カティプーナンの対スペイン反乱に関する文献にもみられる。そこでは、革命の経験とは、自由《カラヤアン》を探し求めることであると考えられている。この自由という言葉は、カティプーナンの文献ではしばしば光明や楽園という言葉と並置される。(30)さきに引用した加入儀礼の場面で、新参者は光明と兄弟愛を求めて結社の門に達するのであり、そこで彼は、真の光明を見る場となるこの結社に加入するためには、過去の人生に対して死ななければならないと言い渡されるのである。〔訳71〕

これらの主題は、カティプーナンの加入儀礼の形態を詳しく述べた未刊行の手書き文書のなかで、よりいっそう生き生きと描き出されている。(31) その文書の題名は「頂上をめざして《パグププカス・ナン・カルルカン》」で、これはおそらく象徴的な山とされているものの頂上にある結社の扉をさしているものと思われる。新参者は平地《カパナタガン》から頂上《カルルカン》まで通り抜けるようにと言われる。明らかに、ここではカルバリ山のイメージが示唆されている。儀礼が始まる際に、「恐るべき同胞」たる凶暴者《マバラシク》は新参者につぎのように問いただす。

おまえは何者か。ここで何を探しているのだ。探し物がここで見つかると知らされたのか。誰がおまえに教えたのだ。誰がおまえをせきたて、おまえがこのような決意をもつことになったのか。ひとたびこの結社に加入すれば、この上もなく恐ろしい危険に身をさらすことになるのをおまえは知らされていないのか。たとえばさまざまな遠所に置き去りにされたり、最愛の親、伴侶、子ども、親戚などと離れ離れになったりするのだぞ。それでも恐くないのか。独房に収監されても、処刑台に登って不名誉な死を遂げても、恐れないか。死の危険に直面しても、攻撃に対して突進することに恐れおののきはしないのか。……正直に言え。

最初の段落では、新参者が自由《カラヤアン》のことを聞き知って、それを見つけるためにやってきたことが示唆される。ちょうど地上の楽園という幻影《ビジョン》がバナハウ山への巡礼に誘うように、自由のイメージは、新参者たちを結社に集《つど》わせる。だが、いったん敷居を跨いでしまったら、過去の関係、すなわち家庭や家族に対するこれまでの愛着に対して死ぬことを願い、すすんでそうしようとする思いを確かなものとしなければならない。この離別の過程は、実際の闘争に直結している。彼らは収監や処刑の憂き目に遭うだろうし、「確実に死に直面して」も勇気を奮って戦わなければならない。なぜなら、彼らが結社に喜んで加入したいという思いを確認した瞬間から、自由を探し求めるために死を受け入れてしまったからである。新参者が前記のすべての質問に肯定的に答えると、凶暴者《マバラシク》はつぎのように述べる。「もしそうであって、なおどうしてもこの結社に参加しようというのならば、ついて来るがよい」。新参者たちは「頂上《カルルカン》」という隣室に連れてゆかれる。凶暴者のノックに応じ、指導者《パグロ》は同胞である「番兵《タリバ》」に、扉をたたく新参者に尋問するよう指示する。「おまえはどこから来たのか」という問いに、新参者たちに代わって検事が答える。

われわれは隷属の苦境を脱し、盲目さの爪から救われてやってきました。ここに来るのにさまざまな障害や災難を乗り越えてきました。今ここに自　由《カラヤアン》を探し求め、あなたの神聖なる扉の前で呼ばわっているのです。

この文書をはじめ、その他の加入儀礼に関する文書にも見られる「神聖なる扉《マハル・ナ・ピント》」という熟語は、カティプーナンとパションのそれぞれの慣用語法《イディオム》のあいだの結びつきをさし示す、もうひとつの指標である。パションのなかで、「扉」という言葉が最初に見られるのは、アダムとイブが「楽園の扉」を通って追放され、その後でその扉が閉鎖され天使が見張りに立つというエピソードにおいてである。アダムとイブにとって、扉を通って出ることは、人生における「疲労、空腹、恐れ、比類のない困難」の始まりを示している。

また想像できないほどの
不安、さまざまな苦悩が
二人に押しつけられた
光り輝く園を
去ったときから

振り返り
充足《ギンハワ》の日々を
ふと思い出す
悲痛や孤独もろもろが
二人の魂を苦しめる　（一〇頁：第一五連～第一六連）

楽園の扉は、苦しみと繁栄《ギンハワ》の暮らし、暗闇と光明《リワナグ》の境界となるものである。パションやその他関連文献のどこを見ても、「神聖なる扉」は、キリストの受難と死の成就によって押し開かれるまで人間の完全な充足に対して存在する障壁として暗示される。キリストのエルサレム入城に際し、シナゴーグ〔訳72〕の扉や門が閉ざされていた理由を説明するに際して、パションは隠喩《タリンハガ》を以下のように明らかにする。

なぜなら我らが父なるキリストは
聖なる受難に
まだ苦しんでおられない
栄光の聖なる扉
いまだ堅く閉ざされり

その十字架に
真正面から打ち付けられ
そしてシナゴーグの扉〔訳73〕は
ただちに開かれ放たれた
これこそその意味するところなり

事が起こる
主の磔にかけられて
苦しみのうちに死せる時

そのときこそ開かれる
栄光の扉が　（七一頁：第一連〜第三連）

一八四〇年にアポリナリオ・デ゠ラ゠クルスは、「第一九日目の神聖なる扉《マハル・ナ・ピント・ナン・アラウ・ディエシヌエベ》」——一九日は聖ヨセフ兄弟会のミサの日——のことを「神聖なる平安の国《マハル・ナ・バヤン・ナン・カルワルハティアン》」にいたる道中で到達したひとつの段階として言及した(32)。コロルムもまた彼らの儀礼にこの「神聖なる扉」の概念を適用したことは、驚くにあたらない。巡礼者たちが、ときに大変な身体的努力をもって通った狭い洞窟の入り口などの通り道は、扉《ピント》と呼ばれた。扉の柱に押しつぶされてしまうことを避けるため、彼らの信仰に従って、この入り口で特別な祈りが唱えられた。ある記述によれば、「父なる神《アマン・ディオス》の教会堂から離れたところに扉があり、門番が巡礼者の名前やその他の必須事項を大声で尋ねる。それから門番は巡礼者に蠟燭を与え、その後、秘密の旅を始める許可が与えられる」。コロルムの巡礼者たちにとって扉は、困難およびそれにともなう浄化と内心《ロオブ》の制御という経験のさまざまな段階の可視的な指標であり、カルバリを登ることで極みに達したのである(33)。

したがって「神聖なる扉」という言葉には、幾層もの意味がある。カティプーナンの指導者たちは、「頂上をめざす」こととそれを結びつけることによって、もうひとつの意味の層、すなわち「民族主義」の層を付け加えたにすぎない。「自由《カラヤアン》を求めて神聖なる扉」をたたいたあと、新参者たちは指導者に、「これから課せられるあらゆる困難の試練に備えて、内心《ロオブ》を準備」しなければならないと命じられる。そして新参者たちは、井戸に飛び込んだり狭いトンネルを這って進んだりといった、苦難の試練を受けさせられる。バナハウにおいて巡礼者が受ける試練との並行性は紛れもない。さらに、これらの経験の意味づけにも似たものがある。新参者たちがその試練から戻り、凶暴者《マバラシク》が指導者のもとへ彼らを連れてゆくと、指導者はこう応じる。「兄弟なる凶暴者よ、このたびおまえは彼らの内心のなかに尻込みする様子をまったく見ることがなかった」、と。ここで、アポリナリオ・デ＝ラ＝クルスがかつて、オクタビオは多くの試練を経験したがゆえに「真に改心した内心」があると語ったことを思い起こしてみよう。結社の扉は開かれ、新しいカティプーナン会員たちは、かつての盲目で無方向な状態に対してすでに死んでしまったことになる。こうしてはじめて、彼らは血判状に署名して会員になることが許されるのである。

儀礼の最後に、指導者はつぎのような訴えで始まる説教を行なう。

わが愛する同胞たちよ、私を憐れんでくれ。おまえの持っている力はどこにあるのか。おまえが長いあいだに蓄え、私のために残しておいた力だ。それを私に差し出し、耐えがたき抑圧と困難にある私に共感《ダマイ》してくれ。反逆者の爪から私を守ってくれ。おまえは私をもう忘れてしまったのか。

（小休止）

私は老いた「自由《カラヤアン》」である。その身体は恐ろしい鋼鉄の鎖でがんじがらめにされ、人を欺く誘惑に服従し、死の脅威に苛まれている。私はさまざまな精神的充足《ギンハワ》を与えていた〔訳74〕、いにしえのときにあった繁栄《ギンハワ》である。われわれがともに究極の平和にいたれるよう、私を救ってくれ。おまえが費やす《プフナン》（puhunan）ことになる血を惜しむな。なぜならその代償は、量りようのない恵みによって報われるはずだからだ。屈辱的な目に遭ってきたわれらの祖国が、卑劣な修道士の統治で流した血のために、裏切り者のスペイン人たちに対し、報復すべきときがきたのだ。

この説教においてもっとも特筆すべきは、指導者は単に、擬人化した自由《カラヤアン》が語る媒介者にすぎないという事実である。この現象は、（修道士たちが禁圧しようとした）肉体をともなわない霊たちが特定の霊媒たちの「人格」に入り、彼を通して語る、という古代タガログ人の憑霊観を示している。[34] たとえ原典にはとくに記されていなくとも、アポリナリオ・デ＝ラ＝クルスは一八七〇年に死んだのではなく、ハヌアリオ・ラビオスの人格のなかで生きていたといえるのかもしれない。のちの時代には、後段で検討するように、ホセ・リサールやフェリペ・サルバドールが、それよりあとに現われた指導者たちを通して人々に語りかけている。いにしえの繁栄《ギンハワ》を体現していた「古き自由」や「母なる祖国」もほぼ同様の方法で、カティプーナンの指導者の「人格」に入り込み、彼らを通して語ったのである。同じく特筆すべきことは、この加入儀礼の手書き文書に走り書きされた、「自由」による主張を表明する際の流儀についてのつぎの指示である。すなわち、訓戒の調子とは、悲哀をもった喚起でなければならない。指導者は、鎖に繋がれた母が息子たちに同情を求めて優しく哀願するような言葉で話すべきである。いいかえれば、メッセージは理解されるだけでなく経験されなければならない。前章で、ハヌアリオ・ラビオスの一見無意味なラテン語祈禱は、字義どおりの翻訳においてよりも、むしろ響きの効果において吟味すべきであるということに触れた。同様にカティプーナンの主張も、その響きや表現の形態を別にしては理解できない。指導者の演説は詩や音楽に、その「効果」は恋歌《クンディマン》に比することができる。恋歌を歌ったときに起きることは、たとえばつぎのように描かれている。

彼らのなかのひとりが歌を歌おうとしている。それは純粋なタガログの歌で、通常きわめて感傷的なものだが、どれほど感傷的かというと、たとえばもし歌詞の意味を注意深くたどり、その歌詞の意味を十分表現するための歌声の操り方をじっくり聞くならば、たちまち憐憫の情に囚われてついには涙を流してしまうほどである。[35]

「母なる祖国」に対する同情や憐憫は、まさにカティプーナンの入会希望者が加入儀礼の間に経験するものである。別の言い方をすれば、彼らは祖国の苦しみに共苦《ダマイ》したのである。儀礼の最後でカティプーナンの同胞たちが目に涙を浮かべる理由も、これで説明できる。[36]

涙と悲しみに満ちた哀願は、共感《ダマイ》のあらわれにすぎない。本質的に、共感は内心《ロオブ》の完全な変革を含んでおり、パションの文脈では、悪行を避け、その代わりキリストの模範に従おうとする決意を意味し、カティプーナンにおいては、共感することは自由《カラヤアン》のための闘争に献身することを意味している。説教の最後に向かう部分で、指導者は同胞たちに、謙虚であるよう、祖国の救済のために生命を捧げるよう、戦いに赴くときは老いた自由のことを思い出すように、と教える。彼は闘争について、その途上に自己の統一、愛、そして純潔が存在するような「道」を歩み続けることだ、と語る。

私の選んだ仲間たちよ、心にとどめておくがよい。このカティプーナンが旅したのは、たとえ死にいたるまでも決して絶えない統一、お互いへの配慮、お互いの共感《ダマイ》の道である。またこのカティプーナンにおいては、悪い態度、悪い内心《ロオブ》、そしてとくに慢心は退けられることも覚えておくがよい。なぜならわれらがめざすのは、これまでで最上に純粋で純潔なものだからである。嘆き悲しむ宗教と祖国の土地の旗印を護るため、内心を慎ましくし、おまえたちの命とすべての財を捧げよ。

ベルナルド・カルピオ王の帰還

これまで述べてきたことによって、先学たちが見過ごしてきた多くの些事の細部がもつ深淵な意味を理解することができる。たとえば革命勃発のおよそ一年前の一八九五年四月に、アンドレス・ボニファシオとカティプーナンの主要会員八人の一行は、マニラの南東部に位置するサン・マテオの山々に一週間の小旅行に出かけた。先学たちはこの出来事のなかに、闘争の困難な状況において退避できる安全な避難所を山中に求めたことのほかには何も見出さなかった。たしかにそれは、生存者のひとりが一九四九年にアゴンシリョのインタビューに答えて語った理由である。だが、この一行が山ごもりする時期として四月の聖週間、すなわち聖火曜日から聖土曜日までの期間を選んだことは、単なる偶然であったといえるのだろうか。彼らはペリス老人《タンダン・ペリス》と名乗る人物に導かれて、聖金曜日にその目的地——タプシ山の洞窟——にたどり着いた。「ベルナルド・カルピオの洞窟」と呼ばれるこの場所で、ボニファシオが炭の切れ端を用いて「フィリピン独立万歳!」と書きつけると、カティプーナンの会員たちは目に涙をためて、震える手で各自署名したのである(37)。

タプシ山に登ったことは、安全な避難所を探すこと以上に、カティプーナンとその地域の住民たちにとってきわめて深い意味のある行為であった。なぜなら、タガログ人のあいだに伝わる伝説的な民衆の英雄――ベルナルド・カルピオ――が山中のその洞窟に囚われの身となったが、脱出して民衆を解放しに戻ってくる日を待っていると、農民たちは信じていたからである。そこで、カティプーナンが避難の場所として「ベルナルド・カルピオの洞窟」を選んだことのもつ意味を、ここで検討することにしたい。

ベルナルド・カルピオは、一九世紀の詩歌《アウィット》および演劇《コメジャ》(komedya)における、人気のある登場人物のひとりである(38)。彼の物語はスペイン人作家ロペ・デ゠ベガによる『モセダデス』を原典としているが、伝統的な「一二音節四行詩」の形式をとるタガログ語版は、いくつかの点でスペイン語原典から逸脱している。筋は概してなじみのものである。ベルナルド・カルピオはスペイン王の妹と家臣とのあいだに生まれた私生児である。この不義密通を知ったスペイン王は、その家臣を追放し、妹を修道院に監禁する。私生児は成長して偉大な将軍となり、スペイン王権の忠実な防衛者となるが、ただ本当の両親がわからないことに気づく。そこで彼は、両親を探し出すという誓いをたてる。冒険の途中、天から手紙が降ってきて、父親がどこで囚われの身となっているかを彼に教える。不運にも、父は彼の腕のなかで息を引き取る。しかしこのことは、ベルナルドが両親との絆《きずな》を正当化することを妨げない。彼は寒気に肌をさらすわけにはゆかないという口実をつくって布で父の亡骸を包み、それを王宮に持って帰る。王宮では、王の妹の婚姻が行なわれている。父と母、そして息子がそこで正式に再会したとき、ベルナルドははじめて父が死んでいるのを発見したふりをする。

これがスペイン語の原典の終結部分であるが、詩歌《アウィット》はここでは終わらない。スペイン王位を辞退したベルナルドは、偶像崇拝者を討伐するために旅を続ける。彼は入り口に獅子の像のある教会のような建物にたどり着く。門が閉まっていたので、彼は跪いて祈る。すると稲妻の閃光が走り、片方の獅子の像を破壊する。稲妻の挑戦に腹を立てたベルナルドは、もう一方の獅子の像を投げつけ、稲妻を探し出してこれを倒すと誓う。そう遠くない場所で、彼は二つの山が一定の間隔をおいてぶつかりあっているのを見る。やがて容姿端麗な若者――実は天使――がまばゆいばかりの輝きのなかから現われ、ベルナルドに対し稲妻が山のなかに入ったと教える。神はベルナルドに、稲妻を見てはいけない、まして捕まえてはならないと命じる。天使がみずから稲妻の道をたどるのに合わせて、ベルナルドも強情にもついてゆくが、双峰は彼をはさんで閉じてしまう。

しかしベルナルドは死んでいない。その体が石の台の上で横たわって眠る彼を夢に見た、と報告する者がいる。そこでひとりの男がベルナルドの横たわる洞窟に入り込み、この囚われた英雄と言葉を交わす。彼が言うには「私はベルナルド・カルピオだ。もうずいぶんここに横たわっている。もし私の強さを獲得したいなら手をさし伸ばして握手してくれ、友だちになろう」。大理石の寝台のまわりに骨がたくさん転がっているのを見ると、この見ず知らずの男は代わりにそのうちの一本を拾って差し出した。ベルナルドがそれを握ると、たちまち粉々になった。するとベルナルドがこの男に言う。

おまえは幸運だ。おまえは賢いので、私はおまえの頼れる友となろう。私の頭のそばにある小さな十字架を取りなさい。それは贈り物だよ。何か危険な目に遭ったとき、敬虔な思いを込めて「クリストゥム」と唱えなさい。神の御子の力で、危険は避けられるであろう。私は自分の犯した罪のせいで、ここで神に罰されている。しかし神はよい方で、私はまだ生きている。私は囚われの身から身を起こすことができる時が来るのを待ち望んでいる。だから行きなさい、そして人々に私がどんな状態にあるのか告げなさい。そうすれば皆、イエスが葬られたあと、ふたたび起き上がったことを思い出すであろう。同じように私も、今はこうして洞窟のなかの石の寝台に閉じ込められたままになっているが、時が来れば地上に戻れるだろう。なぜなら全能の神にはお考えがあって、誰かひとりを抑圧された者たちの救済者として選び出されるのである。だから抑圧された人々に、ベルナルドがもうじき起き上がって彼らを救うと伝えなさい(39)。

この物語のタガログ語版は、このようにコロルムの儀礼を興味深く想起させるようなしかたで終わる。ベルナルド・カルピオは、光明《リワナグ》の一形態である稲妻を追って楽園の門にいたる。その柱は、互いにぶつかりあう双峰でできている。彼の内心《ロオブ》が完全には清められていないため、楽園に入ることは拒絶される。それでも彼が天使についてゆくと、拘束状態、つまり眠った状態におかれる。彼は生きていて、力を潜在的に持つ状態にあり、贖罪の行為が完遂したあかつきにはじめて自由の身となるであろう。そのときはじめて、彼は解放の過程に参与する抑圧された人々とともに楽園を見るであろう。

「インディオたちの王」がサン・マテオ山の洞窟に繋がれていて、いつか帰還して人々を解放するという民間信仰を、リサールは熟知していた。「さしたる理由もなしに、インディオたちはおそらくベルナルド・デル・カルピオと混同して、彼をベルナルド王と呼んだ」とリサールは論評する。『エル・フイリブステリスモ（反逆）』に登場する不機嫌な馬車の御者は、抑えがちにため息をつきながら、こうつぶやく。「あのお方［ベルナルド・カルピオ］が右足だけでも解かれれば、私の馬をお渡しして、何でも仰せのとおりにし、命だって捧げるだろう。あのお方はわれわれを治安警察隊《コンスタビュラリー》から解き放って下さるのだ」[40]。カティプーナンの決起に先立つ一〇年ほどのあいだ、ベルナルド・カルピオの物語は、よりよい生活や抑圧と外国支配からの解放という希望を思い描く手段として、農民たちに流用されたようだ。そしてリサールがこの事実を書きとめて満足したのに対し、アンドレス・ボニファシオはこの話をよりどころとして、スペインに抵抗するためにインディオを動員したのである。

役者としてボニファシオが深く親しんでいたあらゆるタガログ劇のなかでも、ベルナルド・カルピオの劇は彼のお気に入りだった。彼が書き取った詩歌《アウィット》の写しでは、スペイン語の地名、出来事の呼称、山の名前などをタガログ語に置き換えるほどだった[41]。この詩歌の何がボニファシオに感銘を与えたのだろうか、と人は問うであろう。ベルナルド・カルピオをもはやスペイン人の英雄としてではなく、その人生が隠喩《タリンハガ》に満ちたフィリピン人として考えるなら、答えは明瞭である。両親が誰であるかわからないために、その活力を適切かつ有意義に生かせない少年がここにいる。彼を欺いていた継父、すなわち守護者である王を否定してしまうことによってはじめて、彼は囚われの身になった両親を捜しに出かけることができる。光明《リワナグ》の閃光のように、彼の両親の名前が天によって明らかにされるとき、ベルナルドは人生におけるみずからの使命をよりいっそう悟るようになる。とりわけベルナルドは、スペインのフランスに対する家臣としての地位を解消すると言ってフランス王宮を脅かすような、極度に政治的な行動を企てるのである。

ボニファシオやほかのいくぶん教養のあるフィリピン人民族主義者たちは、ベルナルド・カルピオの物語のなかに、彼らの分離主義の考えのよりどころとなるべき、民衆による出来事の認知のしかたを見つけたようである。フィリピンの人々は、ベルナルドのように、スペインと修道士という偽りの親たちを否認することによって、自分たちが何者であるかを知るのである。このことをボニファシオは、「最後の嘆き《カタプサン・ヒビク》」という詩のつぎの節のなかで雄弁に表現している。

地平線上に在りし母は昇りぬ
タガログ人の怒りの太陽なり
三〇〇年もの間、我らが保ちぬ
貧しさゆえの苦悩に満ちた大海の中にて

汝の子のあばら屋には支えなし
苦痛と困窮の強烈な嵐にさらされ
すべてのフィリピン人の心はひとつ
汝はもはや、我らにとっての母にはあらじ(42)

ベルナルドの強靱さの噴出と同様に、民衆が無知と苦しみの状態から立ち現われるにともない、彼らの活力と憤怒が実り豊かなしかたによって発散される。そして最終的にフィリピンの民衆自身が、山の墓の深みから立ち現われるという彼のパションの頂点に参与することによって、ベルナルド・カルピオの物語にみずから幕を引く。ミランダによれば、マニラ北部では「大衆は、タガログ社会の伝説のなかの登場人物であるベルナルド・カルピオがビアク・ナ・バト〔訳75〕の二つの巨大な断崖から解放されることを待ち望んでいた。そうすれば、彼はスペイン軍の前哨基地を警護するスペイン軍勢《カサドーレス》（cazadores）を絶滅させることができるという。彼らは『繋がれて動くに足らないのは足だけだ《パア・ナ・ラマン・アン・クーラン》』と語る」(43)。ミランダが続けて述べるには、その間に、大衆は刀身のある武器だけで武装し、死にいたるまで激しく戦っていた。

一八九五年の聖週間にタプシ山まで登山したボニファシオとその仲間たちにとって、ベルナルド・カルピオの洞窟を探すことには二つの異なる意味があった。ひとつは純粋に軍事的な理由で、隠れ家を探すことであった。もうひとつは、その山に埋葬された民衆の英雄と同一化するという行為であった。多くの人々が、洞窟にやってきてカティプーナンの結社に加入しようとしたのも、不思議ではない。ボニファシオが洞窟の壁面に「フィリピン独立万歳！」(44)と書きつけたとき、彼の手が激しい感情で震えた理由もまた理解できよう。このスローガンは、カティプーナンの鬨《とき》の声——「パナホン・ナ！　マブハイ・アン・カラヤアン！（Panahon na! Mabuhay ang Kalayaan!）」——という全文のなかで解釈しなければならない(45)。一般にこれは「時は来た、独立万歳！」と訳されているが、真の意味をとらえているとは言いがたい。時は来た《パナホン・ナ》という語は、革命が始まったということだけではなく、まったく新しい時代《パナホン》がまさに、取り返しのつかないほど遅れた古い時代に取って代わろうとしていることをも意味している。また、マブハイは「生きよ」あるいは「息を吹き返せ」と訳すべきである。「万歳」とか「乾杯」では、「死んだ」あるいは「眠っている」状態にある自由《カラヤアン》と呼ばれるものを救い出し、命を与えるために苦難を経験することとしての闘争の意味を、とらえることができない。
ボニファシオがベルナルド・カルピオの物語を借用したことは、すでに議論したようなカティプーナンの主張がパションに彩られていることと同様の目的を持っていた。それらはともに、よく知られた詩歌《アウィット》やパションの言語を媒介として、大衆が民族主義や分離主義の意味を理解できるようにした。ボニファシオの詩である「最後の嘆き《カタプサン・ヒビク》」を、さきにはベルナルド・カルピオが偽りの両親を否認することを通して自由の身になるという主題と関連させて取り上げたが、これはまた、「タガログ人の怒りの日の出」というイメージによって、パションをも想起させるものである。復活の場面に、以下の印象的な一節がある。

夜が明ける
太陽が東から昇る
墓穴から出
人類すべてを救う
彼はまことによみがえりたり　（一七七頁：第一二連）

これをカティプーナンの言葉と比べてみるとよい。そこでは、夜明け、昇りゆく太陽、ランプの炎などの光明《リワナグ》のイメージが、自由《カラヤアン》の覚醒あるいは「蘇生」、母なる祖国、かの若者、ベルナルド・カルピオ、さらにはリサール、ゴメス、ブルゴス、サモラといった殉教者と結びつけて語られている。大衆がパシヨンを経験していなかったら、スペインに対する革命は、明らかにかなり違った形態をとっていたに違いない。

子たちの行脚

詩や歌、さらには夢といった、しばしば無視されがちな史料は、革命の意味枠組みへの間接的な言及に富んでいる。つぎの詩は、アンドレスの弟プロコピオ・ボニファシオによるものとされている。

ああ、母なるスペインよ
我らフィリピン人、あなたの子息は赦しを願う
我らが別離するときは来たれり
あなたは約束を守らず、我らを愛護しなかったため

さらば、尊きスペインよ
我らフィリピン人はいま別離す
我らが旗は……［原文欠落］〔訳76〕
あらゆる国々に掲げられる

低き者たちよ、おのおの苦難の道をともに歩まん
丘や広き森をめざし
山刀と槍を用い
今や母なるフィリピンを守らん

さらば、我が生を受けし国よ
暖かき陽光に恵まれた地よ
ああ、まばゆいばかりの幸ある太陽
天地の創造主なる神の賜物(46)

この詩の第一連において印象的なのは、フィリピン人が母なるスペインから分離する行為のために赦しを求めていることである。スペインがフィリピンを長きにわたり抑圧してきたとしたら、なぜこのような感傷的な場面となるのだろうか。革命そのものを、外国勢力の駆逐ととらえるだけではなく、二つの世界のあいだに起きた移行とみてはじめて、この詩を理解することができる。すでに述べたように、フィリピン社会における全体性は、一般に、母と子の紐帯というかたちで表現される。母と子はともに、愛情の絆と恩義に対する負い目《ウタン・ナ・ロオブ》で結ばれた自己完結した世界を形づくっている。息子や娘が成長して家を出なければならないときには、たいてい涙にくれる局面を迎える。このような母と子の別離という主題への固執は、タガログ文学に強い影響を及ぼしている。たとえば、パションが数世紀にわたって形を

変えてゆくなかで、キリストと聖母マリアの対話部分はまったくバランスを無視して増大し、パション自体がむしろ聖母マリアの喪失の物語そのものというべきまでになった[47]。その結果、別離という日常的な主題が、より高次な次元の意味に引き上げられたのである。

ボニファシオの詩のなかで、フィリピン人は今まさに闘争へと出てゆこうとしているところで、それは各人の行脚《ラカラン》として描かれている。ちょうどキリストの受難の始まりがマリアからの別離という感情的で苦痛に満ちた出来事で特徴づけられるように、フィリピン人の闘争も、伝統の線に従って母なるスペインからの分離で始まる。パションのテキストでは、イエスとマリア、マリアと父なる神のあいだの長々しい対話によって、出来事の不可逆性と「宿命性」が白日のもとにさらされる。「贖いの日」が来た、だから私たちは別れなければならない、とイエスは母に語る（七八頁：第七連）。ボニファシオの詩でも、「我らが別離する時は来たれり」というこの宣言には、はっきりした類似性がみられる。ボニファシオは続いて仲間たちに熱心に呼びかける。「低き者たちよ、各々の苦難の道をともに歩まん／丘や広き森をめざし」。闘争は苦難をともなう徒歩の旅、すなわち行脚として描かれている。数世紀にわたり、インディオたちが「鐘の音を逃れて」、隠れ家を見つけてきた「丘や森」をめざす旅である。ボニファシオは闘争を、「死にいたる行脚」――したがってこの地との決別――とみるが、死はよりいっそうの光明《リワナグ》をこの世にもたらすのである。自由《カラヤアン》はまばゆいばかりの太陽の光にたとえられる。それはあたかもパションのなかで、「死にいたる行脚」の結果が燦然と輝く「勝利」であるかのようである。墓からよみがえるキリストは、つぎのように描写されている。

光明《リワナグ》の衣につつまれし
丘に昇りし勝利者は
神の第二の位格なるぞ〔訳77〕（一七七頁：第一三連）

ボニファシオ兄弟の詩のなかの中心的テーマは、母の取り替え――スペインから母なる祖国《イナン・バヤン》（Inang Bayan）へ――であった。それは、パションの伝統によって大衆に理解をもたらした母なるスペインからの分離という意味だけではない。「母なる祖国」という概念自体、民衆の聖母マリアに対するイメージに拠っている。彼女はパションにおいて、息子が伝統にそぐわないみずからの天命をあくまで遂行しようとするときに、伝統的なしかたでふるまう典型的なフィリピン人の母親として描かれている。

アウレリオ・トレンティーノが語ったつぎのような話がある。ある夜、彼自身とアンドレス・ボニファシオやエミリオ・ハシント、そしてその他数人が、バリンタワクにあるソラお婆さんの家《タンダン・ソーラ》〔訳78〕で眠っていたところ、そのなかのひとりが、顔立ちの整った子どもの手を引いた美しい女性の夢を見た。その女性は、バリンタワクという現地住民《ネイティブ》の衣装をまとっている以外は、教会の聖像に見る聖母マリアそっくりだった。子どものほうは農民の身なりをし、手にはぎらりと光る山刀《ボロ》を持って「自由を《カラヤアン》！」と叫んでいた〔カバーの絵を参照〕。女性は夢を見ている人に近づき、何事か警告を与えた。夢から覚めると、彼は仲間たちにその夢について話して聞かせ、聞いた者たちは皆その日の朝に、マニラへ進行しないようにとの警告である、との結論を得た。彼らは今しばらく、バリンタワクにとどまることにした。その後、カティプーナンが潜んでいた『ディアリオ・デ・マニラ（マニラ新聞）』の印刷所が、治安警察隊《グアルディア・シビル》の強制捜査を受けたとの知らせが届いた。トレンティーノによれば、聖母の警告がなかったら、ボニファシオはほかの人々とともに逮捕され、処刑されていたろうし、そうなれば革命はいつまで遅らされたかわからないのである。

この話はまったく贋作かもしれないが、一九一五年のトレンティーノの死の前に、『エル・レナシミエント（復興）』の後継紙『ラ・バングアルディア（前衛）』への掲載に適当であると考えられた。要は、トレンティーノの読者にとって、この手の話が完全に信じ得るに足るものだったということである。どうして聖母マリアは現地住民の衣装をまとっていたのだろうか。どうして彼女はカティプーナンの同胞の手を引いていたのだろうか。彼女は母なる祖国そのものだったのだろうか。民衆の考えにおいては、両者のあいだに明確な区別はなく、一方のイメージが他方のイメージのなかに入り込んでも、意味が損なわれる危険性はなかった。後述するように、宗教政治集団とフィリピン独立教会が、〔訳79〕〔フィリピン〕共和国成立期とそれに引き続く時期に農民たちのあいだに広がった理由のひとつは、「民族主義的な」慣用語法と「宗教的な」〔訳80〕慣用語法とがそれらのなかで融合していたからである。たとえば、グレゴリオ・アグリパイ司教は、マビニ、リサール、ボニファシオらの教えを信者たちに少しずつ浸透させ続けた。しかし同時に、躊躇なく、彼は「バリンタワクの聖母は母なる祖国である《アン・ビルヘン・サ・バリンタワク・アイ・アン・イナン・バヤン》」と宣言できたのである。(48)

革命の意味深いイメージが民衆歌と混合しているさまを示す好例が、以下に示す恋歌《クンディマン》である。

マニラ湾の岸辺
スペイン人が「ルネタ」と呼ぶ地で

射殺されしは、哀れで
つましきフィリピン人、この地の殉教者

我らが守護者は悲嘆にそまれり
長子ブルゴス、末子リサール
妬み深く怯えたる修道士により
罪なく謀られ殺されたり

命が尽き、その結果満足《ラヤウ》も尽きようが
彼らは自身の命を顧みなかった
今こそ時が来たれり
我らフィリピン人、みずから望んで別れを告げるのだ

ああ、同胞よ、歩み戦おう
山、森をめざして
山刀《ボロ》と槍を手にして用いよ
我らが生まれし土地を守らん

恐れるなかれ、母なるフィリピン
どのような運命が待ち受けようとも
我らが探し求めたる自由《カラヤアン》を見出すまで
決して戦いをやめることあらじ(49)

この恋歌《クンディマン》に関してまず注目すべきは、作者が不詳で、いくつかの版が存在することである。未完成だがもっとも長い版は、一九一〇年に題名のないまま、ロンキーリョによって出版された。ほかの二つはそれぞれ「殉教者たち《アン・マガ・マルティル》」、「海岸《アン・ダランパシガン》」と題されている(50)。ロンキーリョは、「この詩歌の作者は明らかに相当考えが混乱し、不可解な方法でみずからを表現しており、ブルゴスの生涯については何ひとつ知らない」と評している。こうした情報が示すことは、この歌はもともと民衆が創作したものでないにしても、少なくとも民衆がこれを自分たちのものにしていったという点である。文芸評論家の観点からこの詩歌は「粗野」なものであったが、それでもなお、洗練され都会化したタガログ語の詩よりも、民衆が出来事を認識する方法を明確に表現している。

有産知識人たちのブルゴスやリサールは、その死の様式ゆえに民衆の英雄のなかに数えられているが、彼らの殉教については固定的な考え方というべきものがある。彼らは、経済的な立場からすれば必ずしも貧乏ではなかったが、貧しく苦しみを受けるキリストの範例にみずからを一致させたがゆえに、貧しき《ポブレ》者とされている。もちろん、修道士たちはファリサイ人のように、公認宗教の守護者であり、「妬みと恐れ」のために罪のない人を死に追いやる類の人間として描かれている。第三連では、ブルゴスヤリサールの殉教とその結果として満足《ラヤウ》を喪失したことが、フィリピンがスペインから分離することと並置される。それはあたかも、闘争に参加する愛国者たち一人ひとりが、殉教の経験を再演するかのようである。第四連では、ふたたび行脚《ラカラン》のイメージが用いられる。母なる祖国をその背後に彷彿とさせながら、その子たちは戦い続け、自由《カラヤアン》を見つけるまで決して止まることがない。

戦いが神聖な使命、すなわち民衆のパションだと考えられるかぎり、自由《カラヤアン》に向かう道程は狭くまっすぐで、目的に達するまで引き返すことは許されない。この観点からすれば、カティプーナンの部隊がわずかな刃物と棒だけでスペイン軍に断固立ち向かったのは、もはや決して非合理的なことではないように思える。あるスペイン人の観察者によれば、カティプーナン会員たちは「死ぬまで幻覚を見続けている」ようだった、という。たとえばスペイン軍がカティプーナン支配下の町を奪回したとき、「大衆は、もういちど戻ってきて町を奪回しなければならないと信じ込まされ」、フィリピン人とスペイン人双方の殺戮された者たちの血で、川が赤く染まった。そして「数知れぬほど敗北し、山に追いやられて」しまっても、「狂信化した」大衆は、外国勢力や超自然的存在の援護があると信じ込まされていた。(51) イサベロ・デ＝ロス＝レイエスは、パンダカンの現地住民の何人かがスペイン人によって処刑されようとしたとき、彼らは決して恐れなかったと記している。

> 農民たちは、数々の試練によって怯えるどころか、この不滅の結社のなかにフィリピンの輝かしい将来のきらめきを見ることで熱狂と感動をもって涙を流した。また、彼らの国が彼らをその悲惨な状態から救うに足る人々とみなしていると知って、感激して涙するのであった。(52)

「地方の人々」の涙は、一般に「感傷主義」という言葉で呼ばれていることの結果ではない。彼らは、民衆《ダマイ》が共感と憐れみを持ち、それゆえに自由《カラヤアン》を探求しつつ道をたどったことを明らかにしている。

カティプーナンの革命のさなかに、自由《カラヤアン》は結局達成されたのだろうか。カビテ州サン・フランシスコ・デ・マラボンの解放された町の描写のなかで、サンチャゴ・アルバレスは、一八九六年九月後半における自由の経験をとらえているようにみえる。

人々は心底幸せで、さまざまなやり方で自由に生活を満喫した。食物は豊富にあり、すべての物は安価で、邪悪な行為、強盗、窃盗、スリなどまったくなかった。誰もがその仲間を愛し、カティプーナンの説く兄弟愛の教えはあらゆるところに行きわたっていた。うなりをあげて飛んでくる砲丸といった恐ろしい死の脅威を、人々は身をかわして避けながら、落ち着いて眺めていた。そして神の恩寵に望みをおいて、子どもたちも年長者も、女性も男性も、死を恐れず……敵の進軍の知らせももはやまったく恐怖とはならなかった……。大砲の炸裂はもはや恐れられず、祝いの花火だとさえみなされた……。女性たちは店を昼夜開いたままにしていた。木陰では歌い、踊り、饗宴を催し、いたるところで博打や闘鶏が開帳された。それはあたかも、迫りくる彼らの命と血の犠牲を忘れさせた。しかしひとたび戦いの狼煙が上がると、男性も女性もみなしっかりと戦闘の武器を手に取ったのである。(53)

その他の史料によると、とくに合衆国との戦闘に難渋した数年のあいだ、革命の最初の数カ月間のことが「失われたエデンの園」のようなものとして思い起こされていたことが確認される。(54) スペインの統治から解放されたことは、実に爽快な経験であった。食物は安価で豊富にあった。そして少なくとも、愛、兄弟愛、優れた道徳規律といったカティプーナンの教えの実行が試みられた。しかしこれは束の間の経験にすぎなかった。スペイン軍が武力で巻き返しを図っただけでなく、解放された地区では、地方有力者層《プリンシパリーア》の競合と優柔不断さによって革命が内部から損なわれていった。カティプーナン内部で相対立するマグダロ派とマグディワン派をまとめるために、アンドレス・ボニファシオが一八九六年後半にカビテ州に到着したとき、彼は自分が町の指導者たち《ピヌノン・バヤン》の手にかかって死ぬ運命にあろうとは夢にも思っていなかった。

皮肉なことに、ボニファシオの失脚の遠因は、彼が「神聖なる理想」や道徳の変革に没頭していたことに遡ることができる。これは、彼の性格やフリーメイソン的な背景よりも、彼が変化についての民衆の認識の様式を熟知していたためであった。民衆の詩歌や演劇が、「民衆の考え」についての基本的な洞察を彼に与えたに違いない。事実、彼とアポリナリオ・デ゠ラ゠クルスとのあいだには、強い類似性が認められる。彼らの説教や訓戒は、民衆の言葉と経験に根ざしており、似かよった反応を引き出し、似たような問題を生じさせた。ボニファシオの場合、民族の統一を光明《リワナグ》に充ちた社会における各市民の再生とみなしていたが、こうした彼の考え方は、ほかの会員たちからすると、革命参加者たちを大量に勧誘する時期に実行するのは不可能のように思えた。たとえばロマン・バーサはカティプーナンから放逐されたか脱退したが、それは、「ボニファシオが決してやめたいとは思わなかった、加入儀礼の長く退屈な式次第」をやめることを彼が欲したからである。(55) 実際、エミリオ・アギナルドらは、人々を革命へと駆り立てるためのカティプーナンの修辞技法《レトリック》を保ち続ける一方、加入儀礼をほとんど放棄していた[56]。カビテ州において、ボニファシオは王制に関わる問題に巻き込まれたが、そのことについて研究者たちは、手短に言及するものの、しかるべき理由から議論を避けている。証人のひとりであるサンチャゴ・アルバレスによると、ボニファシオを讃える歓迎パレードがノベレタからサン・フランシスコ・デ・マラボンへと道をたどっていた際に、群衆のひとりが「王様万歳！《マブハイ・アン・ハリ》」と叫ぶと、ボニファシオは「母なる祖国万歳！《マブハイ・アン・イナン・バヤン》」とそれに応えた、という[57]。さらにアギナルドは、その回想録のなかで、マグディワン政府の内閣はボニファシオに対して、与えうる最高の称号である「国王《ハリン・バヤン》」を授与したことを付言している。彼は、ボニファシオとマグディワン派指導者たちが、その管轄下にある町を訪れたときに起きたことについて、つぎのように記している。

彼らは愛国についての演説と教訓のほか、われわれの自由《カラヤアン》について励ましの言葉を与えた。国の民《タオン・バヤン》は実に喜びにあふれており、その歓迎があまりに華麗さと荘厳さに満ちているため、まるで本物の王の到着を迎えたかのようだった[58]。

マグダロ派が共和制主義者《レプブリカーノ》であったのに対し、マグディワン派は君主制主義者《マカーハリ》であったため、カティプーナン両翼の対立は不可避であったとアギナルドが主張したことについて、これまで研究者たちはほとんど注意を払ってこなかった[59]。現代というこの時代において、われわれはむしろアギナルドに共鳴しがちである[60]。しかし、その時代に身を置いて考えてみると、ボニファシオをフィリピン人の王として礼をつくす者がいた理由も、また理解できる。この出来事よりおよそ五五年前に、アポリナリオ・デ＝ラ＝クルスは、彼が好むと好まざるとにかかわらず、農民の支持者たちから「タガログ人の王」として戴冠されていた。詩歌《アウィット／コリド》(awit at korido)〔訳81〕の世界に浸った大衆が、王なるキリストやタガログ人の王ベルナルド・カルピオの到来を待望しないはずがあろうか。みずから修道士支持者と認めている証人テレスフォロ・カンセーコは、彼の町の人々がスペイン人司祭の処刑を嘆く一方で、多くの人々が「反乱の勝利」を祈念し、聖週間のあいだ、助任司祭は「タガログ人の王の勝利」のための共同祈願を唱道したと述べている。この王はボニファシオその人だったのだろうか。それとも、ベルナルド・カルピオだったのだろうか。カルロス・ロンキーリョの報告によれば、ボニファシオ自身が追随者たちに、彼らの伝説の王ベルナルドは、タプシ山から下りてきてカティプーナンの反乱を助けてくれるだろうと語ったという。風評が正確にはどのようなものであったにせよ、ボニファシオは民衆の感情を引き出して彼の革命の目的に援用することにきわめて長けていたために、出来事に対する民衆の見方に彼が避けがたく取り込まれていった、というのが事実であろう[61]。彼やほかのマグディワン派の指導者たち、とくに詩人のディエゴ・モヒカなどは、彼らの政府が民衆をより強固に掌握することを期待して、そうした信仰を助長したようである[62]。

　ボニファシオは結局、ある人々がわれわれに信じ込ませようとしているようなカビテ州の民衆の怒りではなく、指導的な市民たちの怒りをかき立てた。彼らはボニファシオのことを、無知な者《イグノラムス》、トンド出身のよそ者、軍事戦略に乏しい者、フリーメイソン、君主制主義者、あるいは山賊《トゥリサン》とさえ呼んだ。しかし、このような告発——たいていは妥当だが——の背後には、ボニファシオのカティプーナンが、もしその進展が許されたのなら、この州に現存した境界と階層秩序をおびやかしたであろうという単純な事実がある。ボニファシオを、たとえばアポリナリオ・デ＝ラ＝クルスやセバスチャン・カネオ、フェリペ・サルバドールといった、その他の民衆兄弟結社や秘密結社の指導者たちの場合と比べてみると、大衆に強力なメッセージを与える成り上がり者に対して、支配者《マギノオ》や町の指導者《ピヌノン・バヤン》などの側から同様の反応があったことが明らかである。こうしたパターンに合致しつつ、ボニファシオによる対抗的告発が、彼の政敵の内心《ロオブ》の悲惨な状態を繰り返し述べていることは重要である。エミリオ・ハシントに宛てた手紙のなかで、ボニファシオは、マグダロ派の指導者たちを「嫉妬深い《マインギティン》」人々と記している。彼が言うには、「マグダロ派の利己主義《パグカガハマン》はまったく唾棄すべき《ナカスクラム》で、多くの脱落者を生んだ」のである。ほかの二通の手紙では、ボニファシオが認識した内心の状態と軍隊の敗北との関係について繰り返し述べている。一八九七年四月二四日に、彼はハシントに、敵軍が戦闘せずに三つか四つの町を占領したこと、また、もし貪欲さ《カサキマン》と利己主義《パグイインボット》が相変わらず蔓延し続けるなら、もっと多くの町が同様に占領されるだろうと告げている。そしてこれだけが、「それらの町々《プエブロ》の不幸《カサウィアン》の唯一の原因だ」と結論づける。もうひとつの手紙でボニファシオは、特定の町々がしばしば敵に攻撃されるのは、「一般民衆が苦しんでいるというのに、引き続き頑固な内心《マティティガス・アン・カロオバン》をもった指導者たちが内紛を起こして一致団結しない」せいだとする。[63] これらの告発はすべて、ボニファシオが革命のひとつの条件として人間の内的変革に固執していたことを示すものである。

「光明と暗黒《リワナグ・アット・ディリム》」という随想の序文のなかで、エミリオ・ハシントは、ボニファシオのことを「地上に存在する苦難をすべてその双肩に担っている」と描写している。[64] これ以外に、ボニファシオの闘争への献身の性格を聴衆に痛感させるイメージはなかったであろう。結局、ハシントはのちに、自由《カラヤアン》とは誓いをした行脚《パナタン・ラカラン》——人生を捧げてついてゆくべき目標——であり、それは苦難と流血をともなうものであると述べている(65)。ボニファシオは三三歳にして、その命を自由のための闘争に捧げた。しかし将来の闘争をおよそ先取りするように、彼を処刑したのは彼自身の仲間たちであった。一八九七年四月のある朝早く、ボニファシオとその随伴者たちはアギナルドの軍隊の分遣隊に襲われた。同胞《カパティド》がその同胞を殺害するという事態を目のあたりにして、カティプーナンの至高者《スプレモ》が衝撃を受けたことは容易に理解できよう。ボニファシオはみずから頸部に傷を負って、その活動拠点のナイクに運ばれた。そこで茶番の裁判が始まり、それは五日後にマラゴンドンで幕を閉じた。こうしてアンドレスとプロコピオのボニファシオ兄弟は、アギナルド大統領の暗殺と革命政府の転覆を謀ったかどで有罪を宣告された。一八九七年五月一〇日に、二人はマラゴンドンの丘に連れてゆかれ、銃殺刑に処された。信頼できる証人がいないため、彼らの死の詳細は決して明らかにされることはないだろう。

　ボニファシオの処刑により、真に「民族的な」革命のための秘密結社カティプーナンは、最終的解体を迎えることになった。少なくとも、これが標準的解釈である。組織的観点からすれば、アギナルドは疑うべくもなく、いまや地方有力者層のより広い基盤にもとづいて政府を組織することができ、フィリピン国家の誕生においてそれは頂点に達した。しかし後段の諸章でみるように、カティプーナンはさまざまな形態で、しばしば革命の中心と対立する立場に立って存続した。もしボニファシオのカティプーナンを、ひとつの革命の様式、つまり普通のインディオにみずからの個人的な経験を「民族的なもの」と関係づけられるようにする言語が具現化されたものとみるならば、こうした現象を理解することができる。ボニファシオのカティプーナンが革命のすべてではなかったにせよ、民族の再生、母なる祖国の救い、自由《カラヤアン》のための闘争といったその訴えは、民衆を覚醒させる際に、あらゆる革命的指導者たちに共通の語彙の一部となった。革命の闘争のごく初期に生まれた言葉が、それを創った人物たちよりもずっと長く生き続けたのである。

第4章　共和国と一八九六年の精神

革命政府のさまざまな紋章，1898～1900 年。

一八九八年のフィリピン独立宣言は、革命軍と再生カティプーナンによる反スペイン民衆闘争が最高潮に達した出来事であった。しかし皮肉なことに、独立は、実際に戦争に参加した人々に達成感を少しももたらさなかった。それは、祖国の救済に参加することによって暗黒から光明への移行を経験した子たちの兄弟愛という、カティプーナンによる「母なる祖国《イナン・バヤン》」の定義との最終的決別を意味した。新生国家の国事を即時に引き継いだ有産知識人《イルストラードス》たちは、「主権国家」の概念を西洋から借用し、政府と憲法に対する忠誠を誓う全住民を包摂する境界内領域としてそれを定義し、制度化することに成功した。マロロスの首都に群がった地方有力者《プリンシパーレス》たちや有産知識人たちが解釈するように、母なるスペインからの分離は、母なるフィリピン《イナン・フィリピナス》という新たな統一体を生み出し、フィリピンが国際社会のなかで妥当な位置を占めうるよう、「民族統一」を強化することが「よりよい階級」の役目とされたのである。

　エミリオ・アギナルド大統領は、軍隊の最高司令官として、民衆のエネルギーを合衆国との戦闘に向けさせる一方で、フィリピン人エリート層の保守的な国家の定義を保護するという厄介な課題に直面した。ほかの誰ひとりとして、このような役割をこなすことはできなかったであろう。アギナルドは、民族闘争が始まったばかりの頃の革命の勇士であった。彼の輝かしい軍功は、多くの人々が強力なお守《アンティン-アンティン》りによるものに違いないと考えたが、彼に対して権力の後光を付与した。彼の追随者たちは、アギナルドのことを「呪力を持ち、将来を予見でき、不死身である。また魔法の刀剣を持っていて、それを振ることによって、戦闘のさなかに飛んできた弾丸を跳ね返すことができる」と思い込んでいた。(1) 多くの人々の目からすると、彼は、輝く魔法の軍刀を追随者の前で振りかざしながら現われることを好んだアポリナリオ・デ＝ラ＝クルスと、何ら違いがなかった。(2) さらに、アギナルドは優れた演説家であって、闘争にまつわる伝統的な慣用語法《イディオム》に精通していた。テイラーによれば、「彼の言葉は、それを翻訳で読まざるをえない者には理解できないような影響を、聴衆に対して及ぼした。フィリピン人は音楽と詩歌を非常に愛好し、アギナルドの華麗な演説はそのような彼らの心を強く揺さぶった」(3)。彼が公衆の面前で語らねばならなかったことが何であれ、それは社会のあらゆる階層の立場や利益を調停するものでなければならず、たとえ社会に内在する矛盾がいかに深刻であってもそうであった。

ナショナリズムと革命に関する共和国の考え方は、「革命政府町委員会」を設立しようとしていた地方有力者たちを前にして、アギナルドが行なったつぎの演説の抜粋から掘り起こすことができる。

われわれフィリピン人は皆、われわれのただ唯一の母、すなわち母なるフィリピンの子どもたちであることを理解しよう。なぜなら母なるフィリピンは、われわれが母の胎内を離れたときから、われわれをその庇護のもとに匿い、その香気を吸わせしめ、その陽光をもたらし、その大地より成る果実によってわれわれを養ってくれたのだから。これを理由として、フィリピンのすべての現地住民《ネイティブ》、すべての中国系メスティーソやスペイン系メスティーソも、あたかも神の独り子のごとき者であり、一人ひとりのなかに神の似姿とわが兄弟であることを、私は認める。愛する母なる祖国を幸せにするために、祖国のために内心《ロオブ》をひとつにすることのほかに、われわれ兄弟皆が与えることのできるよりよい捧げ物があるだろうか。

フィリピンにおけるすべての州の内心をひとつにしようと努めれば、遠隔の地にある人々であっても、さまざまな見解と希求の統一のもとに近くに引き寄せられる——すなわち、独立と外国支配からの自由という願いのもとに！[4]。

演説のなかで、母なるフィリピンの庇護と光明についての言及があることは、スペインとフィリピンの分離から生まれる新たな統一体を意識していることの反映である。それはまた、一八九六年革命の精神を呼び覚ますイメージでもある。しかし、それに続く統一についての考え方は、究極的には、統一の経験によるものではなく、この国の住民一人ひとりが神の似姿であるという事実にもとづいている。一八九六年の闘争に対して、概して思いやりがなく、敵意さえ抱いていた多くの有産知識人たちや富裕な地方有力者たち、そしてメスティーソたちが、その教育と富や社会的地位ゆえに、カティプーナンの勇士たちと同等の（もしくはより高い）地位を占めることができたのはこのためである[5]。政府から発せられたこの演説や、その他の演説と宣言などから消失し、あるいは完全に抑制されてしまったものとは、フィリピン人一人ひとりの内心《ロオブ》の変革と「方向づけ」を通して、あるいは別の言い方をすれば、個々人の闘争の経験のなかで統一は完遂するのだという、カティプーナンの考え方であった。母なるフィリピンの救済に参加するという考え方の欠如は、有産知識階層《イルストラード》や上級地方有力者層《プリンシパリーア》がマロロス共和国の政府と議会を構成していたことを反映している。内閣首班となったアポリナリオ・マビニは極貧家庭の出身で、数少ない例外のひとりであった。これは、彼が一八九九年にマロロスで被ったいやがらせや、彼がのちにアギナルドの統治姿勢を非難したことから、うまく説明がつくであろう。なぜならマビニは、国家とは、定義やあらゆる外観の装飾をもつことだけで誕生するとは信じていなかったからである。マビニは彼自身による「十戒《デカローグ》」の序文のなかで、自称革命家たちのあいだにみられる利己主義、嫉妬、依怙贔屓などは共通の利益を損なうものであったという、革命の初期の頃のボニファシオの非難を繰り返している。マビニによれば、「真の流血が必要である。おまえが永久に感謝し続けるよう束縛するために、継母がおまえの血管に注ぎ込んだ、ひどく腐敗し堕落した血を流し出すために。ここに、私が提唱した内面の革命がある」(6)。

地方有力者たちに対するアギナルドの演説では、「ナショナリズム」は、独立、もしくは「外国支配からの自由」に主眼をおいた「見通しと希求の統一」と定義されている。有産知識人たちはフィリピン人の「希求」を定義する権利をみずから確保し、そして実際に独立を、政治的自治、つまりフィリピン人による自己統治と定義したので、「貧しく無学な階級」(有産知識人たちの言い方に倣えば)の出身者による独立についての急進的解釈は、共和国の指導者たちによって「反革命的」との烙印を押された。マロロス政府が対処しなければならなかった内部的問題とは、主として一般大衆のあいだで独立の理想像が分岐していたことに原因があった。一八九六年のカティプーナンの革命的メッセージ――独立《カラヤアン》は兄弟愛《カギンハワハン》、平等、繁栄と豊饒《カサガナアン》をもたらす――は、民衆にきわめて効果的に伝達されていたので、スペインからの分離が一八九八年に完全に達成されたときには、カティプーナンの一般会員や農民戦士たちの多くが広範な経済的・社会的変化を期待したほどであった。

人々を戦いに駆り立てる革命文学やスローガンの言語は、しばしばそれが元来意図していたより広い意味内容をもつ言葉として解釈されえた。一八九九年二月二日の『アン・カイビガン・ナン・バヤン（祖国の友）』紙に掲載された、「真　実《カトトハナン》」と題するつぎの記事を見てみよう。

戦いの成果はつぎのとおり
学識ある者は傲慢さをなくし
力ある者は残虐でなくなり
無学の者が知恵を得る
世界は輝きを増して美しくなる
なぜなら、人々の心が開かれているから(7)

この「真実」という言葉には社会的平準化という意味が示唆されている。激しい戦いのあと、新聞の読者がそれを期待せずにいられたはずがない。つぎに紹介する初期の年代ものの歌では、社会的地位の逆転は勝利のもたらす実りであるとされている。

スペイン人が戦ったとき
白兵戦は避けたのだ

彼らは銃を発する
塹壕の安全を好んだのだ

もう終わりだ！　マニラは陥落した
修道士を含め皆降参した
彼らの修道院も大農場《アシエンダ》も
すべて我らに与えられたり

ブラカンの教区司祭は
猛然と土地を耕したり
なぜなら彼は命じられたからだ
ドン・サルガリオ・デル＝ピラールに

ブラカンでは、スペイン人は
まったく使用人のごときなり
魚を買いに市場へ行ったり
あらゆる雑用をこなしたり(8)

「もう終わりだ！」と歌は宣言し、つづいて出来事の経済的・社会的帰結が描写される。修道士の財産は再分配され、かつての植民地支配者たちは耕作者や家の召使いになる。革命的エリートは、この歌をそのままのかたちで残しつつ、その意味をスペインの敗北と屈服だけに限定しておこうと躍起になった。しかし、抑圧されていた人々のなかで希望を持った者たちや頑強に戦って勝利を勝ち取った者たちは、より徹底的な変化を期待した。彼らにとって、前記の歌は終結ではなく、むしろ始まりを表わしていたのである。

マロロス政府への挑戦

一八九八年末頃になると、マロロスに本拠を置く革命政府は、「反革命」運動の拡大を憂慮する報告を、中部および南部ルソン地方における州レベルの役職者たちから受けるようになった。農民を主体とするこれらの集団は、革命政府の役職者たちの指示を黙殺し、富裕者の生命や財産を脅かすまでになった。こうした不満の複雑な背景は、ミラグロス・ゲレロによる研ぎ澄まされた研究によってすでに描写されている。(9) ゲレロは、「内部の革命」に対する有産知識人たちの抵抗、地方主義と町レベルの多くの役職者たちの腐敗、そして差し迫ったゲリラの抵抗についての指摘を行なっている。それによると、ひとつには、住民登録証《セドゥラ・ペルソナル》の義務化やその他の形態の税金や労役は、スペイン支配の「暗黒時代」を想起させるだけのものであった。さらに、地方有力者たちによる地方政府の支配は、広大な土地の所有権を獲得する機会を彼らに与えたが、それらの土地のなかには、より素朴で力もない耕作者が権利を主張しているものもあった。民族独立の現実の姿は、戦争中に培われた期待、すなわちスペイン支配の重荷から解放されるだけでなく、社会が「ひっくり返る」という期待とはほど遠いものであった。勝利したばかりの頃からすでに、マビニは共和国を悩ませてゆくことになる矛盾に気づいていた。

マロロス政府の一部が形成されている間に、警戒心をもった人々によって、苦情が筆者に届けられた。それによると自由についてのこの風説は、出所が疑わしい資産は将来よからぬことになると予言する、ある種の社会主義的もしくは共産主義的思想が、大衆の考えのなかに芽生える原因となっているというものだった(10)。

革命中枢部の行為がその闘争と救済の言葉と矛盾していると感じられるようになるにつれ、多くの宗教政治的兄弟結社が革命政府から離反していった。失望した農民たちや立腹したその他集団が彼らの理想の追求のための代替手段を探すなかで、一八九八年の後半にこうした人々の隊列は膨らんでいったのである。

マロロス政府が対処を余儀なくされた、より「人目《ひと》を引いた」無秩序のひとつの事例は、マニラの北西部に位置するサンバレス州で起きた、いわゆるペンサコラ事件であった。テオドロとドロテオのペンサコラ兄弟は対スペイン戦争の勇士であり、一、二の町をスペインの支配から解放する任にあたった。しかし、この州の町々が一八九八年六月一八日の行政命令に従って再組織されると、ペンサコラ兄弟は一般民衆に対して、町政府を統轄する地方有力者たちには従わないよう、また同政府から要求された「住民税」を支払わないよう奨励した。彼らはマロロス政府から発せられるあらゆる命令に反対する党派を町々に形成しはじめ、革命軍の分遣隊を引き込んで、地位を捨てて反乱グループを組織するよう促すことにさえ成功した。ペンサコラ兄弟は、サンバレス州ボトランの「裕福で教育の高いさまざまな人々」を町から去らせようと嫌がらせをした。

彼らの主義主張に従えば、豊かな者は貧しくなり、貧しい者が豊かになるときがすでに到来しているので、無知な者が町を治め、学のある者は彼らに従属することを民衆に信じさせようと努力し、自分たちの不動産を確保しその追随者たちに分配することが、彼らの目的である。このような突飛な理屈で、彼らは大衆を欺き、忠実な支持を取りつけた。(11)

革命政府の役職者によるこの報告書から、ペンサコラ兄弟自身の見解をよく知ることはできない。それでもこの報告は、サンバレス州の大衆が、対スペイン戦争の結果をいかに容易に社会の伝統的人間関係の転倒ととらえていたかを明らかにしている。

前章では、カティプーナンと南部ルソン地方のコロルムがイデオロギーの面で類縁関係にあること、そして、一八九七年には、セバスチャン・カネオがスペイン人に抵抗してコロルムを統率した経緯について検討した。しかし革命の主導権がしだいに有産知識階層の手にゆだねられ、その結果、革命政府が地方の諸問題を黙殺するにおよび、革命の中心部に対するコロルムの姿勢が変化した。一八九八年後半に、いまや「サン・クリストバルの結社《カティプーナン・ニ・サン・クリストバル》」と自称するカネオらの集団は、その目的が「ほぼ正反対で反革命的」とされ、マロロス政府により鎮圧を命ぜられた。[12] この結社《カティプーナン》の支部は、モロン、バタンガス、ラグナ、タヤバスの諸州で発見された。後者の三州では、コロルムは、「山賊集団《マグブブンドク》」（字義どおりでは「山に住む荒くれ者たち」の意）と呼ばれ、一八九八年九月までに、三万人を超える部下を従えるようになった。タヤバス州知事のマヌエル・アルゲリェスはアギナルドに送った緊急報告書のなかで、サン・クリストバルの結社の「異端的」で「馬鹿げた」考えのせいで、無産階級《ヘンテ・プロレタリア》の人たちは土地を放棄し、地主に損害をもたらしていると嘆いた。主人の家から出てゆく従者が多くいた。総じて、彼らは「公的秩序にとってつねに脅威」であるが、「自分たちの大義に殉じて死ぬ覚悟ができている」ので、彼らを追跡するのは無益で危険であった。[13]

　有産知識階層のアルゲリェスはまた、この結社の指導者であるセバスチャン・カネオはまったく無学で、「大ペテン師」であるとも述べている。それでもカネオは各地を歩きながら、そのメッセージを説くことによって、地方有力者たちや有産知識人たちの伝統的優位性を浸食してゆくことができた。アルゲリェスはこのことをつぎのように説明している。「この国はいまや危機的時期のただなかにあるため、この結社は迅速に、……そして幾何学的な均整を保って広がっているようだ[14]」。アルゲリェスが言わんとしたことは、サン・クリストバルの結社が蔓延したのは、対スペイン戦争の結果として、この国の全面的な秩序崩壊状態が生じた直後であった、ということである。この戦争は、世界の全面的再秩序化をもたらす大変動にも等しいものであった。コロルムの会員たちは、地上の信者たちが兄弟愛の精神と平等にもとづいた共同体のなかでひとつに結ばれるような完全な社会が到来するという約束に触発され、カネオによってこれを全霊を傾けて支持するよう動員された。ボニファシオのカティプーナンの様式、すなわちその伝統的想像力の活用と兄弟愛の精神が、民衆の「宗教的」熱望と新しい愛国的目標との融合を助長した。ちょうど原初的な秘密結社が政府によって禁圧された時期にあたる一八九八年後半に、カネオがカティプーナンという名称を用いたことは、カティプーナンの精神が生き長らえ、革命がその軌道を突き進むという希望に形を与え続けたということを示唆するものである。

同じような運動が、時を同じくしてルソン島のいたるところで急速に発生した。ほとんど知られていないが、自称「星の十字架《クルス・ナ・ビトウイン》」と後章で詳しく触れる聖教会《サンタ・イグレシア》は、パンパンガ、ブラカン、タルラックの諸州で隆盛をきわめた。パンガシナン州と南部イロコス地方では、「誉れ高きマリアの衛兵《グアルディア・デ・オノール》」の急速な成長が見られた。[15] 地方における「騒乱」についての報告が殺到し、アギナルド大統領は一八九九年二月に、「これらのさまざまな結社《カティプーナン》」に対してひとつの国として大同団結するよう訴えた。アメリカ人がスペイン人に取って代わるために到来し、フィリピン人にふたたび修道士たちを崇拝させようとしていること、そして彼らは、民衆が正当な権利をもって所有する資産をふたたび修道士たちに奪い戻させようとしていることを告げ知らせて、アギナルドは、議会、政府、軍隊は、内心《ロオブ》において闘争のさなかにある人々とひとつであることを国民に保証した。しかし、そうした教えに困惑した多くの同胞たちは、彼らの結社の解散を拒否した。

この世では、つねに困難があり、そしてそれは、われわれが住むこの地上の状態によって課されたものである――しかし、誰であれ、もし不平や困難に耐えているなら、その者をわれわれフィリピン人の結社《カティプーナン》から突然追い払ったり、ほかの集団をつくらせたりしてはならない。それは、やっと芽吹いたわれわれの独立を損なうからである。(16)

アギナルドを挫折させたものは、彼やほかの指導者たちが見たとおり、農民層と国家の利害を調和させることの難しさだった。

われわれの統一にとって障害になるような、これらの集団すべてとその他すべてのことを全部置き去りにしよう。われわれは皆が、ひとつの国民、ひとつの内心《ロオブ》、ひとつの結社《カティプーナン》のあかしである——フィリピン人——という名のもとに、ひとつになろう。(17)

アギナルドは関係諸集団に対し、公の場に姿を現わし不平不満を公表するために、一〇日間の猶予を与えた。これに従わずに検挙された者は二年の禁固刑、また、とりわけ聖教会、誉れ高きマリアの衛兵、星の十字架の会員たちの場合には、死刑に処せられることになった。(18)

マロロス政府を困惑させたもうひとつの現象は、アメリカ人が占拠したマニラにおいて営業を行なっていた、主として外国人所有の会社に対する労働ストライキの頻発であった。これもカティプーナンの蜂起以前には聞かれなかったことであり、独立とともに開かれた何らかの可能性を現実のものにしたいという、労働者たちの願望によるものであったに違いない。一八九八年の後半には、マニラの幾人かの労働者が中国人の所有するタバコ会社に対するストライキを扇動した。マニラの家事手伝いや職工のストライキがこれに続いた。さらに、運転手、鉄道員、店員、会社従業員もこれに続いた[19]。ストライキがめざしたものは、賃上げだけでなく税金の削減もしくは免除であった。しかし、明らかにそれはまた、政治的側面ももっていた。もっとも熱狂的な参加者のなかには、占拠された地区でテオドロ・サンディコ将軍が再興させた結社《カティプーナン》の会員たちがいた。テイラーによれば、マニラの上流階級は当時すでに、あからさまではないにしても、暗黙のうちにアメリカを支持していた。したがってサンディコ将軍は、「貧しく無知な人々」に訴えかけることしかできなかった。「軍隊《サンダタハン》」と呼ばれる再生カティプーナンに集結した人々の多くは、一八九六～九七年のカティプーナン会員《カティプネーロス》たちで、一度はスペイン軍に捕らえられものの、マニラの監獄が政治犯で溢れていることに気づいたアメリカ軍が釈放した人々であった。アメリカ人にはただスポーツ・クラブを結成しようとしているのだといって、サンディコはその組織的活動をゼネストが始まるまで偽装していた。このことについて彼がインタビューを受けたとき、ストライキはよいものである、なぜなら「労働者、すなわち貧民階級の状態の改善に役立つ」からだと述べた[20]。

しかし、こうした出来事はマロロス政府を動揺させた。革命政府のマニラ州知事アンブロシオ・フローレスは、ある声明で、従来の職業に専心し、その雇用者の国籍に頓着しないよう、またもし不平不満があれば「法的で慎重な方法」によってその是正を求めるよう、マニラ住民に勧告した。つづけて彼はつぎのように語った。

いかなる場合でも、暴力に訴えたり、あなたたちの本性的に平和的、従順かつ敬われるような性格を裏切ることにしかならないような無秩序をもたらしたりしてはならない……。さらに今こそ、われわれの祖国の将来が決定されようとしており、われわれが自治のために必要な能力と文化を持ち合わせているのかどうか、またわれわれの国において諸外国の利権を保護する秩序を十分に保証できるのかどうかを、文明世界全体が耳目をそばだてているときだということを、あなたたちは……理解できないのだろうか。そして私は繰り返すが、まさに今この時、あなたたちがストライキによって引き起こしている騒乱や、外の社会からは知られていないあなたたちの側の理由によって、われわれの国民的性格についての深い内容に関して誤った印象が起きていることが、あなたたちにはわからないのだろうか。(21)

とくに注目すべきことは、「文明世界全体」の承認を取りつけるために、共和国の外向きの側面に固執している点である。これはとりわけ、内的状態と外的形態との乖離に依拠する有産知識階層の考え方である。フローレスのような有産知識人たちにとって、統一とは、大衆動員を通してエネルギーと潜在力を解放することに依拠するものではなく、むしろ共和国の内側で「諸外国の利権を保護する」といった秩序を維持することにあり、それは、カティプーナン以前の時代にみられたタテの関係における大衆の黙従にもとづくものである。こうした議論を正当化するために、フローレスは、フィリピン人の性格は「本性的に平和的、従順かつ敬われるような性格」だという逃げの定義を用意し、究極的にストライキは「外国の影響」(22)であり、また「活力に富み強力なフィリピン民族を誹謗」しようとする敵対者のせいだと責めている。数十年ものあいだ、スペイン人の修道士と官吏は、厄介事を起こす「従順な」現地住民《ネイティブ》について、同様のことを述べてきた。ところが現地住民は、このことを予測できないまでも理解できるようにはなっていたであろう。彼らが愛好するパションにおいて、「異邦人《イバ・アン・ティヌブアン》」のイエスがかつては平和だったユダヤの地に無秩序を持ち込んだと、ファリサイ派の人々が告発しなかっただろうか（一一八頁：第七連）。

　アギナルド自身が、一八九八年九月のパンガシナン州における鉄道ストライキのさなかに発布した声明で、フローレスと同様の見解を示している。労働者たちは賃上げをめざして外国人所有の会社に圧力をかけるために、職場に出てこなかった。彼らに対するアギナルドの態度はその声明の冒頭から明らかで、彼は労働者には「従順な性質」があり、彼らは声明に耳を傾けるだろうから、ストライキ参加者に向かって語りかけることは有意義であると述べている。そのあとで彼は、ストライキという考え方が現地住民自身から発したはずはなく、「外国人がわれわれを非難できる機会を与えるように、われわれの敵対者によって入れ知恵された」に違いないと主張する。しかしアギナルドは同時に、ストライキ参加者の態度は「スペイン人に対するわれわれの現在の闘争の源泉かつ活力である、われわれの統一をも示している」ことを指摘する。ともかくこの非難と賞賛のはざまで躊躇する態度は、アギナルドが大衆と有産知識人たちとのあいだを仲介する位置にあったことを反映しており、そしてまた、共和国の指導者層が基本的に保守的な見解をもっていたにもかかわらず、なぜ彼が一時的にも共和国を統合しえたかということを部分的に説明するものである。結局、アギナルドはストライキ参加者にその行動が誤りであると語り、またその理由をつぎのように説明する。

　　われわれの統一は、あなたたちが行なったこと、すなわち鉄道会社の仕事をボイコットするような行動のうちにはない。われわれの祖国の土地の神聖なる自由を歓迎し、それがわれわれからふたたび奪われ、スペイン人をはじめとする、いかなる外国の手にも渡らないよう護《まも》ることにこそ、統一はあるはずだ。われわれの統一は、あなたたちが行なったような小事、すなわち仕事へ行くのを拒むようなことのなかには存在しない。そうしたことは、あなたたちの、そして今われわれの様子を観察しているほかの国々のまなざしのもとにある、われわれ全員の信用を損ねることになるのである。(23)

ここでもまた、共和国の外見に腐心しているさまが見受けられる。こうしてアギナルドは、第一に、「われわれの祖国の土地の神聖なる自由」という抽象概念にともに従うという観点から、そして第二には、フィリピン国民のアイデンティティを外国と対比しながら論じるという観点から、「統一」という概念を定義するよう導かれる。ストライキ参加者たちが具体的に経験した統一は、筋違いなものとして退けられてしまうことになる。

有産知識人たちは、怪物のように恐ろしいアメリカの軍事力に直面し、やがて、アメリカ側から協力関係を結ぶ提言がなされると、共和国独立の立場を維持することさえできなくなった。一八九九年までに、政府は降伏賛成派と反対派にすっかり二分されてしまった。いずれにせよ、指導者層の表面ばかりとりつくろう優柔不断な態度は、個人的な権力闘争と結びついて、軍閥間の不一致の増大や一般兵士層の士気の喪失へと影響を及ぼした。この当時の「雰囲気」は、前線への前進命令に応じて(「この上なく好ましい楽園のような」)故郷を去る悲しみを詠った一般兵士の、つぎの詩歌のなかで表現されている。

不幸の一撃訪れしとき
我らはささやかなる幸福のひとときを過ごせり
知らせを受けしは木曜日
その命令にて我らは息も詰まるばかりなり

厳命はかくありき
汝、サンハマヨール村を発ち
遅延なくただちに去れ
この命に背くことなかれ

我らは
サンハマヨール村を自ら去らねばならぬ
我らが心はかき乱れ、猜疑も起こりぬ
この突如の苦悩の苦味に(24)

嫌々ながら、この作者とその友人たちは命令を実行する。四八連の詩歌の全体を通して、「愛」、「兄弟愛」、「母国の防衛」といったカティプーナンの標準的な主題への言及はない。その代わりに、寂寥感、過酷な環境とアメリカ軍「ゲリラ」がもたらす困難、退屈、そして天国のようなわが村《バリオ》への帰郷願望、といった個人的な言及ばかりがみられる。第一七連には、こうしたすべてのことに耐えられず故郷に帰ってしまった、幾人かの戦友たちについての言及すらある。作者は、苦難とはこの世に対し徐々に死んでゆくことであり、死は（天国での？）報いへの途であることを理解している。しかし闘争の苦難に身を投じることには確信がもてない。彼の皮肉な言葉と動揺によって、彼自身が参加している出来事が社会的に無意味であることが露呈してしまう。

ほかの悲しみはもはや口にすまい
憐れみもて我らを顧みるものおらざるがゆえに
天国の慈悲にてすべてにたえた
いかなる苦難たりともたえた

この世の命はもはや尽きたりし
我らが負いたる苦難に応じ
しかし運命の日来たりなば
苦難の報いは我らの手に

しかし我らは嫌悪の情を抱けり
我らが苦しみは踏みにじられ
慰めの生活を手探りし
それでもさらなる悲嘆に陥らん

過去を取り戻す

革命の社会的意味が模索されていることを示唆する随筆や詩歌《アウィット》などが現われはじめるのは、この時期（一八九九年頃）のことである。共和国の時代の後半に、気概や士気が喪失してゆくにつれて、出来事の成り行きに関心を寄せていた人々は、一八九六年の経験に鑑みて自分たちの過去、現在、未来を解釈するようになった。カティプーナンの蜂起の物語は、パションのような叙事詩の体裁をなし、厄介続きの現在に対してひとつの意味領域を取り戻し、たどるべき「途」を示したのである。

一八九九年九月に、『アン・バヤン・カハピスハピス（悲嘆にくれる祖国）』と題するささやかで印刷のよくないタブロイド版の新聞が、ボニファシオが指揮するカティプーナンのマグディワン派総司令部があったサン・フランシスコ・デ・マラボン町で発行された(25)。この印刷物は、詩人であり、サン・フランシスコ・デ・マラボンのカティプーナン元代表ディエゴ・モヒカによって編集された。創刊号でモヒカは、「真直で神聖な道《サントン・マトゥウィド》」に関連した出来事と真実を彼の同胞《カパティド》たちに謙虚に告げ知らせ、彼らが聖典《サントン・カスラタン》に指示された正しい生き方にともなう「悦ばしいこと」を発見できるよう、この刊行物を発刊したと述べている。同胞の生活がこのように秩序立てられ方向づけられれば、自由と平和が得られるであろう。天の星々にも勝るとも劣らない「美と輝きに満ちた純粋な光《ヤオン・ダリサイ・ナ・イラウ・ナン・プスポス・カリキタン・アット・カリワナガン》」が彼らの魂に輝くであろう、と。

ディエゴ・モヒカは信心深い人物のようで、『新作パション《パション・バゴン・カトハ》』を含めていくつかの宗教詩を著わしたが、前述の一節における彼の関心は単に敬虔で道徳的な生活そのものではなかった[26]。彼の新聞は、祖国の悲嘆すべき状況が広がってゆくことに憂いを寄せつつ構想された。同じ号のなかのもうひとつの記事で、モヒカはアメリカ軍の猛攻撃のもとに明滅する母なるフィリピンの明かり《イラウ》について記している。しかし彼は続けて、天国はたしかにフィリピン人を助けるはずだと述べ、つぎのように締めくくっている。「ネブカドネツァル王〔訳82〕はみずからを獣におとしめたが、よきモーセは謙虚さと質素さゆえに助けられた」。この表現に影響を及ぼしているのは、闘争と一人ひとりの内心《ロオブ》の状態との結びつきである。それは個人が単に受動的になったり、内に閉じこもることによって世界の騒乱からの逃げ場を探したりすることではない。また大衆がそのへりくだりゆえに、指導者たちに盲目的に付き従うべきであるという意味でもない。もしフィリピン人が自分たちの人生を、へりくだってはいるが力強く栄えあるキリストに合わせるならば、天は彼らに味方するということである。一人ひとりが内面的変革を起こし、おそらくは国のために死ぬようであれば、自由《カラヤアン》の到来は早まるであろう。母なるフィリピンの光が明滅しているのは、共和国の人々が「真直で神聖な道」の経験に背を向けてしまったためであり、そこから生じる彼らの内心の状態が、外的な出来事のなかに現われている。

同じような考え方は、過去に関するモヒカの見解のなかでも展開されている。彼は「一八九六年八月の最後の日」という記事を、同じ新聞の第二号第一面に全面掲載している。この記事は、彼も参加したカビテ州における対スペイン戦の開始に関するものである。モヒカは、実際に起きたことや彼が行なったことを述べているのではない。彼が試みるのは、一八九六年の意味を把握し直すことである。彼の記事におけるこうした意味を了解することは、「真直で神聖な道」という感覚を取り戻すことである。

一八九六年八月の最後の日である月曜日午前一一時に、サン・フランシスコ・デ・マラボンで悲しく重苦しい戦闘、すなわち革命の火蓋が切って落とされ、カビテ州内の残りの全町がそれに続き、もっとも哀れを誘うすすり泣き、涙、嘆息、そして瀕死の国土を、内心《ロオブ》が勇敢で雄々しい者たちが心にとどめ、古いマスケット銃数丁と、竹槍、山刀〔訳83〕で、治安警察隊の営舎《クアルテル》や修道士の大農場《アシエンダ》にあえて挑むこととなり、相手は武器やその他戦時必需品も十分ではあったが国土の怒りはそれ以上のもので敵対者を絶滅せんと暴走し、その戦いの日々にあっては臆病も怠惰も忘却の彼方に葬り去られ、勇敢さ、善良さ、英雄精神が幾千の心に湧き上がり、内心と感情がひとつになっていたが、それは彼らがひとつの民であり、服従と奴隷化の幾千にも重なった苦しみを互いに抱擁して受け入れたためであり、カビテ州全領土が鎮静するまでに一五日〔訳84〕とはかからず、営舎や大農場は制圧され、臆病によって打ち負かされた敵対者はおとなしく武器その他の備蓄を差し出し、その多くは死傷した。

すべての出来事がひと続きの文章で語られている。モヒカは、この叙述を細かく区切ることが妥当だとは考えなかった。というのも、この長い一文がそれ自体で出来事の完全な過程――民衆蜂起の始まりからその展開、そして終結――のイメージとなっているからである。純然と物語を語るよりもむしろ、この記述は言葉を通して一八九六年の経験をとらえようとしている。彼が最初に言うように、この出来事は「悲しく」そして「重苦しい」。「悲しい」の原語は「カハンバルハンバル（cahambalhambal）」で、この言葉は人々に「感染して」浸らせる暗く憂鬱な雰囲気という意味合いがあり、往々にして葬式の雰囲気を表現する際に用いられるものである。「重苦しい」と翻訳されるタガログ語は「カアピン‐アピ（caaping-api）」であり、字句どおりには哀れを誘う無情な場面をさしている。そして「悲しい《カハンバルハンバル》」も「重苦しい《カアピン‐アピ》」も、この出来事とその語りが位置づけられるパションの枠組みを表示する言葉である。

モヒカは、人々が「哀れを誘うすすり泣き、涙、嘆息、そして瀕死の国土」を「心にとどめ」たときに革命が起きたと述べている。「悲愴な」は、タガログ語の古語では「カルノスルノス（calunoslunos）」で、憐れみという同情心を喚起させる言葉である。したがってこれは、単に国土の悲しむべき状態を「叙述する」だけではなく、「すすり泣き、涙、嘆息、瀕死」といった言葉をともなって、読者に憐れみの経験を喚起する。このことは、一八九六年の精神を一八九九年に復活させようとしたモヒカの意図を知ろうとするときに不可欠となる。一八九六年の革命は、人々の内心《ロオブ》が共感《ダマイ》と憐れみをともなったときに起きたのである。

モヒカは「イナリン・ラニット（inaring langit）」という熟語を用いており、私はそれを、人々の国の苦難に対する反応を描写するために「心にとどめる」と訳出した。だが、この語句の逐語訳は「天から送られたものと解すること」であり、「［あるものを］天からのしるしとして［これに］応答すること」とも訳しうる。ここで含意されているのは、苦しむ国を憐れむ経験とは、すなわち神が定め導く時間の文脈のなかに出来事を位置づけることであった。このように考えると、突然放たれて敵対者に向かって「暴走」し「絶滅させ」る力について説明がつく。民衆は「古いマスケット銃、竹槍、山刀」を持って十分に装備した敵と戦うことができるが、それは、ある意味で、神が定め導く枠組みの一部をなすような結果をもたらす出来事を、彼らが実演しているからである。しかし、力あるいは「怒り」として述べられているものは、天から送られたものではなく、この出来事を実演する人々によってもたらされている。こうしたことと関わるのは、「臆病と怠惰」を捨て去って潜在する「勇敢さ、善良さ、英雄精神」を発揮する一人ひとりの内心《ロオブ》の動きである。苦しみ、同情、闘争、自律といった共通の経験のなかに、統一の基礎である「内心と感情の一体感」がある。

　したがって、最初の文章全体は、国のパション経験、すなわち、救済行為、神の計画の成就、過去の存在状態を痛みつつ葬り去ること、について述べたものである。これが、この出来事が悲壮である、もうひとつの理由である——その結果がわれわれにも予想できるように、再生であったにもかかわらず。このことは、モヒカがそれに続くつぎの文章で説明する。

　同じくこの州内で起きた一八七二年の反乱〔訳85〕がよみがえり、団結の根源とお互いの思いやり、そしてかつてのみなぎるような愛情もよみがえり、全タガログ《カタガルガン》の地に広まったが、それはあたかもブルゴス、サモラ、ゴメス、リサールその他の勇気と純粋な感情をもった人々がよみがえったかのようであり、彼らは祖国への愛しさと苦しみと抑圧の山に埋葬された、数え切れないほどの同胞たちへの慈しみゆえに死をはねのけ、彼らの墓標は崇められ、嘆息、涙がふり注がれ、彼らの死は人々の記憶から消えることはない。

さらにモヒカは、人々の苦しみと抑圧の原因となったスペインと修道士たちを非難する。

ああ愚かな母よ！　いまやあなたは、なんたる者になってしまったことか！　……あなたのなんとみじめなことか！　その苦い想いと後悔をふるい落としたまえ。その背信の瞳で、あなたが不幸に陥れた嘆かわしいフィリピンを振り返りたまえ。あなたは、その政府の神聖を汚しながらも、なおイエスの兵士かつ後継者を自称する修道士たちからの復讐を求める以外にないのだ。いったいイエスが徴税を行なっただろうか。彼は銀の宝庫を持っていたのだろうか。彼が人を殺したり追放したり、そのほか卑劣なことをしただろうか。イエスはそんなことは何ひとつしなかった。それどころか彼は、神聖で謙遜そのものであり、すべてのものが命を得るために苦難の十字架を担い、彼こそかの贖罪の子羊であり、あらゆる創造物に対する愛と慈しみを抱いた王であった。彼は、われわれすべてが命を得るようにと、みずからを死にいたらしめた。しかし、修道士たちは世界を掌握し、みずからを王たらんとし、権力をすべての上に行使しようとし、みずからは生きわれわれを死にいたらしめようとした。

モヒカが従うべき模範としてのキリストという人物に明白に言及していることは、「真直で神聖な道」に従って人生を過ごすことが、いかにフィリピンの光をもういちど明るく輝かせることになるのかという疑問に答えるものである。モヒカは、謙虚さ、愛、同情心、そしてほかの人が生きるために喜んで死ぬことの必要性を強調する。なぜなら彼の時代の出来事は、一八九六年のカティプーナンがかつてたどった「真直で神聖な道」からの離脱を示していたからである。おそらくモヒカは、彼の友人であるアンドレス・ボニファシオを処刑したことに加え、革命軍から自分を除名したことからも、アギナルドの集団を決して容赦しなかったであろう[27]。いまや彼は、共和国の最盛期において、栄光と官職の高い地位にふけっていた有産知識人たちの革命に対する献身の姿勢が揺らいでいたことを、正当にも示唆することができた。フィリピン共和国の大統領自身、モヒカが示した模範に反して、高位であることの権力と栄光を堪能しているように見えた。疑いようもなく、こうした態度ゆえに、マビニはグアムに亡命中につぎのような見解を表明したのである。

アギナルド氏は、ただ高い地位からのみ名誉と栄光をもって国に仕えることができると信じたが、これは公共の福祉にとってはたいへん危険な過ちである。それは多くの国を疲弊させ不毛にしてしまう内乱の主要な原因となるし、また「それは」「革命」の失敗の重大な要因となった。その身分が高かろうと低かろうと、なしうるかぎりの最善を国の民に対してなす者のみが、真の愛国者なのである……。真の名誉とは、真直で正直な魂がただ愚直に表われるところに認められるものであって、内実の醜悪さをほとんど覆い隠しもしない壮麗な華やかさや虚飾に認められるものではない[28]。

リカルテは、その回顧録のタガログ語原書版のなかで、マビニに賛同し、マビニの警告は「嬉々として清純な心や明晰な理性《カトゥウィラン》から逸脱してしまうような者にはまったくふさわしい」と付け加えている。(29)

リーダーシップの理想と現実の様式とのあいだの矛盾に加えて、モヒカのエッセイは、一八九六年のカティプーナンの蜂起によって解き放たれた抗しがたい力と、一八九九年における母なるフィリピンの明滅し消えそうな明かりとの対比を意味している。「一八九六年八月の最後の日」のモヒカの語りは、形式的にも内容的にも、今日において把握できるところを超えて展開した一八九六年の経験を呼び起こそうとする試みであった。われわれからみて、その試みがさほど成功していないとすれば、それは語りという形式そのもののもつ限界によるものである。伝統的なタガログ語の詩歌と音楽は、同情、一体感、革命的な力、そして喪失感といった経験を呼び起こすためにより効果的な形態である。幸いにも、実りのあるかたちでわれわれが分析することができる詩歌と音楽の事例が、わずかながら存在する。

詩歌と革命

フィリピン・アメリカ戦争の間、スペインとの戦争を詠った詩歌《アウィット》（韻律叙事詩）が、簡単な小冊子のかたちで出回っていたようである。このような詩歌のひとつで、ユーロヒオ・フリアン・デ゠タンディアマ（この人物についてわれわれはほとんど何も知らないのだが）が創作したと思われるものは、「我らの兄弟たちの生涯の物語の続編《カスノド・ナン・ブハイ・ナン・アティン・マガ・カパティド》」である。(30) これが一二二連で語っている出来事に関しては、何も新しいことはないように思える。この詩では、修道士たちの圧制的な行ない、カティプーナンの蜂起、一八九六、九七年におけるスペイン植民地政府による革命鎮圧の試みと失敗、一八九八年一月の休戦、そして一八九八年半ばのスペインの最終的敗退が取り上げられている。

ほとんど同じ詩歌が、『レナシミエント・フィリピノ（フィリピン人の復興）』誌の一九一一年六月号にかなり短縮されたかたちで掲載されている。(31)「対スペイン戦争《アン・パグヒヒマグシク・ラバン・サ・エスパーニャ》」と題され、わずか五二連の長さである。さらに、その始めの二二連はまったく異なった構成である。とはいえ、のちに示すように、意味内容においては長編版と同じである。この版は、革命期におけるアギナルドの個人秘書で、今世紀〔二〇世紀〕の卓越したタガログ文学者であるカルロス・ロンキーリョによって書き写された。(32)彼の詩歌《アウィット》に対する論評がとりわけ興味深い。彼は、出版された版がすでにあることについてはまったく言及しない。彼はタガログ語文学作品の熱心な収集家だったから、これは奇妙なことである。彼によれば、この詩歌はいつもそれを詠っていた物乞いから書きとめられたものである。実際、彼はその詩歌を「物乞いの歌」と称しているが、それは「この詩歌を記憶し決して忘れていないのが物乞いたちである」からだという。(33)こうしたロンキーリョの見解は、この詩歌のもうひとつの筆写版が、一九二一年という遅い時期の日付で存在することによって裏づけられる。当時、国立フィリピン大学の若い学生であったホセ・エストレーリャは、彼が「物乞いの歌《カンタヒン・プルビ》」と呼ぶものを、「詩歌を詠って日々の糧を得ている放浪歌人」から書き写したという。エストレーリャはこの「歌人」について、つぎのように語っている。すなわち、「この詩歌を創作し節をつくった人は、……文字を書くことができなかったが、それは彼が私に語ったように、生まれつき盲目であったという事実によって弁明可能である。彼はよどみなく韻を踏むことができる人物である」[34]。エストレーリャ版の詩歌はなおいっそう短く、わずか二六連であるが、原典の統一的な主題を保持している。

ロンキーリョは、少なくともこの学生が書き写した版には多くの誤謬や省略があるとの指摘を行なっている。たとえば多くの傑出した革命家たち、つまりカンディド・ティローナ、マリアノ・トゥリアス、ミゲル・マルバールなどの人物への言及がなされていない。これに対して戦争では一度も兵隊を率いることがなかったアントニオ・モンテネグロが、英雄の列に加えられるという栄誉を受けている。さらにロンキーリョによれば、ナイクの革命政府、中部ルソン地方の「省政府」、ビアク・ナ・バトにおける「共和国政府」、その他この詩歌《アウィット》の時期に起きたさまざまな出来事の展開についての言及がない[35]。革命はカティプーナン、すなわち秘密結社の段階から共和制の段階へと進展していったという有産知識階層の革命観は、この詩歌によって、そして暗黙のうちには、革命に関する民衆の記憶のなかであっさりと無視されている。実際には政治組織上の進展はあったのだが、これからみてゆくように、それは大衆にとって革命が意味していたものではなかった。

「言及されなかった」指導者たちに関していえば、詩歌《アウィット》の長いほうの版のなかに、そのうちの数人の名が見られることが指摘されよう。しかし、そこには、レオン・フアンチン、イシドロ・カルモナ、フアン・グティエレスといった、まったく取るに足らない者たちの名前すら含まれている。こうした指導者たちの人物像は、実のところ詩歌の主題とは無関係である。エストレーリャは、「物語の事実関係はいくぶん曖昧だが、その進展具合はある程度説得力をもつ」と論評している[36]。ロンキーリョもみずから、この詩歌が登場人物や出来事それ自体ではなく、戦争の「精神」について語ったものであることを認めている。

戦争をもたらした全精神が、［この詩歌《アウィット》のなかで］たどられてきたとみることができる。それは、核心［活力《カタス》］である。またそれは、戦うことを強いられ、祖国を苦痛に呻かせた重篤な病に必要な癒しを、みずからの力のなかに見出すことを強いられた、祖国の叫びである。(37)

ロンキーリョは革命の参加者であったため、このような言明ができた。しかし一九一〇年やそれ以前には、詩歌《アウィット》を記憶して詠っていたのが物乞いといった人たちだけだったのはなぜだろうか。後段の諸章でわれわれは、カティプーナンの精神が今世紀〔二〇世紀〕になっても、いわゆる貧しく無学な人々のあいだに生きづいていたことに触れることになろう。この詩歌そのものは、長いほうの版のなかに書かれていたことからすると、共和国時代の末期に創作されたようであり、対スペイン戦争以来「カティプーナンの経験」がいっそう失われていったことを語ったものである。この詩歌とすでに検討したディエゴ・モヒカの著述とのあいだに類似性もある。両者はともに革命の経験、すなわち人々が一体となることで生じる力やエネルギーについて語っている。入手できる詩歌の三つの版はいずれも、こうしたエネルギーとそれがスペイン人に対して与えた圧倒的な効力を強調している。究極的には、登場人物や個々の出来事は、詩歌の「核心」を構成する一体性やエネルギーのイメージよりも重要度が劣っている。以下に分析される詩歌の内容が、一連の規律化された節の形式をとって朗誦されたり詠唱されたりしたことに注目すべきであろう。(38) モヒカが散文体を注意深く用いて伝達しようとした内容は、詩歌の詠み手が朗誦したときにはさらに効果的だったであろう。
詩歌《アウィット》は容赦ない嵐のイメージから始まる。

嵐はあまりに激しく凶暴で
商人たちの活動を壊滅してしまうほどだ
しかし嵐は殺戮に慣れてしまった人々の不眠と疲れを
止めるために使われるべきもの〔訳86〕

この嵐は、「善良な聖職者から虐げられてきた人々まで」、フィリピン全土を破壊しつくすとされている。(39)嵐と死との関係は即座に打ち立てられる。絶え間なく人々を殺戮する《パグパパタヤン》〔訳87〕イメージは、根こそぎ破壊しつくす嵐のイメージと並置される。また別の連で、嵐は「混沌《グロ》(gulo)」という言葉と同じ意味となり、過去のある時点に始まり、スペインに完全に打ち勝つときまで絶え間なく猛威をふるう。この嵐は詩歌《アウィット》の時間的枠組みであり、出来事がこの文脈のなかで起こる。主題は詩のなかで繰り返し述べられており、詩歌の最初の二行のアクセント〔傍点で表記〕の形態で認識される。

サ・ダハス・ナン・ウノス・ナ・ディ・マグパタンタン
(Sa dahás ng unós na dí magpátantán)
(嵐はあまりに激しく凶暴で)

ナ・ブマバガバグ・サ・ナガガラカル
(na bumábagábag sa nangángalácal)
(商人たちの活動を壊滅してしまうほどだ)

破壊という現象は、修道士たちに端を発したものだとされる。しかし、ほかの形式の革命期の文学とは異なり、この詩歌《アウィット》は修道士を邪悪さの典型として描いてはいない。彼らの悪行をひたすら列挙するばかりになるはずの箇所に、相手への敬意を示す形容詞を挿入することによって、道徳的感情のほとばしりが直接噴出するのを逸らしている。ヒル神父（カティプーナンの発見者）の活動を叙述するくだりで、彼は「申し分ない《マイギ》」と述べられている。多くの者たちが狙撃されたり追放されたりしたのは、彼の「善良さ《カブティハン》」によるものだというのだ。彼はその働きによって「栄誉」を讃えられている。彼は「手際よく物事を処理した」ために「有名《バントグ》」で、彼の名はスペインにおいてさえ喝采を受けている。もちろんこの詩歌ではヒルの所業、たとえばカティプーナンの会員と思しき人物たちに対する脅迫作戦を開始したことを是認しているわけではない。しかし、ここでは詩的な皮肉が用いられており、それは滑稽さに近く、糾弾を制限している。ヒルが仕えていたスペイン政府でさえ、単に「口がきけない《ピピ》」と描写されているだけである。以下にみるようにこの詩歌は、スペインの残虐な行ないを糾弾するものでもなければ、善が悪に打ち勝つことを描こうとしたものでもなかった。

修道士ヒルがカティプーナンを発見したことは、ここでははっきりと言及されてはいない。ただ、彼は混乱の創出に参加したと述べられている（第三連）。詩歌《アウィット》における彼の役どころは、混乱状態が国土の上に確立したことを描き出すことにある。「あたかも予定されていた特定の時に」（第七連）、「善良」な修道士はどこででも、町の「裕福で教育を受けた」市民たちを迫害しはじめる。修道士たちの活動が同時にあらゆる場所で起きたということは、この出来事が狡猾な陰謀の結果ではなく、ほとんど運命づけられていたとの印象を助長する。

第八連から第一二連の描写では、互いに別々の町出身のおびただしい数の無実の人々が、「牢獄」という狭い空間に押し込められているイメージが打ち立てられる。

この窮屈な状態から
逃れられるのは
このあわれな者たちが
殺される〔訳88〕か、または追放されるときのみ……

処刑をのがれたわずかな者が
牢獄に残されるが
ひと月たつまでもなくふたたび
別の町から連れてこられた大勢の者であふれかえる

ビリビッド監獄の状態は

蛇口にたとえられる
昼な夜なと使われても
水の滞ることなし〔訳89〕

「あわれな」地方有力者たちについての描写は、カティプーナンの勃興の序曲となっており、その勃興はある意味では、収監された人々が一緒に集められているということによって、予兆されている。水が絶え間なく流れるイメージは、カティプーナンの統一を象徴する、ともに血を流すこと（いわゆる血の盟約）に比せられる。しかし地方有力者たちの経験には、彼らが力づくでひとつの場所に押し込められているという点において、まだなお異なるものがある。

カティプーナンの「出現」の挿話への移行は、嵐のイメージの繰り返しによってなされる。

各町の地方有力者たちすべての悲嘆は
止まる《マグパタンタン》ことなく
より大きくなる苦難のなかで、カティプーナンの内心《ロオブ》の情熱は
強まり、炎となって燃え上がった（第一四連）

この連の最初の二行は、同じアクセントの形式と「止める《マグパタンタン》」という単語を用いているという一致点があることから、第一連で紹介された主題を思い起こさせる。悲嘆《ドゥサ》は、単に個人的な感情というだけで

なく、「激しい勢い」で動き、したがって根こそぎにするような威力を持ち、第一連の嵐《ウノス》に等しい。したがって、この「激しい」悲嘆がカティプーナンの勃興を促したということを示唆しており、それはカティプーナンの内心《ロオブ》の「熱」が「炎となって燃え上がった」という言葉で表現されている。しかしなぜ、その構成員のほとんどが地方有力者層出身でなかったのに、カティプーナンは地方有力者たちの経験によって燃え上げられねばならなかったのだろうか。答えは、地方有力者たちの「悲嘆」や「苦難」のイメージにあり、それらが全面的混沌の要素となるからである。悲嘆や苦難は、それを経験する個人や特定階級とは無関係に、共感《ダマイ》や同情といった情緒的な力をかき立て、それを社会に解き放つことになる。この文脈において、マビニの以下の論評を思い起こそう。すなわち、殉教者ブルゴス、ゴメス、サモラが「民衆一般ではなく特定階級の権利のために戦った」にもかかわらず、彼らの処刑によって引き起こされたのは「犠牲者に対する深い憐れみと痛みであった。この痛みは奇跡を生んだ。それによって、フィリピン人がはじめて自分たち自身のことを考えるようになった」[40]。マビニの見解によると、一八七二年の共感の経験は社会のあらゆる階級を巻き込み、民族意識の萌芽となった。詩歌《アウィット》の第一四連によると、共感は社会的経験、すなわちカティプーナンの経験である。共感は全体的で抑制のきいた内心が明示されたものなので、ちょうどキリストやほかの模範的な内心の人々が光明《リワナグ》を放つのと同じように、カティプーナンの内心は熱と炎を放つのである。

　最初の「人々の集まり」、つまり「ティポン（tipon, "Katipunan" の語根）」がバリンタワクで起きる。詩歌《アウィット》によれば、ボニファシオがこの集まりを組織したのではない。単にたくさんの人々が「集まってきて」、その指導者である「利発な《マタリーノ》」ボニファシオに従っただけだという。ここで第二の指導者として言及されているバレンティン・デ＝ラ＝クルスは、その多くの仲間とともに、はじめてサンタ・メサに混乱《グ》を《ム》もたら《ロ》した。ここで鍵となる用語は「グムロ（gumulo）」であって、その語根「グロ（gulo）」は、戦争やカティプーナンが動員をかける一般的な状況に言及する際にしばしば用いられる。その代替可能な単語として用いられるのは、「パグパパタヤン（pagpapatayan）」であり、これには「大虐殺（holocaust）」という訳を当てることにする。第五四連では戦場が「死の野営場《カンポン・パタヤン》」と呼ばれている。

さきほど、根こそぎにするような嵐《ウノス》のイメージが詩歌《アウィット》の時間的枠組みを提供すると指摘したが、混沌《グロ》と大虐殺《パグパパタヤン》は物事の本源的な破壊のあらわれであるという点で、嵐と似かよっている。カティプーナンのような集団が、どのようにして世界秩序の破壊から起こってきたものと考えられるのかを理解するために、「嵐」および「混沌」というイメージのパション特有の用法をみる必要がある。

パションにおいて、混沌《グロ》という単語が最初に使われるのは、エルサレムの多くの住民たちが救世主の誕生に関するさまざまな噂を耳にして起こる騒動のくだりである。のちにヘロデやファリサイ派の人々、そして「町の指導者たち」はキリストの教えを、庶民を混沌に陥れる元凶だとみなした。たとえばアンナスは、イエスと対決して、

いかなる類の教えを
汝、民に説く
それは民に混沌《グロ》をもたらせり　（一〇七頁：第四連）

あるいは、ピラトはキリストに判決を下す前に言う。

人々は言う
この男、友なく謀反の者
王にさへも従わず
国中を混沌《グロ》に陥れ
人々の態度慣わしを改む　（一三六頁：第五連）

キリストが人々のただなかにいることが混沌《グロ》を引き起こすのは、自己と社会に対する態度の変革を引き起こすからである。社会の旧弊な諸関係が崩壊しているとすらいえる。たとえばファリサイ派の人々は、民衆が彼らの王ヘロデに従わないようにさせたと言ってキリストを告発する。しかしこの種の混沌は、キリストが十字架上で亡くなった直後に起きた混沌の前触れにすぎない。突然「ひっきりなしの地震《リンドル・ナ・ディ・マグバタンタン》」が起こり、ほかにも混沌があらわになる。

これこそあらゆる混沌《グロ》の
始まりなり
時は悲しむ
万物の創造主の

死を悼みて

この世のあらゆるものは
〔訳90〕四つの要素ともども
混沌《グロ》としたるがごとく
およそ常なる状態より
まったく変わり果てたり（一六七頁：第二連、第四連）

宇宙の構成要素のあいだで生ずる混沌は、人間のみならず、物質世界もまた創造主の死を悲しみ憐れんでいることの真のあらわれであるということを、パションは長きにわたって説明する。この混沌と憐れみの並置によって、われわれは共感《ダマイ》、嵐／混沌、そしてカティプーナンの勃興という、この詩歌《アウィット》のなかの、同様の並置について、もうひとつの洞察を得る。嵐という比喩的描写に関していえば、パションの「ひっきりなしの地震《リンドル・ナ・ディ・マグパタンタン》」という行は、詩歌において何度も繰り返される主題「静まらない嵐《ウノス・ナ・ディ・マグパタンタン》」に類似している。これはまた、「世界の終末」と関連した、パションのなかの「絶え間ない稲妻《キドラット・ナ・ディ・マグパタンタン》」というもうひとつの行のなかにも見出される。さらに、復活したキリスト自身は、母マリアにつぎのように語っている。「苦しみと痛みの嵐《ウノス》は／過ぎ去り終わった」（一八一頁：第八連）。

嵐／混沌の主題が最後に現われるのは、「世界の終末」について述べた箇所である。混沌《グロ》はキリストの再臨の兆候である。パションが述べているように、地上や天までもが混沌になる。太陽は暗くなり、空は血のように真っ赤に染まる。星は明滅して地に落ち、野の獣は町に押し寄せる。高波は大地を飲み込み、軍隊同士の衝突のような恐ろしい音が響きわたる。

忍びがたき混沌《グロ》に
地上の者は苦しまん
彼らは蒼ざめ
その舌はもつれ
感覚は失われん

老いも若きも
もはや友はなく
それも混沌《グロ》ゆえなり
キリスト教徒もまた本当に
仲間割れして戦わん　(二〇七頁：第一〇連〜第一一連)

混沌《グロ》の別の側面は、裏切り者と反キリスト者たちの出現である。反キリスト者たちに対抗する者は殉教の憂き目に遭う。しかしこの混沌もまた、神の国の到来のしるしでもあった。四〇日が過ぎる間に、人々は内心《ロオブ》を改めて来るべき勝利をともに味わうようになる機会を与えられる。こうして、嵐と混沌は、人々がキリストのもとに集まる文脈を提供するのである。

混沌《グロ》という単語の意味の諸層に関するわれわれの議論から描き出せることは、この詩歌《アウィット》とインディオの経験との関係であり、これによって、なぜ物乞いやそれに近い人々がこの詩を記憶にとどめていたのかが説明しやすくなる。なぜならこの詩を通じて、彼らはロンキーリョが革命の「核心」と呼んだもの――武装蜂起や軍隊の戦闘そのものではなく、人々がカティプーナンのもとに集まる背景となった混沌と基盤喪失状態――を保持することができたからである。軍事力では優勢なスペイン人と実際に対峙するのは、終末的な出来事の力、すなわち炎と熱である。かくして、カティプーナンが「あっという間に広まった」ことを知ったブランコ将軍が治安警察隊《グアルディア・シビル》を前線に派遣するとき、その結果は悲惨なものとなる。つまり「よきスペイン人」が消し止めようとするより早く、戦火は燃え広がるのである。

よきスペイン人隊長らの
努力は徒労に終わり
鎮圧せんとしたカティプーナンは
さらに勢力を広げていった　（第一八連）

第一九連はカビテ州におけるカティプーナンの勃興についてである。この箇所では、詩歌《アウィット》の二つの版は同一のものになる。ロンキーリョ版を構成する最初の二二連のなかの際立った相違点とは、蜂起を促す動きがフィリピン人と母なるスペインとのあいだの恩義関係《ウタン・ナ・ロオブ》の破綻という観点から概念化されていることである。

詩歌《アウィット》は、「教育」の恩義に対するスペインへの、おびただしい感謝をともなった謝辞でもって始まる。その「末子」に対するスペインの愛情とされるものに対する返礼として、フィリピン人は「血を流して母をその敵、とりわけモロ〔イスラム教徒〕から守ってきた。しかし、やがてフィリピン人たちは、とくに修道士たちの教唆によって動物のように扱われる。これは、カティプーナンによる人間関係の定義に違反する。あるカティプーナンの文書は、母子間の愛情は人間を野獣から区別するものであり、「結社《カティプーナン》」はこの原初的愛情関係を拡大したものにほかならない、と語る。(41) 詩歌《アウィット》によれば、現地住民《ネイティブ》を動物のように扱うことで、スペインは愛がそこにある可能性すらも否定する。第八連から第一六連にかけて、修道士たちの非道の数々が生々しく列挙されているが、このような描写も、愛なきがゆえに母と娘の紐帯が絶縁してしまうことを考慮することによって、はじめて意味をなす。

母よ、これがあなたの愛か
修道士たちの殴打による涙の洪水に
おぼれさせたまま我らを置き去りにするか
おそらく大金を積まれて抱き込まれたのだろう！　（第六連〔訳91〕）

このイメージと詩歌《アウィット》の筆写版における「混沌」のイメージとは、何か関係があるのだろうか。ある意味では、母スペインと娘フィリピンの恩義関係《ウタン・ナ・ロオブ》の絶縁は、基盤喪失状態や混沌と同等である。実際、ロンキーリョ版では、この点をもっと特定している。

東方より昇る
我らがリサールの怒りの太陽
それこそ三〇〇年の間
悲しみと苦悩の海に水没していたものだ　〔第一八連〕

それ以来ずっとあなたの子たちは
苦悩と困難の荒れ狂う嵐のなかに繋がれたままだった
フィリピンの心はひとつ
もはやあなたを「母」とは呼ばない〔訳92〕　〔第一九連〕

右記の詩は、アンドレス・ボニファシオによる「フィリピンの最後の嘆き《カタブサン・ヒビク・ナン・ピリピナス》」という詩の冒頭の部分の精密な写しである。放浪の物乞いがカビテ州の路々でこの詩を口ずさんでいたことは、ボニファシオが「民衆」に対し影響力をもっていたことを証明するものである。しかし、なぜとくにこの部分が民衆の記憶に割って入ったのか、また物乞いの版がボニファシオ自身のものとどのように異なっているのかを説明しなければならない。アゴンシリョの転写が正確であるとして、彼の訳に従うと、ボニファシオの詩の第二連は、つぎの行で始まっている。「われわれあなたの子たちは／恐ろしい困難の嵐に対し支えとなるものが何もなかった」[42]。物乞いの歌の版では明らかに、「リサールの怒りの陽」が、困難の嵐のさなかに子たちの支えになる。「嵐」とはスペインに対する革命の隠喩であり、それに対し「怒りの陽」はカティプーナンの拡大にともなう炎と熱のイメージを想起させる。これらのイメージは最後の二行に並置される。つまりフィリピンの心は、母スペインとのつながりが途切れるとき、ひとつになるというのだ。全体を通してみると、この連は、恩義関係《ウタン・ナ・ロオブ》の崩壊を「猛威をふるう嵐」、完全な無秩序の時代という文脈のなかに位置づけている。それは同時に、水平的な「秩序づくり」あるいは「一緒に集まること」がカティプーナンにおいて起こる時代でもある。これが物乞いの把握したような、戦争の「核心」である。

これに続く連では、どちらの版でもカビテ州におけるカティプーナンの拡大が取り上げられている。この出来事は、詩節の韻律法を用いて混乱が拡散するイメージによって表現されている。第一九連から第二〇連その他のなかで地名を列挙して、文の流れはより頻繁にコンマやひと続きの地名によって中断される。たとえば以下のような例である。

カビテ州が動きはじめた
ノベレタ、カウィット、ビナカヤン、イムス
パサイ、パラニャーケ、ラス・ピーニャスすべては組織立てられた
またサポテ、シラン、バコール〔訳93〕出身者もしかり

朗誦のテンポは変わらないが、つぎつぎと連続する語句ひとつひとつによって行が切れることで、ピッチを上げる効果をもつ。

混沌の状態のなかで人々が一緒に集まるのは、それ自体秩序化の過程である。第一九連から第二一連にかけて、人々は大虐殺に参加したとき、あるいは混沌《グロ》のなかで「行動を起こした《クミロス》」とき、多くの場所で「自分たちを整えた《ウマヨス》」といわれる。崩壊なくして統一はありえない。おそらく、山賊や浮浪者をさす「悪党ども《マルディケーニョ》」さえも、イムスを中心にして起きた運動に取り込まれている。イムスは「秀抜な《プニン》」アギナルドが住んでいた場所である。

つづいて、混沌《グロ》のなかから「出現」してきた際立った指導者たちが列挙される。

やがて混沌《グロ》から名のある志士が現われた
バゴン－バヤン出身の愛国者ヒメネス
モンタルバンの住人リセロ
ともに自分たちの兵士を従えて

はたまた豪勇の誉れ高きフリアンは
美しき内心《ロオブ》を持ったマリキナ出身者
サンパロックからは軍曹
やはり兵士を従えて

ルイスにユーセビオ
秀抜なる愛国者アントニオ・モンテネグロも現われた
ここに挙げた三名は
各々配下を従えて

この混沌《グロ》のさなかに有名になったのは
かのピオ・デル゠ピラールというマリバイの住人
やはり多くの兵士の指導者
皆スペイン人に対する心構えができている　（第二三連〜第二六連）

多くの卓越した愛国者がこの一覧からは割愛されている半面、「ヒメネス」や「ルイス」といった人物は特定できず、たぶんカティプーナンの地方部隊長であろうと思われる。皮肉なことに、フリアン［・デ゠ラ゠クルス］とアントニオ・モンテネグロが実際に並列されている。デ゠ラ゠クルスはビアク・ナ・バト政府に任命された准将であったが、もう一方のモンテネグロは戦争で指揮をとったことがなく、本当は一八九七年一一月のデ゠ラ゠クルスに対する冷血殺人事件の最有力の容疑者であった。(43) 言及されているそれぞれの人物自体は重要ではない。詩歌《アウィット》において、それらは意味を失っている。前に列挙した地名の延長であることが、作品における彼らの「価値」となっている。愛国者一人ひとりは、それぞれ特定の地域と特定の従える者たちの群れと同一視される。これはフィリピンの政治的リーダーシップの慣習的な描き方である。しかし、混沌と延焼する大火という主題の文脈のもとに詩歌のなかでつなぎ合わされると、これらの特殊性はカティプーナンというひとつの全体へと合流する。こうして、詩歌のまさにこの形態と朗誦とが、統一の意味を伝えるのである。

その後まもなく、混沌《グロ》が嵐《ウノス》の代わりに用いられて、嵐の主題が繰り返される。

野火のように猛威をふるった混沌《グロ》は
あらゆる努力にもかかわらず抑えがきかなかった　（第二九連）〔訳94〕

ここで主題を繰り返すことは、カティプーナン会員たちとスペイン人（現地住民の加担者を含む）の軍事衝突の物語が始まったことを示唆している。その諸々の出来事は明らかに、混沌《グロ》という文脈、すなわち超人的力によって育まれたようにみえる崩壊の勢いという文脈のなかで位置づけられる。第三〇連では、パニックに陥ったブランコ将軍が、「このような混沌のなかでは、多くの民衆は平穏に暮らすことができない」とだけ伝達する手紙をスペイン女王に送っている。スペイン側からみると、この現象は崩壊そのもの、「伝統的」紐帯の破綻、タガログ人が以前の中心であったスペインから離れてゆく運動である。ブランコの立場からすると、人々は互いにうまくやってゆけないように思われた。しかしカティプーナンの立場からは、人々は「自分たちを組織立てた《ナグシアヨス》」。「誉れ高き将軍」ブランコや「女王陛下」は、詩歌《アウィット》のなかでは嫌悪や軽蔑の対象ではない。むしろ彼らは、混沌、分離、統一、力といった主題がおのずと進展してゆくために必要な役割を演じている。

スペイン女王はこれに応じて、ブランコの軍勢の援軍として五万人の追加兵を派遣する。

この者たちは名だたる将軍により
各州各町津々浦々に放たれた
カティプーナンが彼らを認めると
終わりなき大虐殺〔訳95〕が始まった

昼な夜な、躊躇なく大虐殺は続いた
伝染病がスペイン《カサドーレス》軍勢に襲いかかったようだった
とりわけイムスの人々は
おびただしい数のスペイン人を殺害した　（第三一連〜第三二連）

勝利を声高に叫ぶ代わりに、詩歌《アウィット》は、イムスの人々によって殺されたスペイン人の数に触れることにより、カティプーナンの力の影響が恐ろしいものであることを感じさせる。スペイン《カサドーレス》軍勢（字義どおりには「狙撃者」）を打ち負かした伝染病のイメージは、人間の意志では抑えがきかない、燃え広がる炎の破壊的な側面と一致する。

大虐殺の知らせは、「混沌《グロ》は収拾がつかない」という事実としてブランコに伝えられる（第三三連）。彼は中心地イムスの包囲攻撃に着手するよう彼の軍勢に命令を発して、この状況に対処する。さらにマニラ湾のスペイン海軍艦隊は、市街地を砲撃する。しかし砲撃が数カ月続く間、イムスめがけて撃たれた砲弾や弾丸は「砂の中に埋まるばかりである」(第三五連)。これについて人間的な説明はないようだ。つまり、神秘的な力が働いて、飛び道具は無害な終着点に導かれたようである。スペイン人はイムスを詐術《ダヤン・マクプクプ》によって奪取しようとしないし、町の防壁や塹壕を粉砕して侵略しようとすることもない。なぜなら、彼らは恐れているからだ。第七〇連では、三八人のカティプーナン会員たちの小隊が、簡素な閃光爆竹《ナタタコット》で、十分武装した一〇〇人の部隊を逃走させている。スペイン軍勢は、カティプーナンの一団がわずか六丁のライフル銃しか持っていないことに気づかなかった。破滅の先触れとなるのは、爆竹の響きである。

一八九七年のカビテ州における権力闘争の際にボニファシオに対してなされた告発のひとつは、彼が「カティプーナンを設立するために修道士たちによって買収され、また十分に武装されたスペイン政府に対してフィリピン人を武器なく戦いに向かわせた」というものであった。(44) この告発の前半部分はもちろん途方もないでっち上げだが、第二の部分については、何よりもまず軍隊の強さと弱さという観点から戦いの結果を勘案するような、より「洗練された」指導者たちの結論といえよう。実際、ボニファシオは軍事に関してはアギナルドより見劣りがするし、アギナルドが介入しなければ戦いは完全に大失敗しただろうということが、しばしばいわれてきた。たしかにそのとおりではある。とはいえ、カティプーナンの観念に取り憑かれたボニファシオの考えの背後にあったものは何だったのだろうか。詩歌《アウィット》は、戦いを軍事力の競争として描かないことによって、その当時の思考様式についてひとつの洞察を与えている。この現象は、他国で受け入れられるような戦闘の規範という観点からは理解することができない。

実際この戦いは驚きをもって見られた
イギリス人、フランス人、日本人、そしてドイツ人に
大砲とモーゼル銃に対し
カティプーナンはただなまくら刀〔訳96〕だけで戦ったのである

スペイン軍の指揮官は皆
戦いに怒り狂った
数え切れない武器にもかかわらず
タガログ人を打ち負かすことができなかったからだ　（第三六連〜第三七連）

明らかにカティプーナンの強さは軍事力にあるのではなく、民衆の一体性から生じる無敵の力、すなわちカティプーナンの旗や徽章に見られる陽光や三角形に象徴される力から発せられる。

　武装した力のみがカティプーナンを動かした原因ではなかったと気づいて、スペイン人はその詳細は述べられていないが、詐術《ダヤ》に頼る。しかし、彼らがその方法で勝利を収めることができないのは、エミリオ「・アギナルド」が「善良な（すばらしい）考え」《マガンダン・イシプ》を持っているからだ。第一五連では、ボニファシオには「知性」があったとされている。第四七連では、カティプーナンの指導者が謀り事から免れる資質は、豪胆《タパン》さと知識《ドゥノン》であるという。まず、詩歌《アウィット》における真の知識についての概念は、有産知識階層につきものの正規教育を通して獲得された知識とは区別されねばならない。カティプーナンの言葉では

この区別は、ぴかぴかして輝く（ninging）空虚な外見の知覚と、光明《リワナグ》が思考に充満するがゆえに物事の真実を見抜く真の知識とのあいだにつけられる。(45) いいかえれば、真の知識とは、光明が充満した存在状態もしくは内心《ロオブ》と結びついている。この概念はパションにおいて根本的なものである。ファリサイ派の人々や町の貴人たち《ビヌノン・バヤン》は、尊大にもキリストとその弟子を貧しく卑しく無学だというが、誰が「善良な考え」を持っているのかは疑うべくもない。アポリナリオ・デ゠ラ゠クルスの定義によれば、「善良な考え」とは、「苦難」と「人々のよき一体性」とのあいだの関係を理解することである、と本書第2章で指摘した。「知ること」は、大義への献身を捨てさせようとする脅威や圧力に直面しても、平静を維持する内心を意味している。このようにアポリナリオ・デ゠ラ゠クルスは、敵の詐術をくじく資質として「豪胆さ」と「知識」が詩歌において結合されていることについての説明を提供している。

第四二連では、スペイン人が「抑圧された」状態に置かれている様子が描写されている。ブランコ将軍は「深い悲しみ」のため、ほとんど病気になってしまう。ここにおいてこの詩歌《アウィット》は、修道士のもとで苦しんでいた地方有力者たちと、実質上同じ言葉で「敵」が描かれている地点に到達している。スペイン軍の指揮官将軍であるにもかかわらず、ブランコの悲しみは同情、すなわち無実の者に対する憐れみを誘う意図をもって描かれている。しかしある意味では、彼は無実である。カティプーナンの力はひとつの秩序に属していて、その秩序に対して、外敵の武力抵抗は無力である。外国人はかつても今も、決して真の脅威ではないから、憐れみを誘うのである。

真の脅威は内部にある。

「ブランコ将軍の」悲しみが緩和されたのは
イロンゴとマカベベの民が
到着したからだ
傑出した将軍に堅い誓いをたてた悪党たち〔訳97〕である　（第四三連）

この詩歌《アウィット》ではじめて、カティプーナンの敵が道徳的に非難される。「悪党の」裏切り者は、イムスを陥落させ、アギナルドを生け捕りにすることを約束する。ブランコは鉄の檻をつくらせる命令まで出すにいたる。しかし企ては失敗に終わる。

獣のような品行の
この裏切り者の内心《ロオブ》からくる脅迫は
やはり挫折させられた
狙われた犠牲者は神の御加護により救われ
陰謀者の命は縮められた〔訳98〕　（第四六連）

マカベベの民はスペイン軍勢や修道士とさえも同列に扱うことはできない。道徳的非難や死は、彼らにとって当然の帰結である。なぜなら、もしカティプーナンのなかで人々が一緒に集まることから力が生じるのであれば、裏切り者は全体性を打破することによってこの力を弱めるからである。パンパンガ人はあとの部分でカティプーナンの運動に参加しているとみなされるので、イロンゴ人でなく〔パンパンガ人である〕マカベベの民が名指しされる。裏切り者にふさわしい死という罰は、その前にある逸話のなかの出来事の結果と対比すれば、よりいっそう重要である。そこでは「スペイン側の指揮官、兵士、修道会所属の助任司祭は、殺されず捕虜となっている」（第四一連）。詩歌《アウィット》によれば、この結果によって戦闘は「驚くべき《カタカタカ》」ものとなる。しかしスペイン人たちが助命されるのに、どうして裏切り者が死なねばならないのだろうか。その答えは第四七連にある。

　だから豪胆で知識もある者に対し
　暴力を振るうべきではない
　長いにせよ短いにせよ、木靴であろうとサンダルであろうと
　各々見合った足を持っている

この部分の最後の二行は、嫉妬を戒める民衆のあいだの言い習わしである。スペイン軍勢の行動がスペインへの忠誠によって動機づけられているのに対し、マカベベの民の行動は嫉妬に動機づけられている。マカベベの民への道徳的非難には、嫉妬はつねに歪んだ内心《ロオブ》と結びついて、ヘビやヘロデ王、ファリサイ派の人々やユダの行動の根拠となる、というパションのなかの描写を想起させるものがある。嫉妬は裏切り者の内心の状態を映し出しており、共感や愛情《ダマイ》とはまさに正反対である。カティプーナンの状態そのものを密かに害することによって、裏切り者たちはその全体を破壊する脅威となる。かくして第四

八連には、邪悪な心を持つ者たち《ブドゥヒン・マサマン・ウガリ》への警告が現われる。

わずかな破れ目につぎ当てが当てられなければ
ほころびはますます大きくなる

実際に、このことは裏切り者への警告というよりは、むしろできあがった統一体に脆さが存在することの告白である。

ロンキーリョ版の詩歌《アウィット》は、裏切り者についての挿話と嫉妬についての訓戒の直後に終わる。最後の連は単に、この戦争がダビデ対ゴリアテ戦〔訳99〕のような性質のものであるということを再確認する。それは、こん棒と山刀でモーゼル銃と大砲に立ち向かった戦いである。

詩歌《アウィット》の主要な版では、中心主題を繰り返したあともさらに続く。

蛮行は繰り返された
昼でも夜でもタガログの民とスペイン人が互いに出会うと
衝突した
死体があたり一面に転がっていた　（第五〇連）

スペインから多くの援軍が到着したにもかかわらず、タガログ人には豪胆さ《タパン》があったため、無敵であり続ける。スペイン女王は悲嘆にくれる。ついに彼女はフィリピンに、スペインの「柱石」であるポラビエハ将軍を派遣した。スペイン軍の将軍は、「鍛えぬかれた肉体」、熟練の技、勇気、大胆不敵さなどで知られる、恐るべきスペインの分遣隊の司令官として登場する。彼らはやはり豪胆さで有名なアギナルドに、「死の野営場」で待ち伏せされる（第五三連〜第五四連）。

この詩歌《アウィット》は、ポラビエハ軍の兵士もタガログ人兵士も、双方ともに豪胆さ《タパン》があると述べている。これは、戦場では両者ともまったく対等だということなのだろうか。詩歌ではぴかぴかした輝き《ニンニン》と光明《リワナグ》の区別を設けることによって、この問題を解決する。第五五連では、スペイン軍勢の豪胆さが属する存在の秩序を説明する。

しみやひびのない光沢を持った
万物の鏡だと告げ知らされたのに
時が来たときに
なぜ光沢は鈍くなり、鏡は割れたのか

ときには曇り、力をかければ壊れてしまうような鏡の「輝き」にスペイン軍勢の豪胆さ《タパン》を結びつけることによって、議論はぴかぴかした輝き《ニンニン》と光明《リワナグ》の区別の問題に移される。ぴかぴかした輝きは、不毛な内情を秘匿する魅惑的な外観であり、いずれは崩れてしまう。アギナルドの豪胆さは、それとは逆のものと意味づけられ、光明の秩序に属している。彼の勇敢さはその内心《ロオブ》の真の反映であり、それゆえ光明が存在の充溢そのものから輝くといわれているのと同様に、現実的なのである。

　ポラビエハの攻勢は、「恐れ」ゆえに、スペイン人にとって悲劇的な結末となる。ポラビエハは「恐れのなかで勇気を奮っている《マタパン・サ・タコット》」と描写される。彼がそれほどの英雄ならば、なぜ彼は命令を怒鳴りつけるだけの総司令部から降りてこないのか、と詩歌《アウィット》は問うている。ポラビエハが「死の野営場」から距離をとっていることが、彼の現場指揮官サバラ大佐の死の原因とされる。これを知るにおよんで、ポラビエハとラチャンブレは、「恐怖のあまり立ち去り、ブランコ将軍もこれに続いた」。この逸話は、今ではほとんど、あるいはまったく事実無根であるとされている。ラチャンブレ将軍とポラビエハは、実際に南部タガログ地方への大進撃に成功した。もっとも、彼らの軍は大量の犠牲者を出し、ポラビエハは召還を要請したのだが。しかしこの時期を研究する歴史家たちがこれまで指摘してきたように、一八九七年半ばまでにスペイン側がいくつかの重要な町を占拠したことは、民衆の革命熱に重大な影響を与えなかった。詩歌はなお、これらの出来事を混沌という慣用語法の文脈のなかで解釈する。第一に、スペイン軍将軍の退却が、臆病《ドゥワグ》であるというより恐れ《タコット》ていると描写されていることは重要である。恐れ《タコット》という単語は詩歌のなかに何度か現われるが、理解できないような壊滅的現象に直面したときに感じる類の恐れという意味が一貫して付与されている。離れて戦いを見守り、最後にはラチャンブレやブランコとともにあわてて退却してしまう「勇敢な」ポラビエハのイメージは、臆病というのではなく、むしろカティプーナンの抗しがたい力に直面し、そのため彼らがおかしな行動に出るよりしかたなかったことを示している。

　スペイン軍の将軍が退却したあとの出来事の進行は、ブランコによる初期の大攻勢に引き続いて起きちた出来事を実質的に繰り返している。直接の襲撃によってカティプーナンを打破することに失敗したのち、新たに着任したプリモ・デ゠リベラは、スペイン軍の戦略を変更した。

懐を銀で満たすのに慣れている欲の深い者は
少なからず誘惑された
こうした人々はスペイン人にすべてを話し
正しい接近手段のすべてすら教えた

兄弟結社を裏切り鎮圧する試みは
失敗に終わり
彼らは悪事を働いて威嚇することもできなかった
なぜならエミリオには善良な考えがあったから　（第六〇連〜第六一連）

前記のエピソードに合致する歴史的出来事は、おそらく一八九七年四月末から五月一七日にいたるまでの間に、総督プリモ・デ゠リベラが反乱軍に恩赦を提示した事実であろう。これに応じた者は、アギナルド政府の傑出した高官たち、すなわち国防大臣のダニエル・ティロナ、内務大臣のホセ・デル゠ロサリオ、そしてファン・カイリェス将軍であった。詩歌《アウィット》ではまた、カビテ州のサンタ・クルス・デ・マラボンの町民たちのように名もない人々にも言及する。彼らは事態が紛糾すると早々とスペインに乗り換えて忠誠を誓い、そのうえおそらく、兵站においてスペイン軍を支援した。詩歌では、これら一連の出来事を、銀貨で懐を満たすことや企てられた裏切りというようなパションの文脈のなかで形象化し、あのユダのイメージをさまざまに喚起する。詩歌《アウィット》は続く。

カティプーナン全員はイムスを去り
多くの町を通り過ぎた
彼らの目的地はよりよい土地
ビアク・ナ・バトに落ち着いた　（第六二連）

ビアク・ナ・バトへ移った本当の理由は、カティプーナンに対するプリモ・デ゠リベラの猛烈な戦闘のためであり、アギナルドはブラカン州南部の安全な山麓の丘陵地帯に落ち着くまで、総司令部をよくわからない別の場所に移すことを強いられた。カビテ州から撤退したことはボニファシオの処刑の結果であり、この処刑がマグディワン派軍の士気を挫き、カティプーナン内部の分裂を悪化させたため、スペイン人がアギナルドを効果的に襲撃することができるようになった、とマビニはみている(46)。詩歌《アウィット》はなぜ、これらの出来事に取り組もうとしなかったのだろうか。このことはただ、この詩歌の本当の関心事が出来事の再構築ではなく、意味を明瞭に表現することであるという事実によってのみ説明できる。カティプーナンは依然全体としてみなされており、これらの出来事は、この「全体」の意味深い諸側面を強調したり焦点をあてたりするために形象化されている。たとえば続く諸連では、詩歌はカティプーナンの領地を占拠したスペイン軍勢の喜びを叙述する。しかし重要な点は、「[スペイン人が] 各地を訪れても／誰もいなかった」と引き続き強調されていることにある。第六四連ではいくつかの場所が列挙されているが、それらの場所が取り上げられている理由は、「敵がどこにもいなかった」からである。第六六連では祝勝の様子が描かれている。

スペイン万歳《ビバ・エスパーニャ》という叫びが四方から聞こえてきた

教会の鐘の音は鳴りやまず

彼らは戦争に勝ったことを宣言した

その勝利は地上戦で得たものだった

スペイン軍の勝利の空虚さについて詳しく述べることにより、カティプーナンの本質についてひとつの言明が与えられる。重要なのは、人との結合であって、領地の拡大ではない。スペイン側がいくつか町を占拠したことは、「全体」の評判を落とすことにはまったくならなかった。またここには、「ぴかぴかした輝き」の意味合いがにじむ騒然として喧しいスペインの祝賀と、真の勝利を意味する混沌と野火のイメージとの暗黙の対比もある。

バランカの戦いにおけるアントニオ・モンテネグロの信じがたい死を含め、マニラ近郊で起きたいくつかの小ぜり合いに言及したのち、詩歌《アウィット》はビアク・ナ・バトにおけるカティプーナンという話題に戻る。プリモ・デ＝リベラは「大いなる悲しみにくれていた」。

　　その理由は一体となって行動するカティプーナンを
　　追いつめることはできないからだ
　　多くの罠や謀り事が成されたが
　　失敗して捕らえることもできない　（第七五連）

この連では、アポリナリオ・デ＝ラ＝クルスの統一についての有機的考え方が想起される。すなわち兄弟会員《コフラーデス》たちは、ひとつの木の多くの葉のようなものであり、また彼らは、「ひとつの体のように《パラン・イサン・カタワン》」行動すべきである。同様にカティプーナンも一体化されていて、あらゆる罠や謀り事を巧みに逃れながら、機敏でずる賢い一体の生き物のように動く。

　カティプーナンを軍事的に鎮圧することに再度失敗し、スペイン人はもういちど、詐術《ダヤ》に頼ることになる。プリモ・デ＝リベラは、カティプーナンの指導者や会員たちに「町へ入る通行証」を与える（第七六連）。彼の目的はカティプーナンを草深き所《パラン》から、スペイン人とその協力者である地方有力者層によって支配された町におびき寄せることにある。ブランコやポラビエハの成果のない攻撃の続きの話と同様、カティプーナンを内部から打倒しようとするスペイン軍の努力を物語ることによって、詩歌《アウィット》はカティプーナンという統一体の本質を探る。「通行証」によってカティプーナンをおびき寄せようとする「遠回りの企て」が失敗に終わると、プリモ・デ＝リベラはまた別の計画を思いつく。それは

「指導者たちを言葉巧みに説得して味方に引き入れる《アン・タナン・ピヌノイ・クニン・サ・サリタ》」というものである。彼は甥と有産知識階層のペドロ・パテルノを派遣して、スペインの「本当に使者であるかのように見せかけ」、アギナルドに話させる。

六カ月の休戦が要求された
協定は証人たちによって署名され
その美辞麗句に
ドン・エミリオはしぶしぶ従った　（第七九連）

詩歌《アウイット》は、スペイン人が休戦につけ込んで塹壕を築くことにより、タガログ人を欺こうと目論んだことを即座に指摘する（第八〇連）。アギナルドがこの策略を見抜くことができなかったことが示唆される。この詩歌ではじめて、カティプーナンが悲嘆にくれる側になるのはこのためである。指導者のうち何人かは休戦の条項に従って帰郷してしまったので、全体性のイメージは瓦解してしまう。

何人かの指導者はこの地を去り
残された者たちは悲しみに暮れた
スペイン人は喜び
カティプーナンを残滅せんと願った　（第八一連）

カティプーナンの悲しみは、本当のところスペイン側の行動の結果もたらされたものではない。それは、「巧みな言葉《ウィカン・マガガリン》」に影響されうるような脆弱な内心《ロオブ》のせいでアギナルドが休戦を受け入れた結果、起きたものである。言葉、とりわけ状況を操ろうとする者たちの手中にある言葉の強烈な役割は、民衆政治と関係した文書に引き続き現われている。民衆の政治認識を理解するためには、「言葉遊び《ウィカーウィカ》」のように普通の言葉の関連語を掘り下げて調べることが役に立つ。パションのなかで、言葉《ウィカ》は悪事を働くように人を誘惑する力を持つ。たとえばイブは、「弱い知性《マヒナン・イシプ》」を持っているとされ、蛇の甘言《ウィカ》を聞くとたちどころに誘惑に負けてしまう（九頁：第四連）。その後彼女は、神の前で弁解し、蛇が彼女を「騙し」、「誘惑し」、「言葉を弄した《ナグ・ウィカーウィカ》」と言う（九頁：第一六連）。ファリサイ派の人々はイエスを非難するのに、同じ論法を用いる。イエスの弟子たちは「弱い内心《ロオブ》を持った人々」（一一五頁：第一三連）とされ、それゆえに、「言葉の操縦《ガワン・ウィカーウィカ》」にすぎないキリストの「人を欺く」教えに丸め込まれてしまったのだといわれる（九九頁：第七連）。重要なことは、巧みな言葉《ウィカーウィカ》に負けて、訴求力のある言葉の響きの背後にある真実を見きわめることができないのは、弱い心、弱い内心、すなわち暗黒の状態のあらわれであるということだ。それで詩歌《アウィット》は暗黙のうちに、民衆の判断基準にもとづきアギナルドをたしなめるのである。この出来事の転機の重要性を強調するかのように、この詩歌はそれ以降四三連も続いているのに、アギナルドについてはその後まったく言及されることはない。

歴史的には、エミリオ・アギナルドは六カ月の休戦協定だけではなく、いわゆるビアク・ナ・バトの平和協定にも署名した。この協定は指導者たちのあいだで山分けにされた大金と引き換えに、反乱軍に投降を命じるものであった。しかし詩歌《アウィット》では、フィリピンのスペインからの分離が全面的なものである以上、そのスペインとの「協定」や和解という観点から語ることなどとてもできない。スペインとフィリピンを一緒に縛りつけていた世界が崩壊したあと、フィリピン内部の多くのばらばらの要素が集まって、熱やエネルギーを産み出しながら、新たに一体化された状態が形成された。もしアギナルドがスペインとの協定に署名したことに言及すれば、詩歌の基本的概念に矛盾することになってしまう。実際、アギナルド自身、追放から戻ってきた一八九八年五月、つまり協定への署名の六カ月後に協定の合意事項を破り、カティプーナンの活動を再開した。このことを考慮に入れて、詩歌は、六カ月の休戦（協定ではない）が交渉の産物であったと断言する。したがって、混沌《グロ》がふたたび生じるとき、それは、一時的な中断ののちの崩壊現象の継続にすぎない。

休戦でさえ
獣より獰猛なタガログ人を制圧できず
プリモ・デ゠リベラは考えを変え
通行証はすべて没収された

このやり方にタガログ人は怒り
その怒りの炎は燃えさかった
あらゆる町に侵攻し
スペイン軍勢《カサドーレス》を襲った　（第八二連〜第八三連）

この詩歌《アウィット》がみるところ、この反乱の再燃はアギナルドが香港から戻って闘争を指揮したこととは無関係である。アギナルドが無視される理由は、すでに暗示されている。しかしこの詩歌では、この人物を必ずしも格下げしようとしているわけではない。こうした論理からすると、休戦交渉という「甘言」に屈する時点で、アギナルドは全体性と袂を分かっていることになる。「革命」の指導者というものは必ずしも、この詩歌がその本質を明瞭に表現している「カティプーナン」の構成要素であるとはかぎらない。カティプーナンを「燃え立たせ」この詩歌の韻律的主題を再帰させるのは、アギナルドの帰還ではなく、プリモ・デ＝リベラの誤った行動である。

稲妻を超える戦いの熱気は
おさまることがなかった　（第八六連）

プリモ・デ＝リベラは「恐ろしい大虐殺を阻止できない」（第八四連）。彼は現場を離れ、後任にアグスティン将軍〔引用詩中ではアウグスティン将軍にあたる〕があたる。しかし、彼も「混沌《グロ》を平和に収めることはできず／大虐殺は止まなかった」（第八五連）。このスペイン軍の窮状にさらに加えて、アメリカ軍がマニラ湾に「突然大挙して現われた」のである（第八六連）。

この憐れむべき出来事に際して
アウグスティン将軍は悲しみにくれた

なぜならタガログの民は
彼の誘いに乗らなかったからだ　（第八七連）

「誘い」とは、アメリカの軍艦がマニラ湾で力の劣るスペイン艦隊と一戦交えようとしたときに、「母なるスペイン」の側について戦うようスペインが実際に勧誘しようとしたことをさしている。この企ては、アギナルドが香港からアメリカ軍艦に乗って到着し、革命の再開を宣言したため失敗に終わった。この詩歌《アウィット》は、あえてアグスティン将軍の涙に焦点をあてることを選ぶ。なぜならその涙が、娘を最終的に去らせてしまったことに起因する母なるスペインの喪失感とおそらく後悔の念を反映しているからだ。この類の場面は、タガログ民衆文学や日常生活にも、一般的に見られるものである。

アグスティン将軍は、これ以上何もできないので、地方のスペイン軍勢にマニラ地区まで撤兵するよう命じた。このため彼ら兵士は、いたるところに「拡散し」、あらゆる街路を埋めつくしている。第八九連から第九三連にかけて、マニラ市内や近郊のさまざまな場所が、以前の諸連を思わせるかたちで列挙される。しかし、カティプーナンの町の列挙が境界を破壊する嵐や大火災のイメージの文脈で行なわれているのに対し、スペイン軍勢の場合、限定された空間内の地点の列挙にとどまっている。「ビノンドの有名な墓地でさえ」占拠されている（第九二連）。マニラに詰め込まれたスペイン軍勢の数は、「恐るべきもの」と表現される（第九一連）。しかしこれは、制御できない力に直面した者が襲われる脅威なのであろうか。のちにみるように、マニラには軍事力はなく抵抗の兆しも見えない。

詩歌《アウィット》は続く。

マニラ内部同様周辺〔訳100〕も
歩哨に立ったスペイン軍勢《カサドーレス》であふれかえった
タガログ人はすべて警告を与えられ
町へ入ることも出ることも禁じられた

このようなやり方に対して、すべてが動き出した
マラボン、オバンドなどの広い町
プロ、メイカワヤン、マリラオ、アガットでは
戦闘の準備が整えられた　（第九四連〜第九五連）

地名と、行動を起こした顕著な愛国者の列挙は、規模においてそれ以前のあらゆる列挙を凌いで、その後二四連にわたって続く。マニラのすぐ北部に位置する場所から始めて、嵐あるいは大火災はブラカン州を横切って北東へ移動し、タガログ圏の別の州のヌエバ・エシハ州に達する。それは旋回してパンパンガ州の町々（「裏切り者」の出身地であるマカベベを除いて）をなぎ倒し、さらにいくつかのブラカン州の町を通り、マニラの東のモロン州に下って南部ルソン地方のラグナ州を襲う。ラグナ州は完全になぎ倒されてしまった。「恐るべきカティプーナンは、山地にまで勢力を広げた」（第一〇五連）。カティプーナンは、また別の東部タガログ地方のタヤバス州にも達している。ラグナ州の南部に位置するバタンガス州の町々の統合によって、カティプーナンの襲撃と新たな境界の画定は完了する。

この詩歌《アウィット》には、革命に加わった町々や英雄の賛美の列挙以上のものがある。より重要で、すでにいわれてきたことと一貫性があるのは、カティプーナンのもとに「集まる」ことの本質が何であるかについて語っている点にある。詩歌の後半は、力の最終的ほとばしりについての表現である。カティプーナンの活動は、以前はマニラ、カビテ州、ブラカン州南部に限られていた。スペイン軍勢の地方からの撤退にともない、カティプーナンがこれまでの境界を打破するに際して、母なるスペインからの分離過程の最終段階、すなわち最後の活力の炸裂が起きたのである。

第一〇四連の最初の行では、起きている出来事の本質について、「一体となる際のこの混沌の中で《サ・グロン・イト・ナン・パグカカイサ》」、と簡潔に述べられている。地名や人名が列挙されるなかで、そうした地域や人々が大虐殺に対して用意があり、死を覚悟していると繰り返し述べられている。嵐の軌跡によって輪郭を描き出された全体のなかの、各要素がひとつの闘争に参加するとき、一体化が起こる。個々の町が単独で敵に直面したのではない。それらの町々はまずは他の町と一緒になり、そして最終的には全体がひとつになる。たとえば第九八連では、タガログ地方のひとつの町とパンパンガ州の九つの町が「集合してひとつになった《ナランカプ》」とある。二つの異なったエスニック集団の構成要素が、列挙してゆく速度のままに取り上げられ、詩節そのものが「一緒になる」ことの媒体となっている。第一〇一連では、ブラカン州の四つの町が「ひとつに包摂された《ナグカラキプーラキプ》」とある。この「混沌《グロ》のなかで」もたらされたとされる一体化の結果として、「罠にはめられ」、「窮地に追い込まれた」と描写されるマカベベの民とスペイン軍の協力者たちを孤立させることに成功する。これこそまさに、プリモ・デ＝リベラがカティプーナンに対してしかけようとし、その敏捷さと一体感のある行動のゆえに失敗したことなのだ。

最後に、詩歌《アウィット》は、統一から発せられる強力で恐ろしい力をも描いている。

すべての州は次々に
大虐殺に直面する覚悟をした
スペイン軍の占拠する町に侵攻すると
スペイン軍勢はまるで伝染病《カサドーレス》にやられたようになった　（第一一七連）

バタンガス州では、「静粛であった」カティプーナンが「恐るべきもの《カタコットータコット》」とされる。ラグナ州では、かつては「冷静な内心《ロオブ》」（第一〇六連）を持っていると信じられたスペイン軍指揮官アルベルティは、カティプーナンの猛進の前に圧倒されてしまう。

勇猛果敢の誉れ高きカティプーナンによって誘発された
混沌《グロ》状態の極致に
アルベルティ大佐は大いに恐れ
敵に降伏した　（第一一一連）

冗長な列挙を終結するにあたり、焦点はマニラに集中するスペイン軍勢に移る。対スペイン戦争の最後の挿話では、スペイン軍はアメリカ軍に最終的打撃を加えられたとされる。

アメリカを相手にした戦闘に
スペイン軍はどうすることもできなかった
誉れ高きアウグスティン将軍は
部隊をそのままにしてスペインに戻ってしまった

ハウデネス将軍は恐怖に駆られて
全勢力を放った
しかし彼が何としようとも徒労に終わった
物量豊かで数のうえでも勝るアメリカ軍に対しては

戦いについての語りはここで終わる。スペインはかつてのその子どもたちによってではなく、「富」と「数」に裏打ちされた力を持つアメリカ軍によって、舞台の外に押し出されてしまった。スペインの子どもであるフィリピンが自立できるようになり、カティプーナンの言葉で彼らの世界を定義する際に、スペインは彼らが「一体化する」過程で必要な存在であった。いまやスペインの撤退は、カティプーナンにとって新たな状況の現出を意味する。最終連で、詩歌《アウィット》は突如として、その立場をついにあらわにする。つまり、苦難のさなかにある「末子」について語る詩歌の一人称の「私」が姿を現わす。

ここまででわかるように、あなたたちは今や困難のさなかにある

末子たちを守り、情を持って世話をしなさい
彼らがこそが
私が担うべき恥を頭に載せるのを手伝ってくれる長子たち〔訳101〕

出版された詩歌《アウィット》には日付が付されていないが、「困難のさなかにある末子」という言い方は、この詩歌がフィリピン・アメリカ戦争中にはじめて創作されたことを示すものである。この戦争は、詩歌が物語ってきたこととは異なる状況に属している。もはや母なるスペインからの分離やカティプーナンの一体性を再興するのではなく、カティプーナンの神聖な理想や感動的な精神が死滅の脅威にさらされるような戦争である。一八九八年八月七日、マロロス共和国宣言の一カ月後のカウィットでの独立宣言からほどなく、アギナルド大統領はつぎのような宣言を行なった。「今日もはやカティプーナンは存在しない。なぜなら全フィリピン、すなわち、われわれのもっとも敬愛する母なる祖国が真のカティプーナンとなり、その子たちは一体であり、脅威のなかで苦悶する母なる祖国を救うというひとつの望み、ひとつの抱負を共有するからである」(47)。しかし、カティプーナンが単なる抽象的総体で、しかも「一致の極み《カティプーナン》」を否認するか、決して経験しなかった有産知識人たちに導かれていたのならば、そのような「国民」はあのカティプーナンたりえるだろうか。さらにアメリカ軍は、パションに倣えば、内心《ロオブ》の脆弱な者たちを誘惑する力がある「富」を持っているという。詩歌のなかの一人称の「私」は、有産知識人たちがアメリカ軍の「甘言」に屈服していった頃の状況のなかに置かれていたように思われる。歴史この歴史的文脈は、最終連の意味と、詩歌の残り全体との関係を明らかにするうえで重要である。歴史

的状況を反映して、詩歌における過去の「私」との断絶は、時制の突如の変化（すなわち過去形から現在／未来形へ）によって示され、「末子」と「長子」との区別も設けられる。「末子」とはその頃アメリカとの困難な闘争に挑んでいた革命戦士のことであり、「長子」とは対スペイン戦争（通常、タガログ語の史料では、「はじめての戦争」と表現される）のあいだに出現した愛国者をさす。その子たちについて語ることで、詩歌のなかの「私」は母なる祖国《イナン・バヤン》そのものであることを示唆する。最後の行で、「私」は自分の荷を（肩よりもむしろ）頭上に載せて運搬すると述べており、これは現地の女性の習慣に従ったものなので、この「私」はたしかに女性であるはずだ。

　最終連の主要な点は、この詩歌《アウィット》が描写してきた統一の状態は、現時点ではもはや存在しないということにある。最初に、母なる祖国はその末子に必要な「世話と情」を請うている。これは、カティプーナンの闘争のしかたに必須な側面が現在のところ欠けていることを暗に示すものである。つぎに、母なる祖国は担うことになる「恥ずべきこと《カヒヒヤン》」について語る。恥ずべきことの語根である恥《ヒヤ》（hiya）とは、経験上のひとつの基本概念であり、とりわけ他人との関わり方に対する敏感さを表わしている。恥のない人間は、その心の内心《ロオブ》が岩のように固く――タガログのことわざ――共感《ダマイ》も世話心もない。愛情や世話心、あるいは単に親切心を示す「他人」に応答しなかったりわざと無視したりすれば、恥ずべき状況《カヒヤーヒヤ》となる。ペトロがイエスを知らないと言い張るパションの数節は、こうした考え方を描写している。

かの優しき師は
ペトロを見つめたり

真に恥ずべきことなり
かの師は果てしない愛を示し
同志に対し遺憾の意を表せり

かの師の眼差しにて
言いしこと
ああペトロよ
我、汝を認むに
汝、我をわからぬか　（一〇四頁：第五連〜第六連）

詩歌《アウィット》のなかで「恥ずべきこと《カヒヒヤン》」の複数形を用いて「恥ずべき物事や出来事」を表わすことで、フィリピン・アメリカ戦争については、純粋に政治的あるいは軍事的な側面というよりも、むしろ社会的な側面に関心が向けられていることを示唆している。具体的には、詩歌は「恥ずべき出来事」に対して読者の注意を喚起しており、その出来事とはただ、母なる祖国に代表されるような社会全体を無視して行動した人々がいることを意味する。ボニファシオはかつて、彼がカティプーナンに必要とするものは、母なる祖国に対する愛情と恥《ヒヤ》を持った人々だけであると述べた。なぜなら「このような徳を備えた人物こそが、母なる祖国が確固たる基盤を築けるように、全身全霊を捧げることができるからである」(48)。したがって恥とは、カティプーナンもしくは統一のためのひとつの条件である。この詩歌の最後の挿話は、こうしたことが弱くなるか、あるいはなくなってしまったことを示している。

この詩歌《アウィット》は希望の気運のうちに終わる。一八九六年のカティプーナンに関する文献のなかで、共感《ダマイ》があり人々が闘争を救済の経験として解釈するときに、先植民地時代の「失われたエデンの園」が回復されるのとまったく同様に、母なる祖国が恥ずべきこと《カヒヒヤン》をその頭上にかつぐという受難《パション》を示唆するしぐさが、「困難のさなかにある末子たち」にとってのよりよい将来を予告している。おそらく重要なのは、祖国の受難――つまり荷がその頭上に押し上げられること――がその「長子たち」によって始められたということであろう。その「長子たち」とは「はじめての戦争」の愛国者たちを表わしており、したがって、詩歌のなかで「長子たち」の経験を物語るということは、闘争がなぜ続かなければならないのかを聴衆が理解するよう、「長子たち」の経験を現在に引き戻すひとつの方法である、と結論づけることができる。詩歌が朗誦されたり詠唱されたりするときに、詩歌それ自体が、受難が始まる最初の状態を呼び覚ますことになるのである。

カティプーナンの詩歌《アウィット》の分析から、本章では、独立のための闘争が、母なるスペインとの関係の断絶、それに続く混沌、そして大衆からの甚大な力と活力――つまりカティプーナンによって、真の母、すなわち「母なるフィリピン」のもとに大衆を再秩序化し統一する方向に向けられた活力――の発散、という表現によって了解されていたことを示してきた。この詩歌は、共和国の後半時代と合衆国との戦争の時代には、ある人々のあいだで、闘争を通じて得た統一の経験が失われたということへの認識があったことを明らかにしている。この詩歌の作者はその創作の形式と内容を通じて、その経験を再現しようと試みた。そうすることで、詩歌が朗誦されたり詠唱されたりするのを聞いた人は誰でも、その詩歌に触れた際の経験とその本人の時代の出来事を並置させることによって、いくらかでもこの喪失を心の内に経験できるようにしたのである。かくして、引き続く闘争は意味と目的をもちえたのであった。

共和国の時代（一八九八〜一九〇〇年）に、数々の結社《カティプーナン》が町々や地方で存続し続けた。たいていの場合、それらは共和国に忠誠を誓うだけであった。しかし一般的に、共和国の有産知識人たちは、さまざまな結社の存続のなかに、自分たちが維持しようと望む安定と内的秩序の雰囲気に対する潜在的な脅威を感じ取った。共和国軍が敗退につぐ敗退にあえぎ、アギナルド当人が命からがら中部ルソンの北部に逃れたときになってはじめて、さまざまな結社はふたたびゲリラ戦のための「公認の」組織形態として最前線に戻った。アゴンシリョによれば、アギナルド自身、北部地方の隠れ家にあって「大衆だけが頼りになることにようやく気づいた。まったく絶望的な望みであったが、彼はボニファシオのカティプーナン、すなわちフィリピンの民衆の自由と独立のための闘争に形式と内実を与えた下層階級の結社を再生して打撃を修復しようと最善をつくした」[49]。しかし、アギナルドは一九〇〇年にカティプーナンを「再生」しはしなかった。ただカティプーナンの様式が、より効果的に民衆の大望を明瞭なかたちにして表現していたことを認めたにすぎなかった。後段でみるように、一九〇一年に共和国軍を再組織したミゲル・マルバールは、一八九六年の精神を復活させてカティプーナンの基本的訴えに立ち戻った。彼が一九〇二年に投降すると、独立のための武装闘争は、ただカティプーナンとそれに類似した数々の農民結社によってのみ遂行されるだけとなったのである。

カティプーナンの加入儀礼に関する一九〇〇年の史料のなかで、ある指導者の演説における以下の言明は、一八九六年のカティプーナンが、二〇世紀に入っても闘争を続けようとする人々にどのような意味をもっていたのかを表現しているだけでなく、嵐の海を行く船を導く明かりのイメージのなかで、一八四一年にアポリナリオ・デ゠ラ゠クルスが分別を失った兄弟会員たちに言ったことを思い出させる。

結社カティプーナンが、四世紀におよぶ隷属という海の航海ののちに自由の岸辺にわれわれを導いた明かりであり、また同様に神の摂理が描いた道を照らした光でもあることについて議論の余地はない。この道に沿って、われわれが敬愛する祖国フィリピンはかくも巨大な足跡をたどり、その子たちを栄光への道につかせ、それとともにわれわれが熱烈に希求する独立の甘露をもたらすのである。(50)

第5章　自由への道、一九〇一～一九一〇年

降伏直前の新カティプーナンの指導者たち。前列左から，フリアン・モンタラン，フランシスコ・カレオン，マカリオ・サカイ，レオン・ビリャフエルテ，後列は，ベニト・ナティビダードとルシオ・デ＝ベガ。

中部ルソンにおける革命軍の勇敢な抵抗にもかかわらず、共和国の防衛はアメリカ軍の優越した軍事力の前に脆くも崩れ去った。しかし、共和国に終末をもたらしたものは軍隊の脆弱さだけではなかった。有産知識階層《イルストラード》の指導者たちのあいだでは、権力闘争と日和見主義が下級兵士たちにまで影響を与えるような深刻な士気喪失を引き起こしていた。ゲリラ戦は、のちにみるように聖教会《サンタ・イグレシア》のような農民結社を例外として、続行することができなかった。疲弊したフィリピン人エリートのほとんどは、危うくなった財産や威信をしっかり守ろうとして遮二無二に平和を欲したからである。かつてスペインに要求したものすべてをアメリカが提供してくれるという前提に立って、彼らが新たな植民地秩序を正当化したことは、革命とはいったい何なのかということについて、彼らが狭い了見しか持ち合わせていなかったことを端的に表現するものであった。彼らの関心からすると、自由《カラヤアン》とはさらなる流血をともなわずに達成できるものであった。しかし、すべての人たち、とりわけ「貧しく無学な人々《ポブレス・イ・イグノランテス》」が自由にいたる道について、このような見方を受け入れていたわけではなかった。

一九〇一年五月二三日にアギナルドは、すでにイサベラ州の山中に孤立していたところを姦計によって捕縛され、その一週間後に合衆国に対する忠誠を宣誓した。四月一九日には、彼の名のもとで、すべてのフィリピン人に対してアメリカの主権を受け入れるよう訴える宣言が発布された。ミゲル・マルバール将軍がアギナルドに宛てて、捕縛についての新聞記事やその他の報告の真偽を確かめる質問状を書き送ったのは、まさにその日のことであった。南部ルソン地方におけるアギナルドの同志たちは、こうした報告を「信じがたい」ものとして受け取っていた。しかし、これらの報告がたとえ真実だとしても、マルバールはこれまでの理想を主張し続けることをやめるまいと宣言した。彼はなおアギナルドに対して尊敬の念を抱き指示を仰いだものの、南部ルソンにおける抵抗を放棄しないと率直に語った。実際、南部ルソンの最高指揮官にしてアギナルドの盟友でもあったマリアノ・トゥリアス中将が四月初めに投降すると、マルバールは即座にその後任となり、軍内部の士気喪失を食い止めた。マルバールの離反声明は、いくぶん弁解めいていたにせよ、断固たる決断を表わしている。「もしかりにあなた〔アギナルド〕が私に武器を引き渡せと命じるのでしたら、残念ながら私ははじめての拒絶をしなければなりませんし、あなたは不服従や規律の欠如がはじめて行なわれるのを見逃さざるをえないでしょう」、と。(1)

マルバールを勇気づけて戦いを継続させたものは何だったのだろうか。少なくともその理由の一部が、トゥリアスとの往復書簡から明らかとなる。トゥリアスは四月一三日、マルバールに手紙を書き送り、部下たちもあとに続くことを期待して投降の決意を知らせた。この手紙のなかで、彼が態度を変えたのは、フェデラル党員たち《フェデラリスタス》〔訳102〕などほかの人たちから入れ知恵されたからではなく、民衆の真の心情についての自分の判断によるものであると主張した。彼は、革命の達成は手の届かないところにあると考えた。その理由は、「われわれの革命に対して、以前から、そして今なお大きな痛手となり続けている邪悪さが革命の運動自体に内在している。われわれはその根絶に間に合わず、今そうしようとしても無益であり滑稽であろう」というものであった。この「邪悪さ」とは、統一の欠如であった。指導者たち同士が仲間割れをして争い、都市部の指導者たちとゲリラの仲間たちが協力して行動することができなかった。トゥリアスは言う。あらゆる場所で聞かれる叫びは、革命のそれではなく、「『流血はもうたくさんだ』であった。なぜなら、戦争の雰囲気は八方塞がりとなっており、人命と財産が少なからず損壊されてしまったからである」。彼によれば、フィリピンはすべての人が歓迎するような有益な改革をともなう「救済の時代」に入ったのだという、「見解の情け容赦ない力」に従う必要がある。スペイン統治時代と異なり、いまやフィリピン人たちは自分の町や州を治めている。アメリカに敵対するよう世論が毒されてきたので、同国に抵抗するために多くの労力が無駄に費やされた(2)。

マルバールがトゥリアスの議論に動じることはなかった。彼は、自分の作戦地域では地方有力者《プリンシパーレス》たちと兵士たちとのあいだに「統一と行動の調和」が見られる、と答えた。というのは、彼によれば、おそらくほかの地域と違って、タヤバス州とバタンガス州の闘争には「立派な人々」が関わりをもっておらず、ほとんどの指導者たちは共和国の政治に関与していなかった。抵抗の戦争が始まる以前には、ゲリラの指導者たちは「小規模な土地保有者にすぎず、自分たちの将来を指導者たちの権力や名声と結びつけるのではなく、労働のなかで考えていた」。いいかえれば、マルバールによると、彼の地域ではエリートの大半が中小規模の地主たちであり、大衆との強力な個人的絆《きずな》のおかげで彼らは優れた指導者となっている。しかし結局のところ、彼は、抵抗運動は地方の大衆がみずから参画しているがゆえに続行されねばならない、という。地方有力者たちだけと協議しながら、トゥリアスはいったいどのようにして民衆の感情を判断できたというのだろうか。結論として、マルバールは上官につぎのことを想起させる。

「町にいる人々だけが同胞なのではない。そのなかには最下層の労働者も含まれ、彼らこそ、きわめて誠実な意図をもって行動し、みずからの願望に対してより実直な人々である」(3)。

合衆国に対する南部タガログ地方の抵抗は、共和国の生き残りをかけた戦いの単なる延長という以上の意味があり、マルバールはアギナルド軍で最後に降伏した将軍以上の存在であった。事実、アギナルドの失墜によってマルバールは大統領のマントを引き継ぎ、ルクバン、ジョクノ、フリョンといったほかのゲリラ指導者たちとも連絡を取り合っていた。しかし、彼が実際に指導したのは郷里の地域の民衆ゲリラ戦であり、地方の指導者たちが各部隊の長となった。町々やその他の要地を掌握したアメリカ兵士たちに対しても、中部ルソンとは異なり、ゲリラ戦を首尾よく行なうことができたが、それは町と地方とのあいだの物資の供給網と通信網が遮断されていなかったからである。ただ、「強制集住地帯」〔訳103〕の創設と容赦のない実施によって、この調和が壊されてしまった。何にもまして、マルバールは、「最下層の労働者たち」が「みずからの願望に対してより実直」であることを認識し、この現象を効果的に利用した。マロロスでは、アギナルドが国家形成《ネーションフード》の諸形式にこだわったため、ストライキをする労働者たちや変化を求める農民たちの活力を削ぐことを余儀なくされた。これに対して、マルバールの場合には、たとえアギナルドが抑えつけようとしてきたさまざまな結社がまさに台頭することになったとしても、祖国を救うためにこれらすべてのエネルギーを放出させねばならなかったのである。

民衆がマルバールのもとにふたたび結集した理由を理解するために、マルバール自身が一九〇一年四月一二日に起草した『闘争のなかの我らの兄弟と同士たちへ《マガ・カパティド・アット・カサマサマ・サ・パキキハモク》』と題する宣言書を検討しよう(4)。その言葉遣いにみられるいくつかの特徴には、アポリナリオ・デ゠ラ゠クルス本人のとまではいえなくとも、カティプーナンの訴えを思い起こさせるものがある。実際、マルバールは、ここで大衆の認識に照らして、ひとつの重要な民衆闘争のあるべき性格について語っている。

謙虚さと身分の低さが民衆の指導者としての資質である――このことをマルバールは知っていた。それゆえ彼は、最初の行で、まず自分は卑しい人物であり、尊敬すべきトゥリアスの跡を継ぐ値打ちもないただの「地元の一兵士」であるという、彼自身のイメージを提示する。とはいえ、彼は祖国を愛して殉教していった人たちの神に応えなければならない。スペインもアメリカも、ひ弱なフィリピンに憐れみもかけず、むしろ欺いた。そこでフィリピンは、貶められた祖国の栄誉を血で洗い清めるためにあらゆる力を注いだのである。これらのことすべてを無駄にしてはならない。民衆はマルバールとともに戦いに加わらなければならない。そうすれば、彼らはともに自由《カラヤアン》への道をたどるであろう。

私は自分がふさわしくないことを知っており、だからこの困難な役目を引き受けるためには力不足であると感じている。あなたたち全員からの助けが期待できなければ、私はこの役目を喜んでほかの人々に引き継ぎたいとさえ思う。なぜなら、それなしに私に成し得るのは、最下位の兵士の能力さえも超えはしないだろうから。この難しい局面において、私は、病にもかかわらず最後まで歩み続ける物乞いのような態度をとることだろう。

ここで参加がもつべきあらゆる要素について言及される。人には、愛、寛容、民衆の苦境に対する憂慮がなければならない。闘争は、物乞いや巡礼の旅のような、祖国からの召命という「真直な道《サ・マカトゥウィラン・ニャン・ナイス》」を歩む

〔タガログ語の直訳は、「その望みの真直なところに」〕同行の旅としてイメージされる。マルバールは「総統《ヘネラリスモ》」アギナルドの断固としたリーダーシップを認めると公言するが、しかしアギナルドが彼らから離れてしまっているので、「裕福な国々の貪欲さの圧倒する海のなかで溺死しそうな状態」から祖国を救うための任務は、マルバールに委ねられる。敵は、かの有名な貪欲と利己主義と残忍という悪魔である。

合衆国と戦う必要があることを述べて、マルバールは、ボニファシオやマビニの言葉の残響を効かせながら、革命が内的な浄化の過程でもあることを人々に思い起こさせる。

革命を、われわれ一人ひとりの行ないや職分を浄化するための一種のふるいとしよう。われわれに続く者たちがわれわれを責めることもなく、歴史に汚点をひとつたりとも残すこともないように。

そして間をおかずに、彼は急いで民衆に、彼らの努力はまっとうな報いを受けるはずだ、と保証する。マロロス政府がカティプーナンの勇士や農民たちを無視したために生じた革命に対する損失を承知して、彼は「知識を持ち合わせる」ためには、必ずしも「有産知識階層であること」は必要でないと説明する。

教育を受けていない者はのちに排除されるという噂を抹消せよ。なぜなら戦場にあっては、どのような身分の同胞であれ、つぎのような者こそが知識の泉だからである。すなわち、祖国を守る際に個人の身にふりかかる危険を顧みないことを学んだ者、女性の、そして現地《ネイティブ》の人間であれ、異国の人間であれ、非戦闘員の生命・名誉・財産を尊重する点において善良な行ないが明らかにされた者、一部隊もしくは一中隊を組織し訓練した者、そして同志たちからどのような点においても非難されない者である。

全体の善のためには苦難を甘受するような、真に豪胆で高潔な者には知識《ドゥノン》があるという考え方は、アポリナリオの「善良な知性」の意味に関する説明に立ち返るものである。マルバールが採用し反アメリカ闘争の文脈のなかに取り込んだものは、村《バリオ》の長老や賢人が持つ民衆《フォーク》の知恵である。

しかしマルバールの共和国に対する暗黙の批判は、共和国や共和国が象徴するものすべてを拒絶することを意味するものではない。彼は、祖国の繁栄《ギンハワ》という共通の目的に到達するためのさまざまに異なった道筋を指摘することによって、調和のない現状をなんとか正当化しようとする。パテルノやマビニ、それに香港委員会〔訳104〕を構成した人たちのような「秀抜な知識人《ブニィン・マルルノン》」や、複数政党制を支持する親アメリカ派のパルド・デ＝タベラたちは、マルバールによれば、皆、心の底では祖国のためになることを考えている。しかし、彼らに「秀抜さ」があるからといって、武装した一般大衆にまさることはない。一般大衆が身構えるべき敵は、マルバールの警告によれば、彼ら自身の力をふさわしくない方法で用いることである。「やみくもな復讐心」を動機としてアメリカ人を殺したりしてはいけないのは、彼らにも本国には涙する家族がいるからだ。一般大衆は有産知識人《イルストラードス》たち以上ではないにせよ、同じように祖国に献身することができ、それは彼らの活力が独立を獲得するという正しい方向に向けられたときのみである。

マルバールの宣言書の最後の段落は、民衆を結集して祖国の受難《パション》に参加させるというものである。始祖聖ヨセフへの民衆の信心ゆえに、「見えざる手」がこれまでは深刻な危険から彼らを守ってくれた。

聖ヨセフはゲリラ隊の守護聖人たるにまさにふさわしいと、マルバールは宣言する。

そして願わくは、彼の庇護のもと、われわれが通る道に横たわる障害を粉砕し、われわれの使命を完遂することができますように。後ろを振り向かず、しっかり前を見据えなさい。そしてわれわれの現状と目的地に向かって、「真直な道」を歩み続ける者にとって霊感の源泉となる希望、勇気、忍耐力とともに光明《リワナグ》を投げかけなさい。

マルバールの宣言書がラグナ、バタンガス、タヤバス諸州の大衆のあいだに反響を引き起こしたことは、彼らが合衆国の優勢な軍事力に抵抗する際に示した頑強さによって十分に証明される。しかしここでは、この戦いについての詳細には触れない。ここで扱うべき問いとは、貧者もしくは労働者階級がもっとも誠実に敵に対して抵抗したというマルバールの信念が、文書による証拠によって実際に確証づけられるかどうかである。

一九〇一年の後半に、アドナ・チャフィ将軍はバタンガス町の大きな会議で演説し、もし地方有力者たちが和平の完全な達成を望まなければ、「強制集住」地域やその地帯は多大な苦難に陥るだろうと予言した。これに対して、薬剤師にして元町長のホセ・ビリャヌエバは、つぎのように応じた。「戦いの結末は、和平を望む町々の地方有力者たちにではなく、理解を超えたマルバールの頑固さがどこまで続くかによっていた。さらに、マルバールとその軍は、一般に思われているように富裕者の援助に頼っていたわけではなかった。というのも、彼らは村々《バリオ》で入手したもので十分だったからである」(5)。もうひとりの傑出したバタンガス人のフロレンシオ・カエドは、一九〇二年二月につぎのような証言をした。すなわち、前年の一〇月に彼とその他の地方有力者たちは、民衆の心情を判断したいと思って貧しい労働者たちにインタビューを行ない、民衆は「ユダヤ人がメシアを待ち望むように独立の到来を心待ちにしており、アメリカ政府の意図について彼らは考え違いをしていた」との結論に達した。(6) 近隣のラグナ州でも状況はほぼ同じだった。一九〇一年三月にラグナ州東部地区のゲリラ指揮官ペドロ・カバリェス中佐は、フアン・カイリェス将軍に、裏切った地方有力者たちを処罰するためにパグサンハン町を破壊しつくすべきだと進言した。

> 閣下、私が判断するところでは、貧しい住民を除いて、町全体がもはやわれわれの政府を認めていません。この町に住む富裕者は、男性であれ女性であれ、すべて敵の最強の支持者であり、われわれの祖国を守る人たちの内心《ロオブ》を惑わし弱めているのです。(7)

マルバール軍への新兵補充が恩顧・庇護《パトロン・クライアント》的関係に沿ってなされたものだとしても、あるいはもっと簡単にいえば、個人的忠誠心に動機づけられたものだとしても、大衆もまた戦い取ろうとしている将来についてのビジョンをもっていたようだ、との結論を導くことができる。地方有力者たちを取り込むだけでは、抵抗を鎮圧するのに十分ではなかった。地方有力者たちを通じて、アメリカ人たちは平和的な方法によって自由《カラヤアン》を達成できると大衆を説得しようとしたが、これはカバリェスが異議を唱えた「惑わし」である。カエドやビリャヌエバ、その他の地方有力者たちが使者を闘鶏場やその他の公共の場所に送って、「アメリカの善良で誠実な意図」、すなわち武力闘争では民衆が獲得する望みがない自由をアメリカが彼らに賦与してくれることを、町の住民たちに説得しようとしたのは、こうした理由によるものである。(8) しかし、このような事実は、地方有力者層《プリンシパリーア》に支配された個人的忠誠の網の目が急速に崩れていったことを示している。「貧しく無学な」諸階級の大多数の人々は、みずからを帰属させる新たな指導者や新たな集団を探しながら、闘争の成果に望みを託し続けた。

前段の諸章で示唆したように、革命「中央部」に対する農民社会の姿勢は、革命が向かいつつある方向についてのひとつの論評である。驚くまでもないことだが、マルバールが発した闘争への呼びかけは、元来のカティプーナンの価値を強調し、いかに「貧しく無学」であろうと一人ひとりのゲリラたちの貢献を十分に認識するものであり、コロルムの注意を引くことになった。事実、早くも一八九八年にアルゲリェス知事は、「反革命的」なコロルムがマルバールの「別働隊」となる見返りに保護を得たことを認めている。(9) 一八九九年には有名な頭領《マエストロ》セバスチャン・カネオが、マルバールの名代として、携帯者は真のゲリラであるゆえに街道を通過できると記載された通行証を交付する権限をもっていた。(10) 一九〇〇年までにカネオは少佐の地位につき、およそ六五丁のライフルを管理し、ドローレス近郊でのアメリカ軍との小競り合いで活発な役割を果たしていた。彼は一九〇一年一月に中佐に昇進し、扱うライフル銃の数は九五丁に増加した。(11) 一九〇一年一一月には、「数百人もの現地住民」がサン・クリストバル山へ巡礼しているとの、あるアメリカ人将校の報告がある。そこでは、「マルバール軍の新兵たちの指定集合地」や「頭領セバスチャン」なる人物に導かれた「新たな宗教集団の信者たちの礼拝所」となっているひとつの大きな洞窟を見つけることができた。(12)

一九〇一年から一九〇二年の困難な時期の抵抗運動においてコロルムが果たした役割は、明らかに革命の出来事にとって興味深い付随的エピソード以上のものである。一九〇一年末にアメリカ軍の圧力が町々のほとんどの地方有力者たちに、少なくとも闘争へのあからさまな支援を断念させたとき、コロルムの支部は、大衆の戦争支援を継続させるための組織的構造を提供しつつ隆盛を続けた。J・フランクリン・ベル将軍への一二月一二日付の報告書のなかでC・R・ハウランド大尉は、バタンガス州の全町村にコロルムの支部があるとの見解を示した。彼らは人的資源を提供することで、マルバールの抵抗運動を下支えした。バタンガス、ラグナ、タヤバス諸州のコロルムでは、「いかなるときでも」三万人を動員できた(13)。彼らはまた財政的にもマルバールを支援し、いっときの緊急事態の折りには三〇〇〇ペソという大きな額を寄付したこともあった(14)。ハウランドの報告を受けた一週間後にベル将軍は、バタンガス州の全駐屯地指揮官に打電し、コロルムを鎮定せよとつぎのように命じた。「そのような結社が君たちの駐屯する町に存在するかどうか見きわめるため、また誰がその会員なのか、とくにその『主《バトル》』が誰なのかを確かめるためにできることをすべて行なえ。全会員を逮捕し、その結社を解散させるためにできることは何でもせよ(15)」。

ラグナ州にもコロルムの活動があった。町守備隊のアメリカ人指揮官に提出された一九〇一年九月一〇日の「通知」において、パグサンハンの地方有力者たちは、コロルムもしくはナザレノ（ナザレのイエスから名前を取ったもの）と呼ばれ、パグサンハンや州内だけでなく全群島に広がって隆盛をきわめている「広範に存在する結社」を、「この町の平和と秩序にとっての脅威」であると弾劾した。彼らは、若い頃に盗人《ぬすっと》といわれた「無学の人」ホセ・サイデなる人物を問題の元凶とみなした。サイデは陰謀のかどで、マニラで何度か投獄されたことがあった。三度目の釈放ののち、彼は郷里であるパグサンハンをコロルム運動普及のための基地とした。彼のナザレノの支部の会員たちは、戦いに引き続いて大変動が起こると予告し、それに備えて兄弟結社に加わるよう農民たちを激励しながら、パグサンハン周辺の全町村を歩きまわった(16)。

一九〇一年七月にラグナ州全軍の指揮者のカイリェス将軍がアメリカ軍に降伏したとき、カバリェスは彼に追随することを拒否した。マルバールがトゥリアスから離別したことを思い起こさせるように、カバリェスは、母なる祖国を救うという誓いをカイリェスが破ってしまい、地方の民衆が抵抗を続行するためには指導者が必要であると感じた。カバリェスの第四連隊（もしくはコロルム）のこのような態度は、ひとつの宣言書からのつぎの抜粋に表現されている。

われらが同志たちよ、われら第四連隊員が行なったことに狼狽してはならない。これが実際に全世界を導く真直な道であり、元来われわれが誓ったことであるのだから。われわれはフィリピン国旗の煌《きら》めく陽光を前にしてこれを成すことを誓ったのだから、たとえ死にいたるとも最後までその誓いを完遂しなければならない。

われわれの良心にかけて、われら第四連隊員は、母なる祖国が独立を勝ち取るまでは飢えや不眠や疲労で死すともこれを甘受する。

決して降伏することなく戦場で命を落とすことは、われらの内心《ロオブ》にとってなんと甘美なことであろう。そしてわれわれの大地を愛するタガログの民なら誰でも、このことを訝《いぶか》ってはならない(17)。

アンドレス・ボニファシオほど、誓いと母なる祖国のために死ぬという考え方を信じた者はいない。こうした考え方はカティプーナンを形づくった理想のなかにあった。第四連隊の語り方には、一八九七年にボニファシオを失墜させる陰謀を企てた集団にトゥリアスとともに属していたカイリェスの行ないを、暗黙のうちに否定するという意味において、いっそうの重要性がある。

まもなくカイリェスとトゥリアスは、それぞれラグナ州とカビテ州の知事に就任することになっており、他方、マルバールによって大佐に昇格させられラグナ州全軍の指揮官に任命されたカバリェスは、「山賊《バンディット》」として追い詰められることになる。(18) パグサンハンの地方有力者たちによれば、カバリェスに闘争を継続するよう「そそのかした」のはコロルム結社であったが、これはおそらく誇張であると思われる。しかしコロルムがカバリェスのもとに結集し、彼に人的資源と財政支援を提供したことは疑うべくもない。パグサンハンのコロルムによる資金調達のためのひとつの方法は、「聖父《マハル・ナ・アマ》」と「聖母《マハル・ナ・イナ》」の二つの像を用いるというものであった。それらの像は本物らしく見せるために脱脂綿を詰め、なかから腹話術師の声で、戦いに参加するよう、最低限でも献金や物品の寄付をするよう指図したのである。(19)

マルバール、カバリェスその他、地方有力者層出身のゲリラ軍指導者たちが圧倒的に分の悪い戦いを遂行できたのは、明らかに最貧困階級の全霊を傾けた支持に頼ることができたからである。彼らは農民層が、よりよい生活のための希望を自由《カラヤアン》の達成という一点に賭けたことを知っていた。勝利が何をもたらすかについての解釈は、疑いもなく、戦いに参加した多様な社会階級や集団ごとにさまざまであった。たとえばコロルム結社は、農民たちにとっては自由の成果を享受するという希望を与える組織のひとつにすぎなかった。しかしマルバールやその他の愛国的な地方有力者たちは、躊躇せずにこの民衆の盛り上がりをとらえた。彼らの文書のどこにも、「狂信的」農民結社を非難して共和国の役職者たちが口にしたような、無政府状態や無秩序の恐れを見つけることはできない。マルバールのお決まりの方法は単純だった。すなわち、それは、各参加者、とりわけしばしば無視されてきた農民戦士たちの、道徳的・物質的充足が保証されるような、生死を賭した闘争に一人ひとりが参画するというカティプーナンの価値観を強調することによって、アメリカから母なる祖国を守る方向に大衆のエネルギーを向けさせるというものである。マルバールは一九〇二年四月一六日に投降したが、それは、彼の地域とその住民たちが完全に破壊しつくされないようにするためであった。ベル将軍の「強制集住」戦略と「探索と破壊」戦略によって経済生活と移動の自由が完全に崩壊してしまうと、町々の地方有力者たちは転向するか、中立化したのである。食糧供給の破綻と疫病による役畜の死亡によって起きた飢饉や、三月ごろに始まった大規模なコレラの伝染は、実際の戦争よりも多くの犠牲者を出した。全面的殺戮の見通しを前にして、マルバールに選択の余地はなかった[20]。

自由という理想の永続

主要ゲリラ軍の一九〇二年の投降は、住民たちにいっときの安息の機会を与え、その間、恐ろしい飢饉と疫病に合衆国の援助が対処した。しかし新しい植民地政府は、この国、とりわけルソン、レイテ、サマール諸島で平穏を保ち秩序を維持するのは至難のわざであることがわかった。なぜならアメリカ人たちが戦わなければならなかったものは、実は住民の気持ちだったからである。革命軍が敗退し、何千何万もの生命が失われ地方は荒廃したにもかかわらず、自由《カラヤアン》のイメージは、とりわけより貧しく学の低い者たちの意識のなかに浸透し続けた。戦争終結直後の時期におけるアメリカ側の報告書はつねに、のちにアメリカ人が政治と独立に対する「狂信的」態度と呼ぶことになるものを、アメリカ人にとってはとてもありえない類の人々が見せたことを嘆いている。町々を通り過ぎるアメリカ兵たちとの会話のなかで、幼い子どもたちがこうした話題を持ち出した。[21] アメリカ人と友好関係を保っている者たちですら、ときとしてアメリカ人の友人たちに、自治のための闘争に関する生き生きとした記憶と感情を吐露した。彼らの「瞳が輝き、頬が紅潮する」のを見たければ、修道士の話題を取り上げるか、「苦難と戦争の話」を語るだけで十分であった。[22] しかし一般的には、治安警察隊《コンスタビュラリー》長の言を引用すると、「よりよい階級の人々は、闘争にほとほと嫌気がさし」、さらなる抵抗活動の鎮圧のために喜んで政府を手助けした。[23] かくして、一九〇四年にドハティは状況を以下のように要約した。「ごくわずかの割合を占めるにすぎない資産家を除いて、フィリピン人はすべて自国の独立を望んでいる」。[24] 一九〇七年にいたってもなお、南部ルソンの治安警察隊の報告によれば、「ソルソゴン、ロンブロン、タヤバス諸州では、全住民が独立という考えによって説き伏せられてしまっているようである。卓越したわずかの人たちだけが、強靱にもこれに反対する立場を堅持していた」。[25]

このような雰囲気が人々のあいだに浸透するのを受けて、かつてマロロス共和国に参加した多くの有産知識人《イルストラードス》たちや大土地所有者たちは、独立に向けた活動を継続した。しかし、アメリカ人と現地エリート層とのあいだで権力を共有するという「後見」の期間を過ぎたのち、完全な自治が最終的に付与されるだろうというアメリカ人の示唆をあてにして、彼らはその活動を植民地秩序の枠組みのなかで行なった。彼らの手法は、さまざまな色合いの独立綱領をもつ諸政党の結成によるものであった。とはいえ、彼らの用心深い努力が、ナショナリスタ党が多数議席を占める国民議会（フィリピン議会）選挙〔訳105〕という成果としてようやく結実したのは、一九〇七年のことであった。

一九〇一年頃から、これまでマロロス共和国を支持していたフィリピン人エリートの多くは、アメリカの「平定」作戦への協力が彼らに有利に働くことに気づきはじめた。近年のある研究が指摘するように、フィリピン人エリートは「合衆国との協力は、元来彼らが期待していたものより有利なことに即座に気づいた。治安を維持することによって、彼らはまた、彼ら自身を支える伝統的体制をも保持したのである」(26)。これは一九〇七年頃の状況について言及したものであるが、この研究はまた、一九〇一年にすでに、現地エリート層が「平定された」地域の町や州レベルの政治を牛耳ることを容認され、その結果、自分たちの「自治」の欲求をいくらか先鋭化させていたことをも示している。こうして、新たな秩序のもとで郷里の州知事となったアギナルド軍の著名な将官たちが、独立のために戦うゲリラの残党集団を嬉々として、そしてかなり無慈悲に迫害する状況が生まれた。ラグナ州のフアン・カイリェス将軍、ブラカン州のパブロ・テクソン大佐、パンパンガ州のセフェリーノ・ホベン大佐、パナイ島のマルティン・デルガド将軍――こうした人々は、州知事としての忠誠心と有能さをアメリカ人の民政長官〔訳106〕がいくら賞賛しても足りないほどの、由緒ある家系出身の革命家《レボルシヨナリオス》たちであった(27)。

これらの面々は、一九〇二年における「山賊討伐法《バンドレリスモ》」の布告によって創られた神話、つまり新たな植民地秩序のもとで残存する「厄介者」たちは皆、単なる山賊《ラドローネス》たちであるという神話のおかげで、罪悪感や良心の呵責をほとんど抱かずに自分たちの任務を遂行することができた。この神話ははじめのうちは、アメリカ人がフィリピン社会における「よりよい階級」と呼んだ人々によって発案され喧伝されていったが、公教育制度のなかで広められた結果、ついには人口のかなり多くの部分によって受け入れられるようになった。今日でさえ、一九〇二年から一九一〇年までの時期はほとんど理解されておらず、いくつかの点では秘密のベールに覆われたままである。(28) いずれにしても、武装した抵抗をいかなる場合にも山賊行為とみなすことで、政府とフィリピン人の同盟者たちは、反抗者に対して荒っぽい処置を講じるに必要な正当性を得たのである。タフト民政長官〔訳107〕いわく、「われわれは悪い人間を排除するのであって、いかなる種類の和平条件を申し出ているのでもない。数多くの者が縛り首に処せられ、その他ほとんどの者は長期刑に処された。それは戦闘で彼らを殺すほどには壮観ではないが、より効果的である、と私は思う(29)」。

この山賊神話を、教育があり資産を持ったフィリピン人が受容するのは容易なことであった。なぜなら、一九〇一年以降に勃興したカティプーナンが「ごく普通の」人々によって構成され、ある史料によれば、「より低位の役人たち、つまり社会的地位や知性のない人々」によって導かれたためである。(30) 指導者のなかには仕立屋、散髪屋、料理人、鍛冶屋の手伝い、小農民、放浪者もいた。かつては有力家族の料理人や使用人であったが、革命軍の将校となり、以前の職業に戻ることを拒否した者たちもいた。(31) またある者は、ほとんどの点でアポリナリオ・デ゠ラ゠クルスと同様に、隠者であり神秘家であった。さらにこれらの人々のなかでもっとも優れた者たちは、かつてのボニファシオの仲間であり、一八九六年のカティプーナン運動を起こした当初の会員である。ジェームズ・ルロイは一九〇五年にルソン島の地方を旅したあとに、つぎのように述べている。すなわち、大衆はいまだにその指導者たちに「事実上、羊のように」従っているが、「アメリカ当局に対するゲリラ戦に付随した騒乱」ゆえに、彼ら大衆は、

古いタイプの地方政治家《カシケ》階級、平たくいえば財産も学もある者よりも、新興の好戦的な、しばしば無学で単に冒険心に富んだ指導者の配下になりがちである。独立の理想が大衆のあいだに広く行きわたっていることは、後発で開発がもっとも進んでいないいくつかの地域をおそらく例外とすれば、かなり確かなことである。(32)

ルロイは、新たな指導者たちが前面に進み出たにもかかわらず、大衆は「牧夫の命令どおりあちこちに導かれる」羊のように、ひたすら受動的であると主張する。しかし、この受動性のイメージと独立の理想が現存していたという観察とを、いったいどのように調和させればよいのだろうか。なぜ大衆は危険を冒してまで、そのような「無学で単に冒険心に富んだ」指導者のもとに群がり続けたのだろうか。アメリカ統治の最初の一〇年間に持続した社会不安を理解する鍵は、この時期に現われたさまざまな集団を結集する掛け声であった自由《カラヤアン》という言葉の意味にある。新たな指導者が追随者を獲得したのは、「財産も学もある人々」が長いあいだ見捨ててきた、自由への道を提示したためであった。

サカイのカティプーナン

一九〇一年八月に、ナショナリスタ党（一九〇七年の有産知識階層主導のナショナリスタ党と混同してはならない）は合法的地位を追求することを試みたが、指導者のなかに「カティプーナン《カティプネーロス》の会員たち」と確認された者たち」がいたため、タフトによって即座に却下された。たしかに、党首のひとりであるサンチャゴ・アルバレスと並んで、副党首にアンドレス・ビリャヌエバ、そして書記にはマカリオ・サカイ、アウレリオ・トレンティーノ、アグェド・デル゠ロサリオ、フランシスコ・カレオン、ブリシオ・パンタス、パンタレオン・トーレスがおり、あたかもボニファシオのカティプーナンが復活したような顔ぶれであった。崩壊した共和国の将軍たちの多くが新体制内の官職や地位を求めて躍起になっていたのに対し、カティプーナンの神聖な理想を信じた者たちが憲法の枠内で新体制に挑戦した最初の人々であったことは、単なる偶然の一致であろうか。ナショナリスタ党は、ドミナドール・ゴメスの労働者連合《ウニオン・オブレロ》やグレゴリオ・アグリパイ司教のフィリピン独立教会とともに、「三者連合」を組織しようと試みたが、それは、「懐旧の念を込めて三者協定を考慮することは、彼らが復興させたいと望む秘密結社の兄弟愛に訴えることだ」と主張した、カティプーナン会員たち勇士によって唱道されたものである(33)。

タフトとフィリピン委員会〔訳108〕は、一九〇一年一一月に時を移さず「扇動法」を制定した。同法は、公然とした反乱のみならず、「扇動的」演説、著作、演劇、カティプーナンの旗や記章の掲示を通して独立を唱道したかどで有罪と認められた者には、誰であれ厳罰を課した。こうしてナショナリスタ党は、合法的に活動することを阻止された。ところが脅迫や障害をものともせず、投獄を逃れたこの運動の指導者たちは、カティプーナンの再興を通して独立闘争を続行した。彼らのなかでもっとも印象的な人物はマカリオ・サカイであった。

　サカイは馬車《カレサ》製造所の徒弟であり、仕立屋でもあった。彼はタガログ語を読み書きし、スペイン語も少しは話したが、「会話をずっと続けられるほど堪能ではなかった」(34)。彼はアンドレス・ボニファシオを知っていた。この二人はともにマニラのトンド地区の住人で、演劇《コメジャ》あるいはイスラム教徒成敗劇《モロ-モロ》〔訳109〕と呼ばれる民衆演劇の役者であった。サカイは、『プリンシペ・バルドビーノ』や『ロドリゴ・デ＝ビリャス』といった劇で王子役を演じた。ときには、『ドセ・パレス・デ＝フランシア』や『アマンテ・デ＝ラ＝コロナ』などの演劇でシャルルマーニュ〔カール大帝〕を演じた。彼は一八九四年にカティプーナンに加入し、その優れた功績のおかげで、マニラのダピタン支部長に任命された。アバドが記すところによれば、サカイはカティプーナンの活動的な会員であったが、「彼は毎晩マニラのあちこちの地区で催される演劇上演のほとんどに参加していたため、スペイン官憲は彼の居所や活動を見つけ出すことができなかった。彼の舞台上での派手な役柄は、アンドレス・ボニファシオのカティプーナンの一員であるという彼の本物の正体を覆い隠した」(35)。タガログ劇の役者としてのサカイの経歴――彼はおそらく受難劇《シナクロ》でも何らかの役を演じた――はおそらく、革命とはいったいどのようなものなのかについての彼の認識を形成しただろう。役者としての彼は、タガログ地方の民衆が属する世界がおのずと開示する場に参加した。それは、武侠と忠誠と愛の世界であり、そこでは勇敢さや節制という行動、あるいは喜んで死に直面する態度によって困難な目的へ到達することができた[36]。

　カティプーナンの一員として、サカイはカティプーナンの出版局の運営を手助けした[37]。彼はまた多くの遭遇戦、とりわけモロン丘陵の戦いにおいて、ボニファシオの脇で戦った。一八九七年にボニファシオとカティプーナン・マグディワン派が失脚したあと、サカイは軍におけるその役割を奪われたようである。革命政府における幾人かの元将軍たちは、サカイの政治的役割、すなわちカティプーナンの理想を住民のあいだに流布することに引き続き献身したことを記している。リカルテ将軍によれば、サカイは「町々を歩きまわり、カティプーナンの大義に住民たちを引き込んだ者のひとりであった」[38]。ピオ・デル＝ピラールは、軍の指導者たちは彼自身のように戦争の指揮に多忙であったが、サカイは主としてカティプーナンの支部をいくつもつくることに携わった、と論評している[39]。このようなカティプーナンへの専心は、革命政府の指導者たちには害意なく解釈された。たしかに有産知識階層出身のアギナルド派の指導者たちは、多くの町でカティプーナンの結社が存続していることに警戒心を抱いていたが、民衆の革命への熱意を温存するためにはカティプーナンという慣用語法《イディオム》の重要性を認識していた。サカイのような人々は、中央に対する農村地域の忠誠を強化するひとつの方法としてカティプーナンの理想を宣布するよう、おそらく中央政府から鼓舞されていたのだろう。

　共和国の時代に「カティプーナン」という用語は、公式に「国家」を意味するものと定義された。しかし、カティプーナンの路線に沿ってフィリピン国家を形成する努力は、ほとんどなされなかった。平等主義と大衆の動員という考え方は、有産知識人たちや地方有力者たちのリーダーシップを脅かすものだった。したがって、カティプーナンの理想の具体的実践は地方レベルにとどまったままだった。一九世紀末にフィリピン共和国が崩壊したのち、アメリカ統治に対する抵抗運動が、主として社会的地位が低く最小限の教育しか受けていない人々によって始められ、導かれたことは驚くに値しない。なぜなら、カティプーナンを真の「母なる祖国の子」たるに不可欠な要因を構成するひとつの生き方とみなしたのは、ほとんどがそのような社会階層だったからである。サカイの場合、新生カティプーナン（以後、便宜的に単に「カティプーナン」と称す）の記録から、彼がアメリカへの条件付き降伏を、自由《カラヤアン》への道からの逸脱とみなしていたことは明らかである。ピオ・デル＝ピラールによれば、サカイはカティプーナンを「愛する」あまり、多大な困難にもかかわらず闘争を継続したのである(40)。彼はモロンの丘陵地帯で活動を続けたが、一九〇一年に捕えられてしまった。その後まもなく恩赦を受けると、彼はカティプーナンの再生に向けて活動するため、即座に地下に潜行した(41)。

　サカイは、短命に終わった一九〇一年のナショナリスタ党の書記のひとりであったが、一九〇二年までには、彼は独立問題に対する「合法的《ネイティブ》」アプローチを放棄してしまったようである。いずれにせよ、アメリカ政府は、ある程度の権限を現地住民に委譲するにあたり、より従順な有産知識人たちと取引することを好んだ。この結果、カティプーナンのひたむきな信奉者たちにとって、一八九六年にボニファシオが通ってきたものが自由《カラヤアン》に達する唯一の道となった。一九〇二年にサカイは、南部ルソン地方の丘陵地帯における「全タガログ《カタガルガン》共和国〔訳110〕」の指導者となった。彼の共和国の理念は、本質において初期カティプーナンのそれと同じであった。ハシントの一八九六年の「行動規範《カルティーリャ》」にみられた自己と社会に関する考え方は、国家の定義そのものの一部となった。一九〇一年一一月に発布された憲法では明示的に、

「議会はいかなる方法によってであれ、一八九二年に尊敬すべきA・ボニファシオによって設立されて以来、カティプーナンを特徴づけてきた行動様式《カウガリアン》に反する議決を行なってはならない(42)」と規定されている。

ボニファシオのカティプーナンが、このようにはっきりと蘇ったことの意味合いは複雑である。それは、何人かの歴史家たちが示唆するように、過度に理想主義的な――そしてたぶん非現実的な――ひとりの人間による独立闘争の単なる継続ではない。サカイの共和国は、マロロス共和国の小規模な反映からはほど遠く、暗にマロロス・モデルを否定していた。以下にみるように、サカイと彼のまわりに集まったカティプーナン会員たちの集団は、過去数年間の革命の進め方にはひどく間違ったところがあると感じていた。

全タガログ《カタガルガン》共和国のもっとも初期の頃の入手可能な史料のひとつ――一九〇二年五月六日付の「戦争令」――は、過去数年にわたる戦争の時期における人々の動機づけを徹底的に批判することから始まっている。

　ここフィリピンの地で行なわれた戦争の間、われわれ愛国者すべてには、内心《ロオブ》がひとつになっていないことが明らかになった。なぜなら、人々が気にかけていたのは銀、富、教育ばかりであり、各人がわが身を案じることを優先して、すすんで全体を防衛するという気持ちがなかった。いまや最高議会は、戦争の存続のためにこの指令を公布することが必要であると考える(43)。

この戦争令は、「わが母なる祖国を防衛している将校や一般兵士たちをそそのかし、武器を捨てて合衆国政府の統治を受け入れるよう誘導するタガログの民」に対してかなり明確に、そしてまた実際に闘争を続行している人々を捕縛したり、彼らの逮捕に協力したりしている人々にも向けて公布された。もちろん、ここで言及されている人々は、アメリカ人の役人たちが社会の「よりよい階級」と呼んだ人々のことであり、彼らの多くはかつて革命軍の将校であったが、いまや「山賊行為」に対する作戦を遂行する現地住民からなる組織を編成した者たちであった。しかし、現地住民のなかの「よりよい階級」あるいは「教育を受けた富裕階級」という考え方は、あくまでアメリカ植民地主義の語彙の一部であった。戦争令では、同胞のフィリピン人たちの抑圧的行動を階級闘争の一側面とはみなしてはいない。理論的には、全タガログ共和国《カタガルガン》の憲法におけるつぎの記述が示すように、富裕なフィリピン人たちは、抑圧者や裏切り者としてひとつの階級のなかにまとめられてはいない。

このタガログ群島で生まれたタガログの民で、その血統や肌の色の違いゆえにほかの人の上に立つ者はいない。色白であれ褐色であれ、富む者であれ貧しい者であれ、学がある者であれ、ない者であれ、すべての人々は完全に平等で、内心《ロオブ》をひとつにすべきである。教育、財産、外見などに差はあろうが、その本来の人間性《パグカタオ》と大義のために仕える能力に差はない(44)。

要するに、富や教育の程度が異なった人々のあいだにも一体化はありうる。カティプーナンはみずからを、そして支持者たちをひとつの階級としてではなく、「社会」が存続するための諸条件そのものを覆そうと行動する者たちに対峙している、社会全体の代表とみていた。(45) 内心《ロオブ》をひとつにするという理想は、その行動が全体のことよりも富や知識、そして自分自身のことによって動機づけられた人たちによって挫折させられた。そのうえ、まさにこうした同じ類の人々が「貧しく学もない」人たちの尊敬を要求し、革命の恩恵をほとんど獲得したのである。しかし、外側から見れば、カティプーナンそれ自体が置かれていると認めるような状況に対して、「階級」という概念を適用することができる。なぜなら、カティプーナンの敵はまさしく、アメリカ人が誇らしげに語った「よりよい階級」にほかならなかったからである。したがって内面性という考え方は、カティプーナンによるフィリピン社会に関する分析と説明の根底を形づくっているが、人々の内面的状態と特定の階級への帰属とのあいだには相互関係があるように思われる。このことは、この時期の史料をさらに丹念に追究することによってより明らかとなろう。

カティプーナンによる内心《ロオブ》という慣用語法の用い方は、一九〇二年の戦争令からさらに引用することによって明白となる。

この指令が必要なのは、よからぬ行ないや無規律な心と慣習をもった者たちのゆえである。また、自分自身の自由《カラヤアン》ばかりを探し求め、栄誉と富に貪欲で、国の栄誉のために心を込めた配慮《リガップ》〔訳11〕をつくさない者たちのゆえでもある。

われわれが、高潔な内心《ロオブ》をもった同志たちに対して、この指令を信頼し、内心をひとつにするために皆が力を貸すよう要求するのはこのためであり、そうすればわれわれは速やかに自由《カラヤアン》を獲得

することができるだろう。(46)

何が誤っていたかを表現する方法として、サカイは言葉がその本来の意味から逸脱してしまった点をめぐって論じている。すでに引用した戦争令の序文のなかで、先の〔フィリピン・アメリカ〕戦争においては、本来は祖国のためであるはずの心を込めた配慮《パグリガップ》が銀のためとなっていた、と彼は言う。祖国の栄誉のための心を込めた配慮の代わりに、自己愛が存在した。人々全体の自由《カラヤアン》の代わりに多くの人々が求めたものは、「個人の身の自由」であった。「よからぬ行ないや無規律な心」にともなう神聖なカティプーナンの理想の堕落は、内心《ロオブ》における弱さと抑制の欠如を表わしている。カティプーナンは自由のための戦いを継続させるために、これらの「高潔な内心」を持つ人々を動員することによって物事の是非を正さなければならない。

サカイや彼と行動をともにした人たちにとって、自由《カラヤアン》という言葉の濫用ほど腹立たしいものはなかった。アメリカ軍への協力者や単純な政治屋たちが、革命の鮮明な記憶を持った大衆に対して自分たちの行動を正当化しようとしたため、この言葉は本来の意味から逸脱させられてしまった。この時期の史料を見ると、有産知識人たちや地方有力者たちが、アメリカが「敵」から解放者へと、まるで魔術にかかったように変身する革命の修辞技法《レトリック》を繰り返し口にしていたことに、しばしば遭遇することになる。この恰好の事例は、町を「解放」したばかりのアメリカ軍一連隊の栄誉を讃える式典で、フェリシア・サン＝アグスティン嬢が行なった挨拶からの以下の抜粋である。

フィリピンの人々がスペインのくびきから自由になりたいと熱望していたとき、私たちは弱さと無能さのなかで、助けを求めて天を見上げていました。落胆するたびに必死になって、私たちは成長して力をつけている日本が私たちを助けてくれるかもしれないと考えていました。またときには、強いイギリスが助けてくれるかもしれないとも考えましたが、イギリス人の自尊心を恐れました。そしてふたたび私たちに同情してくれる日本に、助けにきてくれるよう懇願しました。

かつて、自由の国アメリカが、私たちをスペインの支配から解放しにきて助けてくれる国だと夢見たことは一度もありませんでした。

こうして一八九九年より前に、この島々はスペインから合衆国に委譲されました。思慮深い人々は、指導したり教育をしたりして、私たちを救い出して別の道へ導く国としてアメリカが選ばれたのは神の御意思である、と言いました。私たちはアメリカと戦うべきではなかったと今は感じますが、人間的激情によって悲惨な戦争へと導かれてゆきました。

ルセナは、その平和な気風、労を惜しまぬ心情、法と秩序のゆえに特筆すべき町です。あなた方がはじめてこの地に足を踏み入れたときから、公的秩序は乱されておりません。そして私たちは、愛国心という偽りの口実のもとで自分たちの利益のために無学な人々を欺いてきたような、悪意を持った人々の群がるこの国土を平定するあなた方の困難な仕事を、支援しようとしてきました。(47)

この声明は、「経営者、農業従事者、商人、あらゆる勤勉な人々など、ルセナを真に代表する者たち」

を代弁しているが、フィリピン人エリートの大部分が変転する状況に適応する能力を持っていることをある程度示すものである。それによると、アメリカはこの国を自由《カラヤアン》へといたる道に沿って導いてくれる救済者であるし、地方の革命家たちは民衆を欺く偽りの愛国者である。革命家たちが、町々におけるアメリカ軍への協力者によって自分たちの言葉がかくも勝手に解釈されているのを知って、驚きと不信感を抱いたことが想像できよう。

いったい誰が真正で、誰が偽りなのだろうか。たしかにアメリカ軍と地方におけるその同盟者たちは、残存する反乱者たちが「偽りの愛国者」であり山賊にすぎないという考えを植えつけようとした。これに対しカティプーナンは、自分たちこそ正統性の保持者であると主張した。外国領事に宛てた日付のない手紙のなかでカティプーナンは、「国の真正の自由《トゥナイ・ナ・カラヤアン》を守ろうとして、そして真正な道理《カトゥウィラン》を遂行しようとして」合衆国政府と戦っているのだ、と主張する。さらに、カティプーナンのゲリラたちは、「その行ないと真正な道理に固執している点で、真正《トゥナイ》な革命家たちである」と主張し、彼らが山賊行為を働いているという嫌疑に対して異議を唱える。真正という言葉はこの短い手紙のなかで都合七回あらわれる[48]。正統性もまた、サカイの憲法の最後の数行において強調されている。

> 宣誓を行ない末尾に署名した者は、タガログの地《カタガルガン》における最初の戦いからの真正なカティプーナンであり、今日にいたるまで、われわれの祖国の土地の道理《カトゥウィラン》に身を捧げてきた[49]。

この「真正」を強調することはすべて、ハシントによる「真正」な光——光明《リワナグ》——と人を惑わす光の外観――ぴかぴかした光《ニンニン》――の区別に立ち戻ることである。うわべで栄えている者は、誠実さと透明さを欠いた内心《ロオブ》を示すだけではなく、ほかの人の弱く優柔不断な内心を食い物にする。戦争令は、そのような人たちに向けて、彼らが反逆的な行動をすれば財産の没収や死といった結果を招くことになる、と警告する。さらに、自分たちは真正な愛国者だと主張して、カティプーナンとしての献身の証拠を示す。それは独立を獲得するために「苦難を経験する《ナグスマキット》」ことであり、最初の戦い（一八九六年）から存在していたものである。一八四一年の聖ヨセフ兄弟会《コフラディア・デ・サン・ホセ》の分析で示されたように、献身とは多くの試練に耐えた内心を意味し、その試練を通して内心は継続的に浄化され強化されてきた。戦争令の結論部分では、カティプーナンを信頼し「内心の完全な統一」の達成のために活動するよう、内心が「誠実」で真正な献身のできる者たちにまさしく呼びかけている。なぜなら、そうすることによってのみ自由《カラヤアン》は現実のものとなる。

前章で検討した内心《ロオブ》という慣用語法のもうひとつの重要な側面は、内心の状態と、他人に対する憂慮を示す能力、もしくは他者に対する共感《ダマイ》を持つ能力とのあいだの結びつきである。パションと一八九六年のカティプーナンのイデオロギーに共通するこの主要な特徴は、ふたたび一九〇二年の状況の解釈においても姿を現わしている。戦争令は、祖国に対して憂慮《リガップ》を示すのではなくゲリラたちに投降するよう勧告《ヒカヤット》する、アメリカ軍への協力者たちの内心の頑固さ《カティガサン》を非難する。[50] ここでは人々の内心の状態と、カティプーナンが遂行する救済的闘争への彼らの関与とのあいだに、結びつきがあることが想定されている。よく知られたパションの言い回しのなかには、内心がどんな岩よりも硬い、ユダや蛇のような人物についての言及がある。アメリカの軍事力のせいで苦境にあったカティプーナンの戦士たちは、「指導的市民」からの同情をほとんど、あるいはまったく受けることはなかったが、パションの伝統は少なくとも彼らに対して、彼ら自身を位置づける意味の文脈を提供したのである。

カティプーナンが一九〇二年に気づいたように、内心《ロオブ》の頑固さがそこかしこにあるときには、一体化も真正な自 由《カラヤアン》も存在しえない。彼らの文書では、共感《ダマイ》、憂慮、そして究極的には統一にいたるような、内心の「清浄さ」、「誠実さ」、そして「真直さ」の必要が強調される理由がここにある。全タガログ《カタガルガン》共和国の憲法は、市民の理想的行動様式を以下のように規定している。

タガログの民は誰でも、善良な行動様式と善良な知性を涵養しなければならない。同胞や祖国のための、そして何よりこの群島のすべての人々の利益のための、真正な愛情や仲間に対する共感《ダマイ》の行為から決して心を離してはいけない。お互いの思いやりが決して失われないように、すべての者が恥《ヒヤ》を知る心と自己の清浄さを備える必要がある。(51)

憲法は続けて、母なる祖国に栄誉が与えられるためには、真実の道理《カトゥウィラン》からの逸脱があってはならず、「無規律な心と慣習《ブハルハル・ナ・アサル》」は一掃されなければならないとする。明らかにカティプーナンがみるところの自 由《カラヤアン》とは、単に政治的主権の達成のみではない。それは、行動の社会的規範が闘争の経験を通して成就されたがゆえに、母なる祖国の子たちの内心《ロオブ》がひとつに結ばれているような状態をさす。

カティプーナンの公的文書のなかにある前記のような規範は、「山賊」カティプーナンを匿い支援する地方の民衆たちのあいだで流行した歌のなかにも現われている。

おいで、おいで、我らが同胞
彼らの新たな到着を歓迎しよう
サカイに導かれたフィリピン人
サカイが真直な道に沿って我らの祖国を進ませてくれる

彼らはカビテの町《バヤン》へ移った
そこで彼らは物事を正す大志を抱いた
カレオンは総大将
サカイは指揮官
モンタランは参謀長
ナティビダードは隊長、と彼らは言う

冷たい大地に横たわり
背の高い草が毛布代わり
猛烈な蚊を追い払うこともできず
彼らは寝つかれない――何と可哀想なこと《カアワーアワ》
だから我らはひとつになろう
苦しむ祖国とともに(52)

この歌の「民衆的」特徴は、第二連のなかの細部についての混乱に表われている。本当はカレオンではなくてサカイが総大将だし、場所はカビテの町というより州《バヤン》とすべきであった。しかし最初の連の真直《カトゥウィラン》さや第三連の共感《ダマイ》の概念に比べると、「事実」はそれほどこの歌の意味と関係がない。サカイに導かれたカティプーナンは、ふたたび祖国を真直な道に乗せたといわれており、かつては方向感覚の喪失、すなわち確固たる方針が欠如していたということを暗示する。アポリナリオがかつて、聖ヨセフ兄弟会が自分の教えの光に導かれていないさまを描いたように、嵐のなかで方角を見失った船のイメージを想起するのは有益である。ことによると、「真直さ」を取り戻すという観念と、サカイの旗の独特なデザイン——自由《カラヤアン》とカティプーナンのイニシャルである「K」の文字が中央に描かれた太陽が燃えさかり、そこから四方に延びた多くの光線が縁にまで達している図(53)——とのあいだには、ひとつの結びつきがあるのではないだろうか。革命の時代におけるほかの記章に、このような光のイメージの強調を見つけることはできない。しかし同時に、軍事的敗北のみならず、指導者といわれる人たちが新たな支配者との協力路線を受け入れてしまったことで、母なる祖国がこれ以上の危機的状況に陥ったことはなかった。カティプーナンは、この協力を祖国が「真直な道」から逸脱してしまったことの、とりわけ深刻なあらわれであるとみなした。こうして、サカイの旗に描かれている誇張された太陽が、困難な時代における救済の指標とみなされるのである。真正な内心《ロオブ》を持つ人々に自由への「真直な道」を示すのは、光明、すなわちリワナグであった。

前記の歌の最終第三連は、革命期における社会経験としての共感《ダマイ》や憂慮の重要性についての、もうひとつの事例を示している。たとえ音楽自体の議論に入らなくとも、カティプーナンが遭遇した困難の描写——冷たい大地、背の高い草、彼らを寝つかせない猛烈な蚊——が、いかに歌い手と聞き手の憂慮の経験を呼び起こすものなのかを理解することができる。四行目の「何と可哀想なこと《カアワーアワ》」と訳出されている箇所は、困難のさなかにある者たちへの憐れ《アワ》みを表現している。この連の意味にとって鍵となるのは、「アワ（awa）」が個人からあふれ出る感情という意味での、単なる「憐れみ」ではない点である。この言葉は、それに続く「だから我らはひとつになろう／苦しむ祖国とともに」の行と合わせて理解しなければならない。憐れみと、ひとつになることとの因果関係は、偶発的ではない。憐れみもしくはそれに関係したものがあるときにだけ、人々のあいだで、そして苦しむ祖国とともにひとつになることが可能となる。パションにおいて、人々からの反応を喚起するために、キリストがしばしば「何と可哀想なこと」と描写されるように、この歌の第三連は、受難《パション》を経験するカティプーナンの戦士や苦しむ母なる祖国のための共感を喚起する。内心《ロオブ》を浄化し強化してお互いに結びつくことを求める人々のあいだ以外のどこで、憐れみや共感が生起しえようか。かくして、ここでカティプーナンの慣用語法における統一の基本的意味に立ち戻ることになる。

　サカイのカティプーナンは、ボニファシオのカティプーナンの革命の様式を生かし続けることを強調しており、それに先行する有産知識階層主導型の革命の後継者とはなりえなかった。独立のための闘争におけるひとつの連続性について語ること、すなわち「独立」という言葉の共通の意味がすべての人々にとって存在したと仮定することは、結果として、一九〇〇年以降のさまざまな結社《カティプーナン》が「失敗」したがゆえに不要なものであったが、他方、有産知識人たちは、新しい支配者たちとの協力というゲームを巧みに行なったがために祖国の自治をよりいっそううまく達成することになった、との結論を導き出すことになる。そこで、つぎの疑問が提示されねばならない。すなわち、有産知識人たちがなんとかしてアメリカ人からもぎ取った「独立」とは、自由《カラヤアン》と呼ばれる状態に相当するものなのだろうか。あるいはそれは、うわべを操作してできあがった上等なしろものにすぎないのだろうか。マロロス共和国においては、主権国家として世界の承認を得るために外観上の統一が強調された。このことは、母なるフィリピンの救済に参加する行為において、愛情や憂慮や美徳といった内心《ロオブ》の潜在能力を解き放つという、カティプーナンの理想を抑圧したのも同然である。独立は、自治という静態的な意味でのみ定義されるようになり、統一も、富裕で教育もあり、マロロス議会のなかで社会的地位を持つ人物たちが寄り集まることで形式化された。カティプーナンにとって、これらはすべて外観上の統一にすぎず、統一の経験をもたらすものではなかった。上流階級の革命家たちが、みずからを頂点とするタテの関係を維持するという観点から考えていたかぎり、統一の力、すなわち「結集する」力は脆弱であるか、欠如していた。

一九〇二年のカティプーナンとその前身である共和国とのあいだの違いに関するもうひとつの見解は、セノン・ニクダオという人物によって提供されているが、彼は仕立屋であると同時に、ブラカン州バリワグのカティプーナンの指導者のひとりであり、一九〇二年一月にアメリカ軍によって尋問された。サカイを共和国の大統領と認識していたバリワグの組織は、アレハンドロ・サンチャゴという、一八九六年にボニファシオの最高評議会の委員のひとりであった人物に率いられていた。彼の逮捕者に対するニクダオの答えから明らかなことは、「革命家《レボルショナリオ》」または彼が「アギナルドの革命」と呼ぶものの担い手と、「カティプーナン同志《カティプネーロ》」という用語のあいだの区別である。彼によると、「現在のカティプーナンとかつての革命とのあいだにはつぎのような違いがある。すなわち、現在のカティプーナンの面々は、何びとも殺すことを望まない。ただ法に従うのみである。また彼らは泥酔したいとも思わない。彼らは高潔でありたいのだ」[54]。残念なことに、ニクダオの陳述は通訳の英語訳でしか入手することができない。ニクダオはどのような言葉で「法」と言ったのだろうか。「道　理《カトウィラン》」とか、「真直な道」の概念に似かよった言葉だったのだろうか。むろん、ニクダオはアメリカ植民地政府の法をさしてはいない。「革命家」と「カティプーナン同志」を対比する際に、道徳性をひとつの指標とする内心《ロオブ》の状態が彼の主要な関心である。実際、アギナルドの「革命家たち《レボルショナリオス》」が、「不道徳」な行ないで告発されたことがあることは知られている。もうひとりのボニファシオの元協力者フリオ・ナクピルは、つぎのように言う。

> その兵士たちの悪業と不道徳さ、たとえば強盗や既婚もしくは未婚女性への強姦については、数々の抗議がE・アギナルドのもとにもたらされた。しかし犯人を罰する代わりに、彼は相変わらず答えていた。「どうか辛抱してください。兵士たちには支払いをしていないのです[55]」。

ニクダオの言葉の最後の文にある「高潔」は、おそらくタガログ語の「バナル（banal）」であろう。新生カティプーナンが掲げていたのは「美　徳《カバナラン》」である。ボニファシオが生きて大統領になったとき、フィリピン国歌にしたいと思って、ナクピルが一八九六年に書いた歌には、美徳と闘争が並置して描かれている。

> 自由《カラヤアン》、自由、とこしえに、とこしえに、

栄誉と美徳を推し進めよ、栄誉と美徳を
スペイン人はあざけり軽蔑されよ
いまや美点が勝利する(56)

革命は内側からだけではなく、外側からも判断しうる。外側からの視点では、フィリピン国家形成《ネーションフード》のための引き続く闘争の顕著なあらわれを賛美することはいとも簡単である。しかしサカイやニクダオ、そしてカティプーナンの仲間たちは、ひとつの不連続性を認識していた。彼らにとって「アギナルドの革命」は、一八九六年の運動が選択した道から逸脱したものであった。「革命家《レボルショナリオ》」の指導者たちも、一九〇一年以降のカティプーナンを彼らの運動の正統的継続と認めることはほとんどなかった。サカイとそのグループに対して山賊呼ばわりするアメリカの唱和に加わったことは、まさに連続関係を否定するもうひとつのやり方だった。「革命家」の指導者たちのほとんどは、フィリピン人エリート層にとっては、お手のものといわれている融通無碍と便宜主義というゲームの一環として、新たな植民地秩序に黙従したり協力したりした(57)。不幸なことに、社会の残りの部分もエリート層の庇護者《パトロン》たちに単純になびいて同調してしまうと、そうしなかった者たちは社会の外れ者、つまり山賊や宗教的狂信主義者であると、あまりにしばしば考えられてきた。カティプーナンの経験がどれほど深いものであったのか、その経験は一九〇〇年以降もどれほど生き残ったのか、そしていかに多くの農民が、必ずしも戦争の時代に生じた混乱と不安定さに対する盲目的反応としてではなく、むしろ革命とはいったい何かについての彼らなりの見解の帰結として、カティプーナンと宗教的・政治的指導者のもとに集《つど》ったのかについて、これまでまったく指摘されることはなかった。

一九〇三年四月から八月頃まで、サカイは司令部をサン・クリストバル山の頂上に構えた。この地は聖ヨセフ兄弟会が一八四一年にスペインに抵抗した場所である。そこで彼は、みずからフィリピン共和国の大統領であると宣言した。グローブ治安警察隊長と、かつての革命家《レボルショナリオ》でいまやラグナ州知事のファン・カイリェスは、山へ幾度にもわたり遠征隊を率いて、彼を追い払おうと試みた。ついに一九〇三年八月に、彼らはサカイを追いやり、その作戦基地をモロン州の丘陵地帯へ移させた(58)。サカイのカティプーナンは概して、南部ルソン地方の山岳丘陵地帯の住民から支持を取りつけるのに何の支障もなかった。町を基盤とした地方有力者たちの力が脆弱なところで、カティプーナン政府は既成の諸秩序に代わるものを提供したのである。

一九〇六年にドハティは驚きをこめて、何千人もの山地逃避者《レモンタード》がサカイを支持していたと述べている(59)。「レモンタード（remontado）」とは、「ふたたび山に上る」「森に逃げ込む」という意味のスペイン語からきた言葉であるが、「教会の鐘の音から逃れて」自由気ままな生活を送る人々の集まりだけでなく、町《プエブロ》の生活様式を監督するスペイン人や地方有力者層が容認せず、しばしば非難したような、あらゆる個人的かつ社会的活動をもさしている。スペイン統治時代の初期の段階において、「レモンタード」とは通常、キリスト教を受け入れ、町の教会の範囲内に再定住することを拒否した者を意味した。やがて貢納の支払いや強制徴用を避けたり、法の過酷な支配から逃れたり、あるいは隠遁者や苦行者として生きるために山野に逃れた者をも意味するようになった。ソーヤー、ヤゴール、さらにはリサールといった一九世紀の社会の観察者たちは、山地逃避者という現象を、山野での自由な生活と「自然との一体性」に戻ろうとする、町々の現地住民《ネイティブ》がもつ生来の傾向と結びつけて考えていたようである[60]。一八九六年のカティプーナンの蜂起の際には、山地逃避者がボニファシオの活動を支援したという証拠がある。バリンタワクの蜂起における至高者《スプレモ》〔ボニファシオ〕のごく親しい仲間のひとりは、ラオンという名の年老いた山地逃避者であり、銀で装飾され同じく銀の握りをあしらったサラコット帽をかぶっていた。ラオンはバリンタワク周辺の戦場で、多くの農民を「勧誘し、説諭し、即座に加入させた」と伝えられている。彼はカティプーナンにとって希少な貴重品だった拳銃を携帯する特権を与えられた者であり、カロオカンやその他バリンタワク近辺の場所で、中国人とその商店を襲撃した山地逃避者や農民たちの集団の「指揮隊長」であった。マニラ郊外において敗退したあとサン・マテオの丘陵地帯に退いたボニファシオが、もしカティプーナンが敗れたときには「無法者」であり続けよう、と吐露するのを触発したのは、おそらくラオンの模範であった[61]。彼には、植民地政府の囲いのなかに戻るという考えなど毛頭なかった。七年ほどたったのち、サカイは同様の態度と献身的な姿勢をとった。そして山地逃避者は、やはり彼を支援したのである。

宗教としての自由

サン・クリストバル山におけるサカイとカティプーナンの出現は、ふたたびコロルムを舞台に登場させることになる。ここで、コロルム結社が一九〇一年から一九〇二年におけるマルバールの抵抗を積極的に支持したことが想起される。しかし彼の降伏後でさえ、その州境にそびえるサン・クリストバル山とバナハウ山の双峰を頂くラグナ、バタンガス、タヤバス諸州は、反乱と不穏の状態のままであった。一九〇二年後半には、事実上すべての州でフィリピン人が知事となっていたが、タヤバス州ではアメリカ人将校ハリー・バンドホルツ大尉が知事に任命された。丘陵の多いこの州における革命的活動は、チャオン、カンデラリア、ドローレス、サリアヤ、マウバンなどの町々とその周辺で「とりわけ深刻」な状態にあり、またパグビラオ、タヤバス、ルクバン、サンパロックその他の町の近辺ではそれに次ぐ状態であった。バンドホルツ知事によれば、「彼らの欺きを罰するために、徹底した軍隊の再結集」がドローレス、チャオン、カンデラリア、サリアヤの町々で実施された[62]。これらの地名が重要なのは、初期の聖ヨセフ兄弟会の会員のほとんどがこれらの町の出身者という点にある。新しいエルサレムへの巡礼の出発点であるドローレスは、ゲリラ戦の間に完全に破壊しつくされたものの、「破壊的」分子の隠れ場であり続けた。サカイが一九〇三年にこの地に現われ、共和国の大統領であることをみずから宣言したことは驚くに値しない。

バンドホルツは、前記の現象を説明しようとして、タヤバス州が経験した厳しい経済的混乱を強調している。九〇パーセントを超える役畜が戦争中に殺されたり牛疫やスーラ〔訳112〕で死んで、農業を荒廃させたり運搬に深刻な支障を引き起こした。穀物の不作はタヤバスの問題を増幅し、この州では米を輸入する事態にいたった。貧困層に打撃を与えたこのような甚大な苦難が社会不安の状態をもたらした、とバンドホルツは言う[63]。しかしこれは、説明のほんの一部にすぎない。経済的混乱はただちに社会不安を引き起こすわけではない。貧しく荒廃させられた多くの諸州が、なぜいとも簡単にアメリカ軍によって「平定」されたのだろうか。そして、比較的裕福な地域においても宗教政治的運動が隆盛をきわめたのはなぜだろうか。

一九〇四年に、鋭い観察者のデイヴィッド・H・ドハティは、タヤバス州の政情不安を単に「土地」問題と呼ぶことは、それがもつカティプーナン的性格や独立という目標を無視することになる、と主張した。[64] この地域の農民たちは、経済的混乱に盲目的に反応したわけではなかった。アメリカ統治に対する農民の反応をある種の狂信主義や非合理主義によるものだとすることは、この時期の知識人の偏見に依拠した論評である。入手できうる史料を注意深く検討すると、これら「メシア主義的」もしくは「千年王国的」運動は、引き続く自由《カラヤアン》のための闘争において、みずからを結社《カティプーナン》と称するか、サカイに率いられたようなその他のさまざまな結社を支援していたことがわかる。それらを究極的にひとつに結びつけていたものは、自由とは単なる政治的自治権ではなく、人間としての実存の可能性が達成されることなのだという信念である。道徳や経済のような生活に関わるその他あらゆる側面から、政治を分離することはできなかった。一九〇三年のフィリピン委員会報告書には、少なくともコロルムにとって、「独立とは現存する教会に反対を唱える新たな宗教で［あり］、彼らは教会がかつてのように罰する権力を失っていることを知っている」との指摘がある。[65] 前段の諸章において、コロルム、そして付け加えれば、当時の平均的インディオにとって、「宗教」とは「伝統」と切り離すことができない生活上の主要な組織原理であったことを強調した。自由が多くのフィリピン人にとって「宗教」になったということは、「政治」が彼らの日常生活と不可分の関係にあったことのもうひとつの表現にほかならない。

一九〇二年から一九〇三年にかけて、ラグナ、タヤバスの両州は引き続き不穏な状態にあったが、それは主として、ルペルト・リオス゠イ゠サタラインの活動によるものであった。これは、アメリカ人学者ジェームズ・ルロイにアポリナリオ・デ゠ラ゠クルスのことを思い出させた人物である。(66) リオス、あるいは彼自身が綴るところに従えばレオスは、サカイの結社《カティプーナン》と同時期に運動を指導したが、今日ではその著しい宗教的色彩ゆえにそれほど注目されていない。しかし、この運動に関する明らかに乏しい史料をより詳細に検討すると、この時期のあらゆる反植民地民衆運動を結びつける共通の語り方についての特徴が明らかとなる。

社会的背景に関するかぎり、ルペルト・リオスにはサカイといくつか共通するものがあったようである。両者ともに「町の住人」で、より広い世界の状況の進展を少なくとも部分的には知っていた。サカイはトンドの散髪屋であり、リオスはアティモナンの鍛冶屋でふいご吹きをしていた。両者はもちろん、ともに革命の勇士であった。リオスはタヤバス州のエミリオ・スルバノ中佐率いる革命軍において、少佐の地位にあった。スルバノがカイリェス将軍の命を受けて一九〇一年七月にアメリカ軍に投降すると、リオスも同行し、忠誠の宣誓さえした。しかし、まもなくマルバールとカバリェスがゲリラ運動を再組織化すると、リオスは、マルバールによって授けられた中佐としての地位で戦場に戻った。一九〇一年に指導者のマントがトゥリアスからマルバールに、あるいはカイリェスからカバリェスに移されたように、リオスは少なくともタヤバス州南東部でスルバノの地位を引き継いだ。一九〇一年九月に彼は「タヤバス州政治軍事長官」を自称している。(67) こうしたこと以外に彼がどんな人物だったのか、あるいは彼の目的が何だったのかを正確に知ることは難しい。それは、この「山賊《バンディット》」に対してまったく非同情的なアメリカによる報告書に依拠せざるをえないからである。たとえばバンドホルツの記述は、一九〇三年に逮捕されたリオスの追随者たちから収集されたものだが、リオスがいかに無知で騙されやすい田舎者を愚弄し操っていたか、といった辛辣な物言いが散りばめられている(68)。彼の行動を解釈する際に、サカイのトンドもリオスのアティモナンも、都会らしさや洗練という観点からは、当時も今でも、まるでかけ離れていたことに留意しなければならない。リオスの追随者たちはほとんど、貧しい農民か借金のある木こりであり、山賊を本職とする者も何人か含まれていた(69)。リオスが田舎者を操ったといって酷評する代わりに、彼の行動を、民衆の革命に対する認識についてのある種の鏡像とみなすことができる。

バンドホルツによれば、リオスは霊感を受けた預言者の「ふりをして」、かなりの追随者を引きつけた。彼は「一、二の町」をうまく支配して、ほかの町々に嫌がらせをした。リオスはマルバールのリーダーシップのもとで始まったひとつの実践を継続して、役職者を定数どおりそろえた「外見上の町政府」を組織した。よく整備された軍司令部が中将と総司令官の統率下に設置された。リオス自身は大将軍《ヘネラリシモ》の地位にあった。彼は一九〇二年八月八日にアティモナンの町に入り、そこで「戴冠」するという企てを起こしたが、バンドホルツ知事が敏速に行動したため、その予定日以前にリオスの集団から八〇人の逮捕者を出す結果を生んだ。しかし彼らは、ウニサンに入ることには成功した。報告書によると、「ほとんど全員裸足で、すその出た目立ったシャツの制服を着た」一五〇人がウニサンの町に入り、町役人を鞭で打ち、五人の警官を連れ去ったが、警官たちは皆、その後無傷のまま奪回されたという。

リオスはまた「教皇」とも呼ばれた。彼は追随者たち全員にお守り《アンティン-アンティン》を配布した。カトリックの司祭が行なっていたときより効験があると言いつつ、告解を聞いて罪の赦しを与えた。彼にはまた、縄を使って天国へ達する能力があった。夜間に姿を隠し、翌朝に現われては、たとえばロシアやドイツやフランスの皇帝と話をしたとか、これら君主は一万丁の武器を必要な弾薬とともに提供してくれる大艦隊をタヤバス州の海岸に派遣するだろう、といった託宣を垂れた。リオスの政府の目的は、祖国の独立を確実にもたらすことにあった。あるとき、リオスは箱を持ち歩いていたが、その蓋には「独立」と書かれ、これを三人の「選ばれた処女たち」が守った。バンドホルツの報告書から引用すると、

［リオス］は村《バリオ》の無知な人々に、フィリピン人は長きにわたって独立のために闘争を行なってきたが、いまやそれは彼の手中にあると述べた。また、彼の追随者たちはこうした闘争を行なうに値する人々であると彼が確信するや否や、箱の蓋をはずすと、「独立」が飛び出してきて、彼らがそれを手にすることができ、以後いつまでも幸福でいられるだろうとも述べた。(70)

独立は安楽な生活をもたらし、財産は分配され、税が徴収されることもなく、牢獄はもはや必要でなくなる。ただし、実際に箱が開けられると、スペイン語の古い新聞や、組織の役職者たちの名前と地位が書かれた判読しにくい書き物が入っていただけであった。

アメリカ人の役人たちには、とりわけ独立の「空想的」で呪術的な観念ゆえに、こうした事柄すべてが馬鹿げてみえた。しかし彼らは同時に、これは危険なほど破壊的だとも考えた。なぜならバンドホルツが指摘するように、この独立についての「空想的」考えは、「各人は何でも自分の望むもの——隣人の子馬やカラバオ、土地財産まで——を勝手に取ることができる」(71)ことを暗示するように思えたからである。これはもちろん誇張であったが、それは、リオスの運動に特定の「敵」、すなわちアメリカ軍へ

の協力者がいて、彼らがたまたま富裕層だったためである。この運動が真に「破壊的」であったのは、リオスの追随者たちが、自分たちの活動に具体的な形を与えるような、将来に関する明確なイメージを持っていたことによる。このことは、一九〇三年三月にインファンタ近くで傷ついて捕らえられたゲリラについての、つぎの描写からきわめて明白となる。「狂信者は、千年王国が近づいたという考えにふけり、そのキラキラ輝く瞳を動かした。『閣下、独立《インデペンデンシア》が箱から飛び出たときには、労役もなく、監獄も税金もなくなるのです』」(72)。

独立、あるいは自由《カラヤアン》が箱のなかから飛び出してくるという信念は、人格化した状態としてカティプーナンが想定した自由のイメージと一致する。つまり母なる祖国、あるいはベルナルド・カルピオが囚われの身、もしくは眠ったままの状態で、繁栄や慰めや知識をもたらすことになる最後の解放の時を待っているというイメージである。キリスト教とともに祖先崇拝の伝統にもとづく復活に関する民衆の信念こそが、リオスが象徴的な棺である箱を用いて奏でようとした調べであることは明らかだ。この点で信じがたいものは何もない。時をほぼ同じくしてマニラでは、アウレリオ・トレンティーノがカティプーナンから発想を得た演劇『昨日・今日・明日』《カハポン・ガヨン・ブカス》を上演していたが、ここにも同様のイメージが描かれている。母なる祖国は「獰猛な獣」(修道士)の命令によって生きながら葬られるが、川辺出身の民《タガ－イログ》(訳113)が率いる革命が勝利をおさめるや否や、母なる祖国の墓は開き、以前にもまして輝きながら現われ、その子たちの統一のしるしとなる。この演劇は即座に上演禁止になるほど強烈に観衆を扇動した(73)。リオスの呪的な箱によって触発された熱情は、この観点から理解することができる。

預言者として、リオスは自由《カラヤアン》という状態が近づいているという特定の兆候をさし示すことができた。

アポリナリオ・デ゠ラ゠クルスにとって王が「幕の背後」にいたように、ある意味では、独立はすでに箱のなかにあった。しかし人々は自由を享受する前に、儀礼や闘争そのものに参加して、内心《ロオブ》を変革しなければならない。あるアメリカ人将校が、「リオスの追随者たちは、自分たちがふさわしい者たちであると認められると、かの預言者は箱を開け、この神秘的なもの、つまり独立が姿を現わし彼らを祝別してくれると信じた」と断言したことの意味は、これである。(74) パションにおけるキリストの埋葬の部分との相同関係は、明白すぎて見逃しようもない。彼らの「王」リオスに導かれた人々が、彼ら自身のパションを完遂したときにはじめて、三人の女性たち——パションの「三人のマリア《タトロン・マリア》」——に守られた独立が姿を現わして社会的現実となる。おそらく箱のなかの判読しにくい書き物とは、お守り《アンティン-アンティン》、つまり規定された儀礼が完全な制御のもとで完遂されるときに生命賦与の力を発する書き物であっただろう。独立が姿を現わすと、人はすでに以前の状態に対して死んでいるので、社会はもう以前と同じではなくなる。税も監獄もなく、財産の配分と兄弟愛がある——これらの可能性は、楽園が回復されるのと同じ方法で実現されたはずである。

　タヤバスとラグナの両州における地方有力者層がリオスの運動を恐れたのは、独立によって彼らの財産が脅威にさらされるだけではなく、一八九八年の革命に参加し、その後新秩序に黙従したこれら多くの「指導的市民たち」のことを、リオスがいまや聖なる大義に対する裏切り者だとみなしていたためである。リオスが治安警察隊の兵士たちだけでなく町役人をも攻撃したのは、こうした理由からである。このような状況に鑑みて、バンドホルツ知事は「こうした組織と戦う唯一の方法は、より知的な現地住民《ネイティブ》たち自身を介することである」との結論にいたった。タヤバス州のいたるところで、バンドホルッは、「上流階級の現地住民によって構成された」志願兵の部隊を組織し、彼らに銃を持たせて武装させた。もちろん、すべての地方有力者たちの協力を得るにあたっては、相当の強制力が必要とされた。たとえばバンドホルツは、町の役人たちに彼らの管轄地域内の「山賊」行為に対する責任を持たせた。しかし概して、地方有力者たちが「山賊」行為との戦いに予想以上に熱心であることが明らかになった。「感染した村々」はしばしば、町政府によって、治安警察隊や町の警察が監視しやすい場所に移された。(75) 注目すべきことに、治安警察隊それ自体が「上流階級」出身者たちによって率いられていた。ルロイが指摘するように、「軍隊のなかでいわゆるフィリピン人将校と呼ばれている人々の多くは、スペイン人との混血であった……。彼らは躊躇することなくフィリピン人に対して敵意を示したが、過去の内部抗争においてスペイン側と行動をともにしたために、民衆からは気嫌いされている」。さらに悪いことには、

治安警察隊の下士官兵の多くは、密告者、スパイ、その他アメリカ軍事政府のかつての従者たちといった同じ類の人々であり、個人的な復讐にしばしば走ったあげく、軍服がもたらす脅威の保護のもとでそうすることに良心の呵責を感じていない。(76)

リオス、デスタホ、ベラスティギ、サカイら革命の勇士たちによって率いられた、貧弱な武装ながらも訓練された集団をくじいたのは、治安警察隊の兵士と地方有力者層の志願兵との混合部隊であった。
リオス自身は姦計によって、ラグナ州サン・アントニオで捕えられた。彼とその一団は、町に入り

「くつろいで過ごす」よう招待された。治安警察隊の報告には、「親しいそぶりを装って彼らを説得した」あと、「サン・アントニオとパエテの人々」が一団全員を捕えた、とある。のちにカイリェス知事は、この捕縛計画を立てたのは自分であり、同時にこの手柄は、治安警察隊が申し立てるように、サン・アントニオの町長、警察、志願兵たちにもあるが、断じて「民衆」にはない、と主張した。一九〇三年五月二九日の電報で植民地政府は、「重要な働き」をした者に対する二〇〇〇ドルの褒賞金の付与を承認した。リオス「王」は、誤って信用した地方有力者たちに裏切られ、結局アティモナンで縛り首に処せられた[77]。

　リオスの死は、ラグナ州とタヤバス州における同種の騒乱の終結を意味するものではなかった。一九〇四年四月に、「フランシスコ」なる人物に導かれた「唯一の神《ソロ・ディオス》」という結社が、ラグナ、タヤバス、バタンガス三州の州境で発見された。この結社はラグナ州のサン・パブロ町といくつかの村に統治機構をもっていたが、当局はとうとうサン・クリストバルの村にその司令部があることをつきとめた[78]。一九〇五年には、コロルム結社のカビテ支部が、治安警察隊や現地住民の志願兵に追跡されていた、フリアン・モンタランらサカイのカティプーナンの将校たちを匿っているとの報告があった[79]。治安警察隊が常時、コロルムの活動、とりわけサン・クリストバル山とその周辺に重点をおいて監視を続けていたことにより、そのあからさまな政治活動は終わりを告げることになった。しかしこのことで、二〇世紀最初の一〇年間に結社が急速に拡大してゆくのを妨げることはできなかった。タヤバス州の外側で、主要な騒乱が「リサール、ラグナ、ブラカン、バタンガス、カビテ諸州の無学な人々」によって引き続き展開され、それは「無法行為のはびこる町々でもっとも強力であった[80]」。「無法行為」とは、もちろんこの時代には、主としてカティプーナンやその他の独立推進運動を意味した。

裏切りとサカイの死

一九〇四年から一九〇五年にはサカイのカティプーナンが再興された。いくつかの顕著な出来事を除くと、治安警察隊とカティプーナンの衝突の詳細については、ここで触れる必要はない。軍事作戦の総指揮官はフリアン・モンタランであった。彼は一九〇四年にサカイによって「中将、南部ルソンの政治軍事第一長官」に任命された。アギナルドが「一八九八年の革命政府にとっての貴重な兵士」と評価したモンタランは、一九〇四年四月一〇日にいわゆるモンタラン法を発布して、革命政府への裏切り行為に対する処罰に関してさまざまな等級を細かく定めた(81)。ゲリラ組織の序列のなかでモンタランの配下には、おもにカビテ州で活動していたコルネリオ・フェリサルド少将と、バタンガス州の湖畔の町々を支配していたアニセト・オルガ准将がいた。一一月一二日に、ラグナ州サン・ペドロ・トゥナサンにあるフィリピン・スカウツ〔訳114〕司令部がフェリサルドの部隊によって襲撃された。一二月八日には、パラニャーケの治安警察隊の駐屯地に対する急襲がこれに続いた。一九〇五年一月一五日の日没の頃、モンタランは大規模な分遣隊を率いて「[バタンガス州]タアルの目抜き通りを進軍」し、「見かけだけの抵抗をした町警察を武装解除した」。町の住人が賛意を示しつつ見守るなかで、町の金庫と武器庫を襲撃した(82)。一月二四日にモンタランとフェリサルドは連携を組んで、カビテ州サン・フランシスコ・デ・マラボンにある旧マグディワン派カティプーナンの砦に大規模な攻撃をしかけた。町の資金や武器弾薬は持ち去られ、トゥリアス知事の家族は誘拐された。カティプーナンの公然たる敵であったトゥリアス自身は、なんとか捕縛を逃れることができた(83)。

カティプーナンの大胆さ、地方の民衆からカティプーナンが得られた同情と物的支援、政情不安のために営農できない地主の無力さなどの理由で、植民地政府は一九〇五年一月三一日にカビテ、バタンガスの両州で人身保護令状を差し止めざるをえなかった。三月には、「強制集住」、つまり村民の居留地移転が、バタンガス州とカビテ州の全域およびラグナ州とリサール州の一部で実施された(84)。アギナルドは「しばしば友人との対話のなかで山賊行為を『邪悪なもの』と言明していた」が、それでもなおこの全面的な植民地支配の試みに対しては、「農民たちのあいだには、山賊《ラドローネス》たちよりも軍隊や警察に対する恐れのほうが大きく、このことは明らかにこの地域の住民の大半に当てはまる」と不平をもらした(85)。しかし、こうした政策は効果を表わすことになる。組織的な逮捕と尋問によって、ゲリラ部隊はその規模も削がれてゆき、どこかほかの地域に隠れ場を求めざるをえなくなった。一九〇五年中頃までに、オルガはカイリエス知事に投降し、フェリサルドは裏切りによって殺害された。モンタランは、一貫して信頼のおけるコロルム結社の援助によってなんとか困難に耐えた。しかし弾圧だけでは、サカイのカティプーナンを鎮圧できなかった。「至高者《スプレモ》」（サカイ）自身はマニラの東方のリサール（旧モロン）州の安全地帯に閉じこもったままだった。一九〇五年一一月に治安警察隊長バンドホルツは、サカイには「リサール州にきわめて多くの熱烈な同調者がいるので」、政府軍もなかなか彼を捕縛できないとこぼしている(86)。最終的にカティプーナンの投降に功を奏したのは、バンドホルツの言葉を借りれば、「フィリピン人の性格の情緒的かつ感傷的な部分につけ入る」作戦であった(87)。ここで、彼が何を言わんとしたのかを検討しよう。

ローズヴェルト大統領が一九〇二年七月二日に署名したフィリピン法（クーパー法）によれば、現地の人々によるフィリピン議会が開設されるためには、群島全体で平和と秩序が完全に回復されることが条件のひとつであった。一九〇六年の時点では、この条件を満たすことは一九〇七年の議会創設までに間に合いそうになかった。少なくともこの点こそ、バンドホルツらアメリカ人行政官たちが、野心的なフィリピン人政治家たちに強く訴えかけたことである。バンドホルツは「山賊行為《バンドレリスモ》がカビテ、バタンガスの両州で根絶されないかぎり、この両州は間違いなく議会へ代表を送ることから除外され、議会は危険にさらされるであろうという事実を、われわれは大いに強調した」と述べている(88)。有産知識階層出身の野心的な政治家のひとりドミナドール・ゴメスは、これに応じて「共通の大義」にもとづいて平和裡に投降するようサカイに訴えた。彼は、サカイとその仲間たちが出頭に際し処罰されたり危害を加えられたりしないことを保証する、かのアメリカ人知事の署名入りの手紙を作成した。

一九〇六年七月四日の朝、正装の制服を着たカティプーナンは、安全通行証を与えられてマニラに進軍した。目撃証人の報告によれば、彼らがどこへ行くときもブラスバンドが後についていた。「彼らは徒歩で、何百人もの町の民衆を従えていた。彼らの人気はたいしたもので、皆『サカイはとこしえに《マブハイ・シ・サカイ》！愛国者たちはとこしえに《マブハイ・アン・マガ・バヤニ》！』と叫んだ(89)」。カティプーナン同志たちは晩餐会や舞踏会などの饗宴に出席した。夜には、美しい娘たちの気を引こうと競い合うセレナードを歌う人々に加わった。明らかにカティプーナン同志たちは、理由はのちに論ずるが、その投降を祝福の機会と考えていた。しかし背後では、指導者たちを逮捕する計画が練られていた。七月一七日に、サカイとモンタラン、レオン・ビリャフエルテ、ルシオ・デ＝ベガ、ベニト・ナティビダードらからなる一行は、あるアメリカ人将校から、知事代理のヴァン・シャイクが主催するカビテでの舞踏会に招待された。深夜直前、彼らに同情を寄せる町の民衆のまなざしから遮蔽された町庁舎で踊っているときに、カティプーナン同志たちは群衆のなかにいたアメリカ軍将校たちによって武装解除され逮捕された。ゴメスは、自分も同じく独立を望んでいるのだと主張し続け、逮捕に際して抵抗しないようサカイに助言した。

「なんという政府だ！」。ビリャフエルテ将軍は獄舎のなかで、ひとりのカティプーナン同胞にこう叫んだ。「彼らはわれわれの投降を祝うために招待しておいて、そのうえで裏切って逮捕したのだ」。裁判にかけられることになるマニラへ向かう船上で、ビリャフエルテは近くにいたフィリピン人将校にこう尋ねた。「なぜ君たちタガログ人兵士は、われわれをこのように扱うのか。君たちは血《カドゥゴ》を分けた者と戦っているのだ(90)」。この物言いは、ボニファシオがブンティス山で処刑執行人に対して語った最後の言葉と似た響きをもっているが、サカイの集団の独立闘争に関する、ある種の天真爛漫さを反映している。あるいは、マロロスの亡霊が彼らの脳裏を去らずにいて、富める者も貧しい者も、有産知識階層も労働者《ヘンテ・プロレタリア》も、「同じ血」が血管を流れているがゆえに真に一致して自由《カラヤアン》を享受できる、という幻想が彼らの前にちらついていたのかもしれない。

サカイに投降するようにと説得する際に、ドミナドール・ゴメスは、フィリピン議会は「自由《カラヤアン》の扉《ピントゥ・ナン》」だと断定的に述べた(91)。いまやサカイは、すでにみたように、革命の精神に破綻をもたらした言葉と意味の乖離というものを痛いほど悟ることとなった。ボニファシオのカティプーナンが初期にみずからをそうだと主張したように、議会は自由《カラヤアン》の扉だという考えをサカイが受け入れたのは、ゴメスの話術と説得の能力、すなわち「フィリピン人の性格の情緒的かつ感傷的な部分」につけ入る彼の能力のあかしである。ゴメスは有産知識階層出身の政治家の典型で、一九〇五年に労働者連合の資金の強奪と横領の罪でマニラ裁判所から有罪の判決を受けていながら、なお「貧しい労働者たちの犠牲者《オブレロス》」を装い続けていた真の扇動家であった。[92] バンドホルツは彼について、歯に衣着せずこう述べている。

ドミナドール・ゴメスと一緒に何かをするのは、両刃の剣あるいは火と戯れているようなものである。あなた方が細心の注意を払わなければ、彼は何らかのかたちであなた方を巻き込むことだろう。……彼が本当にそう望むのなら、彼はいつでも深刻な蜂起を起こしえたし、もしひとたび蜂起が起これば彼自身がそれを終結させられると、私は信じそうになる。もちろん彼は目敏い悪党で、まったく破廉恥であり、とくに金が絡んだときはそうである。適度に、彼をわれわれのほうに引き止めておくのがよいだろう。[93]

バンドホルツは、「サカイとその仲間たち」を「われらが友のドミナドール・ゴメス」を通して逮捕したと述べているが、ゴメスは、カティプーナンの自由《カラヤアン》への道がもはや正しくない、とサカイを説得したようである。一九〇六年七月一七日夜にカティプーナン同志たちが署名した書類のなかに、以下のような供述がある。

署名者が明らかにするところによれば、彼らが出頭した理由は、投降の仲介者によって、彼らがジャングルにとどまって抵抗していることは、彼ら自身の国を害し破壊しようとしていることであり、彼らの投降によって祖国が大いに利することになると知らされたからである(94)。

カティプーナン同志たちが嬉々としてマニラに入ったことは、少しも不思議ではない。彼らは自分たちが降伏するのではなく、祖国が自由《カラヤアン》を得るのを助けているのだと考えていた。サカイはまた、つぎのように言ったとも伝えられている。「闘争は困難な競技であり、フィリピン人はみずからがそれにふさわしいことを示さなければ独立を勝ち取ることに決して成功しないから、私は投降したのである。アメリカ軍に抵抗することによって得られるものは何もない(95)」。ここでサカイは、アメリカに抵抗するのではなく協力することが自由に達する正しい道であるという、有産知識階層の立場を受け入れているようにみえる。しかしこの言明にはこれ以上の意味、すなわちリオスやカネオへとわれわれをただちに立ち戻らせる何か――「ふさわしい者であること」、いいかえれば内心《ロオブ》の適正な状態が自由の必須条件である、という考え方が含まれている。

サカイとその部下たちの裁判のなかで、弁護人フェリペ・ブエンカミーノはカティプーナン同志たちの活動を解明しようとして長大な陳述を行なった(96)。ブエンカミーノは詩的なタガログ語で、被告たちは単に「自由《カラヤアン》の神々《ディオセス》」であったと論じた。彼は、「十字架にかけられているときに神になった」キリストとの類比を持ち出した。サカイとその部下たちは、自由のためにあえて死の危険を引き受けたため、どこかしら「神々」のようなものであった。ブエンカミーノの陳述は、自由の抗しがたい魅力を説明するにあたり、いくらかおおげさな調子になった。

　　ああ自由《カラヤアン》、自由、あなたはなんと美しく輝いていることか！　誰もがあなたに惚れ込み、喜んで死ぬことだろう。あなたのために死んだ者たちがもしすべて蘇るなら、その数の多さに全世界さえもあふれかえって、彼らを収めきれまい。そしてもしあなたのために流された血が全部集められたなら、世界中の川や海はたちまち溢れてしまうだろう！

サカイとその部下が暴力行為を犯したことを一方では認めながら、「被告の愛国心と勇気は注目と尊敬に値することもまた否定できない」。結局、彼らは平静《パナタグ》な内心《ロオブ》と「フィリピン議会創設への気遣いから」武器を捨てたのである。

　ブエンカミーノはまた、ガティプーナンの投降を果たすためのアメリカの計略《ポリティカ》にも言及した。バンドホルツ大佐とアイド知事は、「暗闇を征服するために光《イラウ》を用いた。彼らの武器はフィリピンの言葉《ベルボ》たるゴメス博士であった。この甘言者の影響によって、被告〔サカイ〕の曇った心に一条の光明《リワナグ》が照らされることになった」。ここでの含意は、ゴメスがサカイとその仲間に投降するよう説得するのに、まさに光明と救済の慣用語法を用いたということにある。しかし被告は、不幸にもゴメスの魅力的な言葉づらのもとに隠れていたものを見抜くことができなかった。前章で検討した詩歌《アウィット》では、アギナルドはスペイン人の甘く魅惑的な言葉に屈服したと描写されている。こうして彼は、一八九七年にスペインと「協定」を結ぶことになり、あの詩歌のなかの引き続く描写では、アギナルドのその後の活動が無視されることになる。サカイの経験はこれと同様の解釈に付されている。しかしその逮捕、裁判、そして処刑によってこそ、彼の生き方の明確な解釈を確定することができる。

一九〇七年九月一三日にサカイは絞首台に上るとき、少し立ち止まって以下の別離の言葉を述べた。

早かれ遅かれ、死は必ず訪れるから、私は穏やかに全能の主に向かい合う。しかしわれわれは、アメリカ軍が告発したような山賊でもなければ強盗でもなく、われらの母なる祖国フィリピンを護《まも》った革命軍の兵士たちであると言いたい。さらば、共和国よとこしえに、そしてわれわれの独立が将来果たされますように！　さらば、フィリピンよとこしえに！(97)

サカイとデ＝ベガの二人のカティプーナン指導者は、死罪を言い渡され、「勇気をもって」その運命を受け入れた、とアバドは記している。サカイの別離の言葉には、革命の詩のなかで用いられた死出の旅の始まりを意味する送別《パアラム》の様式をしのばせるものがある。しかし、誰であれ受難者が死ぬと、その後日談として必ずや再生が期待される。サカイが、最後の「さらば」の言葉と将来の独立の誕生を並置して述べたことから、彼が絞首台で穏やかだったことの説明がつく。彼の死によって、母なるフィリピンは自由《カラヤアン》に向かって一歩前進するであろう。

ビリビッド刑務所では、一九〇六年から一九一三年までに、ほとんどがカティプーナン同志であった数百人もの囚人たちが、公に知らされることなく処刑された。(98) 有産知識階層出身の指導者のなかには、このことを知っていた者もいたが、抗議の声を上げなかった。なぜなら、サカイに同情を寄せていたごく一握りを除いて、有産知識人たちは結社《カティプーナン》の指導者の捕縛により、望みのものを得たからである。一九〇七年七月三〇日、サカイの処刑の一カ月前にフィリピン議会の選挙が平和裡に行なわれた。「即時独立」を綱領として掲げた新しいナショナリスタ党は五九議席、すなわち全議席の七二パーセントを獲得した。ドミナドール・ゴメス議員は狂喜乱舞した。マヌエル・ケソンやセルヒオ・オスメーニャなどの著名なフィリピン人たちは、植民地政治の入り組んだ道へと導く長く多産な経歴を歩みはじめることになった。近代フィリピン史の標準的著作は、国家形成《ネーションフード》と独立への闘争とされてきた、こうした側面についての記述に満ちている。しかし、この一九〇七年の議会を代表する民族主義者たちは、人口のわずか三パーセントからなる選挙人によって選出され、この同じ三パーセントがスペイン統治時代の衰退期に現地エリート層を形成していたのである。近年の研究が示すところによれば、代議員たちは「全体として若く、上流階級の出身で高等教育を受けていた。その多くはヨーロッパへの留学経験があった」(99)。その二六パーセントがスペイン植民地政府において官職に就いたことがあり、七五パーセント近くがマロロス共和国のもとで公務に従事した。フィリピン議会は、一八九八年のマロロス議会の再生といえるのかもしれない。

「新たな時代」における抗議の慣用語法

彼らの穏健な目標にもかかわらず、ナショナリスタ党の指導者たちは、自由《カラヤアン》という理想が大衆のあいだにしっかりと生き続けていることを熟知しており、この理想を活用して党に対する民衆の支援を取りつけるためにあらゆる努力を惜しまなかった。一九〇六年創刊の政党機関紙『ラ・インデペンデンシア（独立）』には、スペイン語の記事のほかに、一八九六年と一八九八年の革命に対する旧懐の情を呼び起こすよう考案された、タガログ語の記事や補遺が多数掲載された。このなかには、有産知識階層出身の政党指導者たちが実際にはカティプーナンの精神や経験にほとんど関心がなく、政治的実績を確立するために、その時代に広く行きわたった雰囲気に乗じたにすぎない、などということを示唆するものはほとんどない。だが、ときおり、『ラ・インデペンデンシア』のタガログ語の記事には、有産知識階層の祖国の窮状に対する処し方はカティプーナンが明らかにした「真直な道」に反しているようだ、とする間接的な表現が見られる。一九〇六年一二月二一日付のこの新聞に掲載された話は、この点を例証している[100]。それは革命直後に起きた出来事を扱っているが、「すべての者が眠っているわけではない《ヒンディ・ラハット・アン・ナトゥトゥログ》」という標題が示すように、現状に向かって語られているようである。この標題はリサールの著作からの引用だが、スペイン統治時代の暗い夜という表現のなかに、現状の植民地政治の隠喩がみられる。

語り手は女性で、ある夜、祖国と愛する者たちの苦難や囚われの身を思うと不安と悲しさで胸が詰まり、眠れないことに気づく。夜の大半をまんじりともせず横になっていた彼女はついに夫を起こし、夫が過去に経験したことを物語って彼女を「慰めて」くれるように頼む。夫は喜んで応じるが、その話を誰にも繰り返してはいけないと警告する。「親切で愛する夫はしばしば黙った。……彼が溢れてくる涙を拭うさまは、まるで過去の苦しい経験を思い出しているかのようだった」。

彼はこう言った。五月のある夜、私がタヤバス州サン・ディエゴ近郊にいたときに、空は暗黒の屍衣に包まれ、犬の遠吠えや他界した両親や親戚の追悼の祈りを告げる近くの教会の沈鬱な鐘の音と響き合いながら、風がうなっていた。

若者は、働いていた年長者の家をちょうど去ったところであった。彼が漆黒の闇のなかを家へ歩いて帰るあいだ、貧しく無学ではあるが、それでもなお賢人とされている年老いた主人の謎めいた助言が、彼の頭のなかに響き続けている。

まず汝自身を知れ。
早まって他人の仕事を判断してはならない。批判しても賞賛してもいけない。その業績の評価をする前に、まずその人の心の深さを調べなさい。
病人に毒を盛るのは良い治療とはいえない。むしろ安心と慰め《ギンハワ》を与えなさい。それらは魂の息吹であり、それは自由でなければならないからである。
軋轢と呼ばれる宿痾の病から世界が癒されない理由は、私がいま言ったことを知らないか達成できないからなのだと、頭に叩き込みなさい。

突然、若者は、東のほうから「柔らかい光《マラムラム・ナ・イラウ》」が向かってくるのに気づく。光が近づいてくると、ぼろ布をまとい重荷を肩に背負ってなんとか歩いている老人だとわかる。老人はその重荷を担うのを手伝ってくれと頼み、若者はその願いを聞き入れるが、棺のような箱の中身について好奇心を抑えることができない。

「これをどこに持ってゆくのですか。どの祭りでこれを使うのですか」と若者が尋ねる。彼はそれがココナッツ・ジュースを搾る機械だと思っている。

「これはどこでも使わない。これにはくず《ティラーティラハン》が入っているのだ」。

「それでこれはどこに持ってゆくのですか」。

「墓場だよ」。

若者は極度に怯え、混乱する。彼の同行者は邪悪な殺人者なのだろうか、と考え込む。おそらく彼は、葬式などあげることができない貧しい物乞いである。若者はふたたび尋ねる。「こんな時間に墓場へもってゆくこの重い棺には、誰が入っているのですか」。見知らぬ老人はついに明らかにする。「これはわれわれの企てを導いた偽りの王たち《ナグハハリーハリアン・サ・マガ・パヌカラ》で、国の病を癒すのに毒を盛った者たちだ」。ここにきて、若者は賢い主人の助言の意味を理解する。

若者と見知らぬ老人は、漆黒の闇のなか、墓場に入ってゆく。哀悼者は草むらに隠れたコオロギと、葉の茂ったバレテ〔訳115〕の木の枝々を縫うように飛びまわるホタルだけである。棺を埋葬すると、老人は奇妙な要求をする。「この墓の上にあの丘を移そう。そうすれば、埋葬された者たちの灰は、今後われわれが踏みしめ耕す大地と混ざることは決してないだろう」。

若者は笑って、「お願いだから、そんなことを言い出さないでください。われわれ二人で、どうやってあの山を持ち上げるというのですか」。

「なぜおまえは笑うのだ。私がわからないのか。私は加えられた嘲笑や侮辱を黙って忍んでいる祖国なのだ」。

「そういうことでしたら、閣下、私は謹んで自分自身をあなた様にお捧げ致します」。

「ありがとう。私はいつも熱烈に信じてきたことだが、まさに、われわれの祖先が眠る闇夜にもすべての者が眠っているわけではないのだ」。

語り手によると、ここで彼女の夫の話は急に途切れる。そして彼らの部屋を照らしていたランプは、急に揺らめいて消え入ってしまう。

この『ラ・インデペンデンシア』紙のなかの記事の匿名の著者は、明らかに彼の同時代（一九〇六年）の出来事について論評しようとしている。それを効果的に行なうために、タガログ語の記事の読者にとって意味のある抗議の慣用語法を用いる必要があった。夫婦の部屋が揺らめく明かりによって照らされている間に語りがなされ、それが最後には消えるという構成は、読者に革命や、同様に構成された一八九六年のハシントの宣誓書の記憶を鮮明に思い起こさせたであろう。しかし、たとえカティプーナンの経験が背後になくても、読者は、この話が啓示を含んでいること、暗黒の時における光明《リワナグ》の瞬間であることを知ることができただろう。

ハシントの宣誓書と同様に、この話の主題は、若者の暗闇から光明への遷移である。彼は漆黒の闇のなかを歩いており、それは無知と死の状態を意味している。「暗黒の屍衣に包まれた」空、風のうなり、犬の遠吠え、教会の鐘、こういったものはすべて死の形象である。彼自身は暗黒のなかにある内心《ロオブ》を示している。彼は老いた主人の教えを理解できない。彼は自分を拒絶した愛する者を恋い慕う。そして路上でひとりぼっちであると語る。しかし何よりも、彼はその見知らぬ者が誰かわからず、怖がりさえする。その人ははじめ、東から来る光のように見える。肩に重荷を背負った、その卑しい見知らぬ者はキリストの姿にほかならない。

　見知らぬ者の重荷を分かつのは、若者がみずから望んだことであり、その望みは、孤独感によって動機づけされたものであるが、若者を啓発への道に向かわせた。若者が質問を投げかけ続けた結果、見知らぬ者は二人が背負っている棺の中身を明らかにする――それは「われわれの企てを導いた偽りの王たちで、祖国の病を癒すのに毒を盛った者たち」である。それが明らかになったことで、若者は「貧しく《ドゥクハ》」「無学《ヒンディ・ナグアラル》」な主人の教えを、現在この国が置かれている暗黒の状態と結びつけることができる。基本的には、これらの「底辺から」の教えによれば、人間の内心《ロオブ》の状態とその外的様相や行為とのあいだには連続性があるべきなのだ。世界に関わる問題は、「外見」と「内面」の分離があまねく広まってしまったために、ある人の行為を判断する前にその人の内心の深さを測る必要がある。「病人に毒を盛るのはよい治療とはいえない」という賢人の発言は、病者に対する医者というパションにおけるキリストのイメージ（四八頁：第七連）へと、つまり単に仕事をするふりをしているだけの「医者」の真の意図を人々がしばしば認識できないでいる、という問題へと立ち戻る。人々が真実と外見の区別をつけられなかったり、その内心のありようと相反するようなしかたで外面的に行動し続けたりするかぎり、世界は永遠に混乱状態のなかにあるだろう。

　人間の企て《パヌカラ》や計画は「尊重」されなければならない、なぜならばそれらは「自由《マラヤ》であるべき魂の息吹き」であるからだ、と賢人は述べる。賢人と見知らぬ者の言葉を結びつけることによって、若者は、企てや計画は祖国の自由《カラヤアン》に向けられなければならず、そうすることによってのみその病は癒されるのだと理解する。この点で、祖国の指導者たちは「偽りの王たち《ナグハハリーハリアン》」を演じていたのである。「ハリーハリアン（hari-harian）」とは、子どもたちがよく遊ぶ王様ごっこである。企てや計画を弄《もてあそ》ぶこと、政治を遊戯として扱うことは、内心《ロオブ》と外見が適合していないことを表わしている。それは祖国の病を、毒を盛って処するのと同じである。だから偽りの王たちや偽りの医者たちは墓場へ運ばれなければならない。

　批判の対象が祖国の指導的政治家たちであれば、なぜ著者は彼らを直接攻撃しないのだろうか。なぜ棺や埋葬その他諸々を引き合いに出すのだろうか。それは仕返しを恐れているというよりも、変化についての民衆の考え方の文脈のなかに一九〇六年の出来事を位置づけることと関係している。この話のなかの見知らぬ者とは、いくつかのことを意味しており、それは、光明《リワナグ》、キリスト、そして自身で認めるように、祖国である。間違いなくこの若者は、受難《パション》あるいは行脚《ラカラン》を経験しているさなかにあり、彼は祖国の「罪」を肩に背負ってそれに参加する。箱は、すでにリオスの場合にみた意味での棺ではない。それは希望を意味してはいない。その中身、つまり「偽りの王たち」の死骸は、人が耕す土壌と混ぜ合わせてはならないものである。山は墓の上に移されることで、宇宙の地軸の底辺の位置、すなわち地獄を暗示している。箱の中身はくず《ティラーティラハン》であり、悔悟苦行者の血や汗のように捨て去られてゆくのである。ここで、前章で検討した詩歌《アウィット》のなかで、母なる祖国もまた受難を経験しながら、頭に載せて運ぶ恥《カヒヤン》のことが想起されよう。

　『ラ・インデペンデンシア』紙の物語の読者は、そのなかに自分の時代の政治に対する認識を焦点化したり組織化したりする方法を見つけたことであろう。一九〇六年後半にサカイとその仲間たちが無事収監されると、高位の役職という栄誉と利権を競い合ってよいとの合図が、野心的なフィリピン人エリート層に与えられた。成功の公式は単純だった。大衆の自由《カラヤアン》を求める思いを利用することである。一九〇六年一〇月に、バンドホルツはこの新たなゲームについてつぎのように述べている。

マニラ以外の地域には、連邦主義者たち《フェデラリスタス》〔フェデラル党員〕はほとんどおらず、反対勢力が即時行動者たち《インメディアティスタス》、緊急主義者たち《ウルヘンティスタス》、爆発主義者たち《エスプロシビスタス》その他のつぎつぎと出現する何々主義者に分裂せずに統合すれば、彼らはおそらく打ち負かされてしまうだろう。連邦主義者はいまや「わずかな猶予《ポコ・ティエンポ》のみを求める独立主義者たち《インデペンディスタス》」と呼ばれている。[101]

連邦主義者たちはつねに親アメリカ派であった。彼らはフィリピン人エリートを革命の支援から引き離すために役立った。いまや彼らの綱領は「可能なかぎり迅速な独立を」であった。バンドホルツは一二月に、「諸政党や諸集団のあいだの違いを示すものはその名前だけであって、たとえば、連邦主義者たちでも緊急主義者たちより急進的な者も多く、緊急主義者にも連邦主義者たちと同様に保守的な者も多い」と結論づけた。[102] それは自由《カラヤアン》という理想を利用したゲームであった。たとえばふたたびバンドホルツによれば、テオドロ・サンディコ前将軍は「税を完全に廃止し、民衆にある種の社会主義的独立を与えるという印象のもとに」ブラカン州知事になった。「もちろん彼がそれを実施することはできず、結果として、以前に彼がもっていた威信のほとんどを失った」。[103] こうしたことゆえに、偽りの王、偽りの医者、そして「くず」を捨て去ることについて語ることには意味があった。

このような抗議の形態は、しばしば人知れず、一九三〇年代を通して、あるいはそれ以降も続行されることとなった。たとえば、『過去および現在における祖国の受難《パション・ナン・バヤン・サ・カハポット・ガヨン》』〔訳116〕と題する著書のなかに同様の考え方がある。この書物は、フィリピン・コモンウェルス政府成立前夜の一九三四年に出版された(104)。著者のホアキン・マニボは、革命と植民地政治の関連をパションの言葉で描いている。

最初の「祖国の受難」は
過去の革命であった
そしてまさに第二のものは
選挙によって創り出され
現在なお続行している(105)

きわめて興味深いことに、マニボは革命もしくは「戦争」の時期を、フィリピン委員会の最初の七年間まで、つまりやっと国土が「平静さと平和を取り戻した」一九〇六年末頃まで延長して考えている。しかしもうひとつの戦争が訪れ、祖国はこれに耐えなければならなかった——「絶えざる戦争《ヒマグシカン・ワラン・フンパイ》／選挙の領域において《サ・ララガン・ナン・ハララン》」(106)。このことがもうひとつの受難《パション》を引き起こした理由は、かなり明確である。

二つの政党

ナショナリスタ党とデモクラータ党が

最初に設立された時
彼らが振っていたのは
独立の旗だった

祖国が過去の
戦いに涙したとしても
今や政治家にして詩人たちの
気分を高揚させる演説によって
興奮し狂喜する……

両者はひとりにほかならない
洗礼が二度あっただけだ
自由《ラヤ》の仮面の
その裏で
幾多の報酬をねらう(107)

当時もっとも傑出した三人の政治家であるケソン、ロハス、オスメーニャは、「三人の偽りの王《アン・タトロン・ハリーハリアン》」と呼ばれている。彼らは独立を語って民衆を誘っておきながら、実際にはリサールやボニファシオの教えを台無しにし、自分たちの金庫を潤わせ、また束縛され救いようのない祖国の背を「アンクル・サム《ティオ・サム》」〔アメリカをさす〕が打つための鞭《スプリナ》となった。(108) しかし、なぜ彼らは長期にわたって権力をもったのだろうか。そのひとつの理由は、民衆が彼らこそ祖国を自由《カラヤアン》へと導いてくれると信じていたからだ、とマニボは言う。

はじめはいかにも謎めいている
いったいどうやって
彼らの出した食事を判断すればよいというのか
口のなかに入れてはじめて
味がわかるのである

それは毒があったり苦かったりするかもしれず
胸に癌ができるかもしれない
しかしそれを無理にも飲み下すしかない
なぜなら我らは、
真直《カトウウィラン》の勝利を求めるから(109)

ここでふたたび、「薬の代わりに毒を盛る」というおなじみの主題に出会うことになる。

国が背負わなければならない十字架は不正や賄賂ばかりでなく、重税やわずかな賃金や民衆全体の隷属もそうである。しかし、なかでも最悪なのは、上院議員たちの自由《カラヤアン》に関する欺瞞に満ちた態度である。

この偽りの行ないは
国の第一の重荷
我らの父フアンが
背負う十字架
その体は骨と皮ばかり(110)

マニボの『パション』は、その時代の政治的指導者と宗教的指導者の両方への非難で満ちあふれている。民衆に流布した『ピラピル版パション』の形式と言葉を自由に流用しながら、マニボは、有産知識階層が従事してきた「独立についての政治」はまったく欺きの煌《きら》めきでしかない、というメッセージを簡潔に発している。自由《カラヤアン》の真の光明《リワナグ》は、過去において、祖国の子たちの無私の献身を通して輝いたものであり、この愛国者たちの闘争を続ける者のみが、最後の審判の日にキリストの傍らに座るであろう。邪悪な修道士、盗人、殺人者、人を欺く指導者、凶暴な兵士、その他あらゆる抑圧者たちは天国を見ないであろう。さらに、

天国では見つからないであろう
軍の将軍となり
カティプーナンのボニファシオ将軍を
打ち首にするよう命令した
背信の指導者の姿は

キリストの王国にあっては
その王座の傍らの位置を占めるのは
デル＝ピラール、アンドレス〔・ボニファシオ〕、リサール
そしてマビニ
彼らは祖国の十戒を定めた

そこにはケルビム智天使〔訳117〕
英雄の愛国者こそがそれ
そこにはセラフィム熾天使〔訳118〕
高潔な指導者こそがそれ
その責務を果たした

そこには天使たち
貧しく汗にまみれた人々こそがそれ
この世にて
苦痛、困難、苦しみに耐えた
それも祖国への愛ゆえに(111)

右記の『パション』は、ただひとりホアキン・マニボの認識と想像力を反映しているだけだと論じられるかもしれない。しかし作者自身が、「この国フィリピンの独立を求める高貴な願いを覆いかばうの《クマカンロン》は、背が高く葉の多い狂信という木である」と述べている。(112) 多くのフィリピン人が植民地政治のゲームを演じる一方で、大衆は、通常は民衆宗教《フォーク》と関連している実践と伝統において、カティプーナンの神聖な理想を保持している。マニボは単に、植民地政治に対する民衆的認識を同時代風にするか、あるいはむしろそうした認識をよく知られたパションの枠組みのなかで体系化するだけである。彼はまた、たどるべき「道」をも規定している。もし人々が苦難する祖国との共苦《ダマイ》を持つなら、またもし彼らが真の自由を求めるなら、彼らは十字架を担うのを助け、リカルテ〔訳119〕の運動に参加しなければならない。革命の将軍で唯一生き残り、合衆国への忠誠宣誓を拒否したリカルテは、一九三〇年代まで合衆国に対して武器を取り蜂起するよう民衆を刺激し続けた。一九三五年にマニボの『パション』が出版された直後、リカルテに触発された「サクダル〔訳120〕」と呼ばれる農民反乱が、中部および南部ルソン地方を吹き荒れた。サクダルのある独特な教理が「大衆に強く訴えた」こと、あるいは「村《バリオ》の人々の心のなかに豊饒な土壌を見出した」ことは驚くまでもない[113]。その教理とは、機関誌『サクダル（告発）』から引用すると以下のとおりである。

従属した祖国の指導者は、まず一番はじめに犠牲になったり苦難を被ったりするべきだ。かつていかなる自由も、平和裡に獲得されたことはなかった。みずからを富ませることで成功が得られたこともなかった。ゴルゴタの丘を通過せず、またカルバリで十字架に釘打たれることなくしては、誰も勝利を得られなかった。富を蓄積する指導者は軽蔑され貶められるべきである。なぜなら、その人物は指導者ではなく略奪者だからだ[114]。

一九三五年のサクダル蜂起は、反アメリカ的であるのと同じくらい、反フィリピン人エリート的でもあった。しかし二〇世紀の最初の一〇年間ですら、エリートが独立闘争を横取りしたことに対する不平不満はすでにあった。労働運動の指導者たちは、労働者たちを鼓舞し動かす際に、どんな言葉を用いるべきかを知っていた。一九〇九年のメーデーでは、労働省長官エルネスト・デル゠ロサリオは雄弁に宣言した。「労働者の救いが達成されたあかつきには、労働に携わる高貴な騎士たちは、もうひとつのカルバリに上ることになる。そのカルバリとはより高貴で、より栄光に満ち、より神聖な救い、すなわちわれらの愛するフィリピンの救いなのだ[115]」。しかしバンドホルツは、同じ出来事の意味づけについて、これとは別の洞察を加えている。彼は言う。「たしかに有産知識階層出身の扇動政治家たちは、「普通の人々《タオ》を鼓舞し、ボニファシオやサカイとその仲間のふるまいを見習わせよう」とするが、彼ら自身は距離をおいて離れたところにいる。労働者たちは「もうひとりのボニファシオを切望したが、現今のたいていの愛国者たちは、革命指導者の鉄砲玉になるよりも政府の仕事を探すのに手いっぱいなのだ」(116)。労働者たちがカルバリの丘に上る真正な指導者たちを見つけるのは、ただ時間の問題であった。

農村地域ではさまざまな結社《カティプーナン》が、有産知識階層の自由《カラヤアン》への「道」の代わりとなるものを提起し続けた。一九〇五年に、リカルテの影響下にあったシメオン・バーサという製図工が、サンバレス州である結社を組織しようとした(117)。同じ年にアトリオ・トレンティーノというマニラの寄宿舎の料理人は、短命ながら「独立軍」をタルラック州で動員した(118)。一九〇七年の報告によると、イロコス州では、さまざまな結社が、独立を打ち立てるのに日本人が支援してくれるものと期待していた。なぜなら日露戦争における勝利によって、日本の艦隊がフィリピンの反乱を援護しにやってくるという希望が生まれたからである(119)。同じ年に、タヤバス州アティモナンにおけるリオスの集団が一部復活した。それはともに革命軍の勇士である「副王」マルセロ・パラフィーノと、エステバン・デセオ少将に率いられた軍勢だった。押収された文書によると、この運動は、一九〇三年にリオスの集団が滅亡して以来、東部タヤバス州の丘陵地帯で「散発的に存在」していたものである。その一九〇七年の復活は、「国民解放軍《エヘルシト・リベルタドル・ナショナル》」と呼ばれる組織のかたちをとった。すべての人々の称号は軍隊式だった。アメリカ側の報告書によると、「この組織は宗教的なものであったが、日本軍がアティモナンの浜に武器を陸揚げしたあかつきには、独立のために蜂起する明確な意図をもった」ものであった(120)。この解放軍は、ナショナリスタ党のマヌエル・ケソン知事の「活動的かつ精力的」な努力によって解体させられたが、彼はちょうど、フィリピン議会の多数派院内総務に選出されたところであった(121)。

コロルム結社も一九〇七年に急増したと報告されている。そのおもな関心は宗教であると思われていたが、治安警察隊が押収物のなかから発見した創世神バトハラに宛てた文書には、コロルムの会員たちが、「あらゆる侵略者を、アメリカ人もスペイン人も、とりわけ修道士をも含めて、フィリピンの土地から駆逐する」ことを誓っていた。(122) 同様に一九〇七年に、ウッド軍政知事は、〔訳121〕ラグナ州におけるさまざまな結社《カティプーナン》の「広範な復活」について報告している。(123) ラグナ州における数々の結社の「呪術的中心地」は、リサールの郷里カランバの近郊にあるマキリン山という死火山であったが、東に位置するバナハウ山と同様に、その地域の住人からは聖なる山と考えられている。二〇世紀の最初の一〇年間のあるとき、タガログ人のキリストたるリサールは、マキリン山のなかにあるとされる楽園の地と結びつけられるようになった。かの有名なリサール信奉者《リサリスタ》〔訳122〕の結社の指導者が語った話によれば、リサールはあるとき、三人の農民を連れ、空飛ぶ乗り物に乗ってマキリン山の頂上に達した。彼らが頂上に降り立ったとき、

彼らはたちどころに、美しい森林や彼らのまわりに集まってくる多彩で魅力的な動物に目を奪われた。リサール博士はまるで自然公園を抜けて彼らを案内するかのように、ゆったりと連れてまわった。やがて彼らはあずまやに入り、下り階段に達すると、そこは明かりもないのに、昼のように明るかった。……しだいに花と果物の木々の庭が彼らの目前に広がり、枝には鳥が止まり、発光虫が花に止まっていた。「このようなわけで、遠くから見たときも、マキリン山は美しい外観を保っている」とリサール博士は彼らに語り、彼らはリサールを信じた。彼は「真に内面から美しいものは何でも、外見も美しいものである」と強調した。(124)

この話の最後の一文は、いまやわれわれにもおなじみの主題を繰り返している。真の美は、「内部」あるいは内心《ロオブ》の美を反映しているという主題である。リサールが三人の農夫に語ったことは、楽園は、多かれ少なかれ、心が純粋なら誰でもその人のなかにあるということである。リサールの能力、「明かりもないのに、昼のように明る」い土地に対する彼の支配力は、殉教者としての死をまっとうしたことによって彼が獲得した純粋な光明《リワナグ》に付随している。農夫に楽園の美を啓示するというリサールの行為はまさしく、彼の「人格」が具現化した人物たちによってなされる。霊感を得た預言者として、彼らは、以前の自分の状態と死別するというリサールの道をたどることによってのみ到達できるような、ありうべき姿のイメージを明らかにする。

一九〇九年に新たなリサールたるアルセニオ・デ゠グスマンという人物がサンタ・ローサに現われて、自分は農民たちを約束の地へ導く力を持っていると主張した。彼にもっとも近い弟子のカタリーノ・ラチカは、「かなり裕福な人物」であるサバーリャ博士がサンタ・ローサに所有する大農園《アシエンダ》の「無学な農業労働者や小作農たち」を集めて、結社《カティプーナン》を創設した。最初、この運動は「単に土地」問題として無視されていた。しかし、この運動の結果サバーリャが殺され、犯人たちが逮捕され裁判にかけられると、外国の統治からの独立を確立し「抑圧者」を排除し、その資産を民衆に分配するための革命を州全域で始める広範な企てが発覚した。反乱者たちは、革命のための武器が空飛ぶ機械によってヨーロッパからもたらされるものと信じていた。アルセニオ・デ゠グスマンは、騒乱教唆罪のかどで逮捕された。ところが、彼の弟子で裁判における主証人のカタリーノ・ラチカが、リサール信奉者集団の指導者に対する不利な証言をすることを拒否し、他人を罪に連座させることなく、むしろその運命である死を喜んで受け入れたいと申し立てたため、彼に対する訴訟は打ち切られた(125)。デ゠グスマンの結社は存続し、「ワタワット・ナン・ラヒ（民族の旗）」の名のもとに今日もなおさかんに活動している(126)。

フィリピン群島のほかの地域でも同様な運動が数多く見られるが、それは現在の研究の範囲を越えるものである。本書ではここまでの議論において、独立とは、タガログ社会のなかの身分の低い階級出身の多くの人々によって、彼らの内心《ロオブ》が向けられなければならないような切迫した出来事とみなされていたことを示してきた。五年間の戦争による混乱と秩序の崩壊を経験して、彼らはそうした混沌がつぎのような不可避な結論にいたることを予期していた——すなわち、そのとき社会が向きを変え、すべての人々が兄弟となり、指導者たちはキリストのようになり、あらゆる抑圧に終止符が打たれ、財産は分配される。いいかえれば、彼らの自由《カラヤアン》のイメージが生きられた経験となるのである。独立についてのこうした考え方は、タガログ社会の「よりよき階級」であり、自分たちが「生まれつきの」指導者であるような、過去の安定した社会の文脈のなかで自治を懐かしんでいた人々のものとは異なるものであった。

第6章　フェリペ・サルバドールのパション

1910年の捕縛後のフェリペ・サルバドール（『レナシミエント・フィリピノ（フィリピン人の復興）』誌転載写真）。

一八九四年から一九一〇年頃まで「聖教会《サンタ・イグレシア》」と称される宗教政治運動が、ブラカン、ヌエバ・エシハ、タルラック、パンパンガの中部ルソン地方諸州で隆盛をきわめた。フィリピンの「穀倉」地帯に位置するこれら諸州には広大な平野部があり、そこでは米が生産され、その一部では砂糖キビが栽培されている。この地域の中心部にはアラヤットあるいはシヌクアン〔訳123〕と呼ばれる火山があり、平地からぽっこりと突き出たその姿は遠く離れたところからも眺めることができる。この山とそれを部分的に囲むカンダバの湿地が聖教会の拠点となった地域である。

　この地域の農民は、アラヤット山（アララト〔訳124〕を語源とする）が世界最高峰の山だと信じている。それによると、大洪水以来、ノアの箱舟の残骸の一部がそこに残り、その「力」のせいで、誰ひとりとしてその山頂に登ることができない。また、モンスーンの季節にいつも山頂を覆う雲は、もし創世神バトハラ〔訳125〕が世界にふたたび大洪水をもたらすときには、ラカンパティ神が信仰の篤い者たちに「神のしるし」としてそこに送ってくるはずのノアの箱船の影なのだ、と信じる者たちもいる。箱船は、虹――魂が天国へ旅する道――がかかるまでその場にとどまっているという[1]。

　アラヤット山はまた、「屈服した相手」という意味の「シヌクアン」という名でも知られている。その名前は、美しく裕福な娘マリアについての話と関連したものであるが、彼女はある種の楽園として人々によって描写されるこの山の頂を支配している。彼女は、身の回りの世話や庭仕事をしてくれる一二人の美しい娘と二五人のアエタ〔訳126〕の女性を従えて、金でできた大きな屋敷に住んでいる。その庭々は多くの果樹やおとなしい動物たちに満ちあふれ、その動物や鳥、そして魚や蛇にいたるまで、金飾りで装飾が施されている。マリアが日曜のミサに与るためにカンダバの教会に降りてゆくとき、彼女の金の服や宝石は実に目がくらむほどである。あるとき、サン・マテオ山系の王にしてマキリン山に住むマリア〔別のマリア〕の兄弟である馬脚怪人《ティクバラン》が、アラヤット山のマリアに恋をする(2)。マリアは彼に対する試練として、アラヤットとマキリンの山頂を結ぶ石橋を造るよう、ティクバランに告げる。ティクバランは急いで一夜のうちに橋を造ろうと熱心に働くものの、夜明けがきたとき、橋はラグナのバイ湖畔にすら達しておらず、彼は教会の鐘の音に怯えて去ってしまう。未完成の橋は壊れ、ティクバランはその愛のあかしを示すことができない。かくして、アラヤットはシヌクアン、すなわち「屈服した相手」として知られることになる(3)。

　ある意味で、ティクバランの話は、人々の心のなかに中部および南部ルソン地方の神聖な山々がどのように位置づけられているかを示すものである。実際に、今日でさえも、バナハウ、マキリン、アラヤットの山々が地下洞窟でつながっていると信じる人たちがいる(4)。これらの山々は、すべて巡礼の中心地であり、宗教集団やカティプーナン型結社が絶えず出没する場所であった。その山々には相異なる人々が関わっており、その周囲では、通常、時間的にも状況的にも相互に関連のない出来事が起こってきた。しかし、伝説や地下洞窟がこれらの山々を結びつけるように、こうしたさまざまな人々や出来事を結びつけるものがある。ここでは、アラヤット山やマニラの北方に位置する地域のことを、前段の諸章で検討したことと関連させて語ることができる。なぜなら、この地域で起きたある種の出来事がもつ意味は、世界を認識するうえで共通の様式をさし示すものだからである。

聖教会の教主たるフェリペ・サルバドールは宗教心の篤い男で、よくアラヤット山の森をひとりで歩いては神との交信を行なった。(5) 彼は、自分の霊魂はアラヤット山の山頂から飛び立って天の国の神々を訪ねるのだ、と主張した。(6) 少なくとも一九〇二年から逮捕される一九一〇年まで、彼の預言的な幻視は千年王国的終末と複雑に絡み合った独立のイメージを生み出した。それは大洪水や火事が起きて不信心者たちを一掃し、その粛清のあとに金や宝石の雨が忠実な信者のために降り注ぐというものである。また、土地やその他の資産が再分配され、世界の人類に兄弟愛が行きわたるとも信じられた。(7) アラヤット山麓からサルバドールは、来るべき大変動に備えるために、彼が「集い《カティプーナン》」とも呼んでいた聖教会に加わるよう人々に呼びかけた。(8) 彼の言葉を聞いた人々はどういうわけか、彼が何者であり、そして何を代表しているのかを知っているようであった。アメリカ人の一観察者によると、五万人近くの人々、それも「すべて貧しく極端に無学な階級」の者たちがサルバドールの呼びかけに応じ、さらに多くの人たちが彼に共感を示した。(9)

サルバドールの前歴

フェリペ・サルバドールは、一八七〇年五月二六日にブラカン州バリワグに生まれた。あるアメリカ人記者によると、フェリペの父プルデンシオはスペイン政府の「下級役人」であった。[10] しかしサントスの主張するところによれば、プルデンシオは政府のなかで高い地位にあり、フェリペ自身もかつて村長《カベサ・デ・バランガイ》であった。[11] 生存する彼の親族のひとりとの近年のインタビューによると、サルバドール家は一九世紀から二〇世紀初頭にかけて、比較的裕福な家柄であったことは確かである。その証拠として、サルバドールの先祖の家は石造りで、バリワグの古い教区教会からわずか一区画離れて建てられていた。またその家庭は、フェリペをマニラに送って教育を受けさせるほどの資力があったようである。[12] だがそうだからといって、彼がマビニのように有産知識人《イルストラードス》たちの仲間入りをしたと考えるべきではない。〔訳127〕彼の自伝がほとんど音声表記の様式で書かれ、スペイン語的特徴が欠如している点から判断しても、彼は最小限の教育しか受けていなかったに違いない。

若い頃からサルバドールは、その宗教的気質だけでなく、反骨精神でも親戚一同に強い印象を与えていた。たとえば、彼は裸足で歩くことにこだわった。また、治安警察隊《グアルディア・シビル》の大尉やバリワグの教区司祭と衝突して面倒を起こしたりもした。彼は、あからさまに教会内の物売りを説得して、プラダ神父へ収入税を支払い続けないようにさせた。この挑戦的態度によって、彼はもう少しでミンダナオへ流刑に処されるところであった[13]。

一八九四年にサルバドールは、創始者ガビノ・コルテスにちなんで「ガビニスタ」と呼ばれた兄弟会《コフラディア》型結社の指導者となった。コルテス自身はパンパンガ州アパリットの出身で、おそらくサルバドールの親戚であった[14]。彼は「ほとんど財産のない人物」であり、一八八七年に「人間は祈りを通して神の加護を探し求めなければならず、そうすれば土地の豊かさやその他のこの世の喜びを享受できるという考えにもとづく」教理を説きはじめた、と記されている[15]。コルテスをめぐる話のなかには、彼は山頂に住む老人から与えられた魔法の玉を持っていて、それでお金や食物や侍従を出現させることができた、というものがある。彼はまた、いろいろな姿で追随者の前に現われることができたり、木でできた爪楊枝を兵隊に変えたり、その他の驚くべきさまざまな奇跡を起こしたという。ガビニスタの信徒たちは、指導者のことを、世界の軸であり神の活力の伝達経路である山頂に住む老人に出会ったことに由来する力を具備する人物、とみなしていたことに疑いの余地はない[16]。ガビノ・コルテスは、彼が出現する以前のアポリナリオ・デ゠ラ゠クルスやハヌアリオ・ラビオスのように、郷里の周辺地域で農民の大望の中心となった。

ガビニスタの信徒たちはおもにアパリット、サン・シモン、サン・ルイス、サント・トマス、サンタ・アナ、カンダバ、マカベベ、プリランの町々やその近隣地区の出身者であったが、マニラからの参加者も「少なくなかった」。彼らは「膨大な数」の信者を誇っていたが、「そのすべては最貧困階層の出身者であり、そのため自分たちの現状では手に入らない富を獲得する番がくることをもどかしく切望していた」[17]。このように彼らの希求するものは社会秩序の転覆に等しかったが、その目的に達する彼らの手段は初期の聖ヨセフ兄弟会《コフラディア・デ・サン・ホセ》の形式を踏襲するものであった。ガビニスタの信徒たちは、会員の家で夜の集会を開き、キリスト教の祈禱を唱え、そのあとに同志会食に与った。(18)スペイン人の調査者たちですら、「彼らの教理では、目的を達成するために暴力的手段に訴えてはならない」ことを認めている。しかしスペイン当局と現地の有産知識人たちは、公的秩序の崩壊を恐れ、一八八八年にガビノが王として戴冠し「権威の根幹を傷つけられると」、この組織を解散させるために、ブラカン、ヌエバ・エシハ、パンパンガ各州の治安警察隊が召集された。ガビノがホロへ流刑に処される船が出航しようとしたとき、「莫大な数」の人々が彼を見送ろうと波止場に押し寄せた。その後、船が進まなくなってガビノの姿が消えたとの噂が広まった。(19)

一八九四年にフェリペ・サルバドールがガビニスタの信徒たちを再編成したとき、彼はその名称を「聖　教　会《サンタ・イグレシア》」に変更した。注目すべきことに、彼は一八九六年のカティプーナンの蜂起に啓発されて、「この宗派の目標を実現させるために必要な行動様式を修正した」。「時のしるし」を読みとって武装闘争を呼びかけたアポリナリオ・デ゠ラ゠クルスのことをはっきりと想起させるかのように、サルバドールは、こう宣言した。「神の御加護によって、自分たちはスペイン軍の武器に対して不死身であり、それゆえ基地の武器を手に入れることもでき、その武器を使った武力行使で、自分たちの大義の勝利を確実なものにすることができる」。パンパンガ州サン・ルイスの戦いでサルバドールはみずからを「隊長」と称し、三〇〇人の軍勢をもって三〇〇〇人の重装備のスペイン軍勢《カサドーレス》に立ち向かった。サルバドールは左腕に傷を負って、ビアク・ナ・バトまで退却を余儀なくされ、そこで彼の軍勢はアギナルドの軍勢と連合した。(20)

一八九七年後半のある時期にガビノ・コルテスがマニラのビリビッド刑務所へ移されると、聖教会内にもうひとつの「興奮の旋風」が巻き起こり、サルバドールとギリェルモ・ゴンザレスは即座にこのことを利用した。ゴンザレスは、かつてのスペイン植民地軍の兵士であり、一八九六年にスペインへの忠誠を示したため、アパリットの教区司祭が「地方志願兵の軍曹」に推したほどだった。彼は賭博をして財産を失ったことが原因のひとつとなって、一八九七年六月に聖教会に加入し、その軍事知識を役立てた。一八九八年二月の一週間にわたるアパリットの祭《フィエスタ》りのさなかに、農民たちは町の守備隊を攻撃すべく密かに集まった。サルバドールは、弾丸が当たらないだけでなく、攻撃のときには囚人ガビノが七人の大天使とともに現われるので成功は間違いない、と保証した。計画どおり一九日に、およそ七〇〇人の反乱者たちが小刃の武器とわずか八丁の火器だけで、「イエス《ヘスス》・サルバドール万歳!」の叫びとともに守備隊を襲撃した。しかし、タヤバス州の守備隊を攻撃したコロルムと同様に、聖教会はスペイン軍の優勢な武力によって即座に打ちのめされた。別動の分遣隊によるマカベベの守備隊への同様の攻撃も、同じ結果に終わった。反乱軍側の死傷者は一〇〇人を超えたという。スペイン側の報告書は、以後一〇年間にわたってアメリカ側の報告書でも同様のことが繰り返し述べられるように、攻撃者の唯一の動機は火器を確保することにあった、と強調した。「平和的な居住者には負担が一切かけられなかった」。中国人が経営する商店でさえ、指一本触れられなかった。(21)

こうした運動の気勢を削ぐために、ガビノ・コルテスはその後まもなく処刑された。しかし、対スペイン革命運動がアギナルドの帰還とともに形式的に再開されたとき、聖教会の再興を妨げることはできなかった。フェリペ・サルバドールとその軍勢はダグパンのスペイン軍守備隊を壊滅させ、一〇〇丁のライフル銃を奪った。一八九八年のあるとき、パンパンガ州が革命軍によって完全に解放されると、サルバドールは聖教会の仲間を率いてカンダバの通りを凱旋行進した。(22) 彼はそのほかにも、成功をおさめたいくつかの作戦に参加したはずである。というのは、アギナルドは一八九八年末までに彼を少佐の位に昇進させていたからである。しかし、その後まもなく、サルバドールは共和国のある有力な将軍たちによって「反革命」のレッテルを貼られることになった。この予期せざる出来事の展開についてのひとつの説明は、サルバドールが非常に多くの「貧しく無学な」民衆を聖教会へと引きつけ、政府転覆の陰謀を企てたというものである。(23) 一九〇六年の治安警察隊の報告書によると、サルバドールはアメリカ軍の接近にともなってマリラオにおけるみずからの持ち場を放棄したため、革命軍将校たちによって脱走兵とみなされ、これを理由に彼らはサルバドールの暗殺を命じたという。一八九八年の末もしくは一八九九年の初めに起きたこの出来事の実態を解明することは、聖教会の目的と活動実態を適切な見通しのなかで位置づけるだけでなく、他の同じような集団、とくにサン・クリストバルのカティプーナンや「誉れ高きマリアの衛兵《グアルディア・デ・オノール》」がほぼ同じ時期に、なぜマロロス政府によって「反革命的」として非難されたのかを説明する一助ともなるだろう。

共和国における社会的対立

サルバドールや聖教会の将校たちに対する一八九九年一月の軍事法廷に関する文書は、サルバドールの集団が実際にブラカン州の駐留地から認可なしに退却したことを立証している。ところがサルバドール自身は、革命やアギナルドの政府に対して聖教会は決して不忠実だったわけはなく、さる「有力な」人たちによって継続されてきた抑圧的行為に単に応じただけである、と論じた。サルバドールは、直接アギナルドに会って彼の集団の不満を訴えることを何度も妨げられたため、退却を決定し、部下に対して郷里への帰還を許可したのである。彼は自分の言い分を、「告発されたフェリペ・サルバドール少佐の感情と嘆願の陳述」と題する一〇頁の供述書にして発表した。(24) 一二項目に分けて、聖教会の本質について説明しただけでなく、彼自身の不満を列挙している。

最初の七項目にかぎってみると、それは、軍隊および共和国内部の統一についての従来のイメージを打ち破るものである。まず第一に、適正な審理や彼らの司令官たるサルバドールに対する通告なしに、大尉や中尉を含む五人の聖教会会員が、当時少佐であったマキシミノ・ヒソンによって殺害命令を受けた。サルバドールはこの事件のあと、文書にした訴えを提出するためにカビテ州に赴いた。ところが、その訴えが無視されたばかりでなく、パンパンガ州の有力家族出身のヒソンが大佐に昇進した。明らかに、なおも苦々しい想いを胸にしながら、サルバドールは死者たちの残された妻子らがその喪失に苦しんでいると、その陳述のなかで書き綴っている。

つぎに発せられた苦情は、農地に関わる問題であった。フロリダブランカでは、サルバドールの追随者たちの幾人かが、「文書」――おそらく土地権利証書――を示され、補償もなしに先祖代々の土地から強制的に立ち退かされた。皮肉なことに、これらの犯罪の張本人たちは有力家族に属し、これらの家族のいくつかは対スペイン戦争の際に聖教会を支援していた。(25) さらに、これらの同じ人々は、兄弟結社に加入した農民たちを拘留したり罰したりもした。

聖教会に対する迫害はアパリットの町でとくに激しく、そこでは地方有力者《プリンシパーレス》たちがふたたびガビニスタの一団が息を吹き返すことを恐れていた。町役人たちは、サルバドールの集団の兵士二人に「虐待」の嫌疑をかけ、彼らに対してリンチを加え、縛り上げて川に放り投げ、浮き上がった体に弾丸を撃ち込んだ。夜間に誘拐され殺害された、二人の聖教会会員もいた。さらにサルバドールを怒らせたのは、この犯罪の張本人がイシドロ・ルギという名の「大酒飲みの鍛冶屋」で、かつてスペイン政府のスパイだったにもかかわらず、革命政府のもとで町役場に職を得たことである。しかし、ルギ本人やアパリットの聖教会に嫌がらせをしたその他の者たちは、ガビニスタが過去に自分たちの町を「混乱」させたことを決して忘れていないように見える、著名な人たちに雇われたにすぎなかった。聖教会に加入しているとわかった者は誰でも逮捕され、鞭打たれ、投獄すらされた。前線の男たちを訪ねるためにアパリットを通り過ぎようとする聖教会兵士の妻たちや女性の親族たちは捕えられ、その後「われわれのようになるな！」と叫びながら町の中央を歩くよう強いられた。また、サルバドールに近づかないよう、農民たちに説得もしくは強制する企てもあった。その理由は、彼の「外見は美しいが、内面は邪悪」だからであった。第七番目の嘆願の結論として、サルバドールはこう抗議する。「私がマロロスに配置され、革命政府と結びつき、それに忠誠を誓っていることを知っているのに、彼らはなぜそのようなことをするのだろうか(26)」。

これまで述べてきたことから、サルバドールの革命への忠誠心が問題とされなかったことは明らかである。ここでは、聖教会の会員たちが「犯罪」を犯したとされて罰せられるような一連の出来事が示されているが、彼らが単にサルバドールの運動に参加したということ以外に、彼らの罪がどのようなものであったのかは闇のなかにある。ある有力なパンパンガ人たちは、サルバドールの追随者を打倒しようとしたように思われる。サルバドールの「外見は美しいが、内面は邪悪」であると主張することによって、たいへん興味深いことに、パションにおける富裕であり影響力のあるファリサイ派の人々、町の指導者、そして裏切り者に当てはまる規範を、彼らが逆に応用したのである。そのような「外見」と「内面」の食い違いはまさに、サルバドールやサカイなどの指導者たちが、有産知識階層《イルストラード》の支配する社会において悪しきものと認めたものであった。

少なくとも表面上、問題は人員の支配をめぐるひとつの対立であった。パンパンガ州で革命軍を指揮したラモン・マスカルド将軍は、一八九八年から革命に参加した富裕で教養あるパンパンガ人たちの影響下にすでに入っていた。マスカルドはもともとサルバドールに憐れみ《リガップ》をもっていたが、有力家族出身の将校たちと頻繁に交わるうちに、「彼の道理《カトゥウィラン》という眼は覆われ」、サルバドールへの信頼は消え失せた。しかしサルバドールにしてみれば、こうした人々に「征服」されたからといって、マスカルドは責められるべきではなかった。なぜならサルバドールが理論づけるように、「教育と富は彼らの利点であるのに対して、私にあるのは無知と貧困」だからである。[27] いいかえると、サルバドールにとって、マスカルドの行動は悪意の産物ではなく、富や教育の「きらびやかさ」に惑わされた結果として予想できた。マスカルドの内心《ロオブ》はあまりに脆弱で、「彼の道理という眼」をくらませてしまうきらびやかさを目の当たりにすると、サルバドールへの憐れみも信頼も持続させることができなくなったのである。

マスカルドのその後の行動は、武器を支給するという口実で、聖教会の全会員の名前を名簿に記すようサルバドールに要求することであった。名簿ができあがるや否や、マスカルドはその名簿に載った人物を、別の「党派」を結成しようとしたかどで逮捕するよう命じた。サルバドールによれば、聖教会を解体しようとするこの企ては、マスカルドの手下の資産家で教養もある士官らの「役人になろう《マグオフィシャル》」とする野望から生じた。彼らは自分たちの地位や富のゆえにそうする権利があると思ったのだろう。しかし聖教会の加入者はすでに数千にも膨れ上がっており、彼らが事態を進展させることはできなかった。サルバドールは、これらの名士たちが人々を先導しようと主張するなら、その者は「中立の立場にある者たちのなかから追随者を探し出すべきだ」と示唆した。彼らは裕福なのだから、政府を支援するための資金調達に関心を集中すべきなのだ。彼らが革命運動を進めるにはほかの方法があり、しかし「平和裡に暮らしていた貧者たちを危険にさらすべきではない(28)」。

問題を悪化させたのは、革命軍のパンパンガ人部隊の統率権限を要求した、パンパンガ人エリート層の役人たちによる地域主義であった。サルバドールは貧しく無学な階層の出身というだけでなく、タガログ人ということによっても偏見を持たれた。供述書のなかで彼は、「私はタガログ人であるにもかかわらず、大勢のパンパンガ人を結集して、最初の戦い（一八九六年）に加勢した最初の人物であった」ために迫害された、と主張した(29)。その戦いでは、パンパンガ州の指導的市民の大部分はスペインへの忠誠を保ち続け、スペイン軍に金銭、部隊、労役、馬、医療援助を提供しさえした。パンパンガ州のエリート層はスペイン統治が衰えかけたことが明らかになってはじめて、〔マロロス〕議会でパンパンガ州を代表し、同時に同州の部隊を率いることを「当然の権利」のように期待して、一八九八年中頃に革命に参加した(30)。サルバドールは物事を違ったふうにとらえていた。町々に入ることを自分に禁じたパンパンガ人の「革命家たち」に対して、いくぶん辛辣な調子で彼はこう問うた。「『フィリピン人である』という点において、タガログ人、イロカノ人、パンガシナン人、ビサヤ人は、パンパンガ人と違うというのだろうか」[31]。もちろんパンパンガ州のエリートたちでさえ、ナショナリズムのこうした字義どおりの定義を受け入れていたはずである。そもそもマロロス共和国とは、こうした用語で定義されていた。だが、エリートたちは、「声なき」大衆を代表する「よりよい階級」の統一という観点から、ナショナリズムを考えていた。サルバドールにとってナショナリズムとは、エリートや地主に対する従前の愛着とは関わりなく民衆をまとめあげるものであった。

サルバドールや聖教会はひとつの異なった社会関係の枠組みのなかで活動していたので、パンパンガ州のエリート層は、自分たち自身の観点に置き換えてそれと対抗することができなかった。聖教会が「盗賊《バンディットリー》」現象に格下げされたのは、こうした理由によるものである。サルバドールによれば、パンパンガ州で起きた騒動や盗賊行為は何であれ、ひとつの証拠もなしに聖教会のせいにされた。その噂を広めることによって、サルバドールの高潔なイメージが地に墜ちることが期待されたのであろう。盗賊行為と関連づけることで、兄弟愛、宗教的献身、平等な土地所有といった聖教会の目標はすっかり歪められ、農民たち自身でさえ嫌悪を感じるような邪悪な相貌に染められてしまった。ボニファシオとそのカティプーナンに関するよくない噂をその会員たちのあいだに広めたカビテ州の住民たちのように、パンパンガ州の地方有力者たちのなかには聖教会の成長を止めるためにお定まりの手を使う者もいた。以下のようにサルバドールが盗賊行為を否定したことに対して、幸いにもアギナルドは同情を寄せている。

いかに私たちが多大なる困難を堪え忍んでいるといえども、私たちが他人の所有物を奪ったことは一度もない。私たちは、私たちと同様に貧しい兄弟同士たちからの喜捨を乞うて生きのびている。実際、今にいたるまでなお、私は一枚の着物すら買うことができない。着ているものは何であれ物乞いによって受け取ったものであるし、そのような施し物をくれた人物が誰であるか告げることさえできる。私がいくばくかの金《かね》を恵んでもらえるときはいつ何時でも、それを分け与えなかったことがあったかどうか、兵士たちに聞いてみるがよい。そして、もし私の言ったことが本当でなかったら、銃殺をも甘んじて受け入れよう。私の率いる集団が盗賊団などと呼ばれているということだけは、決して私に聞かせないでほしい(32)。

先述のように、対立の根源がパンパンガ州の農民支配をめぐる対立だったという印象は表面的なものにすぎない。サルバドールは、個人的な追随者を開拓するような政治家とは違っていた。彼の人望の基盤は別のところに、すなわち、賤しさ、謙遜、そして政治的指導者から通常提供される物的報酬や優遇に対する明らかな無関心にあった。彼がマロロスに配置となったときに、多くの男女が、困難と不正を耐え忍ぶことを強いられているという話をもって彼のもとにやってきた。サルバドールの応答は、ただこうした人々に「深く共感する」というだけのものであった。

私の心は苦悶に引き裂かれたが、死にいたるまでも彼らの苦悩に参加《ダマイ》する以外にできることはなかった。なぜなら過去において、私が費《フ》やした《ナン》ものはただ麗しい《マガンダ》交友と甘美な対話の言葉だけだった

のに、私の同胞《カパティド》たちは私の苦しみのすべてに参加してくれたからである。(33)

しかし再三述べたように、共感《ダマイ》は受動的経験ではない。ある集団において共感がみられることは、真の兄弟愛のためのひとつの条件である。これこそがまさに、サルバドールと農民たちを結びつけたものであった。

前記の引用において、費やしたもの《ブフナン》（投資）という用語の使用はきわめて重要である。恩義関係《ウタン・ナ・ロオブ》の慣用語法《イディオム》において、「費やしたもの《ブフナン》」とは、負債関係を生じさせる一連の優遇や無償の行為を意味する。母が最善をつくしてわが子を育てる際の苦労や損失は費やしたものの一形態であり、それはのちの人生において年老いた母の世話というかたちで返される。サルバドールは、彼が聖教会において費やしたものが憐れみと交友と対話だけで成り立つことを強調した。彼はここで、その他の種類の投資《ブフナン》も用いることができたことを示唆している。ひょっとして彼は、エリート層が伝統的に社会的地位や忠実な追随者というかたちで報いられるべき投資としてみなしてきた、富の蓄積や教育の達成のことを言いたかったのだろうか。サルバドールがそれを示唆したにせよ、していないにせよ、彼の追随者は経済的恩義やその他のタテの結合形態によってではなく、相互の共感《ダマイ》といたわりを通して彼と結びついていたことを明瞭に述べた。このような社会関係のあり方はたしかに、聖教会が農民を魅了するのに貢献した。それは、エリートたちが革命から利益を追求したり彼らの損失を今になって回復したりしようとして、ますます圧制的になっているような、地方有力者層《プリンシパリーア》の支配する現状に代わるものであった。また農民層が、彼ら自身の受難《パション》経験を通じて文化的に受け入れる用意をしていた代替物でもあった。なぜならその賤しさや謙虚さにおいて、サルバドールはほかならぬキリストの姿たりえたからである。パションにおいて、人々をキリストに結びつけるものは共感であり、キリストの言葉によって、知識と充足《ギンハワ》、そして勝利にいたるような「へりくだった者たち」の兄弟愛がもたらされる。

サルバドールによれば、革命軍の多くの将校は、祈りに時間をとりすぎ戦闘には十分な時間をとっていないとして、聖教会を非難した。彼はつぎの訴えでこれを真っ向から否認し、祈りと戦闘は不可分であると主張した。

人は敬神の行為がなければ、いかに価値ある大義を追求できようか。たとえ私の仲間が祈ってばかりいて戦闘に立ち向かわなくて、彼らに我慢ならないという者がいても、私は悪い気分ではない。(34)

聖教会に対し、前述したさまざまなやり方で嫌がらせをしたのと同じ階級の人々は、「祈りやその他の信心業を禁じてわれわれの礼拝を破壊」しようとする、と彼は述べた。それは単に教会当局からすれば、聖教会が呪われるべき存在だからであろうか。事実、ローマ・カトリック教会は、独自の教皇や聖職者を持つこの敵対する教会を抑圧するようけしかけた。あるとき、カトリック教会の指導者層は、聖教会が急激に人気を獲得していったことに脅威を覚え、その会員をすべて破門した。(35) パンパンガ州の地方有力者たちが聖教会に対する抑圧を正当化するために宗教問題を利用したと想定するのは、筋の通らない話ではあるまい。しかしサルバドールの見地からすれば、宗教的正統性は問題ではなかった。これから彼の自伝についてみてゆくように、サルバドールの関心は宗教的経験そのものだった。教理に関していえば、彼の宗教が根源的に異なるものであったというわけではない。むしろ彼は、承認を受けたキリスト教の礼拝様式と祈禱様式を用いていた(36)。しかし彼は、祈りは「分断隔離された」活動となるべきではないと主張した。それはまた、聖教会の兵士たちが戦いにおいて武器の足りない分を勇気で補うことができるように、内心《ロオブ》を完全に制御し静穏の状態を維持して、日々の状態を方向づけるべきものであった。

一八九九年の「嘆願書」を締めくくるにあたり、サルバドールは、パンパンガ州の「多くの大物たち」が彼を「溺死《ルボグ》」させたいと願い、そのため彼の生命は絶えず危険にさらされていた、との説明を行なっている。有力者たちによって水のなかに押し込まれようとしている道徳的に高潔な普通の人《タオ》というイメージには、アポリナリオ・デ＝ラ＝クルスが一八四一年に兄弟会会員《コフラーデス》たちへ宛てたメッセージを想起させる。

> われわれは唯一の本当の神への大いなる信頼を持たなければならない、という私の忠告を繰り返させてほしい。なぜなら神はわれわれを助けるからだ。彼らが一〇〇〇人ものよい人々を溺死させようとしても、一人ひとりが水面に浮かび上がり、ただひとりの邪悪な者がたちまち消え失せる(37)。

四八年の年月を隔ててはいるが、この二つの事例では、農民指導者たちは、みずからの大義の根本的な正しさと神に対する信頼が「大物」による迫害に耐えるのを助けてくれる、と確信していた。サルバドールの場合には、革命という状況がさらに加わった。スペイン人は追い払われたが、聖教会に対する迫害はかつてと同じほど深刻だった。まったくもって皮肉なことに、スペインとの戦いのあいだ、祖国のために多くの犠牲を払ったにもかかわらず、彼らは共和国の役職者たちによって「スペイン人のためにスパイ活動をする」犯罪者のように扱われた、とサルバドールは嘆いた。聖教会に平和な生活をさせてほしいと、彼は「末子が父に対する」ようにアギナルドに訴えた。サルバドールは、母なるフィリピンを解放するためのアギナルドの動員令につねに万全の準備をしていた。もし万一、命令に背いたりいい加減な気持ちで行動したりしたら、彼はマロロスの広場で裏切り者として撃たれることをも厭わなかった。

サルバドールの「嘆願書」には、サルバドールとその仲間たちに対し不服従と脱走のかどでなされた告訴をすべて取り下げる、という軍事法廷の評決が添付されている。兵士たちに押しつけられた不正義とアギナルド大統領への直訴が不可能であったがために、聖教会の会員たちがその持ち場を離れたのである、と政府は認定した。さらに、聖教会が「反革命的」であると立証するものは何もなかった。実際、祖国の防衛への献身は汚されなかった。アギナルドはサルバドールが忠誠を示す異議申し立てを行なったことに満足して、聖教会を保護することに同意し、また事実、マロロスでの穏当な仕事をサルバドールに与えた。[38] しかし有産知識人たちのあいだでは、サルバドールに対する恐怖や不信が残ったようである。マビニは彼を公然と非難し、「貧しく愚かな者たちへの配慮に一見関心を示してみせ、彼らを不思議な奇跡や預言の話で喜ばせ、……サルバドールの犠牲者たちがその経済的損失について考えるための時間を与えないようにするほど抜け目ない」人物だとしたのである。[39]

聖教会の闘争、一八九九～一九〇六年

サルバドールに対する有産知識階層の態度を考えれば、彼が一八九九年のあるとき、大佐に昇進したことは奇妙に思えるかもしれない。しかしそれは、アメリカ軍が中部ルソンの共和国に攻勢をかけた年であった。アメリカ軍に対するゲリラ戦を続行するために、サルバドールには、正規軍の多くの将官が得ることのできなかった献身と追随者があった。この支援の源を取り込むためにアギナルドにできたもっとも簡単なことは、軍の階級で昇進させてサルバドールを認めることだった。三月にマロロスが陥落すると、サルバドールはバリワグへ戻り、彼の軍隊と支援ネットワークの拡大にとりかかった。最終的に彼は、アパリットに近いカミアス村《バリオ》を自分の「首都」として選んだ。一八九九年一一月に大多数の革命軍とともに投降することを拒み一九〇〇年初頭に逮捕されるまで、彼はゲリラ戦に従事した。そして牢のなかで数カ月過ごしたのち、一九〇〇年八月に合衆国に対する忠誠を誓った。しかし解放されると、戦場の仲間たちのなかにふたたび加わり、アメリカ軍から「無法者」とみなされた。(40)

聖教会は、この地域のほかのゲリラ軍とはさまざまな点で異なっていた。一例をあげると、カミアス村は、「大司教」たるサルバドールが統括する「聖なる司教区」でもあり、彼は兵士たちに、始終祈り、そして戦いに出かける前には手の込んだ儀礼を執り行なうよう助言した。(41) 聖教会の指導者たちはいつも、通り過ぎる村々の指導者たちから米や衣類、巻きタバコなどの施し《リモス》を求めるために出歩いていたという

証拠もある。[42] 火器の不足から、聖教会の分遣隊が、ゲリラ地域におけるより大きな旅団に加わることもあった。しかし彼らが異なるアイデンティティを保っていたことは、ゲリラ部隊のなかで軋轢を生じさせる火種となった。たとえば、ブラカン州のハゴノイ－パオンボン地域の村役人たちは、セベロ・ロドリゲスとマヌエル・ガルシア（通称、トゥイ指揮官もしくはトゥイ隊長）という第三地域旅団に配属された聖教会の指導者が、村人たちのあいだを誰彼なく勧誘してまわっており、村の生活が破綻していると村長《カベサス》たちが感じるまでになった、との苦情を申し立てた。また、革命軍指導層もいくぶん混乱した。一九〇〇年八月にハゴノイで革命軍を出動させようとした指揮官は、兵士の多くがほかの種々雑多な将校たち、とくに聖教会のトゥイ指揮官に「所属している」ことを発見して狼狽した。[43]

一九〇一年の終わり頃までには、聖教会とそれに類似した「誉れ高きマリアの衛兵」のような組織だけが残り、中部ルソンにおけるアメリカ軍とその地元支援者を悩ませ続けた。ほかのゲリラ集団は、アメリカの主権の受諾を呼びかけたアギナルドの四月の宣言に聞き従っていた。征服軍が南部ルソンにおけるマルバールの抵抗にその注意を移したとき、治安警察隊《コンスタビュラリー》は、この地域の「治安」にとって主要な脅威となっていたサルバドールを追いつめて捕える仕事を引き継いだ。一九〇二年に、警察はついにヌエバ・エシハ州で彼を逮捕した。

しかし一九〇二年にサルバドールの生涯は、その第二段階に入ったにすぎなかった。煽動のかどで有罪とされたこの聖教会の指導者は、マニラのビリビッド牢獄に護送されようとしていたそのときに、警備の目を盗んで脱走し、かつての本拠のあったアラヤット山に逃げのびた。サルバドールは、自分の霊魂がこの山の頂上から天国に旅し神と語り合ったと述べ、独立が到来することを告げ知らせた。この新時代が始まる前に、世界は大洪水や大火災に荒らされてしまうであろうから、人々は彼の結社《カティプーナン》に参加してそれに備えなければならない。また来るべき大いなる戦いに備えて武器を手に入れるために、いくつもの治安警察隊の舎営を急襲しなければならない。しかしたとえ武器がなくとも、山刀《ボロ》やこん棒を持って戦いに加わればよく、もし人々が勇敢に戦うならば、それらはライフル銃に変わるであろう、と彼は言った。もっとも大切なのは人々が聖教会の結社とその目標に堅くとどまることであり、内心《ロオブ》を浄化し危険に直面しても平静でいるために、絶え間ない祈りと宗教実践の規律に従うことである。彼らの信仰と死の覚悟に対する報いはきわめて明瞭である。すなわちサルバドールの独立政府が打ち立てられれば、すぐに金銀財宝が雨あられと降り、土地やその他の財産は再分配されるというのである。(44)

中部ルソンの農民たちは、このサルバドールの呼びかけに熱狂的に応えた。一九〇三年から一九〇六年までの治安警察隊の報告書には、聖教会が地方の人々をしっかり掌握していたことが包み隠さず記されている。たとえば一九〇四年にヌエバ・エシハ州の地区視察官は、その担当州において「全住民が運動に共感しており、大多数の人々が何らかの点で運動に関与している」ことを認めている。さらに彼は、襲撃者集団のどのひとつをとっても、ヌエバ・エシハ州出身者ばかりでなく、パンパンガ、パンガシナン、ブラカン、タルラックの諸州、すなわち少なくとも三つの異なる言語集団からなる諸州の出身者がいるとも述べた。(45)明らかに、州や言語の隔たりは、一九〇三年から一九〇五年までの間の運動の急速な拡大にとって、何の妨げにもならなかった。マニラや南部タガログ地方のカビテやラグナの諸州でも、聖教会は数多くの会員をあてにできた。(46)事実、パンガシナン州を拠点とした誉れ高きマリアの衛兵の運動もサルバドールの最高権威を認め、一九〇五年には急速な拡大を経験した。(47)のちに詳しく取り上げるように、一九一〇年の「危機」に直面したとき、コロルムや聖家族《サグラダ・ファミリア》などの兄弟結社は、カティプーナンの元兵士たちとともに、党派的利害をひとまずおいて、サルバドールによる新たな独立闘争への呼びかけに聞き従った。サルバドールと武装した二〇〇人ほどの彼の直属部下たちは、聖教会と心意気をともにする幅広い農民層を基盤にもち、中部ルソン一帯を自由に行き来できた。彼らをなんとか捕縛しようと、政府が「何十万ペソ」もの大金と秘密諜報員の大群を投入したにもかかわらず、彼らは水を得た魚のようであった。

聖教会の「偉大なる戦争」に備えるための武器弾薬確保作戦は、一九〇六年にその頂点に達した。ブラカン州のマロロスとサン・ラファエルの治安警察隊舎営をはじめとするその他さまざまな地域のやや小さな舎営は、「狂信的決意」とともに、おもに山刀《ボロ》を武器とする人たちによって襲撃された。復活祭の日曜日の州都マロロスへの攻撃の際に、サルバドールは作戦の成功を願う祈りを捧げながら、距離をとって攻撃を指揮した。聖教会のマロロス襲撃を導いたのは、マヌエル・ガルシア将軍であり、その仲間には「トゥイ隊長」として知られた人物がいた。彼は胸をはだけて、聖三位一体の銅メダルをこれ見よがしに額に押し戴いて、恐れずに闊歩した(48)。驚きのあまり、治安警察隊がしばらくのあいだ圧倒されてしまったため、その間にトゥイ隊長とその仲間たちは武器や弾薬を奪って逃げることができた。そうこうするうちに、町の中心部全体にパニックが広がった。伝えられるところによると、かつて革命軍の将軍であったテオドロ・サンディコ知事は、州都から逃れざるをえなかったという(49)。

いまやサンディコは保守派などでは毛頭なかった。その愛国という大義への貢献のゆえに、歴史はそれ相当な名誉を彼に与えた。革命軍の将軍として、彼はアメリカ軍の占拠するマニラで一八九八年に抵抗運動と連帯ストを組織して実力を示した。サンディコは、ナショナリスタ党のブラカン州知事に就任したときに、諸税の撤廃と「社会主義的」行政の実施を約束した(50)。しかし彼は、有産知識人たちが基本的に確信するとおりの方法で独立闘争に関与しており、アメリカ人が設定した規範の範囲のなかで活動した。サンディコは、サカイの新しいカティプーナンを一九〇七年の国民議会創設に対する主要な障害物とみなすような、ほかの政治家たちと同じ苦境に自分自身もまた置かれていることを思い知ったに違いない。サンディコは聖教会のもつ独立についての展望に注目しないわけにいかなかった。しかし、この展望には一定期間の武力闘争を必要とし、現存する社会秩序の崩壊も起こりえたため、彼はサルバドールの組織を弾圧するよりほかなかった。

　四月一五日のマロロスにおける潰走ののち、サンディコ知事は「サルバドール軍を壊滅させるために、地元住民の支援を取りつけようと絶望的な努力を行なった(51)」。彼の最初の行動のひとつは、とりわけ聖教会問題について徹底的に討論するために、五月初めに町長全員を会議に招集したことであった。地方役人たちは、サルバドールの運動の活動と目的について討論を重ねた結果、彼とその追随者たちは「道理《カトゥウィラン》に反し」、「さらには人々に恐れられている」ので、盗賊《トゥリサネス》と呼ばれるに値するという結論を下した。彼らはまた聖教会を「道理の敵」と公に宣言し、一定の猶予期間ののちにその会員たちを盗賊として狩り出すよう、フィリピン委員会に請願することを決定した(52)。

　ここではパンパンガ州とブラカン州の地方有力者層が聖教会に対して陣営を固めていった史料しか扱っていないが、パンガシナン州、ヌエバ・エシハ州などサルバドールの影響がうかがえたその他諸州でも、状況は同じようなものだったであろう。一九〇六年中頃、治安警察隊の反撃が比較的成功したことも、こうした観点からみるべきである。たとえばサンディコは、地元の住民たちが治安警察隊を助けることを拒んだ場合には強制的に再集住させる、と脅した（これはサカイを支持する大衆に対しても用いられた作戦である）[53]。地元の有産階級にはみずからの情報源に加え、世論へ影響を及ぼすような旧来の手腕があった。聖教会がタガログ地方のバタアン州で足がかりを設けることに失敗したのは、このせいだと考えるべきであろう。小舟に分乗してマニラ湾を渡ったトゥイ隊長指揮下の分遣隊が、バタアン州の住民から援助を得られなかったのは、「盗賊」の侵入を追い払うよう、明らかに地方有力者層や諜報活動員たちによって住民が「準備させられて」いたからである。海岸のいたるところで治安警察隊に追われて、トゥイ隊長の一隊は、七月初頭にはブラカン州に舟で戻るよりほかに手がなかった。数日後に、彼らはハゴノイの近くで治安警察隊と壮烈な一戦を交え、トゥイ隊長を含む二〇人が戦死した[54]。

トゥイ隊長ことマヌエル・ガルシア将軍を失ったことで、聖教会によるさらなる軍事行動はある程度少なくなった。サルバドールの降伏交渉の試みはほとんど成功したのも同然のようにみえた。もちろん政府の取り組み方は、サカイの場合に用いて成功したものに似ていた。しかしサルバドールは賢明にも、サカイの裁判の結果を待つことに決めたのである[55]。そのときから、サルバドールの所在を追跡しようとする努力が続いたが、彼を保護した地元住民の頑とした態度によって惨めにも失敗した。一九〇七年から一九〇九年までの治安警察隊の記録のなかに聖教会に関する言及がほとんどないことから、研究者たちは一九〇六年をこの運動の分岐点とみなすようになった。聖教会は一九一〇年に急増したにもかかわらず、そのことはほとんど言及されず、一九一〇年七月にサルバドールがついに逮捕されるまで徐々に衰退していったとみられている。一九〇六年が「分岐点」であるという考え方、および一九〇六年と一九一〇年の間の断絶ないし不連続は、聖教会の物語のほとんどに関して、われわれが治安警察隊の情報源に依拠しているがゆえに生じるものである。以下にみるように、サルバドール自身は決して断絶があるとは認識していなかった。

意味世界と自伝

サルバドールを起訴した検察官の親戚であるホセ・P・サントスは、拘留からの逃走とそれ以降一九一〇年までの活動に関して、サルバドール自身による記述を「何の修正も加えずに」一九三六年に出版した(56)。一九一〇年八月二日までにわたる彼の経験談のなかで、三つの出来事だけがほかの史料と付き合わせて実証されうるものである。すなわち、一九〇二年に逃走してアラヤット山へ帰還したこと、一九一〇年に祝福のうちにアラヤットの町へ入ったこと、そして同年に捕縛されたことである。注目すべきことには、治安警察隊の報告書のなかで多くを占める急襲と小競り合いについては、まったく言及されていない。おそらく前記の三つの出来事以外には、政治的指導者の自伝に通常みられるような劇的事件や物語風の展開に見合う記述は、ほとんど見当たらない。むしろわれわれが手にするものは、アラヤット(シヌクアン)山近辺の沼沢地や森を散策するサルバドールの一日一日の活動についての、繰り返しの多い「退屈な」話である。

サルバドールや聖教会について新しい「事実」がないことが、おそらく研究者たちがサルバドールの自伝を利用しようとしない何よりの理由であるようだ。しかし、すでに本書第1章で説明したように、「底辺から」の史料が有用なのは、「確実な事実」の宝庫だからではなく、それらが出来事の隠れた意味世界や認識のしかたをさし示しているためである。サルバドールの記述が重要なのは、想像上の尋問者に対してではなく、まさしく自分自身にとって重要だと感じたことを書いているからなのだ。繰り返しの多いことや、記述についての事実関係が「不完全なこと」それ自体が示唆するのは、自分の書いたものを全体として眺めるために、サルバドールは、作家や歴史家ならばしたであろうと思われるようには意識的に出来事を客観化しなかったことである。彼はあたかも話すかのように書いた。彼の経験を理解するうえでなすべきことは、物語を形づくる意味世界の単位群を見つけ出すことである。サルバドールの書いた最後の一文、「これは……真に私が行なったこと、私の身の上に起こったことである」を、われわれは真摯に受けとめなければならない。

サルバドールの記述は、彼が自由の身となりアラヤットに戻った経緯の説き明かしから始まっている。

私たちはマニラに召還され、私はヌエバ・エシハ州を出発した。〔訳128〕カビアオにたどり着くと、私と同行してきた囚人たちが逃亡することに合意し、そのことを私に告げた。私は拒んでこう答えた。私には罪を犯した覚えはないのでマニラに行きたい、審理によって私は必ず釈放されるだろう。ほかの囚人たちは、あなたがどうするかは自由だが、ここに残れば兵士たちに撃ち殺されるだろう、と言った。私は恐れ、彼らが立ち去ったあと、それに続いた。そして歩きながら私は桟橋の陰に隠れた。追っ手の兵士が通り過ぎると、私は川の向こう岸へ渡り、シヌクアン山をめざした（一一頁）。

サルバドールが川岸を歩いていると人々の乗った小舟《バンカ》に遭遇する。彼は米を乞い、少量もらう。それを食べたあと、川の向こう岸に渡り、山をめざして歩き続ける。そして木々の生い茂ったカバラトゥカンという場所へやってくる。そこでビセンテという男の住む小屋を見つける。彼はふたたび米を乞う。「私は少量をもらい、それを食べたあと話しはじめた。私は、カビアオから逃亡して以来の経緯について彼に話した。その男は私に憐《アワ》れみを抱き、それゆえ私たちの話に対する彼の答えは、主なる神のおかげで私は害を受けなかったというものだった」（一二頁）。それからサルバドールはビセンテに、兵士たちがあたりをまだ探索しているかどうか尋ねる。ほとんどない、という答えである。サルバドールはビセンテに、「あなたの庇護《アンポン》のもとに置いてくれるか」どうか尋ねる。ビセンテは喜んでそれに応じ、こうしてサルバドールはその地に二カ月とどまることになる。

サルバドールはつぎに「ブントック・バビ」と呼ばれる川岸の地へ行き、ファンという名の友と出会う。彼はブリヤシの若枝《トゥロド・ナン・ブリ》を集めて町で売り、生計を立てていた。サルバドールはファンの小舟に乗せられて、野営キャンプのようなところに連れてゆかれる。

そこに着くと、私たちは飯を炊き料理して食べ、食事のあと語り合った。私はカビアオを逃れる間の経験を話した。この男は私に憐《アワ》れみを抱いていたため、私が傷つかなかったのはただ神のおかげだと答えた。そのとおりだ、と私は答え、そして私たちは生活に関わるその他諸々のことについて語り合った（一一二頁）。

二人は、サルバドールがブリヤシの若枝切りを手伝うことに合意する。彼らはそれぞれの収穫物をまとめ、それを売った稼ぎで米や塩、その他の食糧やタバコなどの生活必需品を買うことになる。「彼らの関係はうまくいった」ので、サルバドールはファンとしばらく一緒に過ごすことになる。ファンが二週間以上のあいだいなくなるときには、サルバドールは夜に家々を回って米を乞う。「私は少しずつ、彼らが進んで与えてくれる分を受け取った。私はこうして多くの日々を過ごした」、と彼は記す。

この物語には、ほかの史料で裏づけられるような事実はほとんどない。ヌエバ・エシハ州を出たというサルバドールやほかの囚人たちは、事実、一九〇二年に彼らがマニラに移送される際に逃亡した。サルバドールが名を挙げる何人かのうち、最初に登場するビセンテはおそらく、パンパンガ州サン・ルイス近郊でサルバドールといつも一緒にいた人物として、一九一〇年に治安警察隊が確認したビセンテ・フランシアであろう。[57] しかし、その他の名前や出来事は特定できず、確認できず、また時間の確定もできない。けれどもそれが、この物語を用いるにあたって重要というわけではない。サルバドールの物語が見知らぬ者たちとの一連の出会いに終始していることは、この記述を形成するある特定の考え方をさし示している。シヌクアンの山裾や森をさまよっているあいだ、サルバドールが寂しさや苦痛を感じたと語っていないことに注目されたい。彼は見知らぬ人に出会い、食べ物を乞い、いくらかを恵んでもらう。最初の例では、彼は飯を乞う。二番目の例では、それに加えて精米など新たな食糧も求めている。第三の例では、彼はビセンテに世話をしてくれるように頼む。ファンに対しても同様である。すべての場合において、それが断られる可能性はなく、緊張関係は生じない。治安警察隊の報告書が暗に示すところに反して、サルバドールはほかの人の骨折りで生活している逃亡者というわけではない。彼の社会観では、まったく見知らぬ者同士のあいだでも、物を求め（あるいは乞い）、与え、受け取るというのは完全に自然なことである[58]。

そこから出現してくる範型とは、食べ物の分かち合いと共食が兄弟のような関係を生むということである。食事にはつねに「会話《ウサプ－ウサプ》」がともなう。サルバドールは自分の逃亡の経緯を話し、相手は彼に憐れみ《アワ》を抱く。憐れみにともなって、神がサルバドールを害悪から守ったという理解が生まれる。ビセンテもファンも、まったく同じ反応を示している。「彼は私に憐れみを抱いていたため、私が傷つかなかったのはただ神のおかげだと答えた」。この説明から、ビセンテもファンも、サルバドールの経験を神の意思ゆえと考えたとみなすことができる。実際、サルバドールが牢獄に入れられていたとき、彼は追随者たちに、自分が監禁されるのは地上での罪の自発的償いなのだと語った。彼が言うには、彼は神のお望みを心にとどめるだけであり、いつ何時でも彼が刑務所から出ると決めれば、その場所から歩いて出てゆくだけでよい。したがって、彼が実際に脱走し遂げたとき、彼の追随者たちはそれが預言の成就であったと信じた[59]。しかしサルバドールは、自分の物語のなかでそれ以上のことを語っているようである。神の介入を認識する前には、つねに憐れみの経験が先立つ、と。すでに前段の諸章でみたように、憐れみは個人の感情的な発露という意味合いでの単なる「哀れみ《ダマイ》」ではない。サルバドールの慣用語法では、憐れみには、パションやカティプーナンの儀式のなかの共感と似た社会的意味がある。憐れみがあれば、人々はサルバドールの経験に合わせることができる。彼らは自分たちがよく知っている意味世界の枠組みのなかで、それを位置づけることができる。こうすることによって彼らははじめて、サルバドールが危害を受けてこなかった理由を本当に理解できる。

物語を続けよう。サルバドールはダマソという名の別の人物と出会う。彼らはともに、ブリヤシの若枝切りをしている間に友だちになる。サルバドールは言う。「私たちの関係はよかったので、彼は米、醤油《トヨ》、塩、塩辛《バゴオン》、タバコといった生活必需品を定期的に持ってきてくれるようになった」。サルバドールは、兵士たちがその地域でまれに作戦行動を行なっていると聞くたびに、小屋から去ってすぐ近くの森林に隠れる。

結局、彼はサラゴサという町の境にある別の森へ移り、エピファニオ・デ゠ラ゠クルスという人物とのあいだに結ばれた友情ゆえに、かなりの時を過ごす。彼と同じくエピファニオも住民登録証《セドゥラ・ペルソナル》を持っておらず、したがって町への立ち入りができない。彼は、サラゴサの沼の多い森でサルバドールの世話をする。数日後、サルバドールは「とても良い場所」なので川岸に戻ることに決め、その後一定期間とどまることになる。それから彼はカミアスに「帰郷する」決心をする。ダマソは彼をそこに連れてゆき、そして二週間のあいだ、サルバドールの世話をする。

エピファニオも、サルバドールやダマソとふたたび合流したらしい。彼らは一緒にダマソの小舟に乗り、コンセプションという地区のサンタ・クルスという場所をめざす。彼らは歩いているとき、ダマソの知人に出会う。その男は一行を森のなかにある小屋に連れてゆき、食べ物を提供する。食事のあと彼らは話しはじめる。サルバドールは、兵士たちがこの地にしばしば現われるかどうか尋ねる。そうだと知ると、サルバドールは一行をすぐ発たせようとする。家主は彼らにカマンセにいたる道を教える。

カマンセで彼らはキーレムと呼ばれる地へと進み、そこでおよそ一週間とどまることになる。生きのびるために、彼らは行き交う船人たちに食べ物を乞わねばならない。彼らと食べ物を分け合うことが拒まれることは決してない。川に小舟が現われないか、小舟が何も生活物資を運んでいないときだけ、彼らは「わずかな空腹」に耐えればよい。最後に彼らはヤシの若枝を積んだ小舟に乗ってその地を離れ、サントールと呼ばれる地の手前で下船した。

サントールの森で、サルバドールは、彼のことを何者であるかがわかっているように見受けられる、二人の男と出会う。いつもどおりの挨拶の際に、二人の男が彼ら旅人にどこからやってきたのかと問い、彼らはキーレムからだと答える。一行がまだ食事をしていないことを知ると、二人の男は突如として姿を消し、いくらか米を持って戻ってくる。食事のあと彼らは会話を始める。

私たちは、私が最近過ごしてきた人生のありさまについて語り合った。彼らは聖教会の目的は何か、と問うた。私は、祈ることと主なる神に憐《アワ》れみを乞うことだと答えた。そして聖教会は主なる神を信頼しており、礼拝と悔い改め、そして主の命令に対する従順といった断固たる行為《マティバイ》を行なっているのだ、と私は言った（一四頁）。

彼らは「それに関連したいろいろなこと」を語り合う。語り合ったのちに、二人の男はもっと米を持ってくるために去る。

さきに指摘したように、サルバドールの物語は人々との一連の出会いによって構成されている。それだから、彼が「ブントック・バビ」にファンと長期間とどまっているときの活動について、彼らはよい関係だったこと、ファンが長いあいだいなくなるときはサルバドールが見知らぬ人の家に行って食べ物を恵んでもらっていたことが記されているだけで、ほかには何も述べられていない。また、彼がサラゴサ近隣の森に長期間とどまったときも、ただエピファニオが彼の世話をしていたというだけで、何をしていたのか語ってはいない。彼が「わが家」と称したカミアスにおける二週間にわたる滞在についての説明もない。カミアスには教会があって、サルバドールがそこで宗教的活動を行なったことが、ほかの史料からわかる。しかし彼自身が述べているのは、ダマソがそこで彼の世話をしたことだけである。明らかに特定の場所で過ごした時間は凝縮して述べられ、物語の図式のなかではほとんど「価値」がない。サルバドールが自分の人生のおよそ八年間を要約できる唯一の方法がこれであった、といえるのかもしれない。しかし、彼がいくつかの事実を述べつつ、ほかのことは省略するその基準とはいったい何だったのだろうか。

　物語のなかで出来事が連ねられる手法から、読者はサルバドールがいつも移動していたという印象を受ける。どこでも彼は新たな人物と出会い、その人物はいつでも彼に食べ物を提供し、世話をし、憐《アワ》れみをかける。これらのエピソードにはひとつの繰り返される範型がある。誰かとの会合あるいは出会いがやや詳細に説明されているときに、彼の移動は止まるのである。たとえば、つぎのような一節をもとにした表現のいくつかの変形が見られる。「ファンのキャンプ〔前段三六五頁の引用中では「そこ」〕に着くと、私たちは飯を炊き料理して食べ、食事のあと語り合った」。人々が贈り物や生活物資を持ってくると、それらは、ご飯、精米、塩、塩辛《バゴオン》、タバコなどといったふうにひとつひとつ列挙される。人々との出会いによって区切られる移動という感覚は、行脚《ラカラン》の意味世界をみごとに描き出している。それは、パションにおいて人々のあいだでのキリストの基本的な活動に充てられた言葉であり、また、アポリナリオ・デ゠ラ゠クルスが兄弟会員《コフラーデス》たちの改宗の旅に用いた言葉なのである。

サルバドールがさまようちに、多くの人々が彼に引きつけられてくる。たとえば、ダマソやエピファニオはそれ以来、彼の行くところどころに同行している。物語の進展につれて、彼の「追随者」の数は増えてゆく。彼らをサルバドールと結びつけるものは何だろうか。この男の「魅力」は何にもとづくものなのだろうか。明らかにそれは、富や地位ではありえない。彼らは皆同じ社会的身分に属している。彼らは一緒にブリヤシの若枝を集める。エピファニオのように、ある者は逃亡者でもある。さらに、サルバドールは出会った人々に食事を提供され、匿われ、さもなければ「世話を受けている」。彼らは生活物資や贈り物《レガロ》を彼に与え、その見返りに何の金品も受け取らない。伝統的な「恩顧・庇護《パトロン・クライアント》」型の関係が、サルバドールとその「仲間」のこのような紐帯の基盤にはなりえないのは、その「指導者」のほうに負い目があるからだ。しかし「恩顧・庇護的」関係がないからといって、サルバドールたちの集まりが伝統的な基盤を欠いているというわけではない。そのことは、恩義関係《ウタン・ナ・ロオブ》もしくは「内心の負債《ロオブ》」という言葉の意味世界を検討すれば明らかとなる。

現在の社会学的定義づけによる恩義関係《ウタン・ナ・ロオブ》では、負債関係における不均衡がつねに均衡に向かうようにしなければならない、つまり債務者は、その負債が返済されるまでは債権者にいつまでも拘束されなければならない、という意味合いを含んでいる。この人間関係の定義は、往々にして政治的行動の説明に用いられる。アグパロによれば、恩義関係とは「二者間、つまり上位の者と下位の者のあいだの非対称的かつ階層的関係である。上位の者とは恩恵を与える債権者であり、下位の者とは恩恵を受ける債務者である」。したがって政治的指導者は資産家階層出身が多いということになるが、その理由は、彼らは「与える」ことができるため、恩義に対する負い目《ウタン・ナ・ロオブ》を通じて普通の人《タオ》を拘束できるからである。(60) しかしつねにそうであるならば、単純に負債《ウタン》という言葉を用いればよいはずではないだろうか。内心《ロオブ》という言葉があえて用いられていることは、債権者と債務者、与え手と受け手のあいだの単なる経済的関係以外のことをさし示している。サルバドールの慣用語法では、贈り物は、人々の内心のあいだの絆《きずな》を強めるひとつのかたちである。物乞いをすることや食べ物や隠れ場や保護を与えられることは、上下関係ではなく、愛にも等しい対等の関係を生じさせる。一八九九年のアギナルドへの訴えと一致するかたちで、サルバドールは一九一〇年の記述のなかで、エリートによる広範な影響が及ばない社会というイメージを提示している。事実、そこでは物事が逆転し、債務者が力を持つ人となる。

新聞記事によると、サルバドールは「キリストの偉大なる弟子」であり、望むときにはいつでもキリストと話ができると主張した。彼とその追随者たちは、パションの人物を真似て、長髪で粗布の服をまとった。(61) しかしサルバドールの物語には、パションを直接暗示するようなものはない。彼が何に似ていたかは語られておらず、キリストやパションのなかのほかの登場人物たちに言及しているわけでもない。サルバドールは、外見上の姿形に言及するために、出来事の流れから逸脱したりはしない。パションの慣用語法は物語自体のなかに埋め込まれている。

パションの重要な側面のひとつは、読者や聞き手に憐れみ《アワ》の経験を喚起させるような、苦しむキリストが持つイメージにある。しかし、どんなに憐れみを積み重ねてもパションの筋書きを変えられないのは、キリストがあらかじめ告げられたこと、父なる神が世界のために計画されたことを実行しているにすぎないからである。パションの言葉と音楽によって引き起こされる憐れみの経験は、パションと日常生活とのあいだの関連性のような、ふだんは隠蔽されている意味世界を聴衆が感得する状態へと導くことができるだけである。これに対してサルバドールの場合には、出会う人々に彼の身の上話をすることで憐れみが喚起され、その時点で人々は人物とその姿との関連性を見つけ出すのである。前記の最初の二つの事例で、彼の過去の日常生活についての語りは憐れみを呼び起こし、神が彼を害悪から護《まも》ったことを理解させる。第三の事例では、彼の話を聞く二人の漁師は、神が彼を害悪から護ったと答える代わりに、聖教会について尋ねる。彼らの聖教会に対する自覚が増すのは、彼らが憐れみの経験を通じて関連性を見つけ出すからである。サルバドールの話は、この世にキリストが現臨するあらわれとなる。だから、彼が話すのを聞いた二人の漁師は走り去って彼の言葉を広め、サルバドールの「追随者」が急速に増える。

聖教会が自発的に成長していったさまは、物語の続きの部分で描写されている。漁師は戻るとき、飯や米、やかん、塩、魚、その他食物を持ち帰る。彼らは一行と一緒にとどまろうと決意した一〇人の人々を伴っている。サルバドールによると、「彼らは主なる神への信心業に参加したいと望んで私たちに加わった」。その後、彼らは野営キャンプをたたんで、カンダバの方向に歩を進める。

道すがら彼らはひとりの漁師に出会い、どこへ向かっているのか尋ねられる。彼らがピナックの方角だと答えると、その漁師は、彼らが立ち止まってキャンプを張り休息をとるまで付き従った。

私たちは主なる神に関する事柄を語りはじめた。私の連れが炊飯し、飯が炊けると私たちはそれを食べ、私が話していた男も食事に加わった（一五頁）。

食事のあと漁師は立ち去る。その二日後に、彼はほかの男女を連れて戻ってくる。彼らは「贈り物、米、食糧、タバコ」を携えている。彼らはサルバドールに元気かと尋ね、彼は「神の憐れみのおかげで元気です」と応じる。挨拶を交わし合うと、彼らは会話を始める。

私たちは、各人が神の憐れみ《アワ》を探し求めながら過ごすべき日常生活《ブハイーブハイ》の事柄について語り合った。私は彼らに、朝、正午、就寝前にロザリオの祈りを捧げるよう言った。そして礼拝という善行のなかで、さらに大いなる静穏《カタヒミカン》の状態に置かれるよう神に依り頼むべきであることも告げた（一五頁）。

彼らは「主なる神に関するほかの事柄」も語り合う。その後、彼らは友愛の会食をともにする。食事をして休息のあと、客人たちは家へ帰ると言って別れを告げる。

およそ一週間後、同じ地で、彼らはサン・ミゲルから来た仕掛け網を用いる漁師だと名乗る、大きな篭を背負った五人の男たちと出会う。「日常生活」や主なる神に関する事柄について語り合ったあと、五人の漁師は別れを告げる。数日後、彼らはもっとたくさんの人々を連れて戻ってくる。サルバドールは、彼らにどこへ行こうとしているのか尋ねる。彼らは、「贈り物、米、食糧、タバコ」などを持って訪ねてきたのだ、と答える。

私たちは日常生活について語り合い、主なる神に関することや人が日々の生活のなかでできるよいことについて論じた。私は、人は生きているうちは信仰の強さ《ラロン・パナナリグ》ゆえに生じるあらゆる種類の苦難に耐えなければならないし、朝、真昼、就寝前には聖なるロザリオの祈りを唱えねばならないと言った。また私は、人は悔悛《ペニテンテ》の業をみずからに課さねばならないとも言った。彼らはどのような悔悛の業が必要かと尋ねた。私は答えた。まずは祈り、第二に禁欲《パグココラシオン》であり、苦難に耐えること、そして主なる神への過ちを犯さないようにする力強い努力である、と。私たちは同じ類のほかの事柄についても語った（一六頁）。

食事の時間になると、彼らは一緒に食事をとる。休息のあと、来訪者たちは家へ帰ると言って別れを告げる。

数日後に「突然」、同じ人々が衣類の束を持って戻ってくる（向きを変える《ピヒット》）。その衣は何のためかとサルバドールが尋ねると、人々は彼の一行に参加しようと、「家を出たときからみずからの内心《ロオブ》において決意していたのだ」と答える。サルバドールはよくやった《マブティ》と言いながら、彼らが参加しようとする詳細な理由を尋ねる。彼らが答えて言うには、「主なる神に関わることで各人が生きている間にするべきことを知りたいのです」。新たに加わった者は合わせて三〇人である。そして、そう遠くない新しい場所へ移る。サルバドールによれば、そこで彼らは「朝、真昼の昼食前、そして午後に聖なるロザリオの祈りを捧げる以外には何もしなかった」。

数日後にふたたび、さらなる男女が「贈り物、米、その他食物を携えて」やってくる。サルバドールは、彼の仲間の親類だろうと考える。彼らは「一人ひとり、そしてすべての人々が家庭で行なうべき主なる神に関する事柄について」語り合う。

私は彼らに、朝、真昼、午後に聖なるロザリオの祈りを唱えなさい、そうすれば主なる神は、私たちにその聖なる恵みを与えてくださるだろう、と言った。なぜなら私の信じるところでは、私たちに対する主なる神の怒りはすでに甚大であり、今の人々はそのために以前より短命で、すぐにでも死が訪れるかもしれないからである。

会話のあと彼らは食事をする。休息ののち来訪者は家に帰る。つづく日々にも、ほかの男女の諸集団が訪ねてくる。彼らは「贈り物を持ってきて、それは私たちに捧げられているので、私たちはそれを受け取る」。彼らとともに、サルバドールは「主なる神に関する」事柄について語り合う。客人たちはつねに食事をふるまわれ、休息をしてから家に帰ってゆく。

サルバドールが二人の漁師に聖教会の目的について話したとき以来、彼を取り巻く一行は二人からおよそ四五人に増えた。さらに、この一行には、いつも対話や食事に加わるが、最後は帰宅しなければならない男女が訪れている。先述の問いを追求するなら、サルバドールのまわりに人々が群がるのはなぜだろうか。

一九〇五年三月、『マニラ・タイムズ』は、サルバドールが運動のために資金や新会員を募るやり方を記事にした。彼はみずからを教皇であると称し、パションの登場人物のような格好をした何人かの追随者たちとともに町へ入ってゆく。竹でできた十字架が広場の中心に立てられた。熱心な説教や演説によって「人々は容易に狂乱の極みに達して喜んで喜捨し、彼の軍に参加する者も大勢現われた」[62]。この記述の読者はすぐに、騙されやすい心を煽動したり操作したりすることが、聖教会の指導者たちの重要な武器であったという印象を持つことだろう。このような新聞記事の問題は、それが煽動の言葉と聴衆の内心《ロオブ》に起こる影響を記述するまでにはいたらないということにある。サルバドールの物語において、指導者は操作するどころか、彼が出会う人物に憐《ア》れ《ワ》みと共感《ダマイ》を喚起させるほど貧しくみすぼらしい姿をしているのは明らかである。カティプーナンの指導者が加入儀礼のさなかに、共感と愛国心を喚起するため、年老いて苦しんでいる自由《カラヤアン》の嘆きを発していたことが、想起されよう。

サルバドールの記述について注目すべきことは、彼が自分の言葉と存在の持つ効果や「力」に気づかない状態にいることを示している点である。男女の一団が彼のもとにとどまろうとして衣類の束を携えて戻ってきたとき、彼はとても驚き、彼らの意図や動機を問いただしている。彼らの答えは啓発的である。彼らがはじめてサルバドールに会ったとき、彼らは内心《ロオブ》において、彼のもとにとどまるべきだと決意した。彼らは自分たちの存在をいかにして主なる神に方向づけるかを「知る」ために、戻ってきたのだ。パションのなかでは、憐《ア》れ《ワ》みや共感《ダマイ》はその人物の内心が「向きを変えた」ことのあらわれなのだ。人々をキリストや生きるべき「道」に従わせるものは内心の状態である。農民たちが自分の家を離れて湖沼や森でサルバドールと一緒に暮らすとき、彼らは意識的であれ、無意識であれ、パションによって示唆された行動の理想的形態を経験している。サルバドールは彼らに「道」を示す師であった。

サルバドールの記述では、祈りが日々の生活の不可欠な活動であると繰り返し述べられている。一見したところ、祈りは単に感情や懇願の発露にすぎないようにみえる。たとえば、聖教会《サンタ・イグレシア》版の「主《アン・アマ・》の祈り《ナミン》」は実際に、肉体と魂の糧とともに神の憐れみを嘆願している。

天にまします
我らの父よ
あなたの被造物は地に在り
我らが涙を
憐れみたまえ

あなたこそ
我らは信じあがめ奉る
我らが希望
肉体と魂の
糧の源

アーメン、イエス(63)

しかし、「主の祈り」や「天使祝詞」——こちらにも聖教会版がある——は、ロザリオの祈りの際に唱えられるということが重要である。このロザリオの祈りは、さきにも述べたとおり、その一五の奥義のなかにパションの基本的主題を内包している。サルバドールがロザリオを毎日三回、すなわち朝、真昼、そして夕方に唱えるようにと教えたことは、日々の暮らしをパションの文脈のなかにおく方法として解釈することができる。祈りは、単なる感情の発露ではまったくなく、存在の全体に意味を与える積極的な行為となる。

究極的には、祈りはほかの活動、たとえば苦難に耐えること、悔悛、禁欲など、内心《ロオブ》を浄化し抑制し方向づけを与える諸活動と分離することはできない。サルバドールによれば、激しい祈りは忍ぶべき苦難にいたる。このことは、世界は静態的で変わりようがないからといって、物事のありのまま（たとえば苦難の人生）をあきらめて受け入れることを意味しない。もしそうだとしたら、聖教会が革命において戦ったり治安警察隊と武力衝突したりすることはありえないだろう。神の人類に対する計画がおのずと開示されてゆくという意味で、世界は変化しているのだ。その神のしるしを適正に解釈することによって、人は変革を予測し、人員や武器を集めることで外面的に備えるのと同時に、その内心においても備えをする。

内心《ロオブ》の状態に没頭することは、悔悛の概念において際立っている。サルバドールによれば悔悛《ペニテンテ》とは、まず祈り、ついで禁欲、苦難に耐えること、そして過ちを犯すまいという「激しい努力」であるという。悔悛は、単に自分の罪をすまなく思うこととほとんど関係がないことに注目しよう。それは適正な祈りの行為を通した自己鍛錬の意味を含むものである。また、ある種の食物や快楽を享受しないことを選び取るという意味もある。「激しい努力」とは、単に受け身に罪を忌避することだけでなく、ある種の規律や教訓にもとづいて生活しようという訓練された努力を暗に示している。悔悛の究極的な形態は、すでにみたように、聖週間のさなかに「十字架の道行き」〔訳129〕をたどるときに見られる。行程の最後になると、悔悛業の修行者は、たいてい疲労と痛みと出血によって半死状態だが、その内心が刷新され、この世の中の試練に正面切って立ち向かえる「新しい人」となる。

祈りやその他の悔悛の形態は、内心《ロオブ》を浄化し強固にする方法である。しかしこの内心の変容はまた、力の蓄積をも意味する。前段の諸章ですでに指摘したように、民衆宗教的観念および実践は、神的な実質と力が世界中に遍在するという「アニミズム的な」〔訳130〕信仰の文脈からもみなければならない。この力は特定の物体や人に集中させることができ、太陽や灯火など光明《リワナグ》の源としてイメージされる。力についてのこうした考え方によって、サルバドールの経歴がいくつかの点において詳細に理解することができるようになる。たとえば、彼が祈りを強調したことを理解することは、聖週間儀礼とお守《アンティン‐アンティン》りの関係を考察することと大いに似かよっている。

『マニラ・タイムズ』の一九〇六年七月の記事によれば、サルバドールは、身辺警護の役も果たすと思われるおよそ二〇人の弟子をつねに伴っていた。移動中でないとき、彼の周囲には、輪になって跪づき、顔を外に向け、目を伏せ、絶えず祈っている六人の側近集団が取り囲んでいた。残りの者たちは、側近たちの外側を数メートル離れて取り囲んで別の輪をつくり、やはり祈っていたが、目は開けていた。一方で、同心円は最大限の安全を意味していたといえる。外側の輪の者は目を開け、彼らの指導者にいかなる危険もふりかからないようにしていた。(64) 他方では、この同心円の形態は、その中心にいて熱心に祈っているサルバドールの内にある源から外に向かって光を放つ光明《リワナグ》のイメージである、と解釈することもできる。外側の輪の者たちは聖人の像や肖像画がするように、彼らの凝視を通して他人に届くように、中心の集中した力を放散させるように、外部を見つめていた。

パションによると、キリストの弟子たちには、すべての人々に巧みにメッセージを広めることができる特別な力が備えられていた。ならばそのような力が、キリストの弟子であると主張するだけでなく、実際に受難《パション》をみずから生きようとしたサルバドールのような人にも宿るべきなのは、道理にかなうだろう。つぎの記述はその典型である。

彼を崇める人々、そのなかには高い教養を持ち、また高い地位についている者も少なからずいるが、彼らはサルバドールの神秘的な力を誰も否定できないと断言する。彼は誰にも見られずにどこへでも自由に行き、ある場所から別の場所へ即座に好きな速さで移動し、一度に複数の場所に存在することのできる能力を持っていたという(65)。

一九一〇年にサルバドールが捕らえられると、脱獄は時間の問題だと人々は信じた。彼らが信じるところによれば、「彼がもう逃げないと思っていると、その敵の目の前から消えてしまうだろう。彼は壁を通り抜け、栄光と神の恵みに満たされて追跡者と対峙するだろう」というのである(66)。

前述したサルバドールの力に関して印象的な事実は、それらがお守《アンティン-アンティン》りの所有者の属性とされていることだ。パションは土着の力の概念を説き明かすよりも、むしろそれを正当化したり確認したりする。「神の恵みに満たされ」壁を通り抜け、光り輝いて「追跡者と対峙する」サルバドールのイメージは、パションにおける復活の場面を思い起こさせる。しかし、ジャワの王子や反乱者も、おおよそ同じ用語で述べられうる。(67)この類比を追及すると、ジャワの伝統思想には、「人間の、とくに力を持つ人間の精子はそれ自体が、力の集中とその伝達の手段であるという観念」がある。(68)通常のジャワ人にとって、指導者の性的能力は政治力のあらわれである。このことはまず、性的節制と禁欲を断続的に行ない、その間に力を蓄積することによって可能となる。おそらくこのような文脈において、サルバドールには「その交合からフィリピン諸島の贖い主、救世主が生まれることを期待して、毎月処女の娘が差し出された」という報告が解釈されるべきである。(69)サルバドールが女たちを求めるのでなく、むしろ女たちが彼に差し出されていることが重要である。人々の動機は性交そのものとはほとんど無関係で、むしろサルバドールの力を認め解放の希望を持つことにあった。

本章ではこの議論を、物語のなかで、サルバドールの集団がどのようにして二人から四五人へと急成長できたのかを問うところから始めた。その答えは基本的には、物語そのもののなかに見出されるはずである。すなわち、それは出来事がつなぎ合わされる形式、憐《ア》れみ《ワ》の慣用語法、「神の怒り」のゆえに祈り、悔悛し、変革を期待することに関するサルバドール本人の教えである。したがって、サルバドールのもとに人々が群れをなしたのは、彼が模範的な内心《ロオブ》の人、甚大な力の人、贖い主キリストの姿の人であると彼らが認めたためである、との結論に達することができる。彼は多かれ少なかれ、切迫した変化の時代における民衆の指導者概念と一致していた。独立がまもなく達成されると信じた人々にとって、サルバドールは彼らの希望の焦点であった。一九一〇年には、パンパンガ州から来た行商人のつぎの言葉を小耳にはさんだ人がいた。

私はイぺじいさん《アポン・イペ》〔サルバドールの愛称〕を信じているよ。彼は奇跡でみずから逃げのびたように、私たちを救ってくれる。彼はいい奴だ。よいフィリピン人に害をなさない。しかし悪い者たちは気をつけるがよい。私たちが勝てば、そのひとりとして生かしてはおかない。アメリカ人は彼を恐れるが、あえて捕らえようとしないのは、全フィリピンが、私たちの唯一にして真の救い主を護《まも》るため立ち上がるからだ[70]。

またこの物語から、人々はサルバドールの個人的特性からだけでなく、彼との関係を通して人間としての実存の可能性が実現されたために、サルバドールに魅了されたのだと結論づけることもできよう。一九〇四年にサルバドールは、折りに触れ聖教会をひとつの結社《カティプーナン》と呼んだ。物語のなかでは、サルバドールは「集い《カティプーナン》」、すなわち同胞の交友とはいったい何であるかを語っている。贈り物や食物を持ってくること、料理をして一緒に分け合うこと、対話をすること、労働と稼ぎを分かち合うこと、共感《ダマイ》の雰囲気が満ちあふれることについての詳細な描写はすべて、結社の理想がいかに実感されていたかを示すものである。サルバドールが人に会うたびに「集《つど》い」が経験された。多くの人々が彼とともにとどまり、いったんは去ってもこうした経験を恒常化することを望んだため、また戻ってきてとどまった。サルバドールの見地からすると、それを可能にするものは、絶えざる祈り、すなわち結社の目標への関わりにおいて、兄弟たちの内心を清浄で抑制され、堅固なものに保つ行為なのである。

一九一〇年の民衆蜂起

サルバドールの過去についての物語に戻ると、治安警察隊の記録に記されたある出来事に行きあたる。それは一九一〇年四月に聖教会がアラヤットの町に入ったことであった。サルバドールによるこの出来事についての説明は、以下のとおりである。数日間の信心業のあと、サルバドールはその仲間に試練を課すことを決める。彼は、「私たちのやっていることが真正《トゥナイ》なのか、あるいは彼らの私に対する同調《パキキサマ》が真正なものか」知りたいと言う。彼は、彼らが町に入って公衆の面前で祈禱するよう提案する。彼の仲間は熱狂する。それはよいことだ、そうすれば人々は聖教会のめざすところが邪悪なものでないことがわかるだろう、と彼らは言う。町へ入ることを公に行なうのはよいことであり、そうすれば自分が訴えられてきた多くの「犯罪」について人々が「誤解」することもないだろう、とサルバドールは考える。

午後四時、サルバドールの一行はアラヤットの町への旅を開始する。武器は持たず、ただ木の棒と竹の杖だけを持っている。道をたどり、カンダティン、サンタ・クルス、ヘマサン、バタサンといった村々《バリオ》を通り過ぎる。おそらく彼らは、丘陵地帯を通り抜けたあとに川を渡って「下り」、町をめざしたのであろう。彼らは町の教会にいたる途につき、教会にたどり着くと皆その前で跪く。「私たちは全員祈った」とサルバドールは語る。「そしてロザリオの祈りの三つの部分を終え、立ち上がった。それから私は仲間に立ち去ろうと促した」。彼らは同じ道をたどって町を出て川を渡る。最後に彼らはサパン・バタサンで休息するために立ち止まり、そこで治安警察隊――サルバドールは唯一ここでのみ言及している――に遭遇する。

私たちは午後のあいだじゅうそこにいた。そこで私たちは飯を炊いてそれを食べた。そこに訪ねてくる者はいなかった。なぜなら、……人々は私たちに近づくことを大いに恐れていたからである。夜の帳《とばり》が降りたとき、私たちは祈っていた。すると兵士たちが到着し、私たちに射撃した。私の仲間は恐れた。私は彼らがどこに逃げたかわからない。その射撃の際に逃げなかった者が一五人残ったが、私たちがふたたび集合したとき、そのなかの幾人かは家に帰るといって別れを告げた。それで私とともに残ったのは、最初からいた二人、エピファニオ・デ゠ラ゠クルスとダマソ・クラリンだけとなった（一八頁）。

アラヤットの町に入ったことと、それに続く兵士たちとの遭遇の話は、さまざまな点でサルバドールの物語の中心をなしている。しかし物語の文脈におけるその重要性を説明する前に、この話をより広い歴史的文脈のなかに位置づけてみよう。サルバドールが語っていることは、一九一〇年に頂点に達した独立支持感情の全国的噴出についての単なるエピソードにすぎない。この現象の原因は多様かつ複雑であるが、ここではそれを十分に論じる必要はない。ピーター・スタンレーは近年、フィリピン委員会と国民議会において多数派を占めるナショナリスタ党との連帯が、一九一〇年に分裂するにいたった状況を詳細に記述した。一九〇九年のペイン法案は互恵的自由貿易を実現しようとしたものであったが、フィリピン経済の各分野で混乱を起こし、アメリカのトラストや独占企業がこの国を侵犯することを許すという理由で、ナショナリスタ党が反対に回った。いくつかの条件をつけて、この法案は八月にペイン・オルドリッチ関税法の一部として法制化された。スタンレーによれば、その後の数年間における「フィリピン人とアメリカ政府との関係は、一九〇二年に反乱の終了が公的に宣言されてからレナード・ウッド〔訳131〕内閣の危機が生じた一九二三年までの間の、ほかのどの時期よりも悪かった」。問題は、フィリピン人政治家たちがアメリカ系資本の流入に反対したことにあるのではなく、彼らが国家の政治的支配について同等の保証を欲したことにあった。こうして、独立問題が一九〇九年の後半に政治の最前線に持ち出されたのである。(71)

一九〇九年一一月の国民議会選挙でナショナリスタ党が勝利したことは、人々の独立を支持する感情を如実に表わすものであった。ほかの諸政党は、ナショナリスタ党をも超越するほどの急進的な態度で左翼に転じざるをえなかった。実際は、独立が即座に獲得できるとかりそめにも考えていたフィリピン人政治家はほとんどいなかった。彼らが欲したのは、「後見指導と開発」が進められる前にアメリカの意向が何であるのかを即刻、明確にすることであった。(72) しかし、フィリピン人政治家たちは、大衆の支持を取りつけようとして、そしておそらくフィリピン委員会との交渉においてテコの役目を果たそうとして、一九一〇年には差し迫った独立という雰囲気を創り出すのに貢献した。ある報告によると、どの政治集会でも、「演説者はいかにその言葉が粗野であっても、独立について、流血について、現在の状態に対する暴力的行為について話すだけで十分であり、そうすれば聴衆は錯乱した熱狂で彼に拍手を送る」のであった。(73) 外部の世界からの断片的なニュース——アメリカの民主党員によるフィリピン独立の請願、大規模シンジケートに修道会領を売却したことをアメリカのある国会議員が非難したこと、そして太平洋地域の支配をめぐる合衆国と新興日本とのあいだの増大する緊迫状態——が、演説だけでなく毎日の会話の話題にもなった。一九一〇年の中頃には、それらの出来事の噂は「誇張されたかたちで民衆に広がった」という。この国の将来に関する演説やニュース記事が大量に出回ったことは、「すべての人々、もしくは大半の人々に、この国の独立は［彼ら］からわずかあと一歩しか離れていないと信じさせる」効力があり、「逆のことを彼らに納得させうるようないかなる理由もなかった」(74)。

一九一〇年に大衆のあいだで興奮と期待が巻き起こったが、それには、ハレー彗星の出現が戦争を意味し、その戦争は独立の前触れに違いないという噂が大いに貢献した。治安警察隊の報告の補足によれば、「無知な一般民衆が広く信じていることは、神の子の生誕を東方の三博士に知らせたのはハレー彗星であり、それは、今日ではフィリピンの人々に独立の日が間近に迫ったことを告げ知らせている」(75)。この彗星は、人々に一九一〇年こそは武力蜂起の年であることをさらに納得させるために、さまざまな政治家や農民運動指導者たちがさし示した明らかなしるし《タンダ》であった。実際、さきに言及したほかの出来事——とりわけ日本の勃興——も、戦争と時代《バナホン》の変化を示す非常に多くのほかの兆候とみなされた。

一九一〇年に高揚した社会不安に関する最初の証拠は、中部および南部ルソン地方のコロルム、聖家族、聖教会などの組織が、戦場にいるサルバドールの兵士たちへの支援に向けて、非常に手厚い寄付を行なっていたという、一月二九日の治安警察隊の報告である。サルバドールはその前あたりから、日米間の戦争が始まり、武器が日本から届けられるだろうと預言していた。三つの独立した組織はすべて、サルバドールを最高指導者と認め、注目すべきことに、彼を「フィリピンの王」と呼んでいた(76)。

三月までに治安警察隊は大がかりな反乱が起こりつつあることを察知した。ある諜報員は、パンパンガ州の最小の村々でさえ、迫りくる戦争の噂によって「動揺と煽動」がかき立てられていると伝えていた。「パンパンガ州、タルラック州、ヌエバ・エシハ州のいくつかの町々を歩きまわる」サルバドールの存在は、状況を深刻なものにしていった。「その地域の人々のあいだでは、戦争の話と、フェリペとその仲間が引き起こす、来るべき革命の話ばかりになってしまった」からである。(77) また別の諜報員は、そのような噂は「ブラカン州ポロからリサール州マラボンまで、またリサール州内のサン・マテオからパッシグまで」広がっていると報告した。アラヤット山は、人々が目立った動きをする中心的場所となったようであり、実際、ラグナ、カビテ、バタンガスの諸州から来た八人の人々が、アラヤットへ向かう途中ですでに逮捕されていた。(78) ヌエバ・エシハ州カビアオから届いた報告によれば、二人の聖教会指導者が数百人の人々を近くのアラヤットの斜面に集めて祈らせていたという。それは、何人かの日本人工作員を通じて、「サルバドールが武器とフィリピンの独立を携えて、今日にも明日にも到着するのではないかとの報せを受けていた」ためであった。(79)

パンガシナン州とサンバレス州にも聖教会の支部があり、「大いに興奮」した様相を呈していた。南部ルソン地方のバタンガス、カビテ、ラグナ、タヤバス諸州では、コロルムの支部が同じように昂揚していた。彼らの聖週間の準備は、例年より熱烈で活発なようだった。マニラ、リサール、カビテからコロルムの会員が全員集まって大集会を開くにあたり、聖木曜日と聖金曜日の三月二四、二五日が選ばれたことは、おそらくまったくの偶然ではなかっただろう。彼らはマニラ郊外のパサイ村に集結し、「フェリペ・サルバドールからの指示や命令が下されるのを待っていた」(80)。

前章において、一九〇一年に地方有力者層に導かれた反米抵抗運動が崩壊しはじめた頃、コロルムやその他の宗教政治結社がそれに対応して支持者を増やしていったことを指摘した。独立の到来の希望を決して失わなかった農民たちは、アゴンシリョの呼ぶところの「抑圧されたナショナリズムの時代」を通して、その言語、形態、目標がカティプーナンの精神を引き継いできた組織に参加することができた。ときには一九一〇年のように、独立が差し迫っているように思え、しかも武器の供与が少なくとも約束だけはされているようなとき、こうした組織は素早く行動を起こした。しかし、ある観察者が指摘するように、アラヤット山に集結した人々は、すべてが「狂信的宗派」の会員というわけではなかった。その多くは、単にカティプーナンの元党員や革命軍の元兵士であった。たとえば、アラヤット山に向かう途中、カビアオ村を通った三〇〇人の武装者たちは、マリアノ・リャネラ元将軍の兵士だと語った。ある意味で、彼らが行なっていたことは、本人たちにしてみればなじみのあることだった。つまり、革命がふたたび生命を得たのである。この元兵士たちは、一八九六年にカティプーナンの砦としての誉れを得たアラヤット山麓の地カマンセに足を運びながら、まさしく過去を追体験しようとしていた。この集団を密かに調べた諜報員——彼自身も元兵士であったが——は、その報告のなかでこう記している。「[カマンセを]奪取するのにスペイン軍は多くの人命を失ったが、アメリカの敵は、スペインにしたことと同じことをしたいと望んでいる」[81]。

カティプーナンの蜂起によって火蓋が切って落とされた革命が、結局のところ、地方有力者たちと有産知識人たちの直接的支配のもとに置かれたことをここで思い起こしてみよう。共和国はこの結果、国内問題、とりわけ、いわゆる狂信的諸集団の反抗という問題に取り組まなければならなくなった。これらの集団は、有産知識人たちが自由《カラヤアン》の約束を十分に果たさなかったと感じ、それで逆に、「反革命派」とのレッテルを貼られた。しかし一九一〇年には、フェリペ・サルバドールのような人物だけが大衆蜂起や革命を指導することができるということが、誰の目にも明らかとなった。まず、社会的に有力なフィリピン人たちは、国民議会議員やさまざまの独立主義派《インデペンディスタ》政党の党員として、愛国的役割を見つけ出していた。一九一〇年に武装反乱の可能性が明らかに生じたとき、アルテミオ・リカルテ、マリアノ・ポンセ、そしてナショナリスタ党の何人かの政治家など急進的な有産知識人たちは、サルバドールが「運動を指導できる唯一の人物」であることに気づいた。こうして彼らはサルバドールを、ヌエバ・エシハ州からブラカン州にわたる革命軍の司令長官に任命した。少なくとも、ある経験豊かな観察者は、「革命家たちは、過去の革命のときに見られたような狂信主義者たちによる攻撃に耐える必要はない(82)」と皮肉っぽく記している。治安警察隊の全般的評価は、サルバドールは大衆に多大な影響を及ぼしているという単純なものであった。一九一〇年八月の報告要旨によれば、

今日では、彼が大衆に対し十分な力を持っており、いかなる不慮の事態のためにせよ、いかなる議論も躊躇もせずそれに応じ、そして彼が命じることに何でも従う人々を必要な数だけ山々に参集するよう、いつでも呼びかけることができるただ唯一の人物であることは、近年の事実によって確証されている(83)。

出来事のもうひとつの皮肉なねじれは、サルバドール指揮下の中尉のひとりアンセルモ・アレハンド

リーノが、パンパンガ州における地主層の名家の御曹司だったことである。アレハンドリーノは革命の時期には少佐であった。彼の兄弟たち、ホセ・アレハンドリーノ元将軍とホアキン・アレハンドリーノ元大佐はバタンガス州に転居したため、アンセルモだけがアラヤット町の議員として、また多くの小作農のいる大農園の所有者としてパンパンガ州に残ることになった。たまたま彼の小作農たち全員が聖教会の会員であったからなのか、あるいは彼自身の家族が革命に深く関与していたからなのか、サルバドールはアレハンドリーノの農園を自由に動きまわることが許された。治安警察隊はついにこのことを発見し、三月の「パニック」が起きたとき、ライフル銃二丁の不法所持のかどで「扇動者」アンセルモを逮捕した。アラヤットの治安判事のもとへ護送される際に、アンセルモは護衛から拳銃を奪ってなんとか逃走することができた。このやせて「弱々しい」男が頑強なアメリカ人護衛から逃げのびた話は、彼の小作農を含むほかの人々に「刺激を与え」、アンセルモに従って、彼がサルバドールに仕えていた山へ入っていった。[84]このことは、パンパンガ州の名士たちから生涯追われ続けてきたこの聖教会指導者にとって、ある種の勝利であったに違いない。話はこう続く。「アレハンドリーノが到着した日に、サルバドールは言った。『ちょうど彗星がその持てるかぎりの輝きを示すとすぐに、フィリピンの幸せな解放の時代が生まれるだろう[85]』」。

記念すべきアラヤット町への入場は、四月一七日に起きた。治安警察隊によると、八〇人ほどの「サルバドール信奉者たち《サルバドリスタス》」は町の中央を通って歩き、食物やその他の生活必需品を購入し、そして昼頃になると「喜んで去っていった」。地方役人、警察、そして町の住人たち全員は、最初の瞬間から何が起こっているのかを知っていたが、それに対して何をするでもなかった。事実、何人かの町の住人たちは訪問者に対して親切で、彼らは寄付金などの寄進を集めることができた。治安警察隊や知事が町長から事件を知らされたのは翌日になってからであり、町長は自分の町で発砲沙汰が起きるのを避けるため、前日には沈黙を守っていた。しかし、それ以上遅れることなく、分遣隊が隣接するサンタ・アナ町から「サルバドール信奉者たち」の追跡のために出発し、およそ三〇〇人の信奉者たちが六〇丁のライフルを持ってエル・ピナックという場所に駐屯しているのを発見した。「サルバドール信奉者たち」はいくらか抵抗したのち、カビアオの方角へ、あるいはアラヤット山へと逃れたという。

ここでサルバドールの記述に戻ると、明らかな疑問が心に浮かぶ。なぜ彼は、一九一〇年の出来事を徹底的にアラヤット町への入場やその他の挿話に限定するのだろうか。この伝記を意味世界の明確な表現として見れば、その答えはきわめて明快である。全体を通してサルバドールは、ひとつの結社《カティプーナン》、すなわち聖教会を打ち立てることを語ってきた。アラヤット町への入場は、サルバドール本人に言わせれば、この結社の正統性ないし「真正さ《ロオブ》」を試すものである。アポリナリオ・デ゠ラ゠クルスによると、真の兄弟愛は一人ひとりの会員の内心が「回心」したときにのみ存在し、そのことは内心が切迫した死の危険に直面したときにだけ明らかになる。いまやサルバドールとその一団は、政府軍兵士が偵察するような場所をつねに避けるようになっていた。なぜなら彼らは、もし捕らえられれば厳しく処罰され、あるいは処刑すらされるということを知っていたからである。政府の権力がもっとも強力に感じられる町の真ん中に歩いてゆくことは、もはや死の危険を冒すことそのものに等しかった。

サルバドールにはひとつの提案をする動機——自分という人物を盗賊行為と結びつけて考えるのは間違っている、と町の人々に立証すること——がある。そもそも町の人々は、なぜそのように考えるのだろうか。サルバドールの聖教会に関する記述のなかのひとつの印象的な事実は、すべてが田舎で行なわれたということである。サルバドールは人々を郷里から、そして安定した社会生活から連れ出し、彼らはアラヤット山周辺の湖沼や森を徘徊する彼に付き従うのである。彼が言うには、住民登録証《セドゥラ・ペルソナル》がなかったので、町は避けねばならない。しかしそれ以上に、町は聖教会にとってまったく異質な社会関係の様式を代表するところである。その社会関係は広範な親族ネットワークによってまとめあげられ、ほとんどが富によって決定されるような階層構造によって支配されている。頂点に立つ地方有力者層の家族は、町のまさに中心部に居を構えている。治安警察隊の史料から、これらの家族はしばしば植民地政府と結託して聖教会を抑圧しようとしていたことがわかる。彼らは盗賊行為のおぞましい噂を流し、町の人々の心に聖教会に関する誤ったイメージを植えつけようとしていた。一九一〇年に、ひとりのサルバドール支持者はこう評している。「ここの富裕者たちは、私たちを当局や法廷に告発するような人々である。彼らはそのようにして自分たちを恐ろしげに見せかけ、私たちをほとんど無償でこき使おうとする」(86)。アレハンドリーノの家族はひとつの例外といえるだろう。

アラヤット町への入場の意味は、この挿話がパションのなかの類似した話と並置されることによって、より明確になる。イエスの生誕以前にさえ、いくつかの出来事がすでに町と田舎の相違を示している。マリアとヨセフが宿を探したとき、ベツレヘムの町自体は彼らをまったく相手にしなかったことが明確に述べられている。

あまりに貧しき

夫婦ゆえ
扉を叩きて呼ばわれど
たとえ親類縁者とて
招き入れる者ひとりとしてなし

一夜を明かす場所見つからず
夫婦の境遇に
誰も憐《アワ》れみをかけず
結局二人は町外れに
落ちつきたり　（二〇頁：第八連、二一頁：第三連）

両者の相違は、イエスの生涯においてさらに先鋭なものとなる。イエスに従う者は純朴な田舎者か、町に住む者でもそのエリート層の支配を拒絶する者たちである。「町」は実際には、ファリサイ派の人々や町の当局者《ピヌノン・バヤン》に結びつけられ、富や教育、社会的地位は彼らのものとされている。イエスが本当は何者なのかに関して、町の人々のあいだで混乱が行きわたっていることひとつとっても、彼らの影響は明らかである。あるとき、イエスは弟子たちに問う。「町についての話は何なのか。……町では人々は私のことを誰だと言っているのか」。

彼らが答えて申すには
まぎれもなく
洗礼者ヨハネなりと
別の者はエリヤなりと
また預言者エレミヤと申す　（五四頁：第一〇連）

さらに悪いことには、町の名士たちは、イエスは悪人で反逆者、厄介者だという噂を流している。町の一般の人々が相変わらずそのことについて正しく判断できないのは、妬みと脅威を感じている彼らの指導者たちの陰謀によるものと考えることができよう。この話がサルバドールの物語と類似しているのは、偶然のことではない。一九一〇年の聖教会に関して入手可能な事実すべてのなかから、サルバドールは、キリストの受難と自分自身の経験との同一化を示すため、アラヤット町への入場についての詳細な説明を選んでいるからである。

サルバドールは、自分や仲間たちが町の教会の前で跪き祈ったという。これは、治安警察隊の記録のなかでは言及されていない事実である。サルバドールは、聖教会のより「政治的」な活動から注意をそらすために、この話をでっちあげたのだろうか。それもありえることだろう。しかしより重要な問題は、実際に「政治的」活動と「宗教的」活動との区別が認識されていたかどうかということである。聖教会の「分裂」を生み出した根本的な原因のひとつは、ローマ・カトリックの聖職者たちが町への忠誠の網の目にからまってしまったことにある。地方有力者層と同様に、聖職者たちも聖教会を脅威とみなし、それに対抗してしばしば協調して行動した。ゲレロが指摘するように、パンパンガ州の多くの教会では聖教会の祭式に参加した人々の出入りを禁じた。たとえばベティスの教会では、教会に入ろうとする「サルバドール信奉者たち」を物理的に排除できる権限を教区民に与えている[87]。聖教会が教会の前で跪きロザリオの祈りを唱えたという行為は、彼らを見守る町の住民（そしておそらく教区司祭）に対して、彼らの結社の性質を明らかにすることであった。彼らは誤った情報を与えられた人々に、自分たちが盗賊などでは決してなく兄弟同士であり、教会や町の名士らが規定された儀式や私的な信心業の領域に限定したがるいくつかの理想を、生きられる経験へと変換しようとしていることを理解してほしいと願ったのである。

エルサレムに入城した際に、おそらくイエスが教会もしくはユダヤ教会堂《シナゴーグ》に向かったのは、まったくの偶然の所産ではないであろう。人々がたいへん喜んで彼を歓迎したのは、そのときまでに多くの人々が彼を知るようになっていたからである。しかしファリサイ人だけは、イエスに対する憎しみの炎を燃やしていた。

そしてこれらの反逆者
妬み深きファリサイ人
罰せんと脅し
人々に
キリストを招かせざりし

主なる父は一日中
多くの群衆に教え
示したり
その貴き教えの
甘美なる味

陽の傾き
人々は立ち去りて
家路につく
主なる師は
教会内に留まれり

食事を提供する者ひとりとしてなく
我らが主なるイエスは
終日なにも口にされず
かかる卑しき状態に耐え
我らに対する教えとす

すべてを知りたる神は
教会よりいで
弟子に伴われ
かの町ベタニアへ
向かいて進みぬ　（六九頁：第一六連、七〇頁：第一連〜第四連）

右記の節は、誰ひとりとしてイエスやその弟子に食事を提供する者がいなかったことを示している。結局、憐《アワ》れみはなかった。しかしこのような町の人々の行動が、聖俗両権からの脅迫によるものであったことは明らかだ。

パションがサルバドールの記述における意味世界の母体《マトリックス》となっているため、その記述では、治安警察隊の報告書に記載されている一部の詳細な事実が無視されていることを理解できる。これらの報告書は、町に住むエリートのなかにもサルバドールの支持者たちがいたことを示唆している。そして「サルバドール信奉者たち」がアラヤット町で食物や必要物資の調達に多くの時間を費やしていたことに、ほとんど疑いの余地はない。しかし、サルバドールはこのことに言及していない。別のエピソードでは、彼は地方において人々が持ってくる食物や生活必需品の種類をひとつひとつ丁寧に列挙している。町でのエピソードで顕著に欠落しているのは食事や会話である。彼の一団は教会の前でただ祈り、ロザリオの三つの部分を唱えただけで、突如としてその場を立ち去ってしまう。それがなぜなのかは語られていない。しかし重要なことは、彼らが町の外れに野営している際に、彼らのもとを誰も訪れようとしないのは、人々が彼らと接触することを「極度に恐れて」いるからである。聖教会は町の住民たちにこの組織の本当の性質を明らかにしていたので、このような極度の恐れは単に当局の喧伝と脅迫の結果にほかならない。

聖教会の野営地を「訪れる」唯一の訪問者は政府軍兵士である。彼らはやってくると、祈禱会のさなかだった信者たちを撃った。政府と町の指導者たちによる物理的暴力と権力の顕示は、夜陰にまぎれて逃げた多くの人々の自制心を打ち負かすことになんとか成功する。なんとか死守した人々も、しまいには帰宅が許されるのを求める。エピソードの終わりで、サルバドールはもともといた二人の仲間とともにあとに残される。

サルバドールがこれらの事態の進展を物語る語り口には、ある種自明といった感じがある。おそらくそれは、「集い《カティブーナン》」の経験のなかに、こうした結果を当然と思わせるものがあるからだ。それは、結合とは内から呼びさまされてくるもので、無理につくりあげるものではないという理由で、アポリナリオ・デ＝ラ＝クルスが兄弟会会員《コフラーデス》たちの脱会を受諾したことにも関係している。ある意味では、サルバドールのもとに集まった人々は試練に負けたのである。しかしパションのなかで、イエスにもっとも近い弟子たちでさえも、危機が迫ったときには自分たちの内心《ロオブ》を抑制できなかったことを、ここで想起しよう。オリーブ山を歩きながら、夜に兵士たちがやってくると彼らの交わりはばらばらになってしまうであろう、とイエスは弟子たちに語る。

ああ我が使徒たちよ

我の選びし弟子たちよ
まさにこの夜
まぎれもなく
汝らは我を見捨てん

汝らは遠く離れ
怖れ、我を顧みず
汝らの内心《ロオブ》は揺れ動き
我らのこの対話も
すべて忘れさりなん　（九一頁：第六連、九二頁：第一連）

アラヤット町での出来事とサルバドールの逮捕とのあいだには、三カ月の期間があった。治安警察隊の記録によれば、五月中旬にサルバドールは、西海岸に武器が上陸するのを期待して、大勢を率いてサンバレス山脈を横切った。およそ二週間後に、彼らは収穫のないまま中部ルソンへ戻った。火器の供給が果たせなかったことで、アラヤット山にいた集団のいくつかが離散するという結果を導くことになったかもしれない。しかし、差し迫った大変動への民衆の期待が減退しなかったのは明らかである。ある人たちにとっては、それは彗星が通過するのを待つという問題であった。サルバドールは政府軍の監視があるため、アラヤット町近隣のかつての出没先には姿を見せなくなったが、フロリダブランカやサン・ルイス近辺を逃げ隠れしながら、運動の焦点であり続けた(88)。

サルバドールの伝記では、アラヤット町の出来事のあとの展開にはそれとは異なる姿が得られる。サルバドールは、ダマソ・クラリンやエピファニオ・デ＝ラ＝クルスとともに、ふたたび行脚《ラカラン》を始めた。道端で小屋に行きあたると米を求め、食べ、「安らかな場所」で休む。そうして、もとの野営地であるムンテ川のほとりまで来る。彼らは横になって眠る。目覚めると、川岸に腰かけて行き交う船乗りからいくばくかの米を無心した。食べ終わるとサラゴサをめざして歩き続ける。その地へ着くと、エピファニオは以前よくしてくれた人のところへ赴き、米やその他の食物を求める。三日の休息ののち、彼らはふたたびブリヤシの若枝切りをして金《かね》を作り、生活必需品を買うのだった。

ある日、サルバドールは、ダマソを伴って、カミアスにある彼の「家」をめざす。エピファニオはムンテに残ることにする。カミアスへの途中、彼らはよく知っている多くの村々を通過し、カンダバやサン・ルイスなどの町を避けるようにする。これらの地名は、サルバドールが以前の旅を遡ってゆくかのように列挙されている。実際かつての挿話において、さまざまな場所を移動することによって仲間が増加したとすれば、今のカミアスへの帰還によって、最後にはひとりになってしまう。ある日、カミアスにいるあいだ、ダマソはサン・ニコラスにいる彼の家族を訪ねたいと言い出す。彼はヤシの若枝を売って得た収入のうち、未使用の残金を持って旅立つ。しかしダマソは二度と戻ってこない。のちにサルバドールは、ダマソはコレラで亡くなったという報せを受ける。彼は言う、「ダマソが亡くなったときから、私の面倒を見る人は誰ひとりいなくなった」。

ここでサルバドールは出発点に立ち戻っている。つまり、ただひとりで森へ逃れた脱獄囚である。しかし、物語のなかでは、何ら間髪を入れずに出来事が繰り返されはじめる。生活必需品がないので、ある夜ある家を訪ね、食物を恵んでもらう。そして親切にしてくれる人々に別れを告げ、「隠れ家」へと戻ってゆく。午後が過ぎてゆく頃、「突然」彼は近辺をさまよい歩いている男を見かける。この男は、サルバドールがいることをほかの人々に知らせるため走り去る。彼の記述によると、「その報せが広まった頃には、多くの人々が到着しはじめた。彼らが到着するや否や、私たちは主なる神に関する事柄について、語りはじめた」。語り合ったあと、集まった人々は別れを告げて家々へ帰る。しかし「突然」、さらに多くの人々がやってくる。「元気ですか」と彼らは尋ね、サルバドールは「主なる神の御心と憐《ア》れ《ワ》みのおかげで元気です」と応える。返礼としてサルバドールは彼らに元気かと尋ね、彼らは神の憐れみのおかげで病んではいない、「元気だ」と応える。それで来訪者たちは彼が休めるように小屋を建てることを勧めるが、それは彼が竹林のもとで雨風をしのいでいるのを知って、憐れみを抱いているからだ。このようなとりとめのない事柄について語り合ったあと、彼は集まった人々に、「各人が現世で生きているあいだに何をなさなければならないか」を話す。

まず私が彼らに語ったことは、主なる神の憐《ア》れ《ワ》みを求め、正しい信心と祈りに携わり、主なる神の命に従い、何よりも神を、そして自分自身を愛するように同胞たちを愛し、主なる神に対し不名誉《ディ・マカララガル》なことは一切考えないようにせよ、ということだった（二一〇頁）。

彼が話し終わると、彼らは別れを告げて家々へ帰った。他方、サルバドールは小屋を建てはじめた。

受難、死、そして……

サルバドールは自分の逮捕の日を、一九一〇年七月二四日の日曜日と正確に記している。彼が小屋をちょうど完成させたとき、「突然」何者かがやってくる。その男こそは、のちに当局を彼のもとに連れてくる人物であった。それによると、ひとりの女性がやってきて、ほどなくサルバドールはその日の出来事を語る。自分の最期が来たということをまえもって告げたのち、サルバドールの息子と女性の連れが続く。その後にひとりの老女が甥や姪、二人の子どもと一緒にやってくる。さらに三人がやってくる。彼らは全員、日暮れが近づいてくると祈りはじめる。祈りののち、「突然」通報者に導かれて治安警察隊がやってくる。サルバドールは縄を受け、長官公邸へ連れてゆかれる。そこで縄を解かれ、手錠をされて食事が出される。少し休んだあと、彼はマニラ行きの列車に乗せられる。ここで物語は終わっている。

おそらく、兵士をサルバドールのもとへ案内したのはユーセビオ・クラリンという人物に違いない。この人物は、サルバドールにもっとも近しい仲間であるダマソの親戚か兄弟であろう。確かなこととして、パンパンガ州のアルネド知事がクラリンに対して、彼の個人的な諜報員であると表明するよう二度にわたって説得している(89)。かつて門弟でさえあった、この裏切り者がサルバドール逮捕の直接的原因であったということは、あらかじめ定められていたわけではない。しかし、それは彼の人生のシナリオになんとぴったりと適合することであろうか。

サルバドールの逮捕によって、アメリカ軍や地方政治家たちの大半がほっと一息つく一方で、聖教会の影響がおよぶ諸地域には悲嘆と衝撃が走った。治安警察隊指揮官の覚え書きにはこうある。「サルバドール逮捕ゆえの嘆きと、彼の逃亡への希望の声が、どこに行っても聞こえてくる」。民族主義的な政治家たちのなかには、「彼を独立闘争で利用しようと思っていた」ので「悲しんだ」者たちもいる[90]。農民層のサルバドール支持者たちは、最初の衝撃から立ち直ると、彼は望むならいつでも好きなときに逃亡することができるのだから、自分の力を示すためにわざと捕まったのだと信じるようになった。やがてカビテ州のような南部にまで、サルバドールは逃亡し「救済軍」の指揮をとり、アメリカ軍を駆逐して独立を宣言するだろう、という話が広まった。このような逃亡がもういちど大衆レベルの社会不安の波を引き起こすことを恐れて、政府はサルバドールを慎重に見張った。彼の見張りについてさえ、同調者がいないように審査選抜された[91]。

サルバドールは扇動罪で有罪となり、一九一二年四月一五日に絞首刑を宣告された。死刑執行の前日、タガログ語の日刊紙『タリバ（監視）』の記者がビリビッド刑務所へ行き、サルバドールと彼の家族との最後の面会に立ち会った。記者はその場面をこう記している。訪問者たちは皆苦悶にむせび、目には涙をたたえ、痛苦と悲しみ以外は何も感じなかった。妻と子どもたちは「まるで、愛するフェリペが息も絶え絶えにあえぎ、やがて断末魔の苦しみを味わっているのを見ているかのように、……悲しみには ち切れんばかりであった」。しかし実際には、彼はきわめて生き生きとして元気であった。

フェリペ・サルバドールは、わずかばかりの恐れも熱情の喪失も示すことがなかった。彼はいつもどおりの彼であった。ほほえみ、穏和で、はっきりした声でしゃべった。彼の目からは涙もこぼれなかった。彼は悲しんではいなかった。実際、彼は自分の希望の達成が近づいている者のように生き生き《マシグラ》としていた(92)。

「完全に穏やかな内心《ロオブ》をもって」、サルバドールは家族たちにこの臨終の言葉を語った。

> 泣くではない。これは私の最期の時であるから、私のために祈りを唱えておくれ。これからのことは、自分たちでなんとかせよ。母子の面倒を頼む。私は内心《ロオブ》にとって甘美な死を抱こうとしている。

彼らが最期の別れを告げると、「訪問者たちは内心《ロオブ》をしっかりさせて帰途についた。残されたフェリペ・サルバドールは意気揚々としており、力強く、しかめ面ひとつしなかった」。

　ひとりの部外者によって報告された前記の別離の場面ほど、サルバドールがパションの英雄への共感《ダマイ》のなかで生き、そして死んでいったことを劇的に示すものはない。確実な死に直面して、サルバドールや彼に先んじた無数の愛国者たちは、そのための文化的な素地があったので、最期の時を喜ばしい期待をもって過ごすことができた。彼らの内心《ロオブ》が完全に澄みわたっていられたのに対して、その周囲は、人の命の喪失の先を見通すことができない人々の苦悶や感情のほとばしりに支配されていた。サルバドールと彼の家族との対照的な姿は、イエスとその母マリアの姿を想起させる。過越の日〔訳132〕、イエスは、家を出ようとするときに涙する母に向かって、自分は神の御心を行なっているのだから痛みに耐えるように、と述べる。サルバドールの親戚への最期の願いと同様、イエスは彼の従兄弟である（福音史家）ヨハネ〔訳133〕に、母マリアの面倒を見てくれるよう伝える。パションの何連かにわたって悲しみの別れの場面が描かれ、そこではマリアの感情が噴出するのに対して、息子は落ち着き払っている。別の場面では、イエスが十字架の重みに耐えきれず倒れたとき、彼は憐《アワ》れみを垂れ慈しみのまなざしを注ぐよう母を呼び求めている。「あたかも奇跡が起きたかのように」マリアは息子の願いを聞き、目に涙をため、苦悶で心が張り裂けそうになりながら、息子のもとに急ぐ。パションの十数行において、マリアは感情を注ぎ出し、十字架を担いたいと請い願う。しかし、イエスはこう答える。ほかに「方法」はない。あなたは涙を拭わねばならない。神があなたを世話してくださるだろう、と。

尊きキリストは答えた
ああ悲嘆に暮れる我が母よ
汝の死にゆく息子に
嘆くことなかれ
希うこともなかれ

我は臆せず
自身の行ないに対し

我が内心《ロオブ》は備えあり
人類を救うという務めは
胸中から消えることなし　（一四四頁：第九連、第一三連）

アポリナリオ・デ＝ラ＝クルス、ホセ・リサール、マカリオ・サカイ、そして植民地政府当局によって処刑されたその他多くのフィリピン人たちと同様に、フェリペ・サルバドールは、みずからの運命に晴朗さと喜びをもって対峙した。リサールにとって死とは彼の受難《パション》の頂点であった。サルバドールについては、彼の臨終のときに会得した意味世界を憶測するのみである。『タリバ』紙の記者による出来事の記述は、以下のとおりである。


［サルバドール］が監禁された部屋の外には二、三〇人の人々が待ち受け、非常に悲しい死を看取ろうとしていた。やがて二人のアメリカ人の役人が部屋に入っていった……。

数秒がたち、その死刑囚は二人の役人によって連れ出された。二人の司祭がうしろについた。ひとりはアメリカ人、もうひとりはフィリピン人であった。

この死刑囚は、わずかばかりの気弱さ、蒼顔、怯えすら見せなかった。実際、彼は、以前の彼と同じように見えた。彼の顔は喜びに輝き、絞首台に上るときでさえ、彼の足取りはしっかりしていた。壇上中央に立ったときにも、わずかばかりの気弱さも感じられなかった。彼はあくまで真っ直ぐしっかりと立ち、彼の手足を縛った皮布の張りを和らげるために体の位置を合わせた。

彼の顔に上着と同じような黒い布が被され、首に縄が結びつけられたときから、およそ半時間の時が流れ、名高いフェリペ・サルバドールが絞首台から追い落とされてこの世に別れを告げた。二人の司祭を含むすべての人が、永年にわたって聖教会を導いてきた男の亡骸を見て、深い悲しみに包まれた。

そして人々はすべて、たとえ心の内だけにせよ、全き悲しみのうちに祈りを捧げた。

二〇分ほどの黙禱が捧げられた……亡骸の前に脱帽して……頭を垂れたまま。

ここで、一八九六年のバゴンバヤン〔訳134〕におけるリサールのキリストに似た死を思い起こそう。そのとき、リサールの死を望んだ修道士や官憲たちは、即座に「スペイン万歳《ビバ・エスパーニャ》！」と叫ぶことができず、仰向けに横たわり、腕にロザリオを巻きつけたこの犠牲者を凝視したまま、数分間のあいだ、厳粛な沈黙に包まれた。同様の状況は、「盗賊」サルバドールの死に際を見た者たちの心を引きつけたに違いない。彼らはおそらくしばしのあいだ、サルバドールとパションとの関連を心に浮かべたことであろう。

『タリバ』紙の記者がトンドで行なわれた通夜を訪れた際に、彼は、サルバドールの顔が前日の朝まだ生きていたときとほとんど変わっていないことに気がついた。事実、記者は、サルバドールは「ただ眠っていて幸せなように見え、彼のように非業の死を遂げた死に顔にあるような暗い顔色ではない」といった、多くの人々の声を聞いた。サルバドールのような男について、人々がこのように語ることは大いにありうるだろう。パションのなかで、マリアは死ぬとき「まるで眠っているかのよう」であり、その顔は光を発しているようだ、という説明がなされている。実際、マリアは使徒たちに、これからも彼らとともにあると約束した。

マリアは言った
たとえ死すとも命は尽きず
汝らを決して忘れまじ
常に汝らを助け
いかなる危険からも守らん　（一九五頁：第四連）

したがって、たしかに物故したときのサルバドールの身体的特徴は、本当は彼が生きていて、いつも彼らと一緒にいてくれる、と人々が思うことができる形象であった。四月一六日の葬送のとき、『タリバ』紙は、大群衆が最後の敬意を表わしにやってきたと報じた。そのなかには「同胞の憐れみ《リガップ・カパティド》」という結社があり、この結社の旗が葬儀の行列をパアン・ブンドック（「山の麓」の意）の墓地まで導いたのである。

エピローグ

国家警察軍との遭遇戦の前に祈るラピアン・マラヤの人々。

一九〇六年一〇月、あるアメリカ人の捜査官は、「もしサルバドールさえ始末できれば、それは終息の始まりとなるだろう」と示唆した。おそらく三〇〇人もしくは四〇〇人はいたであろうか、活動的な追随者たちは散り散りになるだろうし、聖教会《サンタ・イグレシア》の会員たちは、宗教界、学校、出版社、それに鉄道の影響下に置かれるであろう。[1] 一九一二年以降、聖教会が「急速に姿を消した」ように見えたというのは本当なのかもしれない。[2] しかし、それが代表していた精神は生き続け、コロルムやサクダルのような蜂起や、民衆のあいだでカティプーナン型の兄弟結社が引き続き隆盛していることのなかに具現化された。フェリペ・サルバドールは、本当は一九一二年に死んだのではない。スターテヴァントによれば、サルバドールの多くの追随者たちは彼の死を認めようとしなかった。[3] 一九六六年のインタビューに答えて、ペドロ・カローサという名のひとりの年老いたコロルムの指導者が、若い頃にサルバドールについてあらゆることを聞いたとして、スターテヴァントにこう語っている。

> サルバドールは、憎悪の根源を破壊しようとしたのです。彼は人々に愛の美しさを示そうとしました。三〇〇〇人以上の人々が、彼に付き従いました。彼が治安警察隊《コンスタビュラリー》に捕えられ、絞首刑に処され

たということは本当です。しかし彼は死ななかったのです。彼の人格は生きていて、別の形をとっているのです。私はホノルルで彼を知りました。ハワイでは、彼はフェリペ・サンチャゴと呼ばれていました。私が牢屋にいたとき、彼は隣の房にいた狂人でした。私は彼と多くを語り、彼は私に多くのことを教えてくれました。彼はフェリペ・サルバドールでした。わかるでしょう(4)。

カローサの言葉をいいかえると、サルバドールは、彼の「人格」が誰か別の人物のなかで生き続けたゆえに、死んではいなかった。このことは、デ゠ラ゠クルスやサカイ、リオス、カネオ、ボニファシオ、デ゠グスマン、ラビオス、サルバドールらの誰の生まれ変わりについて語ってもほとんど違いはない。これらの指導者やその運動はすべて、カローサの表現を借りるなら、「同じひとつの木の一部分」である。これらの人々のなかに、殉教者ゴメス、ブルゴス、サモラやリサールを含めて考えてもよい。彼らは皆、教養高い人々であったが、その死の様式は、フィリピンの地にパションが再現された表題として知覚されたのである。

一八四一年の聖ヨセフ兄弟会《コフラディア》、一八九六年のカティプーナンの蜂起、聖教会やその他、本書で検討してきた諸運動の形態に見られる連続性は、民衆の、とりわけ貧しく教育のない階層の人々の認識を形成するうえで、パションが一貫して果たしてきた役割のなかにたどることができる。パションのテキストやそれに関連した儀礼を通して、人々は普遍的な歴史を貫くひとつの規範を知覚した。彼らはまた、行動と社会関係の理想的な形態、そして苦しみ、死、再生を通してそれらを達成する方法についても知ることになった。それゆえ、経済的、政治的、現実的もしくは想像上のさまざまな危機にあるとき、農村の大衆でさえ、自分たちの状況の理解を可能にするような一連の考え方とイメージを持っていた。民衆運動や革命は、抑圧状況に対するやみくもな反応などではまったくない。それらの運動はまさに、指導者が変化に関する既存の概念を利用しえたからこそ、多くの人々のあいだに広まった。パションが、公的に裁可された聖週間の準拠枠組みから解き放たれ、民衆による解放闘争に対して形態と意味を与えることを可能にしたのである。

　フェリペ・サルバドールの死の様式は、一八四一年のアポリナリオ・デ＝ラ＝クルスのものと一致しており、驚くにあたらない。本書における研究を聖ヨセフ兄弟会から始めたのは、パションと日常世界とをフィリピン人固有の方法で符合させようと試みた運動のうち、おそらくそれが史料に残るもっとも初期のものだったからである。兄弟結社の祈禱と賛美歌、そしてその指導者の手紙のなかには、光明《リワナグ》、変容、内心《ロオブ》の制御、試練に直面するなかで献身を保つこと、さらには楽園といった考え方が卓越しているような、ひとつの世界の姿が明示されている。注目すべきことに、楽園とは彼岸の状態だけに限定されてはいなかった。それは租税や賦役からの自由、現地住民《ネイティブ》によるひとつの教会《イグレシア》の誕生を含んでいた。キリストの似姿にしてお守《アンティン－アンティン》りの人、そしてついにはタガログ人の王となったデ＝ラ＝クルスの指導のもとで聖ヨセフ兄弟会は急速に拡大し、スペイン軍との衝突が避けられないものとなった。聖ヨセフ兄弟会の崩壊にもかかわらず、一八四一年以後もその精神は生き残り、ほかのカリスマ的指導者たちがデ＝ラ＝クルスの足跡をたどった。

　一八九七年にコロルムは、カティプーナンの革命を来るべき大変動の兆候だと解釈した。本書では、彼らの参加を、興味は引くものの革命の本筋から外れたこととしてではなく、出来事に対する民衆の認識のあらわれとして検討してきた。実際に、カティプーナンそれ自体に対してあれほど多くの人々が付き従ったのは、ナショナリズムや独立という考え方がパションの慣用語法《イディオム》のなかで表現されていたためであった。フィリピン人の歴史は、失われたエデンの園という意味でとらえられ、その回復のためには人々が祖国の受難《パション》に参加することが求められた。加入儀礼は、内心《ロオブ》の変容、兄弟結社のなかで生まれ変わること、暗黒から光明への移行を含んでいた。そして楽園は「自由《カラヤアン》」を意味するようになったが、それはスペインからの独立だけでなく、啓発、繁栄、真の兄弟愛を表わすものだった。カティプーナンにおけるリーダーシップの分裂は、何よりも、ボニファシオが支持したカティプーナンの「神聖な」理想と、アギナルドや大半の地方有力者層《プリンシパリーア》が惹かれたような自由に対する限定的な考え方との対立を露呈したものであった。

　結局、有産知識人《イルストラードス》たちと地方有力者《プリンシパーレス》たちは、彼ら自身の方法によって一八九八年に共和国を創立した。革命を再生や希望の成就として経験した人々がいたとしても、そうした経験は、指導者たちの努力が新生国民国家を安定させる方向に向けられるにつれて急速に失われていった。革命の名のもとに社会的・経済的変化をもたらすようないくつかの集団による試みは、破壊的であるといわれて即座に弾圧された。共和国段階の革命は、とくにアメリカ軍の軍事力があまりに手強すぎることが判明するにつれて、一八九六年の「最初の闘い」とはかなり様相を異にするものとして認識されるようになった。分裂が蔓延してゆくにつれ、人々は一八九六年の精神を懐かしく思うようになった。スペインからの独立は黙示録的終末の出来事として想起され、そのとき母なる祖国の子たちは皆カティプーナンのもとに内心《ロオブ》をひとつにし、誰ひとり抵抗できない無敵の力が沸き起こった。一八九九年の軍事的敗北と共和国指導者の降伏は、革命におけるカティプーナンの精神の衰えを象徴するものであった。

母なる祖国の受難《パション》が中止されること、すなわち自由《カラヤアン》への道半ばにして引き返すことなどありえたのだろうか。アメリカによる「新秩序」体制のなかで自分たちの居場所をすでに見つけ出していた、共和国の多くの政治家たちや将軍たちの心を、この問いが悩ませることはなかったようである。しかし、真の自由はカティプーナンの闘争様式を通してはじめて可能となる、と主張するサカイのような人物も何人かいた。しばらくのあいだ、多くの農民たちが宗教政治結社に群がり、彼らにとって自由が神聖な目標となった。マルバールが抵抗を持続できたのは、彼らに負うところが大きい。パションが抱く世界観によって、これらの集団は「新秩序」に対する経験を組み立てながら、有意義なかたちで闘争を持続しえた。表面上、法的手段を通して独立を戦った有産知識人たちは、彼ら自身の個人的な富や地位にこだわり、キリストと同じ苦しみや内心《ロオブ》の変革に執心しなかったため、正統的ではないとみなされた。

このような運動は生き続けているが、本書の研究が聖教会で頂点に達しているのには、ひとつの理由がある。聖教会は、一八八〇年代にまさしくひとつの兄弟会《コフラディア》として始まり、革命の二つの段階の両方ともに積極的に参加し、そして一九一〇年に民衆による反植民地闘争の主導権を握るにいたったのである。フェリペ・サルバドールが、憐れみ《アワ》、共感《ダマイ》、祈禱、お守《アンティン－アンティン》り、そして内心《ロオブ》の制御に加えてカティプーナンと革命についても語っていることからすると、ほかの研究者たちが行なってきたような聖と俗、農村社会的なものと民族主義的なもの、小伝統と大伝統といったかたちでの運動の区別に固執することは困難である。聖教会はそれらのいずれでもある。「サルバドール信奉者たち《サルバドリスタス》」にとって宗教とは、神への信心と超自然への関心だけではなく、彼らの日常生活を組み立ててゆくための、ひとつの方法であった。修道士たちから流用されたものではあるが、宗教は兄弟結社やより平等な経済関係を求める農民たちの願いにかたちを与えた。そして、この二〇世紀の最初の一〇年までには、都市エリート層に端を発したナショナリズムや革命のイデオロギーとも融合して、聖教会は、農民層に基盤をもつ反植民地的運動を推し進める力となった。当時、大衆はスペイン統治による「長く暗い夜」を経験しており、大衆の反乱がかたちを成す道はほかにはなかったのである。

広く知られる格言に、「人間は過去の条件にもとづいて歴史をつくる」とある。しかし、人間の行動を決定するものは、現実的でそこに存在する要因だけでなく、実現されるべきひとつの目標、すなわち、ひとつの未来像をも含むものでなければならない。本書では、一九世紀の貧しく無学な大衆であっても自分たちが置かれた状況を乗り越えてゆく力、すなわち、単に状況によって決定づけられるだけでなく、今の状況が将来もつはずの意味をみずから決定するような力を持っていたことを明らかにしてきた。大衆の願望というものは、つねに革命的な性質を備えていたわけでも、限られた個人的要求を超越していたわけでもない。それでもなお、社会的・経済的状態に対してだけでなく、未来に対して大衆が持つ構想力の上に打ち立てられた運動だけが成功してきた。本書の主人公たちは、あちこちで盗賊、無学者、異端者、異常者、狂信者、そして、とりわけ失敗者と呼ばれてきた人物たちである。彼らをこのように呼ぶことは、「よりよい階層」の人々がこうした人々を忘却の彼方に押しやるための、ひとつの方法であったにとどまらない。いっそう悪いことに、それは、彼らを彼ら自身の世界に照らして見ることができない、あるいは見るのを拒絶することを意味している。奇妙なことには、このような侮辱的表現はパションにも見ることができる。民衆文化はそれ自体、エリートの側のそのような態度を予期している。

だが、自由《カラヤアン》への道を前進してゆくにあたって、われわれは底辺からの声を無視することは到底できないのである。

原注

第1章　底辺からの歴史に向けて

（1）ラピアン・マラヤに関するここでの短い記述は、その多くを以下から引用している。David Sturtevant, "Rizalistas—Contemporary Revitalization Movements in the Philippines," *Agrarian Unrest in the Philippines*（Athens, Ohio: Ohio University Center for International Studies, 1969）. より最近の研究としては、Elizabeth Pastores, "Religious Leadership in the Lapiang Malaya: A Historical Note," in *Filipino Religious Psychology*, ed. Leonaldo Mercado, S. V. D.（Tacloban: Divine Word University, 1977）を参照。

（2）一九六六年のヴェトナム戦争に関するサミット会談開催中に、山刀で武装した約一〇〇〇人のラピアン・マラヤの会員がマニラに集結し、会談の進行を中止しようとした。事件が起きる前に、彼らは警察によって一掃された。Sturtevant, *Agrarian Unrest*, p. 21. この結社の反外国感情については、Pastores, "Religious Leadership" に詳述されている。

（3）Sturtevant, *Agrarian Unrest*, p. 22.

（4）この時期に関する文献はきわめて多い。たとえば以下を参照。Onofre D. Corpuz, *The Philippnes*（Englewood Cliffs, New Jersey: Prentice-Hall, 1965）; John Schumacher, S. J., *The Propaganda Movement, 1880–1895*（Manila: Solidaridad, 1972）; Cesar Majul, *The Political and Constitutional Ideas of the Philippine Revolution*（Quezon City: University of the Philippines, 1957）. そのほか標準的大学教科書である、Teodoro Agoncillo and Oscar Alfonso, *History of the Filipino People*（Quezon Ciry: University of the Philippines, 1956）と Agoncillo and Milagros Guerrero（revised, 1977）をも見よ。

(5) この著作は、一九四八年のボニファシオ伝記コンテストに応募して受賞した作品である。革命をめぐる当時の解釈論争ゆえに、一九五六年になってようやく出版された。
(6) たとえば、Gregorio Zaide, *Philippine Political and Cultural History*, rev. ed. (Manila: Philippine Education, 1957) を見よ。
(7) 権力闘争を叙述するにあたってアゴンシリョは、ボニファシオがたどった不幸な運命に同情を寄せつつも、それを合理的に解釈したアギナルドの立場を受け入れている。他方、カルロス・キリーノはボニファシオを敵視するにいたっている。Carlos Quirino, *The Trial of Andres Bonifacio* (Manila: Ateneo de Manila, 1963) の序文を見よ。イエズス会士の著者たちによる以下の近年の著作は有益な史料であるが、「権力闘争」については新味に乏しい。Pedro de Achitegui and Miguel A. Bernad, *Aguinaldo and the Revolution of 1896: A Documentary History* (Quezon City: Ateneo de Manila, 1972).
(8) David Sturtevant, "No Uprising Fails," *Solidarity* 1 (1966): 11–12.
(9) David Sturtevant, "Philippine Social Structure and Its Relation to Agrarian Unrest" (Ph. D. dissertation, Stanford University, 1969). この論文は大幅に加筆修正されて、*Popular Uprisings in the Philippines* (Ithaca: Cornell University, 1976) として出版された。私はスターテヴァントの考え方を議論するに際し、一九七三年に本書の執筆にとりかかったときの入手可能な彼の業績として、彼の博士論文と何点かの論文にのみに依拠した。しかし、*Popular Uprisings* を読んでも彼の分析枠組みに変化がないことがわかる。
(10) Sturtevant, *Agrarian Unrest*, p. 1.
(11) 元来ロバート・レッドフィールドによって考案されたこの用語は、故ハリー・ベンダの以下の論文によって東南アジア史にも適用されるようになった。Harry Benda, "Peasant Movements in Southeast Asia," *Asian Studies* 3 (1965): 420–34.
(12) デイヴィッド・スタインバーグはスターテヴァントに従って、つぎのように主張しているように思われる。すなわち、カティプーナンは都市的現象であって、その指導者は「些細な中下層のホワイトカラーの被雇用者および若干の有産知識階層《イルストラード》出身の知識人」からなっており、これに対して農民は「概して闘争の宗教的側面により深く携わっていた」、と。David Steinberg, "An Ambiguous Legacy: Years at War in the Philippines," *Pacific Affairs* 45 (1972): 72.
(13) Renato Constantino, *The Philippines: A Past Revisited* (Quezon City: Tala Publishing, 1975) 〔池端雪浦・永野善子・鶴見良

行ほか訳『フィリピン民衆の歴史──往事再訪』I・II、井村文化事業社、一九七八年〕。私がこの著書を入手したのは一九七六年になってからだったので、本書の執筆当時使用することができなかった。したがって、読者は、たとえばボニファシオとサカイについての私の解釈が、コンスタンティーノのそれと一致していることがわかるだろう。

(14) この民衆運動の解釈の直接のモデルは以下による。Eric Hobsbawm, *Primitive Rebels: Studies in Archaic Forms of Social Movement in the 19th and 20th Centuries* (New York: Norton, 1963)〔水田洋・堀田誠三・安川悦子訳『素朴な反逆者たち』社会思想社、一九八九年〕.

(15) Constantino, *Past Revisited*, p. 389.

(16) 『政治経済学批判』(一八五九年)の序文で、マルクスが歴史における「上部構造」(すなわち政治、法、宗教、哲学および芸術)の力を完全に排除していることは広く知られている。しかし、『フランス内乱』や、とりわけ『ルイ・ボナパルトのブリュメール十八日』などのマルクスの政治・歴史学的研究において、彼は政治の自律性や複雑性、社会のさまざまなレベルの相互関係を重要視している。上部構造の相対的自律性については、エンゲルスがジョセフ・ブロックに宛てた書簡にも認められる。エンゲルスはそのなかで、経済は「究極的に」もしくは「最終段階において」のみ上部構造を決定すると述べている。Lewis Feuer, ed., *Marx and Engels: Basic Writings on Politics and Philosophy* (New York: Doubleday Anchor, 1959), pp. 397–98.

(17) たとえば以下を参照。*Four Readings on Philippine Values* (4th ed. enl., IPC Paper No. 2), ed. Frank Lynch and Alfonso de Guzman II (Quezon Ciry: Institute of Philippine Culture, Ateneo de Manila University, 1973). カール・ランデ、メアリ・ホルンスタイナー、チャールズ・カウト、ジーン・グロスホルツらの論文において、低地フィリピン社会は本性的に均衡に向かう傾向があると推定されている。個人間の互酬的紐帯の形成は、経済交換の観点から理解されている。たしかにそれは部分的には正しいが、農民反乱や彼らが創出しようとした「ユートピア」的形態の共同体に見出される連帯を説明することはできない。

(18) Renigio Agpalo, *Pandanggo-Sa-Ilaw: The Politics of Occidental Mindoro* (Ohio: Ohio University Center for International Studies, 1969), p. 4.

(19) Marc Block, *The Historian's Craft* (New York: Vintage Books, 1953), p. 106〔松村剛訳『新版・歴史のための弁明——歴史家の仕事』岩波書店、二〇〇四年、八五頁〕.

(20) Nicanor Tiongson, *Kasaysayan at Estetika ng Sinakulo at Ibang Dulang Panrelihiyon sa Malolos* (Quezon City: Ateneo de Manila University Press, 1975), p. 195.

(21) 本書において私は一九二五年版を用いたが、少なくとも外見上はそれ以前の版と違いがない。節の引用にあたっては一九二五版の頁と連番号を示した。

(22) Bienvenido Lumbera, "Consolidation of Tradition in Nineteenth Century Tagalog Poetry," *Philippine Studies* 17 (1969): 389–440を見よ。

(23) Bienvenido Lumbera, "Assimilation and Synthesis (1700–1800): Tagalog Poetrey in the Eighteenth Century," *Philippine Studies* 16 (1968): 639.

(24) Lumbera, "Consolidation of Tradition," p. 390.

(25) Ibid., p. 395.

(26) Ibid.

(27) ピラピル神父の一八八四年四月二〇日の序文を見よ。*Casaysayan nang Pasiong Mahal ni Jesucristong Panginoon Natin* [Pasyon Pilapil] (Manila: J. Martinez, 1925), p. 2.

(28) Colin, *Labor Evangelica*, 1663 in BRPI 40, p. 86. 以下の文献では、"maginoo"は「上流階級の紳士」と訳されている。Juan Noceda and Pedro de Sanlucar, *Vocabulario de la Lengua Tagala* (Manila, 1860).

(29) Tiongson, *Sinakulo*, pp. 194–95.

(30) "Relation of the Philippine Islands," n.d., BRPI 29, pp. 282–83.

(31) Amanda Morente, "Social Customs of the People of Pinamalayan" (1916), BCTE, vol. 1, no. 2.

(32) Maximo Penson, "Superstitious Beliefs in Our Town (San Miguel Bulacan)" (1917), BCTE, vol. 3, no. 147.

(33) Serviliano Mascardo, "Ceremonies for Dying and Dead Person in Lopez (Tayabas)" (1916), BCTE, vol. 1, no. 12.

（34） Tarcila Malabanan, "Social Functions among the Peasants of Lipa, Batangas" (1917), BCTE, vol. 2, no. 59.

（35） BRPI, vol. 40, p. 231（n. 192）より。

（36） Asuncion Arriola, "How 'Holy Week' is Celebrated in Gasan, Marinduque" (1916), BCTE, vol. 1, no. 6. キリスト受難劇《シナクロ》や関連演劇の「黄金期」であった、一九二〇年代頃の聖週間儀礼に関するチョンソンの記述（Tiongson, *Sinakulo*, pp. 172–73）も参照せよ。

（37） Penson, "Superstitious Beliefs."

（38） Morente, "Social Customs."

（39） おそらくここでの議論を、エーリッヒ・アウエルバッハによって描写された古代末期や中世キリスト教世界における現実についての観念と比較することは有益であろう。「上述の現実観によれば、地上に生起する事象は、今、ここにおけるその具体的な現実性にもかかわらず、ただそれみずからを意味するばかりではなくて、同時にもうひとつの事象をも意味し、それを予告するか、あるいは反復によってその内実を保証するのである。二つの事象の関係は、必ずしも時間的、ないし因果的な発展とはみなされず、むしろ神の摂理のうちなる統一として捉えられる。一切の事象は摂理の部分であり反映なのである」（Erich Auerbach, *Mimesis: The Representation of Reality in Western Literature* [Princeton, New Jersey: Princeton University, 1953], p. 555）〔篠田一士・川村二郎訳『ミメーシス——ヨーロッパ文学における現実描写』筑摩書房（ちくま学芸文庫）、一九九四年、下巻、四七九〜八〇頁〕。

（40） Teodoro Kalaw, *Cinco Reglas de Nuestra Moral Antigua: Una Interpretación* (Manila: Bureau of Printing, 1935), pp. 7–8; Severo Magpantay, "Kabal" (1915), BCTE, vol. 1, no. 57; Mariano Gonzales, "Stories About Anting-Anting" (1915), BCTE, vol. 4, no. 183.

（41） Gonzales, "Anting-Anting"; Benito Reyes, "Lenten Fiestas in Manila and Neighboring Towns" (1937), BCTE, vol. 4, no. 183.

（42） Robert Woods, "Origin of the Colorum," *Philippine Magazine* 17 (January 1930): 513; Fermin Dichoso, "Some Superstitious Beliefs and Practices in Laguna, Philippines," *Anthropos* 62 (1967): 64; Dominador Fernandez, "Superstitious Beliefs of the People of Lilio" (1918), BCTE, vol. 2, no. 81.

(43) Historical Data Papers, PNL（ラグナ州パエテについて）.

(44) Hermogenes Caluag, "Some Tagalog Beliefs and Maxims" (1915), BCTE, vol. 1, no. 156. ベイヤー・コレクションや『歴史資料文書』(Historical Data Papers)――この二つの史料はともにその多くを民族学調査によっている――を検討すると誰でも、革命軍人《ベテラーノス》たちの物語がいかに彼らのお守《アンティンーアンティン》りという主題を必然的に提起しているかに気がつくであろう。

(45) Benedict R. O'G. Anderson, "The Idea of Power in Javanese Culture," in *Culture and Politics in Indonesia*, ed. Claire Holt, Benedict R. O'G. Anderson, and James Siegel (Ithaca, N. Y.: Cornell University Press, 1972), pp. 1–70〔中島成久訳「第1章 ジャワ文化における権力観」『言葉と権力――インドネシアの政治文化探求』日本エディタースクール出版部、一九九五年、三一～一〇八頁〕.

(46) Soedjatmoko, "Indonesia: Problems and Opportunities." Anderson, "Idea of Power," p. 13より重引〔邦訳、四三頁、訳文変更〕。

(47) Anderson, "Idea of Power," pp. 16–17〔邦訳、四七頁、訳文変更〕. アンダーソンはまた聖なる光《ワフユ》についても語っている。その形状はさまざまであったが、星や中空を走る光の球に似ていることが多かった。指導者の力のあらわれであるその動きは、「典型的にはある王朝の没落と光源のほかの王朝への移行を表わした」。私はカランバに拠点を置くワタワット・ナン・ラヒ、すなわち「民族の旗」という結社の指導者ホセ・バリカノーサ（すでに物故）とその副官たちにインタビューした。そのとき語られていたこととして、バリカノーサの前任者が彼を後継者に選んだことが、ある儀礼のさなかに輝く光の球が彼の近くに落ちたことによって追認されたことを、私は心に浮かべている。

(48) Ibid., p. 12〔邦訳、四二頁、訳文変更〕.

(49) お守《アンティンーアンティン》りが効力を発揮するまで遵守しなければならない禁止事項や実践を列挙したなかで、マグパンタイ（「カバル」）はつぎのようなことを含めている。「酢を口にすることも、酸っぱい食物や塩辛い食物を口にすることもできない。臆病者であってはならず、可能なかぎりいかなる危険にも直面しなければならない。……この秘技の資質をもっていることを鼻にかけてはならない。嘘をついてはならない。人間的感情や現世の欲望を少なくとも一年は発動させてはいけない。……毎夜、就寝前には、主の祈りを最低三回は唱えなければ［ならない］〔訳注〕。戦闘におけるお守りに関連した複雑な儀礼についての記述は、Katherine Mayo, *The Isles of Fear: Truth About the Philippines* (New York: Harcourt, Brace & Co., 1925), pp. 192–93 を見よ。

〔訳注：この引用は、本章原注（40）に掲げられている以下の文献を典拠とするものである。Severo Magpantay, "Kabal" (1915), BCTE, vol. 1, no. 57. 引用内の「主の祈り」とは、イエスが弟子たちに教えたとされる祈りで、新約聖書には「マタイ福音書」のものと「ルカ福音書」のものの二種類があるが、教会は伝統的に「マタイ福音書」六章のテキストを、典礼および信心業の式文として採用してきた。式文はつぎのとおりである。「天におられるわたしたちの父よ、み名が聖とされますように。み国が来ますように。みこころが天に行われるとおり地にも行われますように。わたしたちの日ごとの糧を今日もお与えください。わたしたちの罪をおゆるしください。わたしたちも人をゆるします。わたしたちを誘惑におちいらせず、悪からお救いください。（国と力と栄光は、永遠にあなたのものです。）アーメン」（日本聖公会／ローマ・カトリック教会共通口語訳）。〕

（50） Wenceslao Retana, *Supersticiones de los Indios Filipinos: Un Libro de Aniterias* (Madrid, 1894), p. xliii.

（51） *New York Herald* に掲載された記事の原稿複写コピー（PIR-SD 780-A［reel 44］, PNL).

（52） Claudio Miranda, *Costumbres Populares* (Manila: Imprenta "Cultura Filipina," 1911), p. 64.

（53） Artemio Ricarte, *Himagsikan nang manga Pilipino laban sa manga Kastila* (Yokohama, 1927), p. 109; ミランダ（Miranda, *Costumbres*, p. 61）には同様の記述が見られる。兵士たちはすべて戦いに先立ち、「粗雑なラテン語の祈禱文が記された聖体拝領のパン」を食べたという。

第2章　光と兄弟愛

（1） タヤバス州はケソン州と改称されている。

（2） David Sturtevant, "Philippine Social Structure and Its Relation To Agrarian Unrest" (Ph. D. dissertation, Stanford University, 1958), p. 121.

（3） David Sweet, "The Proto-Political Peasant Movement in the Spanish Philippines: The Cofradía de San Jose and the Tayabas Rebellion of 1841," *Asian Studies* 8 (April 1970): 114.

（4） Ibid.

（5） Ibid., p. 115.

（6） Ibid., pp. 112–13. しかし、スイートは「個々の観念と目的」をコロルムのそれぞれの暴動に帰結させるような反対の極論を進めている。R・G・ウッズは、R. G. Woods, "The Strange Story of the Colorum Sect" (*Asia* 32 [1932]: 450–53) において、スイートが史料の欠如によって退けていたある種の連続性をつきとめている。

（7） 聖ヨセフ兄弟会《コフラディア・デ・サン・ホセ》に関する私の物語風の議論の多くは、大部分が Sweet, "Proto-Political Peasant Movement" 論文に拠っている。またスイートは、Sir John Bowring, *The Philippine Islands* (London, 1859), p. 70 を典拠としている。

（8） Sweet, "Proto-Political Peasant Movement," pp. 100–1. より詳細は以下を参照。*Promovedores, origen y progreso de la Cofradía*, March 1842 (manuscript, unpaged, PNA).

（9） John Leddy Phelan, *The Hispanization of the Philippines* (Madison: University of Wisconsin Press, 1959), p. 74.

（10） Juan Alvarez Guerra, *De Manila á Tayabas*, 2nd ed. (Madrid, 1887), pp. 63–64.

（11） スターテヴァントはここで心理学的説明を提示している。その論文 David Sturtevant, "Guardia de Honor—Revitalization within the Revolution" (in *Agrarian Unrest in the Philippines* [Athens, Ohio: Ohio University Center for International Studies, 1969], p. 4) において、「千年王国」型の農民反乱に関して、彼が「幻覚状態」、「この世離れした痙攣」、「しだいに高まる非合理性」、「社会的発作」、「倒錯」などの表現を用いているという点で、彼はウォーレスを踏襲している。

（12） Teodorico Dolendo, "Los Sucesos del Mag-Puli," RENFIL 2 (21 August 1911): 223.

（13） Ibid.

（14） Apolinario de la Cruz (AC) to Octabio San Jorge (OSJ), Manila, 18 May 1840 (PNA).

（15） Ibid.

（16） 署名のある数点を含めた何点かの手書き文書が、フィリピン国立文書館のアポリナリオ・デ＝ラ＝クルス関連書類のなかで発見された。また手書き文書一点が聖教会《サンタ・イグレシア》から押収された「宗教文書」(PIR, Box-I-25, PNA) のなかにあった。聖教会は革命後の二〇世紀初頭における「千年王国的」運動である(本書第6章参照)。

(17) Dolendo, "Los Sucesos," p. 222.

(18) この小冊子には「神聖性について熟考する聖なる修養会における瞑想」という標題がつけられている。

(19) 『讃歌《ダリット》』の完全なテキストは「付録1」に示した。連番号はこの『讃歌』からの直接引用による。

(20) AC to the Cofradía, Manila, 1 September 1840 (PNA).

(21) AC to the Cofradía, Manila, November 1840 (PNA).

(22) 以下を見よ。"Anting-Anting," RENFIL 3 (1913): 1369; "Amuletos guerreros de la pasada Revolucion," RENFIL 1 (7 October 1910): 17. また、RENFIL 2 (21 September 1911): 370から始まる "El Anting-Anting," by Paco Venegas および Teodoro Kalaw, *Cinco Reglas de Nuestra Moral Antigua: Una Interpretacion* (Manila: Bureau of Printing, 1935), pp. 7–8; Wenceslao Retana, *Supersticiones de los Indios Filipinos* (Madrid, 1894) を参照。

(23) AC to OSJ, Manila, 4 January 1841 (PNA).

(24) *Promovedores, origen y progreso* (PNA).

(25) Ibid.

(26) Dolendo, "Los Sucesos," p. 222.

(27) Ibid.

(28) AC to the Cofradía, Manila, November 1840 (PNA).

(29) Sweet, "Proto-Political Peasant Movement," p. 105. この肖像画についての記述は、Fr. Manuel Sancho to Fr. Antonio Matheos, Lucban 19 October 1840 (PNA) の手紙のなかにある。

(30) AC to the Cofradía, Manila, November 1840 (PNA).

(31) AC to OSJ, Manila, 4 January 1841 (PNA).

(32) AC to OSJ, Manila, 1 February 1841 (PNA).

（33） AC to OSJ, Manila, 25 April 1841; AC to OSJ, Antipolo, Rizal, undated（PNA）.

（34） AC to OSJ, Antipolo, Rizal, undated（PNA）.

（35）「イラウ」（ilao: ランプもしくはかがり火）と「リワナグ」（liwanag: ライト）はどちらも「光」と訳することができる。しかしリワナグは、むしろ光という意味合いが強い。「輝き」あるいは「照らし」と訳すこともできるであろう。「イラウ」は蠟燭や電球のような小さな光源を意味している。

（36） AC to OSJ, Antipolo, Rizal, undated（PNA）.

（37） AC to the Cofradía,（PNA）. この手紙は未完成で未署名であり、執筆地も示されていない。

（38） AC to OSJ, Manila, 1 February 1841（PNA）.

（39） Ibid.

（40） Ibid.

（41） AC to OSJ, Manila, 12 May 1840（PNA）.

（42） AC to OSJ, Manila, 23 February 1841（PNA）.

（43） Promovedores, origen y progreso（PNA）.

（44） Bienvenido Lumbera, "Tradition and Influence in the Development of Tagalog Poetry（1570–1898）"（Ph. D. dissertation, Indiana University, 1967, chapter 2）を参照。

（45） 作者不詳の詩 "May bagyo ma't may rilim"（「たとえ嵐が来て、暗かろうと」）、一六〇五年マニラ。原文と翻訳は以下を参照。Lumbera, ibid., appendix, p. 1 A.

（46） AC to the Cofradía, Manila, undated（PNA）.

（47） AC to the Cofradía, Manila, 1 September 1840（PNA）; AC to OSJ, Manila, 1 February 1840（PNA）.

（48） Ibid. この手紙は「貧者アポリナリオ・デ＝ラ＝クルス」と署名されている。

（49） AC to the Cofradía, Manila, 1 October 1840（PNA）. アポリナリオ・デ＝ラ＝クルスと署名されているが、この手紙の書体はほかのものといくぶん異なっている。

（50） AC to the Cofradía, Manila, 1 September 1840 (PNA). スペイン語の史料（*Promovedores, origen y progreso*）では、アポリナリオは過ちを犯した兄弟会員《コフラーデス》たちに体罰を科したと述べられているが、このことはほかでは確証されていない。

（51） この点は、リサールを称賛するタガログ語の詩において明らかであり、そのなかではとりわけ、フィリピンの「カルバリ」であるバゴンバヤンでのリサールの死の様式〔訳注〕に関して、彼とキリストの相同性がしばしば描かれている。（"Bagumbayan," RENFIL 4, 2 [14 July 1913]: 189参照）。彼の全作品のなかで、ディエゴ・モヒカとアンドレス・ボニファシオによってタガログ訳された詩「我が最後の別れ《ミ・ウルティモ・アディオス》」が、大衆のあいだできわめてよく知られている。リサール信奉者《リサリスタ》たちの宗派は、この詩の数連を彼の再来の予言であると解釈してきた。Iglesia Watawat ng Lahi, *Bagong Liwanag* (Calamba, 1970) を参照。

〔訳注：ホセ・リサールは一八九六年一二月三〇日に、ゴンブルサ事件の三神父が処刑されたのと同じバゴンバヤン（現リサール公園）で、銃殺刑に処せられた。処刑前夜に一気に記したとされる「最後の別れ」には、フィリピンという美しい国土が殉じるに値する祖国であるという心情が綴られている。また近親者に、聖画や第二祈禱書といわれる『キリストにならいて』を渡した。処刑の際には、発射の合図とともに大声で「事は成せり」と叫んだが、これは聖書中のイエスの最後の言葉「成し遂げられた」（「ヨハネ福音書」一九章）と同じである。銃殺隊に背を向けて立たされていたリサールは、発砲と同時に振り返り、銃殺隊に対面するかたちで空を仰いで倒れたという。〕

（52） Gabriel Beato Francisco, *Kasaysayan ni Apolinario de la Cruz na may pamagat na Hermano Pule* (n.p., 1915), pp. 31–32.

（53） Kalaw, *Cinco Reglas*, pp. 6–7 の黒い外套を着た冒険男《ティロン》の記述を参照。

（54） Juan P. de Noceda and P. Pedro de Sancular, *Vocabulario de la Lengua Tagala* (Manila: 1860), p. 103.

（55） 集金の任務に言及して、アポリナリオはオクタビオに「このことが結社によくない結果をもたらす」ことを警告している。さらに、明らかに五〇〇ペソの資金のことを訊ねたいがために聖ヨセフ兄弟会に参加する者も、わずかではあるがいた。アポリナリオは、このような巨額の資金から起こる誘惑や何人かの貪欲な者がいかに「われわれの結社にとって悪例となるか」に気づいていた。AC to OSJ, Manila, 1 September 1840 (PNA).

（56） Ibid.

(57) AC to OSJ, Manila, 1 February 1841 (PNA).

(58) AC to the Cofradía, 1 October 1840 (PNA).

(59) AC to OSJ, Manila, 1 February 1841 (PNA).

(60) AC to OSJ, Antipolo, Rizal, n.d. (PNA).

(61) AC to OSJ, Manila, 15 March 1841 (PNA).

(62) AC to OSJ, Manila, 1 February 1841 (PNA).

(63) AC to OSJ, Manila, 1 February 1841 (PNA).

(64) AC to the Cofradía, 5 July 1840 (PNA).

(65) Ibid.

(66) "Listahan," by AC, Manila, 5 July 1840 (PNA)(同日、聖ヨセフ兄弟会に宛てた手紙に付随).

(67) 同上文献の六七頁を参照。

(68) "Listahan," op. cit.

(69) Ibid.

(70) AC to the Cofradía, 5 July 1840 (PNA).

(71) "Listahan," op. cit.

(72) AC to OSJ, Manila, 25 April 1841 (PNA).

(73) より詳細な説明は、Sweet, "Proto-Political Peasant Movement," pp. 105–06 を参照。

(74) Sweet, "Proto-Political Peasant Movement," p. 107 におけるサンチョの報告から。

(75) 反乱についての政府報告書にはファン・マヌエル・デ＝ラ＝マッタによる数値がある。Sweet, "Proto-Political Peasant Movement," p. 107 を参照。

(76) Fr. Antonio Matheos, curate of Tayabas, to Governor-General, Tayabas, 24 October 1841 (PNA).

(77) Robert G. Woods, "Origin of the Colorum," *Philippine Magazine* 16 (7 December 1929): 428–29. ウッズは聖ヨセフ兄弟会

に関する情報については、タガログ語の一手書き文書に依拠したと述べている。

(78) 「ポロ（polo）」とは、共同体の首長とその長男を除いて全男性が毎年一定の日数課された強制労働であった。

(79) Sweet, "Proto-Political Peasant Movement," p. 108. 聖ヨセフ兄弟会と異教徒の山岳民とのこの興味深い連携は、Sweet, ibid., p. 110で論じられている。

(80) Salvador de Roda, senior administrator of the government monopoly trade, to superiors（Tayabas, 23 October 1841; PNA）. ロダは戦闘において三〇〇人の分遣隊と同行した。

(81) Sweet, "Proto-Political Peasant Movement," p. 109.

(82) アポリナリオは「美しく若くて独身の女性に囲まれ、彼女たちが日々交代で彼の欲求と楽しみを満たした」という噂がある（Leandro Tormo Sanz, *Lucban*［*A Town the Franciscans Built*］trans. from Spanish by Antonio Serrano［Manila: Historical Conservation Society, Vol. 20, 1971］, p. 100）。また、Sweet, "Proto-Political Peasant Movement," p. 109を参照。

(83) Sanz, *Lucban*, p. 99.

(84) *Promovedores, origen y progreso*（PNA）.

(85) Sanz, *Lucban*, p. 100.

(86) AC to the Cofradía, Manila, 5 July 1840（PNA）.

(87) 家族の生き別れの例は、Sweet, "Proto-Political Peasant Movement," p. 107に描かれている。彼の指摘するところでは、イサバン村で信仰の篤かった人々の多くは女性であり、「もっとも狂信的な」アポリナリオの追随者であった。彼女らは、反乱軍が勝利をおさめたあかつきにはその手に落ちたスペイン人をすべて磔刑に処する任を帯びていた、とのちに語られた（ibid.）。

(88) AC to OSJ, Manila, 10 February 1841（PNA）.

(89) AC to OSJ, Manila, 2 March 1841（PNA）.

(90) Salvador de Roda to superiors, Tayabas, 23 October 1841（PNA）.

(91) *Dahong Pang-alaala sa Bayan Tayabas*（Quezon Province 1928）, p. 7.

（92） *Promovedores, origen y progreso* (PNA). この報告書の執筆者は、アポリナリオは野望につき動かされていたのだと結論づけている。

（93） E・アルセニオ・マヌエルによると、アポリナリオ自身が想定していた称号は「至高教皇」であったが、追随者たちが「王」の称号を冠したという。E. Arsenio Manuel, *Dictionary of Philippine Biography*, vol. 2 (Quezon City: Filipiniana Research Society, 1970), p. 159.

（94） Robert Woods, "Origin of the Colorum," *Philippine Magazine* 16 (December 1929): 429.

（95） Sweet, "Proto-Political Peasant Movement," p. 10. ここではサンチョ神父の説明を引用している。

（96） Sanz, *Lucban* p. 99より。これはほぼ正確といってよさそうである。というのも、コロルムがカティプーナンの革命に参加した一八九六年に、彼らは白装束を着て教会の行列のように行進して戦いに臨んだからである。Artemio Ricarte, *Memoirs* (Manila: National Heroes Commission, 1963), p. 84.

（97） 戦死者の数には諸説ある。シニバルド・デ＝マスは二四〇人としている (de Mas, *Lucban*, p. 99)。ウッズは彼自身の調査によって得た見識から八〇〇人としている (Woods, "Colorum," p. 429)。また、バロウズによると「およそ一〇〇〇人」であった (in Manuel, *Dictionary*, vol. 2, p. 159)。

（98） Sanz, *Lucban*, p. 100.

（99） Ibid.

（100） Ibid.

（101） Alfred Marche, *Luzon and Palawan*, trans. by C. O. Ojeda and J. Castro (Manila: Filipiniana Book Guild, 1970), p. 82. マルシェは一八八〇年代にフィリピンを訪れたフランス人探検家である。彼はアポリナリオの通過地を巡訪した。

（102） *Ynforme del Sr. Magistrado D. Salvador Elio*, Manila, 27 July 1870 (PNA); Interrogation and statements of Fr. Francisco Rosas, parish priest of Tayabas, 16 June 1870 (PNA). 「兄弟会」の一八七〇年の再生に関する情報は、フィリピン国立文書館のアポリナリオ・デ＝ラ＝クルス文書の史料から得たものである。

（103） Emilio Martin, Alcalde Mayor of Tayabas, to the Governor-General, *Sobre reorganización de la Cofradia de San Jose*, Tayabas, 19

June 1870 (PNA).

(104) Martin to the Governor-General, Tayabas, 19 June 1870 (PNA).

(105) マニラのフランス領事によれば、「独立」という言葉は、マニラにおけるタヤバス部隊のタガログ兵がエルマノ・プーレ事件に呼応して蜂起した際に「スローガン」として口にした言葉である。Horacio de la Costa, *Readings in Philippine History* (Manila: Bookmark, 1965), p. 215.

(106) *Declaración de Gregorio Enrique*, 18 June 1870; *Declaración de Tiburcio de Rojas*, 18 June 1870; *Declaración de Crispina Romero*, 18 June 1870; all before the alcalde mayor, Tayabas (PNA). 同じように質問を理解することができなかったために期待されていたような陳述を得られなかったことは、聖ヨセフ兄弟会のほかの会員たちへの尋問報告においても明らかである。

(107) このことについては、Ricarte, *Memoirs*, p. 82で言及されている。

(108) *Ynforme del Sr. Magistrado D. Salvador Elio*, Manila, 27 July 1870 (PNA).

(109) *Declaración de Gregorio Enriquez*, Tayabas, 18 June 1870 (PNA).

(110) *Ynforme* (PNA).

(111) Simeon Aranas, *Kaligaligayang Bundok ng Banahaw*, vol. 2 (Manila: P. Sayo, 1927), pp. 17–18. アラナスはスペイン植民地時代のある時期に、バナハウ山を巡礼したときの経験を語っている。

(112) *Declaración de Feliciano Yobion y Caballero*, Tayabas, 16 June 1870; statements of Fr. Francisco Rosas, parish priest of Tayabas, 16 June 1870, and of Martin to the Governor-General, Tayabas, 19 June 1870 (PNA).

(113) *Declaración de Feliciano*, 16 June 1870 (PNA). 山への探索隊を率いたエミリオ・マルティンはつぎのように述べている。すなわち、低い傾斜地は生活できてせいぜい二週間がやっとだが、「この州のある人々の蒙昧な頭では神聖だと思うような場所、そしてほとんど通り抜けられないような森林の奥地では、もっとも強靭な現地住民《ネイティブ》でも三日も過ごせばつねに虫まみれに［なり］光も射さないために参ってしまうだろう」(Martin to the Governor-General, Tayabas, 2, July 1870［PNA］)。

(114) Martin to the Governor-General, Tayabas, 19 June 1870 (PNA).

(115) Ibid., 2 July 1870 (PNA).
(116) Ibid.
(117) Marche, *Luzon and Palawan*, p. 82.
(118) Ibid.
(119) 一九一二年に巡礼の足場となったドローレスの人口は五〇〇〇人であり、そのうちコロルム結社の会員はおよそ五〇〇人にすぎなかった。しかし、「ほかの町や遠隔地」から「数万人」の会員たちが毎年この地に群がった（Severino Gala, *Dasala't Dalit ng Kolorum* [Maynila, 1912], pp. viii–ix）。
(120) Ricarte, *Memoirs*, pp. 82–83.
(121) Aranas, *Kaligaligayang Bundok*, p. 6.
(122) Ibid.
(123) Julian Lopez, "Social Customs and Beliefs in Lipa, Batangas," Manila (1915), BCTE, vol. 1, no. 64.
(124) Aranas, *Kaligaligayang Bundok*, p. 32.
(125) Woods, "Origin II," *Philippine Magazine* 26 (January 1930): 515.
(126) Aranas, *Kaligaligayang Bundok*, p. 32.

第3章　伝統と反乱——革命結社カティプーナン

(1) 「コロルム」という言葉は、聖ヨセフ兄弟会《コフラディア・デ・サン・ホセ》がその祈禱の最後に唱える「per omnia saecula saeculorum〔「とこしえにいたるまで」という意味のラテン語〕」という決まり文句に由来するようである。この言葉はまた、現代のフィリピンでの使用方法では、無認可の資産や商売を意味する。このことは、これらの宗教集団に対する、今日における民衆のイメージをある程度反映するものである（Milagros Guerrero, "The Colorum Uprisings: 1924–1931," *Asian Studies* 5 [April 1967]: 65 を参照）。
(2) Santiago Alvarez, "Ang Katipunan at Paghihimagsik" (typescript), 25 July 1927 (PNL). アルバレスとは以前にカティプーナ

ンのマグディワン派の同僚であったアルテミオ・リカルテも、回想録のなかでコロルムについて記述している。Artemio Ricarte, *Memoirs* (Manila: National Heroes Commission, 1963), pp. 82–84.

(3) Alvarez, "Ang Katipunan," pp. 378–79.

(4) 一八四一年の聖ヨセフ兄弟会が「踊りながら」戦いに臨むことを述べた、本書第2章の一〇六頁をも見よ。身体的動作のこのような統御は、祈りによって達成される堅実な内心《ロオブ》の制御を反映している。これは、この研究のいたるところで述べている、「外見の相貌と内的状態には不連続性がまったくない」という考え方と一貫性をもつものである。

(5) Alvarez, "Ang Katipunan," pp. 380–81.

(6) Telesforo Canseco, "Historia de la Insurrección Filipino en Cavite" (1897), Archivo de la Provincia del Santísimo Rosario, p. 98 (参照頁はアテネオ・デ・マニラ大学リサール図書館所蔵のタイプ原稿に従った).

(7) Teodoro A. Agoncillo, *The Revolt of the Masses* (Quezon City: University of the Philippines, 1956), pp. 194–96.

(8) David Sturtevant, "Guardia de Honor: Revitalization Within the Revolution," *Asian Studies* 4 (1966): 342.

(9) Alvarez, "Ang Katipunan," p. 376.

(10) Onofre D. Corpuz, *The Philippines* (Englewood Cliffs, N. J.: Prentice-Hall, 1965), p. 61. ヨーロッパにおける有産知識人《イルストラードス》たちの活動に関するもっとも包括的な研究は、John N. Schumacher, S. J., *The Propaganda Movement: 1880–1895* (Manila: Solidaridad, 1972) である。

(11) 革命の出来事が伝統的観念という点から解釈されなかったことについては、おそらくフィリピン人研究者たちの社会文化的背景からたどることができよう。フィリピンのさまざまな大学を知的環境として育った彼らは、ボニファシオ以後の革命の諸段階を支配したのみならず、歴史のさまざまな解釈が依拠してきた大量の記録文書を残した有産知識人たちの民族主義的かつ革命的な言語を、無意識のうちに受け継いできた。したがって、そうした歴史における視点とは、戦いの際に祈ったり護符をかざしたりした「貧しく無学な者たち」を困惑し見下しつつ是認をもって見る、教養ある民族主義者たちの視点であった。

(12) Juan Cayo y Mora, *La Situación del País*, 2d edition (Manila, 1897), pp. 13, 59.

(13) Isabelo de los Reyes, "The Katipunan: Origins and Development," July 1898, in John R. M. Taylor, *The Philippine Insurrection Against the United States*, vol. 1, pp. 209–10. 同史料は、*Report on the Philippine Revolution of 1896–1897* (Madrid, 1898) にも所収。スペイン語原資料は BIA 2291–96 を見よ。

(14) Ibid.

(15) Cayo y Mora, *La Situacion*, p. 13. シランとパラリスはそれぞれ一八世紀のイロコス地方とパンガシナン地方の反乱者であり、リャネーラはヌエバ・エシハ州のカティプーナン指導者であった。

(16) 「誉れ高きマリアの衛兵《グアルディア・デ・オノール・デ・マリア》」、「ガビニスタ」、「山地逃亡者《レモンタード》」の諸集団については後段の諸章で詳述される。伝統的な宗教結社《カティプーナン》を規定する「パション」の言語の興味深い用法に関しては、R. P. Gregorio Azagra, *Maicling Casaysayan nang Catipunan nang laguing Pageestación* (Manila, 1894) を参照。

(17) "The Memoirs of Pio Valenzuela" (original in Tagalog), in *Minutes of the Katipunan* (Manila: National Heroes Commission, 1964), p. 107; Agoncillo, *Revolt*, p. 96.

(18) Teodoro Agoncillo, ed. *The Writings and Trial of Andres Bonifacio* (Manila: Bonifacio Centennial Commission, 1963), pp. 68–69. 私はここで新たな訳出を行なったが、それはアゴンシリョの訳が不適当だからではなく、本研究に関連するタガログ語の特定のニュアンスが彼の訳には表われていないからである。

(19) Agoncillo, *Revolt*, p. 326.

(20) Juan de Noceda and Pedro de Sanlucar, *Vocabulario de la Lengua Tagala* (Manila, 1754), p. 177; Jose Panganiban, *Diksyunario-Tesauro Pilipino-Ingles* (Quezon City: Manlapaz, 1972), p. 623.

(21) 「カラヤアン (kalayaan)」とタウスグ語〔訳注〕の「カラヤワン (karayawan)」との比較が有益である。「カラヤワン」の文字どおりの意味は「よいこと」である。そしてまた、死後の楽しみと幸福の状態をも意味している。人類学者トマス・キーファーの情報提供者たちは、それは「永続する絶頂状態のようなものである」と描出している。殺す者が積んでいた宗教的功徳は殺される犠牲者に転移されるため、戦死するとおのずと「カラヤワンの内側」に入る、とほとんどのタウスグ戦士が信じている (Thomas Kiefer, *The Tausug: Violence and Law in a Philippine Muslim Society* [New York: Holt,

Rinehart, and Winston, 1972〕, pp. 128–29)。タガログ語の文脈においては、自由《カラヤアン》のために死ぬことは、天国の至福に自動的に参入できることを意味するように私は思える。とりわけ闘争がひとつのパションとして解釈されるならそうである。

〔訳注：タウスグ語は、ホロ島を中心としてスルー諸島の各地に居住するタウスグ人の言語である。「潮流の人々」と呼ばれるタウスグ人は、一五世紀にイスラム教が伝播したのち、優れた行政組織や経済力によってこの地での覇権を握り、スルー・イスラム王国を築きあげた。タウスグ語はスルー諸島で使用されているほかの言語とはグループを異にし、北のセブアノ語などと同じグループに属する。現在タウスグ語を母語とするタウスグの人々は六〇万人ほどであるが、「商業用共通言語」として近隣の地域でも広範に使用されている。〕

(22) "Ang Katipunan ng Tao" (manuscript; Box. 9, PIR-PNL). 著者はおそらくアポリナリオ・マビニであろう。

(23) Wenceslao Retana, *Archivo del Bibliófilo Filipino*, vol. 3 (Madrid, 1895–1905), pp. 52–64 より。原典は未発見であり、アゴンシリョはレターナのスペイン語訳と、*The Philippine Review* (July 1918) にあるエピファニオ・デ＝ロス＝サントスによると思われる翻訳に依拠しなければならなかった。この宣言書は、ホセ・P・サントスが編集したハシントの著作集である *Buhay at mga Sinulat ni Emilio Jacinto* (Manila: Jose P. Santos, 1935) のなかには見あたらない。換言すれば、大きな影響を及ぼし（そして唯一配布された）『カラヤアン（自由）』の創刊号は、現存する印刷物としては発見されていないものと思われる。アゴンシリョは、デ＝ロス＝サントスの翻訳でさえレターナのスペイン語版にもとづくものだと結論づけている。私は、ここではこのスペイン語の訳文をもとに新たに訳出した。

(24) De los Reyes, "The Katipunan," p. 202.

(25) "Mga dahon ng kasaysayan (Sa kalupi ng isang babaing naanib sa Katipunan)," RENFIL 2 (7 October 1911): 455.

(26) Agoncillo, *Revolt*, p. 48; Gregorio Zaide, *History of the Katipunan* (Manila: Loyal Press, 1939), p. 6.

(27) Zaide, *History*, pp. 6–7; Agoncillo, *Revolt*, pp. 48–49.

(28) カティプーナンの宣誓と加入儀礼の形態に関する英訳は、PIR-SD 55 と Taylor, *Philippine Insurrection*, vol. 1, p. 219 に収録されている。私はタガログ語の原典を発見していない。

(29) Simeon Aranas, *Kaligaligayang Bundok ng Banahaw* (*awit*), vol. 1 (Manila: P. Sayo, 1927), p. 32.

(30) Cf. "Ang Liuanag sa Katipunan" by Soliman, in "Documentos de la Revolución Filipina" (1952), PNA. この文書には日付がないが、基本的にカティプーナンが「偉大なる光」であると述べている。それは「主なる神の比類なき力を真に認識すること」を意味し、またスペイン人の無慈悲な搾取を暴き、修道士たちの常日頃の主張に反して、フィリピン人はスペインに対して恩義関係《ウタン・ナ・ロオブ》を何ら負っていないことを明らかにしている。

(31) PIR-SD 514-10. この草稿のもう一部の写しが、リカルテによって一八九九年にマニラで組織された武装隊《サンダタハン》に関する文書の束のなかにある。この武装隊は「神聖なる自由《バナル・ナ・カラヤアン》」とも呼ばれ、カビテ州サン・フランシスコ・デ・マラボンに本拠を置いていたようである（PIR, reel 160, frame 271 ff.）。

(32) Apolinario de la Cruz to the Cofradía, Manila 6 July 1840 (PNA).

(33) Aquilino Atienza, "The Kolorum" (1915), BCTE, vol. 1, no. 39; Severo Magpantay, "The Kolorum and the Spiritismo" (1916), BCTE, vol. 1, no. 41; Aranas, *Kaligaligayang Bundok*, p. 44 and passim.

(34) Cf. Marcelino Foronda, *Cults Honoring Rizal* (Manila: R. P. Garcia, 1961), passim.

(35) Juan Pagaspas, "Native Amusements in the Province of Batangas" (1916), BCTE, vol. 2, no. 166.

(36) Agoncillo, *Revolt*, p. 50.

(37) Santos, *Buhay at mga Sinulat*, p. 16; Kasandugo (pseud.), *Ang Katipunan at si Gat Andres Bonifacio* (manuscript, n.d., p. 82, PNL); Agoncillo, *Revolt*, p. 70. アゴンシリョの情報提供者は、「巡礼」を行なったグループに随伴したギリェルモ・マサンカイであった。

(38) *Historia Famosa ni Bernardo Carpio* (Manila: J. Martinez,1919). 初版は一八六〇年に出版された。この詩歌《アウィット》の包括的分析およびその民族主義者たちの著作との関係については、Reynaldo Ileto, "Tagalog Poetry and Perceptions of the Past in the War against Spain," in *Perceptions of the Past in Southeast Asia*, ed. Anthony Reid and David Marr (Singapore: Heinemann, 1979) を参照。この詩歌やその他の詩歌の出版の詳細については、Damiana Eugenio, "*Awit* and *Korido*: A Study of Fifty Philippine Metrical Romances in Relation to Their Sources and Analogues" (Ph. D. dissertation, University of California at Los Angeles,

1965）を見よ。

（39） Eugenio, "Philippine Metrical Romances," pp. 136–37. 外来者が洞窟を訪ねるこのくだりは、私が使用した一九一九年版には含まれていない。ユーヘニオはかなりのちの一九四九年版に依拠している。この問題に解説を加えたリサール、カラウ、ミランダは、こうした信仰が一九世紀末にあったことを確認しているが、これらが出版された詩歌《アウィット》のなかに現われたかどうかについて、確証を得ることはできない。Jose Rizal, *El Filibusterismo*, trans. Leon Ma. Guerrero (New York: Norton, 1968), p. 35〔岩崎玄訳『反逆・暴力・革命――エル・フィリブステリスモ』井村文化事業社、一九七六年、三四頁〕; Teodoro Kalaw, *Cinco Reglas de Nuestra Moral Antigua* (Manila: Bureau of Printing, 1947), p. 18; Claudio Miranda, *Costumbres Populares* (Manila: Imprenta "Cultura Filipina," 1911), p. 62.

（40） Trans. Leon Ma. Guerrero (New York: Norton, 1968), p. 35〔邦訳、三四頁、邦訳はスペイン語原書による〕. この書物の初版は一八九一年である。

（41） Agoncillo, *Revolt*, p. 67.

（42） "Katapusang Hibik ng Pilipinas" in Agoncillo, *Writings and Trial*, pp. 75–77 と Bienvenido Lumbera, "Tradition and Influences in the Development of Tagalog Poetry (1570–1898)" (Ph.D. dissertation, Indiana University, 1967), appendix, pp. 46–47 より引用。

（43） Miranda, *Costumbres*, p. 62.

（44） サイデによれば、壁に「フィリピン独立万歳《ビバ・ラ・インデペンデンシア・フィリピナ》」と記したのはアウレリオ・トレンティーノだという。Gregorio F. Zaide, *The Philippine Revolution* (Manila: Modern Book Co., rev. ed., 1968), p. 98.

（45） Teodoro Agoncillo and Milagros Guerrero, *History of the Filipino People*, 5th ed. (Quezon City: R. P. Garcia, 1977), p. 200.

（46） Jose P. Santos, *Si Andres Bonifacio at ang Himagsikan*, 2d printing (n.p., 1935), p. 18.

（47） Cf. Bienvenido Lumbera, "Consolidation of Tradition in Nineteenth-Century Tagalog Poetry," *Philippine Studies* 17 (July 1969): 391–93.

（48） Gregorio Aglipay, *Pagsisiyam sa Virgen sa Balintawak: Ang Virgen sa Balintawak ay ang Inang Bayan*, Tagalog trans. Juan Evangelista (Manila: Isabelo de los Reyes, 1925). トレンティーノによる『ラ・バングアルディア（前衛）』の記事は、この「九日間の祈り《ノベナリオ》瞑想」を背景として部分的につくり直されたものである。

（49） Carlos Ronquillo, "Mga Kantahing Bayan," RENFIL 1 (28 August 1910): 23 より。

（50） Ibid.; Consejo Cauayani, "Some Popular Songs of the Spanish Period and their Possible Use in the Music Program of our Schools" (M.A. thesis, University of the Philippines, 1954), pp. 110–11; Felipe de Leon, "Poetry, Music, and Social Consciousness," *Philippine Studies* 17 (1969): 278.

（51） Caro y Mora, *La Situación*, p. 14.

（52） De los Reyes, "The Katipunan," p. 209.

（53） Alvarez, *Ang Katipunan*, pp. 78–80. サン・フランシスコ・デ・マラボンはカティプーナン・マグディワン派の中心地であり、当時モロンにいたボニファシオは、一八九六年一二月後半にその地に招かれて指導者となった。

（54） ディエゴ・モヒカとユーロヒオ・タンディアマの対スペイン戦争に関する記述は次章で検討する。ＰＩＲ〔『フィリピン反乱文書』〕には、初期の勝利の数カ月をなつかしんで回顧する「最初の革命」の参加者たちが、アギナルド大統領に書き送った多くの手紙がある。

（55） E. Arsenio Manuel, *Dictionary of Philippine Biography*, vol. 1 (Quezon City: Filipiniana Research Society, 1955), p. 93.

（56） Emilio Aguinaldo, *Mga Gunita ng Himagsikan* (Manila: n.p., 1964), p. 53 and passim.

（57） Alvarez, *Ang Katipunan*, p. 116. アゴンシリョは群衆の挨拶を「フィリピンの統治者万歳」と訳している（Agoncillo, *Revolt*, p. 204）。

（58） Aguinaldo, *Mga Gunita*, pp. 140–41. ラグナ州でもいくつかの町はボニファシオを「至高者《スプレモ》、すなわち民衆の王」として崇めた（Antonino Guevarra to Emilio Jacinto, 8 May 1897, in Epifanio de los Santos, *The Revolutionists: Aguinaldo, Bonifacio, Jacinto* [Manila: National Historical Commission], p. 133）。

（59） Ibid.

（60） たとえば、カルロス・キリーノはつぎのように述べている。「［ボニファシオ］がその年の一二月にサン・フランシスコ・デ・マラボンにはじめて到着し民衆が歓呼して迎えたとき、彼は「民衆の王万歳《マブハイ・アン・ハリ・ナン・バヤン》！」という言葉で歓迎することを許した」（Carlos Quirino, *The Trial of Andres Bonifacio* [Manila: Ateneo de Manila, 1963], p. 8）。後段でキリーノは「反乱軍の一般兵たちは、政府の共和国的形態を信奉していたと確認されるが、彼らにとって『王』や『総督』といった言葉は国を抑圧する植民地権力との忌むべき関連性を示唆していた」と述べている。私が収集した証拠事実は、この「一般兵たち」の見解を支持しない。

（61）Canseco, "Historia de la Insurrección," p. 98; Kalaw, *Cinco Reglas*, p. 18; Carlos Ronquillo, "Ilang talata tungkol sa Paghihimagsik ng 1896–97" (Ms., Hongkong, 1898, in The University of the Philippines Main Library).

（62）John N. Schumacher, "The Religious Character of the Revolution in Cavite, 1896–1897," *Philippine Studies* 24 (1976): 399–416. シューマッハーは、カビテ州の宗教的色彩の濃い大衆と、主としてボニファシオの影響による「基本的には反聖職者的で反宗教的色彩」のカティプーナンとの相違を強調する。この区別は強引で、究極的には不適切なもののように思われる。ボニファシオが聖職者を非難したのは、彼らがその宗教的理念に則って生活していないことにもとづいたものである。大いに喧伝されたボニファシオによる何人かのスペイン人修道士への拷問と処刑は、宗教的背景によってではなく、彼らがフィリピン人民族主義者たちに敵対する政治的活動に関与していると確信したからである。ボニファシオの修道士に対する態度は、アギナルドやその他の人々に対して噂話の種になる機会を与えたという意味では、軽はずみだったのかもしれない。シューマッハーは念入りに、ボニファシオにとって明白であったと思われることと、すなわち大衆がカトリシズムの伝統に浸っていたということを証明する。ボニファシオが、ゆるぎなく宗教的な詩人かつ革命家であるディエゴ・モヒカと友人関係にあったことは、彼らがこれらの伝統を利用するよう努力したのであって、シューマッハーが言うようにそれらを破壊しようとしたのではなかったことを示唆するものである。とはいえシューマッハーは、革命に関する研究は「一九世紀フィリピン社会のカトリック的性格を無視するかぎり」（ibid., p. 416）、決して大衆の反応を的確に説明することはできない、と正しく結論づけている。

（63）Agoncillo, *Writings and Trial*, pp. 82–86, 88, 91 より。英訳は pp. 13–17, 19, 21–22.

（64）Santos, *Buhay at mga Simulat*, p. 26 より。

（65） Ibid., p. 35.

第4章　共和国と一八九六年の精神

（1） John R. M. Taylor, *The Philippine Insurrection against the United States*, vol. 2（Pasay City: Eugenio Lopez Foundation, 1971）, pp. 121, 175.

（2） Robert G. Woods, "Origin of the Colorum," *Philippine Magazine* 16（December 1929）: 429.

（3） Taylor, *Philippine Insurrection*, p. 175.

（4） "Talumpati na isinalaysay nang Presidente M. Emilio Aguinaldo at Famy sa Cavite Viejong 3 ng Agosto ng 1898"（PIR-SD457.3）. スペイン語版も出版された。

（5） アギナルドの弁解めいた声明 "To the Katipunan," Cavite, 15 July 1898（Taylor, *Philippine Insurrection*, vol. 3, p. 162）を参照。アギナルドはカティプーナンに対し、役職が「われわれの仲間でない人々に」授けられたからといって「意気消沈」しないように、なぜなら結局、国全体がカティプーナンなのだから、と述べている。

（6） "Decalogue," May 1898（Taylor, *Philippine Insurrection*, vol. 3, p. 48）.

（7） PIR, Box 7, PNL.

（8） Honest Mariano, "Popular Songs of the Revolution"（Manila, 1915）, BCTE, vol. 4, no. 198.

（9） Milagros Guerrero, "Luzon at War: Contradictions in Philippine Society, 1898–1902"（Ph. D. dissertation, University of Michigan, 1977）. ゲレロは、私が軽く触れただけの社会経済的発展について、綿密な説明を行なっている。

（10） *El Comercio*, 1 February 1900, p. 7（BIA 2291–96, USNA）; Cesar A. Majul, *Mabini and the Philippine Revolution*（Manila: National Commission, 1964）, p. 37 and passim も見よ。

（11） Wenceslao Viniegra to Aguinaldo, Iba, Zambales, 13 November 1898（Taylor, *Philippine Insurrection*, vol. 3, p. 401）. さらに詳しい説明については、Guerrero, "Luzon at War," pp. 170–75 を参照。

（12） Jose Elises to Aguinaldo, Antipolo, 3 November 1898（Taylor, *Philippine Insurrection*, vol. 3, pp. 395–96）.

（13） Manuel Arguelles to Aguinaldo, Bacoor, 10 September 1898（PIR-SD 242）.
（14） Ibid.
（15）「誉れ高きマリアの衛兵《グアルディア・デ・オノール》」についての包括的な議論として、Guerrero, "Luzon at War" を参照。
（16） "Manga Kapatid na Filipinos," Malolos, February 1899（Draft in Aguinaldo's handwriting, PIR-SD 490.3）.
（17） Ibid.
（18） Ibid.
（19） Ambrosio Flores, provincial governor, "To the Inhabitants of the Province of Manila," San Juan del Monte, 4 October 1898（Taylor, *Philippine Insurrection*, vol. 3, p. 378）.
（20） Sandiko to Aguinaldo, October 1898（PIR-SD 458.7, in Taylor, *Philippine Insurrection*, vol. 2, pp. 140–45）.
（21） Flores, "To the Inhabitants," p. 378.
（22） Ibid., p. 379.
（23） "Proclamation"（printed in Tagalog）, Malolos, 23 September 1898（Taylor, *Philippine Insurrection*, vol. 3, p. 360）.
（24） "Awit," by certain "Gasper"（manuscript, PIR-SD, Box I-19, PNL）. サンハマヨールは、一八九六年の革命の拠点のひとつである、カビテ州サン・フランシスコ・デ・マラボンの一村落《バリオ》である。
（25） このタブロイド紙はサンディコによるカティプーナンの再興と関係していたようだ。二つの号（第一号、第二号）だけが発見され、Box 7, PIR, PNL にある。
（26） 彼の宗教詩には、"Ang Anghel at ang Demonio sa Bawa't Isang Tao," RENFIL 1（28 January 1911）: 34; "Gelona Catórica," RENFIL 1（28 April 1911）: 34;（7 May 1911）: 33; "Pasyong Bagong Katha," RENFIL 1（21 March 1911）: 33 が含まれる。これらはすべて、出版の日付よりずいぶん前に創作された。
（27） Artemio Ricarte, *Memoirs*（Manila: National Historical Commission, 1963）, p. 52.
（28） *The Philippine Revolution*, trans. Leon Ma. Guerrero（Manila: National Historical Commission, 1969）, p. 67.
（29） Artemio Ricarte, *Himagsikan nang manga Pilipino Laban sa Kastila*（Yokohama, 1927）, p. 82.

(30) タンディアマの名前は、私が検討した二つの冊子には見あたらなかったが、形式の類似性から、この詩歌《アウィット》はそれに先立つ彼の著作 *Ang Cahabaghabag na Buhay na Napagsapit nang ating manga Capatid*（「我らの兄弟たちの哀れな生涯の物語」）, n.d. の続編であることが示唆される。

(31) RENFIL 1 (7 June 1911): 34. 最終回は 1 (14 June 1911): 33 に掲載された。全文が本書の「付録2」に収録されている。

(32) Teodoro Agoncillo, *Revolt of the Masses* (Quezon City: University of the Philippines, 1956), p. 58. ロンキーリョは『レナシミエント・フィリピノ（フィリピン人の復興）』誌上に、「民族の歌《マガ・カンタヒン・バヤン》」という連載を始めた。また彼は、タガログ語の伝統的信仰と慣行の伝承に関する一連の記事を執筆した。ロンキーリョがタガログ文学および民族誌に貴重な貢献をしたことは、同誌 RENFIL の全巻を通して明らかである。

(33) RENFIL 1 (7 June 1911): 34.

(34) Jose Estrella, "Old Tagalog Songs" (1921), BCTE, vol. 10, no. 352. 全文が本書の「付録3」に収録されている。

(35) RENFIL 1 (14 June 1911): 33.

(36) Estrella, "Old Tagalog Songs."

(37) RENFIL 1 (14 June 1911): 33.

(38) 残念ながら、われわれはこの歌がどのような旋律で歌われたか知ることはできない。革命詩に対して現存するよく知られたメロディ（とりわけ恋歌《クンディマン》）を当てはめることに関する注釈については、Antonio Molina, *Ang Kundiman ng Himagsikan* (Papers of the Philippine Institute of National Language, vol. 4, no. 22 [February 1940]) を参照。

(39) この詩歌《アウィット》の全文が、本書の「付録4」に収録されている。参照番号は連番号を示す。

(40) *The Philippine Revolution*, pp. 27–28.

(41) "Ang Catipunan ng Tao" (manuscript, PIR, Box 9, PNL).

(42) Teodoro A. Agoncillo, *Writings and Trials of Andres Bonifacio* (Manila: Bonifacio Centennial Commission, 1963), pp. 9, 75.

(43) Juan Aguilar to the Director of War, Sampaloc, 25 October 1898 (Taylor, *Philippine Insurrection*, vol. 1, pp. 407–8).

(44) Agoncillo, *Revolt of the Masses*, p. 238. ボニファシオの態度についてアギナルドが受け取った苦情は、アゴンシリョ(Agoncillo, ibid.) によれば、「おそらく真実ではなかったが、それでも多くの人々はこれを信じていた」というものである。反ボニファシオの地方有力者《プリンシパーレス》たちによって行なわれたデマ活動が、この告発を招いたことはつけ加えておくべきであろう。

(45) Emilio Jacinto, "Liwanag at Dilim," 1896, in J. P. Santos, *Buhay at mga Sinulat ni Emilio Jacinto* (Manila, 1935), pp. 26–46.

(46) *The Philippine Revolution*, p. 48.

(47) "To the Katipunan," Cavite, 15 July 1898 (in Taylor, *Philippine Insurrection*, vol. 3, p. 161).

(48) Kasandugo (pseud.), "Ang Katipunan" (manuscript, n.d. PNL), p. 1. このようなボニファシオの言葉は、「現在にいたるまでカティプーナンの勇士たちの記憶にとどまっている」、とカサンドゥゴは言う。

(49) Teodoro A. Agoncillo, *Malolos, the Crisis of the Republic* (Quezon City: University of the Philippines, 1960), pp. 668–69.

(50) Katipunan initiation document (in translation) January 1900 (PIR-SD 55. 7). この文書は部分的に、Taylor, *Philippine Insurrection*, vol. 1, pp. 219–20 に収録されている。

第5章　自由への道、一九〇一～一九一〇年

(1) Malvar to Aguinaldo, Headquarters, 19 April 1901 (original in Spanish; in John Taylor, *Philippine Insurrection Against the United States* [Pasay City: Eugenio Lopez Foundation, 1973], pp. 333–34).

(2) Trias to Malvar, Silang, 13 April 1901 (original in Spanish; in Taylor, *Philippine Insurrection*, vol. 5, pp. 326–27).

(3) Malvar to Trias, Headquarters, 19 April 1901 (original in Spanish; in Taylor, *Philippine Insurrection*, vol. 5, pp. 328–29).

(4) PIR-SD 692. 3 (PNL). 一九〇一年四月一七日に出版された。スペイン語の英訳版は、Taylor, *Philippine Insurrection*, vol. 5, pp. 334–36. その日付がタガログ語版よりも後にずれ込んでいること(四月一九日)は、マルバールのタガログ語の原文にもとづいていることを示唆している。タガログ語版とスペイン語版／英語版を比較すると、タガログ語を話す読者にとってのみ意味深かったと思われるいくつかの訴えが、英語版では省略されていることがわかる。

(5) "Declaración Político-Revolucionario," Batangas, 1902 (RG 395/E 2380, USNA).

(6) Caedo, Testimony given at Camp McGrath, Batangas, 14 February 1902 (RG 395/E 4229, USNA).

(7) Caballes to Cailles, March 1901 (PIR 712. 2)(傍点は筆者による). カバリェスは地方有力者《プリンシパーレス》たちのことを、恥じる心《ヒヤ》がなく、苦難を経験している人々に共感《マグヒナヤン》できず、さらには銀貨を与えるといって兵士たちをそそのかした《ヒカヤット》かどにより、名前を列挙して非難している。

(8) Caedo, Testimony (op. cit).

(9) Arguelles to Aguinaldo, Bacoor, 10 September 1898 (original in Spanish; PIR-SD 242).

(10) 通行証には一八九九年四月一日の日付がある (RG 395/35058, USNA)。

(11) Testimony of Sebastian Caneo, 30 April 1903 (RG 94/Enc 2 to AGO 421607 [Gardener Inquiry], USNA).

(12) CO (Commanding Officer) Sto. Tomas to CO, San Pablo, 2 November 1901 (RG 395/E 5101, USNA).

(13) "Notes in Reference to the Province of Batangas," Manila, 12 December 1901 (RG 395/E 2635, USNA).

(14) Jose Villanueva, "Declaración," Batangas, 1902 (RG 395/E 2380, USNA).

(15) 19 December 1901 (RG 395/E 4138, USNA).

(16) "Ynforme del Pueblo de Pagsanhan contra el sociedad Colorum," 10 September 1901 (RG 395/E 5160, USNA).

(17) August 1901 (PIR-SD 752. 55, PNL).

(18) 一九〇二年二月頃、カイリェスはカバリェスを追い詰めるため、ラグナ州出身の志願兵を組織する権限を与えられた (Bell to Post CO's, Laguna and Tayabas, 2 March 1902 [RG 395/E 3287, USNA])。

(19) "Ynforme del Pueblo," 10 September 1901 (RG 395/E 5160, USNA).

(20) Malvar, "The Reason for my Change in Attitude" (original in Spanish), 16 April 1902 (Taylor, *Philippine Insurrection*, vol. 5, pp. 358–59) を見よ。

(21) Andrew Haslam, *Forty Truths and Other Truths* (Manila: Philippine Publishing Co., 1900), pp. 178–79. ハスラムは「タガログ人の生活と慣習」について書いたアメリカ兵である。少年と独立についてしばらく議論したあと、つぎのように語っている。ある「一〇歳の少年が政治について議論するのを見るとき、地方政治の展望に対する人々の感情はいかなるものと推断すべきなのだろうか！　彼らは強力にそれを望んでいるのだ」。

(22) Edith Moses, *Unofficial Letters of an Official's Wife* (New York: Appleton, 1908), pp. 349–50. モーゼスの夫はフィリピン委員会委員であった。彼女のコメントは一九〇二年一二月一五日付の手紙によるものである。

(23) Henry T. Allen to Adjutant General, U. S. Army, Manila, 26 December 1901 (BIA 1184–34, USNA).

(24) David Doherty, "Conditions in the Philippines," U. S. Senate Document 170, 58th Congress, 2nd session, 1904 (typescript, in BIA 3841–3, USNA). ドハティは「新植民地」に関心を抱くシカゴの医師であった。彼の報告は、治安維持にとっての脅威は山賊《バンディット》たちによるものだという公式の見解に異を唱えた。彼は一九〇三年に平定されていない多くの地域を旅して、騒乱が政治的な性格をもっており独立をめざしたものであるという実質的な確証を得た。

(25) ARPC (1907), 2, p. 301.

(26) Michael Cullinane, "Implementing the New Order: The Structure and Supervision of Local Government During the Taft Era," in *Compadre Colonialism*, ed. Norman Owen (University of Michigan Center for South and Southeast Asian Studies, 1971), p. 24.

(27) William H. Taft to the U. S. Secretary of War, Baguio, 14 April 1903 (BIA 4865–15 [extract], USNA).

(28) これに応じて、反アメリカの意味合いをもつ運動を率いたある種の人々にまつわる山賊イメージを払拭させようと試みる、いくつかの雑誌記事や本が生み出されてきた。アントニオ・アバドとホセ・P・サントスの著書については、本章の後半で引用する。

(29) Taft to the Secretary of War, 14, April 1903, Baguio (BIA 4865–15, USNA). 公平にいえば、縛り首になった者のなかには本当の強盗、強姦者などもおり、彼らは騒乱に乗じて罪におよんだ者たちであったことを指摘しておかなければならない。そのなかには、カティプーナンのゲリラ部隊に加わっていた者すらいたかもしれない。しかし一般には、植民地政府は政治的もしくは宗教政治的反乱への対処に忙殺されていた。

(30) "The Christmas Eve Fiasco and a Brief Outline of the Ricarte and Other Similar Movements from the Time of the Breaking Up of the Insurrection of 1899–1901" (appendix 149 in the Watson Collection and appendix N in Artemio Ricarte, *Memoirs* [Manila:

National Heroes Commission, 1963], p. 171).

(31) ARPC (1903), 3, "Report of the Chief of the Constabulary," p. 54.

(32) LeRoy Papers, folder 10 (MHC).

(33) ARPC (1903), 1, pp. 40–41.

(34) David Doherty to the *New York Evening Post*, 2 October 1906 (BIA 4865–33, USNA).

(35) Antonio Abad, *General Macario L. Sakay: Was He a Bandit or a Patriot?* (Manila: J. B. Feliciano and Sons, 1955), p. 4. アバドは、タガログ語日刊紙『ムリン・パグシラン（再生）』の代表者としてサカイに会うことができ、サカイは最終的には自分の個人記録の一部を彼に託した。上記の著作は、サカイら全タガログ《カタガルガン》共和国指導者たちの翻訳された記録を編集したものである。アバドは、サカイの山賊イメージをうち消すために、一九五五年にこの本を出版した。彼は序文で、「歴史とは、にやついた欺瞞と早熟な凡庸さのうちにあるあいだは、未熟な不正義が永続するよう手を貸してしまっていた」と述べている。しかし結局アバドは、サカイと、独立のために「投票用紙を用いて」活動した有産知識人《イルストラードス》たちとの性格の違いを注記したにすぎなかった。サカイは夢想癖の理想主義者であったのに対して、ケソン家、ラウレル家、そしてオスメーニャ家の人々は、制度のもとで十分活動できるほど現実的であったという。したがって、アバド自身は、独立があらゆる民族主義者にとって同一の出来事を意味しているという神話を永続させたのである。

(36) 「静穏さ、教育（知識）、犠牲を通してのみ実現する怪物たる」、勇猛なる人間の形成における演劇《コメジャ》の影響については、Teodoro M. Kalaw, *Cinco Reglas* (Manila: Bureau of Printing, 1947), pp. 10–11 を参照。

(37) Gregoria de Jesus, *Mga Tala ng Aking Buhay*, in *Julio Nakpil and the Philippine Revolution*, ed. E. Alzona (Manila: Carmelo and Bauermann, 1964), p. 162. ボニファシオの未亡人で、のちに革命軍の将校と再婚したグレゴリアの伝記には、サカイが山賊であるという考えを改めるよう、同国人に向けた熱烈な嘆願がなされている。

(38) Statement of Gen. Artemio Ricarte in *Pagkakaisa* (Unity), 30 March 1930, in Abad, *Macario Sakay*, p. 33.

(39) Statement of Gen. Pio del Pilar, in J. P. Santos, *Ang Tatlong Napabantog na "Tulisan" sa Pilipinas* (Gerona, Tarlac: 1936), p. 31.

サントスは、サカイの運動に関するタガログ語原典記録を収集し出版したことで、フィリピン史家たちから尊敬を集めてきた。彼の業績は、それらをまったく英訳しようとしなかった点でなおいっそう価値がある。なぜなら、タガログ語原典とアバドの英訳を比較すると、日常的な英語の語彙では、ある種のタガログ語の言葉と概念のニュアンスをとらえるには不十分であることがわかるからである。

(40) Ibid.

(41) ARPC (1903), 1, p. 40.

(42) Part 2, session 1, "Ang Congreso," in Santos, *Tatlong Tulisan*, p. 39.

(43) *Presidencia nitong Kapuluang Katagalugan*, 1, "Pamahayag" (Proclamation), 6 May 1902, in Santos, *Tatlong Tulisan*, pp. 51–53.

(44) Amendments by the Junta Suprema IV, 3 (Katungkulang Gaganapin ng Lahat ...), in Santos, *Tatlong Tulisan*, p. 45.

(45) これは、Karl Marx and Frederich Engels, *The German Ideology* (New York: International Publishers, 1947), p. 41〔古在由重訳『ドイツ・イデオロギー』岩波書店、一九七八年、六八頁〕においてカール・マルクスとフリードリッヒ・エンゲルスによって提起され、Clive Kessler, "The Politics of Islamic Egalitarianism," *Humaniora Islamica* 2 (1974): 237–52 において継承された発想を応用したものである。

(46) Santos, *Tatlong Tulisan*, p. 53.

(47) Document attached to the official report of Col. Cornelius Gardener to the Adjutant General, Manila, 8 February 1901. またこの報告書には、三二六人の「ルセナ、タヤバス、ルクバンの有力な市民」による米国義勇軍第三〇連隊の士官および兵士への感謝表明の翻訳も添付されている (BIA 2760-65, USNA, 傍点は筆者による)。

(48) この書簡はマニラの新聞社に提出されたものの、新聞社が扇動法によって起訴されるのを恐れたため、印刷されたかたちで日の目を見ることはなかったようである (in Santos, *Tatlong Tulisan*, pp. 48–49)。

(49) Santos, *Tatlong Tulisan*, p. 45.

(50) Ibid., p. 52.

(51) Ibid., pp. 44–45.

(52) Honesto Mariano, "Popular Songs of the Revolution" (1915), BCTE, vol. 4, no. 198.

(53) PIR-SD 1311 (PNL) の描写による。

(54) "Record of Examination of Cenon Nicdao," 5 January 1902 (BIA 4857–3, USNA).

(55) Encarnacion Alzona, ed. *Julio Nakpil and the Philippine Revolution* (Manila: Carmelo and Bauermann, 1964), p. 50.

(56) Felipe de Leon, "Poetry, Music and Social Consciousness," *Philippine Studies* 17 (April 1969): 275.

(57) エリートの見解については、David Steinberg, *Philippine Collaboration in World War II* (Ann Arbor, Michigan: University of Michigan, 1967), p. 13 によくまとめられている。Renato Constantino, *The Philippines: A Past Revisited* (Quezon City: Tala Publishing Co., 1975〔池端雪浦・永野善子・鶴見良行ほか訳『フィリピン民衆の歴史――往時再訪』I・II、井村文化事業社、一九七八年〕) もまた、エリートの支配者への協力について同様の解釈を施している。

(58) ARPC (1903), 3, "Report of the 1st District, Philippine Constabulary," p. 65; ARPC (1904), 1, "Report of the Governor of Laguna," pp. 514–15; Abad, *Macario Sakay*, p. 124.

(59) Doherty to the *New York Evening Post*, 2 October 1906 (BIA 4865–33, USNA).

(60) ソーヤーとヤゴールからの引用ならびに山地逃避者《レモンダード》についての説明は、Generoso Maceda, "The Remontados of Rizal Province," *Philippine Journal of Science* 64 (1937): 313–21 を参照。

(61) "Testimony of Pio Valenzuela," 2 September and 21 October 1896, in the *Minutes of the Katipunan* (Manila: National Heroes Commission, 1964), pp. 146–47, 154; St. Clair, *The Katipunan* (Manila, 1902), p. 137.

(62) ARPC (1903), 1, "Report of the Provincial Governor, Tayabas," p. 925. 本史料の出所は BIA 2760–34 (USNA)。

(63) ARPC (1903), 3, "Report of the 3rd District, Philippine Constabulary," p. 121.

(64) *Conditions in the Philippines* (U. S. Senate Document 170, 58th Congress, 2nd Session, February 1904), p. 14.

(65) ARPC (1903), 3, "Report of the 3rd District," p. 121.

(66) *Philippine Life in Town and Country* (New York: G. P. Putnam and Sons, 1905), p. 129.

(67) PIR-SD 719. 4 (reel 40, fr. 606; PNL).

(68) ARPC (1902), 1, "Report of the Provincial Governor, Tayabas," pp. 926–27; ARPC (1902), 1, "Annual Report of the Chief of the Philippine Constabulary," p. 38 (これは主としてバンドホルツの報告書に依拠している).

(69) Statement of ex-Governor Gardener, 1902 (RG 94, Enc. 2 to 421607, p. 36, USNA).

(70) ARPC (1902), 1, "Annual Report of the Chief of the Constabulary," p. 926.

(71) Ibid.

(72) Victor Hurley, *Jungle Patrol: The Story of the Philippine Constabulary* (New York, 1938), p. 126.

(73) E. Arsenio Manuel, *Dictionary of Philippine Biography*, vol. 2 (Quezon City: Filipiniana Publications, 1970), pp. 395–431; Amelia Lapeña-Bonifacio, *The "Seditious" Tagalog Playwrights* (Manila: Bookmark Publishing Co., 1972), pp. 177–206.

(74) From a report by Capt. Murphy, March 1903 (in Hurley, *Jungle Patrol*).

(75) Bandholz to the Executive Secretary at Manila, Lucena, 15 January 1903 (Bandholtz Papers, MHC); ARPC (1903), 1, "Report of the Provincial Governor, Tayabas," p. 926.

(76) "The Philippine Police," 14 October 1905 (LeRoy 1905 Travel Log, folder 10, MHC).

(77) ARPC (1903), 1, "Report of the 1st District, Philippine Constabulary," p. 65, ARPC (1904), 1, "Report of the Provincial Governor, Laguna," p. 514.

(78) "Christmas Eve Fiasco," in Ricarte, *Memoirs*, p. 198.

(79) ARPC (1905), 3, "Report of the Philippine Constabulary, Provincial District of Cavite," p. 133.

(80) ARPC (1907), 3, "Report of the 2nd District of the Philippine Constabulary," p. 301.

(81) Montalan document (LeRoy 1905 Travel Log, folder 13, MHC), transcript of interrogation of Emilio Aguinaldo, 29 July 1905 (LeRoy 1905 Travel Log, folder 12, MHC).

(82) "Report of Col. D. J. Baker, Ass't Chief Commanding Prov. District, Philippine Constabulary, On Work Done In That District Since Its Organization Up To 31 July 1905" (BIA 1184–60, USNA), pp. 7–8.

(83) Ibid., pp. 9–10. トゥリアスの妻と二人の子どもは、結局は治安警察隊《コンスタビュラリー》に救出された。

(84) Ibid., pp. 10, 12–13.

(85) Transcript of interrogation of Emilio Aguinaldo, 29 July 1905 (LeRoy 1905 Travel Log, folder 12, MHC).

(86) Bandholtz to Gen. H. Allen, Manila, 24 November 1905 (Bandholtz Papers, MHC).

(87) Bandholtz to Col. J. Harbord, Manila, 8 July 1906 (Bandholtz Papers, MHC).

(88) Ibid.

(89) Abad, *Macario Sakay*, pp. 55–56. アバド自身はサカイに同行しインタビューを行なった。騙し討ちの経緯についての全史料はアバドの著作に収録されている。

(90) Ibid., p. 114. ビリャフエルテはサカイのカティプーナンのなかで高等教育を受けた将校のひとりであった。有名なグレゴリオ・デル＝ピラール将軍のように、ビリャフエルテも二四歳と若くしてサカイより将軍に任じられた。

(91) Gomez to Sakay, 6 July 1906, Manila (in Santos, *Tatlong Tulisan*, p. 60).

(92) "Personal and Police History of Deputies to the First Filipino Assembly," Worcester Philippine Collection, vol. 2, pt. 1, p. 8 (University of Michigan Library); Bandholtz to Carpenter, 24 July 1909 (Bandholtz Papers, MHC).

(93) Bandholtz to Carson, 18 April 1907 (Bandholtz Papers, MHC).

(94) Photostat in file with correspondence, 13 July 1913 (Bandholtz Papers, MHC).

(95) *Springfield Republican*, 21 July 1906 (in Philippine 1900 Scrapbook, WPC).

(96) *Muling Pagsilang*, 25 September 1906. 記者はブエンカミーノの陳述の一部のみ得ることができた。

(97) Abad, *Macario Sakay*, p. 101.

(98) Abad, *Macario Sakay*, p. 104. この情報は、ビリャフエルテが一九一三年に赦免される際にアバドにもたらされた。ビリャフエルテは、もっとも傑出した有産知識人たちのひとりであるマヌエル・ケソンが彼の赦免を保証してくれたため、有産知識人たちに対して何ら個人的密謀を企てなかった。秘密裏の死刑執行やその他の残虐行為は、のちにタガログ語紙『ムリン・パグシラン』によって非難された。

(99) Franc Jenista Jr. "Conflict in the Philippine Legislature: The Commission and the Assembly from 1907 to 1913," in *Compadre*

Colonialism, ed. Norman Owen, p. 82.

(100) 管見のかぎり、唯一閲覧可能なこの号の現物は、米国議会図書館の新聞コレクションに所蔵されている。

(101) Bandholtz to Harbord, 7 October 1906 (Bandholtz Papers, MHC).

(102) Bandholtz to Taft, Manila, 5 December 1906 (Bandholtz Papers, MHC).

(103) Bandholtz to Carson, 18 April 1907 (Bandholtz Papers, MHC).

(104) *Pasion ng Bayan sa Kahapo't Ngay-on* (Bauan, Batangas, 1934).

(105) Ibid.

(106) Ibid., p. 21.

(107) Ibid., p. 13.

(108) Ibid., p. 16.

(109) Ibid., p. 17.

(110) Ibid., p. 19.

(111) Ibid., pp. 29–30.

(112) Ibid., p. 10.

(113) "The Growth of Sakdalism," *The Tribune*, 12 May 1935 (clipping, in BIA 4865 A 93, USNA).

(114) サクダルの機関誌『サクダル（告発）』より抜粋（original in Tagalog; in *The Tribune*, 12 May 1935）。

(115) *Los Obreros*, 3 May 1909より抜粋（in Bandholtz Papers, Box. 2, MHC）。

(116) Bandholtz to Rethers, 4 May 1909; Bandholtz to Allen, 6 May 1909（双方とも Bandholtz Papers, MHC 所蔵）.

(117) "Christmas Eve Fiasco," p. 203.

(118) ARPC (1905), 3, "Report of the 1st District, Philippine Constabulary," p. 57.

(119) Woods to Taft, Manila, 13 April 1907 (BIA 4865, USNA).

(120) ARPC (1907), 3, "Report of the 2nd District, Philippine Constabulary," p. 302.

(121) Ibid. ケソンはタヤバス州の出身者であり、同州はのちに彼にちなんでケソン州と改称されている。

(122) Bandholtz (acting director of the constabulary) to Carson, 18 April 1907 (Bandholtz Papers, MHC).

(123) Wood to Taft, Manila, 13 April 1907 (BIA 4865–45, USNA). ドハティは、ラグナ州のカティプーナンとは、その結社がまき続けた恐怖心をあおるだけの単なる噂にすぎないと、誤って信じ込んでいた (Doherty to Gen. Edwards, Manila, 20 April 1907; BIA 3841–20, USNA)。

(124) Alfonso P. Santos, ed. *Rizal Miracle Tales* (Manila: National Bookstore, 1973), pp. 123–24. この話の出所は、全国規模のリサール信奉者《リサリスタ》の結社、「ワタワット・ナン・ラヒ (民族の旗)」の現会長ホセ・バリカノーサである。

(125) "Christmas Eve Fiasco," in Ricarte, *Memoirs*, pp. 205–6.

(126) この集団についてのより詳細な説明は、以下を参照。Prospero Covar, "Religious Leadership in the Iglesia Watawat ng Lahi," in L. Mercado, S. V. D., ed. *Filipino Religious Psychology* (Tacloban: Divine Word University, 1977).

第6章 フェリペ・サルバドールのパション

(1) T. E. Natividad, "Ang Bundok ng Arayat o Ang Sinukuan," RENFIL 2 (21 December 1911): 818–20; 2 (7 January 1912): 883–84.

(2) Panganiban, *Diksyunaryo-Tesauro Pilipino-Ingles* (Quezon City: Manlapaz, 1972) によれば、ティクバランとは「人を道に迷わせることを楽しみとしていたとされる民間説話上の生き物である。脚が馬であるという以外は通常の人間と同じ外見である」。サン・マテオのティクバランは、タガログ人の文化英雄ベルナルド・カルピオを道に迷わせたあげくに、二つの崖のあいだに挟まれて囚われの身にさせた元凶であったとの言い伝えがある。ボニファシオとそのカティプーナンによるカルピオの洞窟を探し出そうとする行為は、タガログ人を解放しようというカティプーナンの目的をさし示していた (本書第3章参照)。

(3) Natividad, "Ang Bundok ng Arayat."

(4) 人類学者ロバート・ラヴとの個人的交信にもとづく (ケソン市、一九七二年)。

(5) Henry Reilly, "Filipino Bandit Terror," *The Chicago Tribune*, 2 August 1914 (BIA 4865 A-1).

(6) "Christmas Eve Fiasco," in Artemio Ricarte, *Memoirs* (Manila: National Heroes Commission, 1963), appendix N, p. 204. John Larkin, *The Pampangans: Colonial Society in a Philippine Province* (Berkeley: University of California Press, 1972), p. 236をも参照。

(7) ARPC (1906), 2, "Report of the Director of the Constabulary," p. 226; David Doherty to the *New York Evening Post*, 2 October 1906 (BIA 4865-33). ドハティは聖教会《サンタ・イグレシア》に対する独自の調査を行ない、その結果、治安警察隊《コンスタビュラリー》や地方エリート層によって広められた聖教会の盗賊イメージをある程度抑制することになった。

(8) 一九〇四年に捕縛された彼のひとりの使徒への手紙より (ARPC [1904], 3, "Annual Report of the Philippine Constabulary," p. 64)。

(9) Reilly, "Filipino Bandit Terror."

(10) サルバドールの過去に関するライリーの情報のいくつかは信用できず、注意して扱わなければならない。

(11) Jose P. Santos, *Ang Tatlong Napabantog na "Tulisan" sa Pilipinas* (Gerona, 1936), p. 8.

(12) Alfredo Robles Jr. ed., "Mga Kilusang Mesiyaniko sa Pilipinas," *Likas* (1976): 66-67. 一九七四年に国立フィリピン大学ディリマン校歴史学科の学生たちがサルバドールの甥と姪にインタビューした。彼らの口述調査と史料調査は合わせて、エルリンダ・マルサンによって記述されている。

(13) Santos, *Tatlong Tulisan*, p. 8. この話はフェリペの甥、リカルド・サルバドールによって裏づけられている (Robles, "Mga Kilusang Mesiyaniko," p. 68)。

(14) リカルド・サルバドールによれば、彼らの家族には近隣のパンパンガ州に親戚がいた。バリワグの教区記録ではフェリペの出生地と出生日に関するサントスの史料を確証づけることはできないので、フェリペはパンパンガの生まれであるという可能性すらある (Robles, "Mga Kilusang Mesiyaniko," p. 66)。

(15) Manuel Garcia Morales and Euprasio Munarriz, "Ynformacion sobre los sucesos de Apalit ... el 19 del Febrero de 1898" (Madrid, Archivo Histórico Nacional, Sección de Ultramar, Legajo 5356).

(16) Isabelo de los Reyes, *El Folk-lore Filipino*, vol. 1 (Manila, 1889), pp. 263–64.

(17) Morales and Munarriz, "Ynformacion."

(18) デ＝ロス＝レイエスはまた、彼らが男女の別なく同じ床で就寝したことに触れている。こうした集団（一八四〇年の聖ヨセフ兄弟会《コフラディア》を含めて）において性的放縦が実践されていることをほのめかす噂は、地方有力者《プリンシパーレス》たちや教区司祭たちによって広められたかもしれない。性的豊饒は、これらの人々のまわりを女性たちが取り囲んでいたとする報告で裏づけられるように、特定の指導者たちの力のしるしとみなされていたのかもしれない（伝統的ジャワ社会における性と力の関係についての啓発的議論として、Benedict R.O'G. Anderson, "The Idea of Power in Javanese Culture," in *Culture and Politics in Indonesia*, ed. Claire Holt, Benedict R.O'G. Anderson, and James Siegel［Ithaca, New York: Cornell University Press, 1972］, pp. 27–28〔中島成久訳「第1章　ジャワ文化における権力観」『言葉と権力――インドネシアの政治文化探求』日本エディタースクール出版部、一九九五年、五九頁〕を参照）。しかし、これらの指導者たちは規律と自己抑制の教理をも説いた。今日の同種の集団において、私は教会の公式な礼拝で男女間が厳格に分離されていることを観察している。また、性的放縦の噂は、少なくともラグナ州の諸集団に通じた観察者によって裏づけられたものではないことを注記しておく。

(19) De los Reyes, *El Folk-lore Filipino*; Morales and Munarriz, "Ynformacion." タガログ地方とパンパンガ地方の民謡の英雄としてよく知られた「ガビノ王」がある。われわれはたしかに、この役柄がいくつかの地域の農民たちによって、対スペイン革命の形勢を逆転させる人物として待ち望まれたことを知っている（*Declaration, Letter and Proclamation of Isabelo Artacho*, trans. from Spanish, 1899; PIR-DS 838）。民謡の人物と関連のあることが、ガビノ・コルテスの名声を広める一助となったのかもしれない。

(20) Morales and Munarriz, "Ynformacion." サン・ルイスの戦いについては、Santos, *Tatlong Tulisan*, pp. 8–9 で言及されている。

(21) Morales and Munarriz, "Ynformacion." スペイン語の報告書の著者が一貫して、フェリペではなくペドロ・サルバドールについて語っているという点には言及せねばなるまい。ペドロ・サルバドールという人物については、聖教会に関わるほかの文献ではどこにも記載されていない。この二人が同一人物であったことはほぼ確実だろう。もっとも、フエリペ・サルバドールには、対スペイン革命の時期に同じ階級の指揮官で一八九八年のアパリットの蜂起後に捕えられ処刑されたペドロというひとりの兄弟がいた、という可能性は残る。

（22） Larkin, *Pampangans*, p. 235; ARPC (1906), 2, "Report of the Director of Constabulary," p. 226; Reilly, "Filipino Bandit Terror."

（23） Reilly, "Filipino Bandit Terror."

（24） "Kasaysayan ng mga Ipinagdamdam at Karaingan ng Comandante Felipe Salvador na Ipinagsakdal sa Mahinahong Pasia ng Kgg na Presidente ng G. R.," 14 January 1899 (PIR-SD 1284, Box 43). この手書き文書に添付されているのは二頁にわたる「無罪」の裁定である。

（25） マフールが述べるように、「革命の出来事は、土地を所有しようとする望みが、抑圧的な地主である修道会を除去しようとする望みと相伴ったものであったことを示している」(Cesar A. Majul, *Mabini and the Philippine Revolution* [Quezon Ciry, 1960], p. 49)。しかし土地所有権取得制度はきわめて頻繁に、革命将校と地方政治家《カシケ》によって、本来の、ただし土地所有権を得ていない耕作者たちの権利を無視するかたちで操作された (ibid., chapter 2)。ミラグロス・ゲレロの博士論文 Milagros C. Guerrero, "Luzon at War: Contradictions in Philippine Society, 1898–1902" (University of Michigan, 1977) も参照のこと。これはおそらく、この主題に関する決定版である。

（26） Salvador, "Kasaysayan," p. 3 (PIR-SD 1284).

（27） Ibid., pp. 6–7.

（28） Ibid., p. 4.

（29） Ibid., p. 9.

（30） パンパンガ人の革命の諸段階における関与についての包括的な議論として、Larkin, *The Pampangans*, pp. 111–19を参照。

（31） Salvador, "Kasaysayan," p. 10 (PIR-SD 1284).

（32）Ibid., p. 7.

（33）Ibid., pp. 7–8.

（34）Ibid., p. 6.

（35）Larkin, *Pampangans*, p. 236. サルバドールは宗教的迫害の問題をアメリカ当局に訴えようとさえ考えていた。

（36）"Christmas Eve Fiasco," p. 204; Robles, "Mga Kilusang Mesiyaniko," p. 70.

（37）Apolinario de la Cruz to Octabio San Jorge, Manila, 15 March 1841 (PNA).

（38）アギナルドから命を受けたグレゴリオ・ラモスは、聖教会が苦しめられている抑圧に彼の上官の注目を向けさせると約束した（Salvador, "Kasaysayan," p. 13 のなかの評決）。Robles, "Mga Kilusang Mesiyaniko," p. 69 も参照。

（39）*El Comercio*, 1 February 1900 (BIA 2291–96).

（40）一九〇〇年のサルバドールの活動についてのこの再構成は、Reilly, "Filipino Bandit Terror"; ARPC (1906), 2, p. 226; "Christmas Eve Fiasco," p. 204、そして『マニラ・タイムズ』を活用した Robles, "Mga Kilusang Mesiyaniko," p. 68–69 などの断片的情報をもとにした最善のものである。Guerrero, "Luzon at War," pp. 183–84 も参照。

（41）Robles, "Mga Kilusang Mesiyaniko," p. 69; Guerrero, "Luzon at War," p. 184.

（42）Valentin de Guzman to Juan Eusebio, *cabeza* of Barrio San Agustin, Paombong, 7 August and 19 September 1900 (in Tagalog; PIR-SD 546. 3). デ゠グスマンは一九〇六年八月に治安警察隊に捕えられた（詳細な記述については、*Muling Pagsilang*, 10 August 1906 を参照）。

（43）A. Angeles, Comandante Militar of Hagonoy, to the Politico-Military Governor of Bulacan, 6 September 1900 (in Spanish; PIR-SD 546. 3).

（44）"Christmas Eve Fiasco," p. 204; ARPC (1903), 3, p. 66; ARPC (1906), 2, p. 226.

（45）ARPC (1904), 3, p. 72.

（46）Reilly, "Filipino Bandit Terror." 一九〇六年にマニラとカビテ州の中間にあるヘイソン駐屯地が攻撃されたが、おそらくそれはサルバドールに追随する南部タガログ地方の出身者たちによるものであろう。なぜならマニラ北部でも同時に作戦が展開されたからである（George Coats, "The Philippine Constabulary, 1901–1917"〔Ph. D. dissertation, Ohio State University, 1968〕, pp. 209–10）。聖教会に関するコーツの情報は、おもに『マニラ・タイムズ』より抜粋されたものである。

（47）Coats, "Philippine Constabulary," p. 207.

（48）Ibid., pp. 201, 208. 原典の記述は、Ignacio Villamor, *Criminality in the Philippine Islands: 1903–1908*（Manila, 1909）, p. 51–52を参照。

（49）Santos, *Tatlong Tulisan*, p. 37.

（50）本書第5章、三二六頁を見よ。

（51）Coats, "Philippine Constabulary," p. 250.

（52）*Muling Pagsilang*, 8 May 1906.

（53）Coats, "Philippine Constabulary," p. 210; Renato Constantino, *The Philippines: A Past Revisited*（Quezon City: Tala Publishing Co., 1975）, p. 269〔鶴見良行ほか訳『フィリピン民衆の歴史――往時再訪』II、井村文化事業社、一九七八年、一四一頁〕.

（54）ARPC（1906）, 2, p. 240; Coats, "Philippine Constabulary," pp. 212–13.

（55）ARPC（1906）, 1, p. 32.

（56）Jose Santos, *Tatlong Tulisan*, p. 11–21. サルバドールを第一人称とする記述の引用は、すべてサントスの著書からのものである。英語訳は筆者による。

（57）Philippine Constabulary Reports（以下PCRと略記）, 2 June 1910（vol. 2, p. 463; MHC）.

（58）ひとりのアメリカ人観察者だけがこの点に着目したようである。『ニューヨーク・イブニング・ポスト』紙（一九〇六年一〇月二日付）に送った手紙のなかでデイヴィッド・ドハティが、サルバドールとその追随者たちは施しを乞うて通常いくらか受け取るだけであり、結社活動を実践し、断食したり祈ったりしているにすぎないのだから、盗賊などではありえないと主張している（clipping in BIA 4865–33）。

(59) Coats, "Philippine Constabulary," pp. 202–3; Villamor, *Criminality*, p. 51.

(60) Remigio Agpalo, *Pandanggo-sa-Ilaw: The Politics of Occidental Mindoro* (Athens, Ohio: Ohio University Center for International Studies, 1969), pp. 4–5. アグパロの見解はフィリピンの政治文化を議論してきた社会科学者たちに典型的なものである。

(61) Reilly, "Filipino Bandit Terror"; Coats, "Philippine Constabulary," p. 201 (*Manila Times*, 28 March 1905 より).

(62) Coats, "Philippine Constabulary," p. 201 から重引。

(63) この祈禱は、天使祝詞《アバ・ギノオン・マリア》の一篇やさまざまな修道士の肩衣、お守《アンティン-アンティン》りなどと一緒に、逮捕された聖教会の会員たちの所有物のなかから発見されたものである (*Muling Pagsilang*, 10 August 1906)。

(64) これはコーツの解釈による (Coats, "Philippine Constabulary," pp. 201–2)。

(65) PCR, 29 July 1910 (vol. 2, p. 577; MHC).

(66) Ibid.

(67) Anderson, "Power in Javanese Culture," p. 39 and passim〔邦訳、七二頁など〕を見よ。

(68) Ibid., p. 27〔邦訳、五九頁、訳文変更〕.

(69) *Manila Times*, 20 July 1906 (in Coats, "Philippine Constabulary," p. 200).

(70) PCR, 17 June 1910 (vol. 2, p. 492; MHC).

(71) Peter Stanley, *A Nation in the Making: The Philippines and the United States, 1899–1921* (Cambridge, Massachusetts: Harvard University, 1974), pp. 148–57.

(72) Ibid., p. 154.

(73) PCR, 23 May 1910 (vol. 2, p. 440; MHC).

(74) Ibid.

(75) PCR, 12 May 1910 (vol. 2, pp. 423–24; MHC).

(76) PCR, 29 January 1910 (vol. 2, p. 211; MHC).

(77) PCR, 22 March 1910 (vol. 2, p. 349; MHC).

(78) PCR, 9 March 1910 (vol. 2, p. 291; MHC).
(79) PCR, 17 March 1910 (vol. 2, p. 313; MHC). 治安警察隊を含む多くの人々は、サルバドールは日本へ行ってしまい、日本艦隊で帰還すると信じていた。サルバドールの捕縛後、仔細に吟味した結果、この噂が偽りであったことが判明した(PCR, 31 August 1910 [vol. 2, p. 586; MHC])。帰還する解放者に対してフィリピン人が持つ信念には、注目すべき一貫性がある。アギナルド、リサール、サルバドール、リカルテ、そしてマッカーサーなどが顕著な事例である。
(80) PCR, 15 March 1910 and 29 March 1910 (vol. 2, pp. 310, 359; MHC).
(81) PCR, 22 March 1910 (vol. 2, p. 349; MHC). この報告の作成者はアギナルド軍の上級将校だったようである。彼はスペイン語で書いており、彼自身が詳細に知っている革命中の出来事に頻繁に触れている。
(82) PCR, 24 March 1910 (vol. 2, p. 386; MHC).
(83) Memorandum for the Director, Information Division, PCR, 25 August 1910 (vol. 2, pp. 616–18; MHC).
(84) PCR, 22 March 1910, 23 April 1910, 24 April 1910 (vol. 2, pp. 350, 381, 387; MHC). アンセルモは政府のスパイだという嫌疑があったが、治安警察隊の記録は、アレハンドリーノ一家がつねにサルバドールを庇護し、彼の所在を明らかにすることを拒んでいたことを明白にしている。
(85) PCR, 30 April 1910 (vol. 2, 403; MHC).
(86) パンパンガ州からやってきた行商人たちの会話を政府の諜報者が漏れ聞いたものによる(PCR, 17 June 1910 [vol. 2, p. 492; MHC])。
(87) Guerrero, "Luzon at War," p. 184.
(88) PCR, 27 May 1910, 2 June 1910, 10 June 1910, 25 August 1910 (vol. 2, pp. 450, 463, 478, and 616 ff.; MHC).
(89) PCR, 2 August 1910 (vol. 2, p. 589; MHC).
(90) PCR, 25 August 1910 (vol. 2, pp. 616–18; MHC). とりわけブエンカミーノが取り上げられている。
(91) PCR, 29 July 1910, 14 September 1910 (vol. 2, pp. 577, 647; MHC).
(92) サルバドールの処刑、通夜、葬式に関する『タリバ(監視)』紙の記述は、Santos, *Tatlong Tulisan*, pp. 21–27 に再録されている。

エピローグ

（1） Doherty to *New York Evening Post*, 2 October 1906 (BIA 4865–33).

（2） Larkin, *Pampangans*, p. 237.

（3） David R. Sturtevant, "Philippine Social Structure and Its Relation to Agrarian Unrest" (Ph. D. dissertation, Stanford University, 1958), p. 120.

（4） "Epilog for an Old 'Colorum'," *Solidarity* 3 (August 1968): 15.

訳注

〔1〕 “History from Below.”この概念はエドワード・P・トムスンの「下からの歴史」の借り物ではなく、アゴンシリョの『大衆の反乱』からヒントを得て獲得したイレート独自の歴史哲学的手法である。詳しくは本書「解題」を見よ。

〔2〕 創世神バトハラ――天地万物を創造したと語られる神話的存在。マイカパル（Maykapal）やルミクハ（Lumikha）の名でも知られる。稲光の神キドラット、風の神ハギン、収穫の女神タガニなどを子どもに持ち、自然現象の起こりを語る事物由来譚などの主人公的存在でもある。バトハラについては、正直者の夫婦のところに物乞いを遣わし、彼を歓待した夫婦を厚遇して、彼らの死後その墓から水を湧き出させて川を創造したという話や、バトハラが天にある王国へ赴く際に、途が色とりどりに輝いてそれが虹になった話など、多くの神話がある。

〔3〕 ホセ・リサール（一八六一～九六年）――医師、作家、民族運動家。ラグナ州カランバの裕福な家に生まれ、スペインへ留学して医学を修めるかたわら、スペインによるフィリピン植民地支配体制の改革を要求するプロパガンダ（啓蒙宣伝）運動を展開した。『ノリ・メ・タンヘレ（我に触れるな）』や『エル・フィリブステリスモ（反逆者）』を著わし、分離独立（フィリピンをスペインの一州とする同化政策の実現）を主張したが逮捕され、ミンダナオ島ダピタンへ流刑された。一八九六年の革命結社カティプーナンの武装蜂起に際し、共謀の嫌疑により処刑された。その死の様式については、第2章原注（51）の訳注を参照。

〔4〕 カティプーナン――フィリピン革命の原動力になった秘密結社で、アンドレス・ボニファシオを創始者とする。正式の名称は「祖国の子たちの最高でもっとも尊敬すべき結社」（“Kataastaasan Kagalanggalang Katipunan nang manga Anak nang Bayan")であるが、一般にカティプーナン、略称KKKの名で呼ばれている。

〔5〕スペインによる植民地化において、修道会活動や教区での司牧活動からフィリピン人は繰り返し排除ないし周縁化されたため、それに対するフィリピン人司祭を中心とした批判や抵抗が激化したことがフィリピン民族主義覚醒の端緒のひとつとなった。一八七二年のカビテにおける暴動(訳注〔30〕を参照)に関与したとの無実の罪で三人のフィリピン人司祭(マリアノ・ゴメス、ホセ・ブルゴス、ハシント・サモラの三人。この事件の名称は、この三人の司祭の名を合わせたことに由来する)が処刑された事件は、そのひとつのクライマックスであった。

〔6〕テオドロ・アゴンシリョ(一九一二~八五年)――フィリピンの代表的歴史学者。一九六五~六九年に国立フィリピン大学歴史学科主任を務める。一九四七年に発表された著作『大衆の反乱』(一九五六年出版)は、アンドレス・ボニファシオと革命結社カティプーナンを中心として「大衆」の側からフィリピン革命を描いた最初の研究書である。

〔7〕一八九六年八月の蜂起以来、カビテ州の人民評議会では、新たな革命政府の樹立を主張するマグダロ派とそれに反対するマグディワン派が対立し、ボニファシオはその調停のために奔走した。しかし九七年に入ってスペイン軍から和平提案を示されたアギナルドは、マグディワン派への根回しを経て、新たな革命政府の大統領の座に就き、ボニファシオを粛正した。かくしてマグダロ派とマグディワン二派の内部対立は、ボニファシオ対アギナルドの対立構図に置き換えられ、ボニファシオが処刑されることによって内部危機が回避される形となった。

〔8〕治安警察隊《コンスタビュラリー》――一九〇一年七月にフィリピン委員会によって創設された。原則としてアメリカ軍人が各州でこの治安警察隊を組織かつ統括した。一九〇一年末にその数は全国で約一〇〇〇人に達し、一九一〇年代半ばには約五〇〇〇人を数えた。

〔9〕マロロス共和国――一八九九年一月に成立した第一次フィリピン共和国。香港より帰国したアギナルドが、フィリピン人の自治能力を対外的にも認知させるため、国会の召集と憲法制定を経て成立したが、一九〇一年三月にアメリカ軍のアギナルド逮捕をもって終焉した。

〔10〕アグリパイ派信徒――一九〇二年にローマ・カトリック教会から分離して設立された教会に、フィリピン独立教会がある。これは、初代大司教グレゴリオ・アグリパイの名をとってアグリパイ派教会とも呼ばれている。

〔11〕「ストレス」とは、心理学者セリエによる命名で、何らかの刺激や要求に応じようとする生体の緊張状態・反応をさす。またマートンのアノミー論によれば、構造的緊張は文化構造と社会構造が不統合を起こし、文化構造が要求するような行為や態度を社会構造が妨げるときに生じるとされる。

〔12〕レナト・コンスタンティーノ（一九一九〜九九年）――フィリピンの代表的社会批評家・歴史学者。国立フィリピン大学客員教授も務める。その痛烈な筆致による体制批判は、一九六〇年代から七〇年代の左翼運動や学生運動にきわめて大きな影響を与えた。その代表作『フィリピン――往時再訪』（一九七五年）、『フィリピン――ひき続く過去』（一九七八年）では、「民衆史観」にもとづいてフィリピン史を書き直す試みを行なった。

〔13〕聖週間――復活祭に先立つ一週間のこと。受難の日曜日（または棕櫚の日曜日、イエスのエルサレム入城の記念日）から聖土曜日までを含む。この一週間に教会は主イエス・キリストの受難を記念する。とくに聖木曜日には、「ヨハネ福音書」一三章のキリストが弟子たちの足を洗って謙遜の模範を示したとの故事を記念する洗足の儀礼を行ない、最後の晩餐における聖体の制定を記念する。聖金曜日は聖書テキストにもとづく受難物語の朗読を中心とした、イエスの裁判、受難、処刑、葬儀にいたる一連の出来事を記念するクライマックスである。聖土曜日はミサや典礼集会のない断食日である。そして復活日は、キリスト復活をめぐる一連の事象を記念するキリスト教の最大の祝日であり、一連の受難週の記念の帰結である。

〔14〕低地フィリピン人――フィリピン諸島の南部島嶼地域ならびにルソン島北部山岳地域を除く地域に住むフィリピン人の通称。マレー系基層文化をもちながら、植民地化の比較的初期にキリスト教を受容したセブアノ、タガログ、イロカノなど主要言語集団の総称として用いられる。

〔15〕キリスト受難詩――本来キリストの受難の生涯を綴った叙事詩であるが、物語はその範囲を超え、天地創造から始まり、キリストの誕生、受難の生涯、十字架上の死と復活、昇天、さらに将来の終末世界とキリスト再臨、最後の審判と新天新地の到来までを描いている。フィリピンでは、一八世紀初めより聖週間などに詠唱され、キリストの生涯に関する知識を提供するものとして人々のあいだに浸透し、フィリピン・カトリックの世界観の形成に影響を与えてきた。

〔16〕カラヤアン——この概念に関する著者の見解については、本書第3章で詳しく議論される。

〔17〕著者による英訳では「人類を救う（save mankind）」となっているが、原文では“pagsacop co sa sala”となっており、「（人類）の罪を贖う」という意味である。

〔18〕ファリサイ派ユダヤ人——ファリサイ派（旧来の表記では「パリサイ派」）はイエス・キリストが活躍した一世紀前後のユダヤ教の指導的教派であり、後のラビ派ユダヤ教の源流とされる。モーセの律法を厳格に遵守することを特徴とするが、福音書によれば、この厳格さによる信仰の形骸化と宗教的エリート主義を批判したイエス・キリストと対立・緊張関係にあった。パションでは、ファリサイ派ユダヤ人はそのうわべの信仰をイエスに非難されるなかで、イエスを陥れようとするにいたる存在として描かれている。

〔19〕原書では「第七連」とされているが、パション・テキストでは実際には「第六連」であり修正した。

〔20〕原書では「第八連」とされているが、パション・テキストでは実際には「第七連」であり修正した。

〔21〕四旬節——復活祭前の祈りと償いの期間。ラテン式典礼では、四旬節は灰の水曜日に始まって、聖週間を経て復活の日曜日にいたる時期、日曜日を除いて四〇日間続く。四旬節の全期間は贖いの性格を持ち、祈り、秘跡を受けること、施し、愛徳の実践を強調する期間である。

〔22〕十字架の道行き《エスタシオン》——キリストの受難を一五の場面で思い起こして黙想する信心で、とくに四旬節中の毎週金曜日にはさかんに行なわれる。カトリックの教会堂の多くは、壁面に、第一留（死刑の宣告）から第一五留（復活）までの聖画が掲げられており、壁に沿って教会を一周するかたちで行なわれる場合もあるが、フィリピンでは教区内の小聖堂（チャペル）や仮小屋を金曜日ごとに一五カ所設けるなどして、野外への祈禱行列をともなって行なわれることも多い。

〔23〕訳注〔13〕を見よ。

〔24〕訳注〔13〕を見よ。

〔25〕聖家族——イエスと母マリアと（義）父ヨセフ三人の家族。カトリック教会ではマリアを終生処女とみなし、新約聖書にあるイエスの「兄弟」を「従兄弟」をさすものと理解してきたため、「三人」である。一七世紀以降この三人

家族を特別の信心の対象とする慣行が一般に広まった。

〔26〕ウェンセスラオ゠エミリオ・レターナ（一八六二〜一九二四年）――スペイン植民地時代のフィリピンに関する高名な書誌学者。マドリッド生まれのスペイン人。一八八四年にフィリピンに渡り、九〇年に帰国。

〔27〕自然現象など自然に生起してしまうことを先立って見抜くための素材としての「前兆」とは異なり、パションの世界観では「神」という世界の支配者がいて、その存在がのちに起こる、あるいは「起こす」ことの先触れを指示するために送るのが「しるし」である。後出の「時のしるし」（新共同訳聖書では「時代のしるし」）は「マタイ福音書」一六章三節に現われる表現である。

〔28〕アルテミオ・リカルテ（一八六三〜一九四五年）――フィリピン革命軍の指導者。フィリピン・アメリカ戦争中にアメリカ軍に逮捕されたが、アメリカへの忠誠を拒否、グアム島への流刑、香港追放を経て、一九一五年に日本に亡命、横浜に居住した。

〔29〕「聖体拝領」は新約聖書に記されたイエス・キリストによる「最後の晩餐」を中心とした教会の伝承にもとづいて、カトリック教会の教会活動の中心とされるミサ聖祭の中心を占める会食儀礼である。パンとぶどう酒の二種が司祭によって聖別され、犠牲として祭壇に捧げられることで、キリストの体と血に変わる、と理解されている。通常、ぶどう酒は司祭のみがこれを受け、参列する信徒はホスチアと呼ばれるせんべい状のパンを拝領する。これによってキリストが信者の許に来て、彼らが永遠の命に達することができるようにその魂を養い照らし強める、とされている。

〔30〕カビテ暴動――一八七二年一月二〇日、カビテ州サン・フェリペ要塞において、強制労働や人頭税からの免除特権の廃止に抗議するフィリピン人兵士や労働者が起こした暴動。この暴動を影で組織したとして、ゴメス、ブルゴス、サモラの三神父が処刑された（訳注〔5〕をも参照）。

〔31〕コロルム――コロルムとはもと、アグリピノ・ロントクという隠者から発した兄弟会で、バナハウ山からサン・クリストバル山麓を活動地域とした。この活動はのちにより広範な広がりをみせ、革命運動を支援し、一般的に「狂信的」といわれる複数の兄弟会結社の会員たちをさすようになった。革命期以降も諸集団と政府軍との衝突は、一九二四年一月にはミンダナオ島スリガオ、一九二五年三月にはヌエバ・エシハ州サン・ホセ、さらに最大のものとしては

一九三一年一月にパンガシナン州タユグなど各地で起きている。

〔32〕 一レアルは、一ペソの八分の一の貨幣単位。

〔33〕 ロザリオの祈り――ロザリオとはバラの花冠を意味し、数珠を用いて聖母マリアへ捧げる祈りを唱える信心業である。喜び、苦しみ、栄えの三つの奥義があり、それぞれ天使祝詞一〇回を五回繰り返して数珠を一周する祈禱の形式で、しばしば内心の平安を得るため、また祈願のために行なわれる。

〔34〕 サクダル運動――一九三〇～四五年頃に、ベニグノ・ラモスの指導で行なわれた民族主義運動。アメリカからの即時の独立と農地改革などを訴えた。

〔35〕 イスラム教徒――フィリピン諸島の住民のなかには、ミンダナオ島南部やスルー諸島などを中心にイスラムを信奉する人々（ムスリム）がいる。彼らを「モロ」と総称することがあるが、この語はかつて北アフリカから来てイベリア半島を支配したヨーロッパ、とくにスペインのキリスト教世界にとっての最大の敵であった「ムーア」に由来し、キリスト教徒にとっては敵意と恐怖を意味する存在であった。

〔36〕 フラメンタード――フィリピン諸島の南部島嶼地域のムスリム（イスラム教徒）のキリスト教徒に対する決死的攻撃。生命を賭けた狂信的行為とみなされるが、その過程は高度に形式化されており、儀礼的自殺であるとも解釈される。

〔37〕 全免償――カトリックでは、教会が許しの秘跡以外に与えるすでに許された罪の有限な罰（この世で、あるいは死後に煉獄で償わなければならない）の許しを免償というが、これには、全免償と部分免償があり、全免償は有限な罰がすべて許されるとされる。

〔38〕 聖家族――訳注〔25〕を見よ。

〔39〕 第一九連の後半二行は、本文中では“ang silang lahat ay banal/nag cacaybig ybigan”となっているが、これは「付録1」の第一八連の最後の二行に相当する。第一九連後半二行は「付録1」では“asal nila'y casantosan/ualan bacas casalanan”となっているため、日本語訳は、本文中では「人々は皆、聖となり／互いを愛し合う」、「付録1」では「人々は聖人のごとくふるまい／罪の汚れの跡もない」となっている。

〔40〕証聖者――初代教会のキリスト教徒で、キリストのために多くの受難を受けたが、拷問や虐待の結果死ぬことのなかった者をさす。
〔41〕イエスがペトロ、ヤコブ、ヨハネの三人を連れて登った山上で、顔と衣服がまばゆいばかりに光り輝き、姿が変わった出来事。「マタイ福音書」一七章、「ルカ福音書」九章などにその記述があり、カトリック教会ではこれを、キリストの受難を前にして弟子たちの信仰を強める目的があったと解釈する。
〔42〕世に対して死ぬ――これは聖書の用語法で、そこで与えられるものや、示されるものにもとづいて生きてきた自分の生き方に決別し、そこで生きてきた自分のあり方を全面否定する、つまり死ぬという意味である。したがって、世間がどう見るか（世俗的には死んだようになる）とか、世間をどうするか（世を捨てる）といった意味ではなく、世という場所で生きてきた自分というものの死を意味する。
〔43〕聖書には神やキリストを羊飼い、神の民（イスラエルや教会）を羊にたとえる比喩がしばしば用いられている。「失われた羊の比喩」は新約聖書の「マタイ福音書」一八章および「ルカ福音書」一五章に見られる。
〔44〕訳注〔13〕を見よ。
〔45〕カルバリの丘――イエス・キリストが処刑された場所。カルバリ（カルワリオ）はラテン語で「頭蓋骨」の意で、現在ではギリシア語聖書原典にあるアラム語音写の「ゴルゴタ」を用いるのが通例となりつつあるが、「カルバリ」もなお慣用されている。フィリピンではカルバリョ（kalbaryo）といい、キリストの受難の苦しみを共感する「苦行」という意味でも用いられる。毎年聖週間の時期になると、キリストが再臨する聖地と考えられているバナハウ山に全国各地から巡礼者が訪れ、山中を巡りながら苦行を行なう姿が見られる。
〔46〕リサール――訳注〔3〕を見よ。
〔47〕「ダマイ（damay）」には、「共感」「共苦」をはじめ、さまざまな訳語を当てることができるが、本訳書では混乱を避けるため、多くの場合、訳語として「共感」を用いた。ただし、「共苦」のほうがむしろ適切であると判断された場合には、この訳語を当てた。
〔48〕「よき羊飼い」――聖書において「羊飼い」は神の比喩として用いられるとともに、民を導く指導者の比喩ともされ

てきた。典型的にはイスラエル王国の王、そしてやがてキリストが「よき羊飼い」という比喩で表わされた。さらに「ヨハネ福音書」一〇章の逸話を踏まえ、教会指導者を「羊飼い」に喩えることがキリスト教会において通例となった。訳注〔43〕も参照。

〔49〕本書のタガログ語史料引用部分には基本的に著者による英訳が付されているが、この引用部分のみ英訳が付されていないため、タガログ語から翻訳した。

〔50〕福音書（「マタイ福音書」二六章など）によればゲッセマネの園と呼ばれる場所である。ここでキリストは父なる神の御心であれば来るべき受難を避けられるよう血の汗を流しつつ切に祈り、やがてみずからの受苦と死の使命を受容するにいたったとされる。その間傍らにいた弟子たちは眠りこけてキリストに注意され、またこの祈りの直後にキリストは捕縛され、弟子たちは彼を見捨てて逃げた、とされる。

〔51〕アエタもしくはアイタと自称する人々は、ネグリート系で、低身長、縮毛、暗褐色の膚などの身体的特徴を持つ。現在、フィリピンのネグリート系住民のうち半数以上はルソン島西部のサンバレス州山岳地帯に住んでいるが、本文で言及されているアエタは東部シエラマドレ山脈に住むグループで、地域によりアタ、アイタ、アグタ、ドゥマガットなどと称される。

〔52〕世に対して死ぬ——訳注〔42〕を見よ。

〔53〕しるし——訳注〔27〕を見よ。

〔54〕しるし——訳注〔27〕を見よ。

〔55〕ゴルゴタの丘——訳注〔45〕を見よ。

〔56〕カラアヤン——この概念に関する著者の見解については、本書第3章で詳しく議論される。

〔57〕カスティーリャ語——スペイン語のこと。フィリピンは三〇〇年以上にわたってスペインの植民地となったが、人口の一パーセント以上がスペイン語を話した時期はなく、植民地者とエリートの限定された社会の言語であった。なお、カスティーリャとは、中世、イベリア半島にひらかれた王国名であるが、現在ではスペイン中部から北部にかけての地方をさし、首都マドリッドが位置する中心部である。

〔58〕中世以降のキリスト教では、幼児洗礼を受けた者が再度洗礼を受ける「再洗礼」は反社会的行為として長らく極刑の対象となってきた。また洗礼を授けることは、特殊な場合を除いて教皇の代理者である司教、またその代理者である司祭の専権行為であった。したがって、巡礼者がカトリック教会の外で再洗礼を受けられるようになっていること自体、カトリック教会の支配に対する重大な反逆であったとみることができる。

〔59〕革命結社カティプーナンの正式名称をここで「祖国の子たち……」と日本語に訳しているのは、"mga Anak ng Bayan" を "Sons of Country" というイレートの英訳に従ったものである。この英訳の意義については、本書「解題」を見よ。

〔60〕洗礼者ヨハネ――「マタイ福音書」三章、「ルカ福音書」三章などによれば、イエス・キリストに先立ち、神の支配の到来が近いことを告げて、神への立ち返りを人々に要求した人物。その際に、悔い改めのしるしとして、元来非ユダヤ人のユダヤ教への改宗のしるしであった洗礼、つまり水のなかに身を沈める儀式を人々に要求したことから、「洗礼者」と通称されるようになったという。

〔61〕この「人民の子たちの結社カティプーナン」は、Santiago Alvarez, "Ang Katipunan at Paghihimagsik" (typescript), 25 July 1927 (PNL), p. 376 からのイレートによる引用の英訳："Katipunan of the Sons of the People" を日本語に訳出したものである。

〔62〕フリーメイソン――イギリスで発生し、ヨーロッパ・北米を中心に世界に派生した秘密結社。もともとは中世の石工職人が、自分たちの権利を守るために組織したものだが、建築に関係ない貴族や知識人が加入するようになり、職人団体から自由・博愛・平等をモットーとする友愛互助組織へと転換した。入会資格として無神論者でない成人男子であることが条件づけられる。ちなみにカトリック教会はフリーメイソンを異端とし、近年まできわめて敵対的な態度をとり、警戒してきた。

〔63〕ガビニスタ――本書第6章で詳述される。

〔64〕山地逃避者《レモンタード》――本書第5章で詳述される。

〔65〕kaginhawahan――語根に抽象を示す名詞を作る接辞 ka-an を添える場合、ginhawa のように最後の音節が声門閉鎖音

で終わっていない場合にはhを加える必要があり、よってkaginhawaanではなくkaginhawahanとなる。この箇所のタガログ語原典史料では'kaginhawahan'となっており、また他の箇所において、原典との対照が不可能なものについては、以上述べた現時点での文法的観点からルビを変更し、「用語一覧」における表記も含めて変更した。

〔66〕アントニオ・デ＝モルガ（一五五九～一六三一年）――一五九五～一六〇三年にフィリピンの総督代理やマニラ司法行政院最上級審議官などを務め、一六〇九年に『フィリピン諸島誌』を出版した。ホセ・リサールは、この『フィリピン諸島誌』が、植民地支配を受ける以前のフィリピン社会の豊かな土着文化を伝える好書であるとして、注釈をつけて一八九〇年に出版した。

〔67〕「創世記」二章には、神は生物を創造すると人の前にもってきて、それを人が呼ぶと、それがその生き物の名前となった、という記述がある。ただしこの記述は、厳密には、男一人のときに起こったことであり、その過程で「自分に合う助ける者」が見つからなかったため、神は女を創造したとなっている。ちなみに新共同訳聖書では「エバ」であるが、英語にもとづく通例に倣い、「イブ」と表記した。

〔68〕イエス・キリストを敵対者に売り渡したイスカリオテのユダは、「マタイ福音書」二七章によればそののち後悔し、裏切りの報酬を投げ返し、首吊り自殺したとされている。

〔69〕アゴンシリョはこの名称を"Powerful and Most Respectable Society of the Sons of the People"としている。イレートはアゴンシリョなどを引用しつつも、この名称を"venerable and respected Society of the Sons of the Country"としていることに注目されたい。なおこの点については、訳注〔59〕をも参照。

〔70〕「人民の子」――これは"Anak ng Bayan"の訳であるが、第3章の原注（28）にあるように、イレートがジョン・R・M・テイラー編集の英訳フィリピン革命文書を引用しているために、「祖国の子」とはしなかった。同原注にあるように、イレートによれば、タガログ語の原典は見つからなかったという。

〔71〕世に対して死ぬ――訳注〔42〕を見よ。

〔72〕シナゴーグ――ギリシア語で「集会所」を意味するシュナゴゲーに由来するユダヤ教の会堂のこと。聖書の朗読と解説を行なう場所であった。ただし、パションのテキストでは"simbahan"つまり「教会」をさす語がこれにあてられ

ており、そのため、パションの世界はシナゴーグを中心とした古代ユダヤ社会をめぐるものでありながら、同時に教会を中心として形成されていた植民地フィリピン社会の文脈と重ねて理解しやすいようになっている。

〔73〕シナゴーグの扉——引用されているパション原典では"Simbahan"（教会）という語が用いられているが、その箇所の著者英訳では"synagogue"と訳されているので、ここでは著者英訳から翻訳した。

〔74〕引用文原典には「今はタガログの人々にはなくなってしまった（naualay sa lahing tagalog）」という節があるが、著者英訳では省略されている。英訳部分から翻訳する原則にのっとり、訳出していない。

〔75〕ビアク・ナ・バト——「二つに割れた岩」の意で、ブラカン州の山地の地名。ボニファシオの死後、革命軍は劣勢に立たされたが、アギナルドは一八九七年にビアク・ナ・バトに司令部を置いてビアク・ナ・バト共和国を宣言した。同年一二月には和平交渉の結果、スペイン側の賠償金支払いと、アギナルド軍の武装解除、ならびにアギナルドの香港亡命を柱とする協定を取り交わした。

〔76〕「掲げられる（英訳："will be displayed"）」は、原文では"ipakikilala"となっており、「紹介される」という意味である。

〔77〕キリスト教の神学伝統において、神は父・子（キリスト）・聖霊の三つの位格（ペルソナ）をもちつつ一体である、と理解されてきた（三位一体説）。キリストはそのなかの第二の位格にあたる。

〔78〕ソラお婆さん《タンダン・ソーラ》——著名なカティプーナン女性会員メルチョーラ・アキノ（一八一二～一九一九年）の愛称。

〔79〕フィリピン独立教会——訳注〔10〕を見よ。

〔80〕アグリパイ司教——訳注〔10〕を見よ。

〔81〕詩歌《アウィット／コリド》（awit at korido）——アウィットとコリドは両者合わせて物語風韻文詩《メトリカル・ロマンス》（metrical romance）と呼ばれる。アウィットが一二音節四行詩であるのに対し、コリドは八音節四行詩である。中世ヨーロッパの騎士道物語や恋物語の影響を受けた内容が多い。代表的な作品として、前者では「フロランテとラウラ《フロランテ・アット・ラウラ》」、後者では「鳥のアダルナ《イボン・アダルナ》」がある。両ジャンルとも、黙読されるのではなく詠唱される。

〔82〕ネブカドネツァル王——別名ネブカドレツァル。新バビロニア帝国（紀元前七四五～五三九年）の全盛期を築いた二代目の王（在位紀元前六〇九～五六二年）。旧約聖書との関わりでは、イスラエル民族の王国ユダを前五八七年に

最終的に滅ぼし、残りの民を捕囚としたことで知られる。本文との関連では、「ダニエル書」四章に、神を侮ったゆえに精神を病んで社会から追放され、一定期間を野で獣のように過ごした後で理性が戻り、神を讃美した、との故事が記されている。「ネブカドネザル、ネブカドレザル」との表記法もある。

〔83〕 著者は“rusty muskets, spears, and bamboo sticks”（古いマスケット銃数丁と、槍、竹の棒）と訳しているが、原文では“ilang baril na luma, sibat na bucaue at mga guloc”（古いマスケット銃数丁と、竹槍、山刀）である。著者から訂正の確認が得られたため、この箇所に関しては原文からの訳を優先させた。

〔84〕 著者は“five days”（五日）と英訳しているが、原文では“labing limang arao”（一五日）となっており、誤訳であることが確認されたため、原文からの訳を優先させた。

〔85〕 訳注〔5〕、〔30〕を見よ。

〔86〕 後半二行は英訳の意味が曖昧なため、原文を参考にして訳が作られている。動詞“itiguil”は目的焦点動詞とも考えられるが、文脈から判断すると道具焦点動詞と考えるのが妥当である。焦点の当たっている“siya”は“dahas ng unos”（嵐の威力）をさし、「嵐の威力」によって“puyat at pagal ng manga bihasa sa pagpapatayan”（殺戮に慣れてしまった人々の不眠と疲れ）を“itiguil”（止める）のである。“itiguil”の前にある“di”は否定を表わすのではなく、動詞を強調させる役割を担っている。

〔87〕 殺戮《パグパパタヤン》する——訳注〔95〕を見よ。

〔88〕 「殺される（英訳：“killed”）」は、原文では“barilin”（「銃で撃たれる」の意）の継続相“binabaril”となっているため、「付録4」の第九連では「銃殺される」と訳した。

〔89〕 「使われて（英訳：“used”）」は、原文では“umigib”（「汲む」の意）の不定形“umiguib”、「滞る（英訳 was... without）」は“magkulang”（「足りなくなる」の意）の継続相“nagcuculang”が使われているため、「付録4」の第一二連では「昼な夜なと水を汲んでも／その水の減ることなし」と訳した。

〔90〕 原文では“sampung apat na elemento”となっているが、この“sampu”は文字どおり数字の一〇を表わすのではなく、形容詞的に「あらゆる、すべての」の意を表わす、古いタガログ語でしばしば使われる用法である。ゆえに、「すべ

ての四つの要素」という訳になる。四つの要素とは "hangin"（風）、"tubig"（水）、"apoy"（火）、"lupa"（土）であろう。

〔91〕第4章の引用は基本的に「付録4」からのものが大半を占めるが、この箇所ならびにつぎの第一八連、第一九連（ただしこの連番号は原文には記されていない）は、ロンキーリョ版（巻末「付録2」）からの引用である。

〔92〕「もはやあなたを『母』とは呼ばない（英訳："no longer calling you 'mother'"）」は原文では "ikaw ay di na ina naming lahar" となっており、"calling" に相当する動詞は使用されていない。「付録2」の第一九連では「もはやあなたは我らの『母』ではない」と訳してある。

〔93〕バコール——原文でも英訳でも "Bacood"（バコオド）となっているが、この町名はカビテ州の "Bacoor"（バコール）と考えられる。

〔94〕原文ではこのあとの二行に話が続くかたちとなっているため、「付録4」の第二九連では「抑えがきかず」と訳した。

〔95〕著者が英訳として "holocaust"（大虐殺）という語を当てているが、原語の "pagpapatayan" はもともと「互いに殺し合う」という意味である。「付録4」では pagpapatayan を、場面に応じて殺し合いという意味から派生する「殺戮」、「戦闘」と訳し分けた。

〔96〕「なまくら刀（英訳："dull blades"）」は、原文では "itac na pañgal" と具体的に刀の種類をさし示しているため、「付録4」の第三六連では「鈍い山刀」と訳した。

〔97〕「悪党たち（英訳："roguish people"）」は、原文では "tauong salangapang" となっているため、「付録4」の第四三連では「裏切り者たち」と訳した。

〔98〕「狙われた犠牲者（英訳："the intended victims"）」は "ang pinagnasaa"、「命は縮められた（英訳："lives cut short"）」は "buhay ang natapos" とそれぞれ原文ではなっているため、「付録4」の第四六連では「彼らが狙っていた者」、「死んだ」と訳した。またこの連は、英訳では五行になっているが、原文では四行で一連である。

〔99〕旧約聖書「サムエル記」上、一七章に記された、巨人にして豪勇を誇るペリシテ軍の将ゴリアテに対し、羊飼いダビデが軽装と石投げ袋ひとつで対峙し、一撃のもとに勝利を収めた、という有名な故事をさす。

〔100〕「マニラ内部同様周辺（英訳："Manila's perimeter as well as interior"）」は原文では"Baybay nang Maynila magpahangang loob"となっており、「付録4」の第九四連では「マニラ湾沿岸部から内部まで」と訳した。

〔101〕原文でも英訳でもこのような訳になるが、意訳すると「私が担うべき恥が緩和されるのを手伝ってくれる長子たち」となる。

〔102〕フェデラル党員たち《フェデラリスタス》――一九〇〇年一二月にマニラで有産知識階層によって結成されたフェデラル党員。同党の目前の課題は、アメリカのフィリピンにおける平和樹立への支援であった。フィリピン委員会はフェデラル党との連携を深めたため、多くの州で同党員が知事職についた。当初、同党はフィリピンがアメリカの一州として承認されることを綱領に掲げていたが、多くの党員がそれに不満を示したため、一九〇五年には同党は綱領において「究極的独立」を決議し、一九〇七年一月には党名を「ナショナル・プログレシスタ」党へと変更した。

〔103〕強制集住地帯――アメリカ軍がフィリピン各地で持続する抵抗運動を鎮圧するために、バタンガス州とラグナ州において一九〇一年末に設けた区域。住民によるゲリラへの支援を封じるために、彼らに対して自分たちの財産を持って定められた境界内に入るよう命じた。さらに一九〇三年六月にフィリピン委員会は「強制集住法」を制定し、それまでアメリカ軍が行なっていた上記の作戦を合法化した。これによって、各州知事は民政長官の認可のもとに、「盗賊たち」や「無法者たち」が活動している、町の中心から外れた村々の全住民を町の一定地域に強制集住させることができることになった。

〔104〕香港委員会――アギナルドの革命政府が一八九八年に香港に設置した革命委員会の通称。外交活動と軍物資の調達をおもな任務とした。

〔105〕国民議会（フィリピン議会）選挙――一九〇二年のフィリピン平定宣言後、国内治安の完全回復、国勢調査の実施と公開、その後二年間の猶予期間という三条件を満たして、一九〇七年に第一回総選挙が行なわれた。その結果、即時独立を求めるナショナリスタ党が最大多数政党となり、一〇月にフィリピン議会が発足した。

〔106〕民政長官――一九〇一年七月にアメリカ植民地政府はそれまでの軍政から民政に移管され、それにともなって同政府の最高統括者は民政長官（Civil Governor）とされた。さらに一九〇五年二月には民政長官は総督（Governor-

General）へと名称変更された。

〔107〕ウィリアム・H・タフト（一八五七～一九三〇年）――一九〇〇年に第二次フィリピン委員会委員長を務め、一九〇一～〇四年には初代フィリピン民政長官となる。アメリカのフィリピン植民地統治の基礎を確立させ、以後の植民地行政に大きな影響を与えた。

〔108〕フィリピン委員会――アメリカによるフィリピン植民統治の中心となった組織。一八九九年の第一次フィリピン委員会（シャーマン委員会）は事情調査が主要活動であったが、一九〇〇年の第二次フィリピン委員会（タフト委員会）は立法権と行政権の一部を行使する権限を持ち、一九〇一年にはタフトが初代民政長官に就任した。

〔109〕イスラム教徒成敗劇――「モロモロ」と呼ばれる演劇で、イスラム教徒を悪役に仕立て彼らを討伐するという筋立てによって、カトリックの教えならびに教会の正当性を説くもの。なお、イスラム教徒を「モロ」と称することについては、訳注〔35〕を見よ。

〔110〕「カタガルガン」は「全タガログ」の意味であるが、本文中の「タガログ諸島」といった表現からも察することができるように、タガログ地方の人々の視点からみたスペインの（元）植民地「フィリピナス」全体を暗示し、この「フィリピナス」という語を代替しようとする表現である。

〔111〕引用箇所のタガログ語原文には"nililingap"という語が用いられており、「心を込めた配慮をする」という意味の動詞"lingapin"の継続相である。本文中の"paglingap"はその名詞形であり、意味は共通するため、引用箇所のルビはその語根である「リガップ」とした。

〔112〕スーラ――アブなどが媒介する獣病で、高熱・貧血・激しい衰弱などの症状を示す。おもに南アジアから東南アジア全般および中国などの諸地域に発生する。

〔113〕川辺出身《タガーイログ》――この"Taga-ilog"という名は、明らかに「タガログの民（Tagalog）」をさしている。

〔114〕フィリピン・スカウツ――一九〇一年にアメリカ連邦議会が、アメリカ正規軍の一部を構成する部隊として編成する権限をアメリカ大統領に付与したことにより創設されたフィリピンの軍事組織。フィリピン革命軍掃討作戦に参加し、一九〇三年にその数は三〇〇〇～五〇〇〇人に達した。

〔115〕バレテの木――クワ科フィカス属（イチジク属）の樹木。学名“Ficus benjamina”、和名「ベンジャミンゴムノキ」、もしくは「シダレガジュマル」。インド原産で、東南アジア熱帯地域に生育する常緑高木。フィリピンではルソン島からミンダナオ島まで広く見られる。枝はよく分かれ、垂れ下がるのが特徴で、その多少不気味な姿から、フィリピンの民間伝承ではカプレ（毛むくじゃらの大男）などの霊的存在の住処として言及されることが多い。

〔116〕フィリピン・コモンウェルス政府――一九四六年の完全独立に向けて、一九三四年のフィリピン独立法が規定し、三五年に発足した独立準備政府。法制度の整備や経済・軍事面での対米関係の調整にあたり、一九四六年のフィリピン共和国独立により、使命を終えた。

〔117〕ケルビム智天使――カトリック神学では、一般に「天使」と総称される神の使いには九階級あると考えられており、その第一位が「セラフィム熾天使」、第二位が「ケルビム智天使」である。ちなみに第三位以下は、座天使、主天使、力天使、能天使、権天使、大天使、天使である。ケルビムは「創世記」三章におけるエデンの守護者としての登場以降、イスラエル民族の「契約の箱」に像が取り付けられ、ソロモン王の神殿に像が置かれ、預言者エゼキエルが幻視に見るなど、旧約聖書においてもっともなじみ深い天使である。

〔118〕セラフィム熾天使――九階級ある天使の位階の第一位にある天使。旧約聖書においては「イザヤ書」六章において、天上の礼拝を導くものとして描かれており、ケルビム、ガブリエルらについでキリスト教世界においてよく知られた天使である。訳注〔117〕をも参照。

〔119〕リカルテ――訳注〔28〕に既出。

〔120〕サクダル――訳注〔34〕を見よ。

〔121〕レナード・ウッド（一八六〇～一九二七年）――一九〇三年からフィリピン南部モロ州（ミンダナオ、スルー諸島）の軍政知事に就任。抑圧的な同化政策を押し進めて一九〇六年に事実上解任され、帰国後陸軍参謀総長となる。一九二一～二七年にはフィリピン総督を務めた。

〔122〕リサール信奉者《リサリスタ》――フィリピンの国民英雄ホセ・リサール（訳注〔3〕参照）は、その超人的存在が伝説化され、死後も彼を神格化して熱狂的に信奉する集団が複数組織された。本文に述べられているワタワット・ナン・ラヒは、

リサールの出身地ラグナ州カランバに本拠を置いたが、ほかにもヌエバ・エシハ州のシンバハン・リサール（リサールの教会）などがあった。その集団の信徒たちがリサール信奉者であるが、彼らは大半が農民層であり、カトリックを模した教会制度にもとづきながらも、精霊信仰や憑依儀礼などをとりいれた活動を行なっている。

〔123〕シヌクアン――フィリピンの民間説話で、昔、アラヤット山を治めていたと語られる女神。慈しみ深く公平な女神として知られ、近くに住む人々や動物たちも何か困ったことが起こると、アラヤット山の上にある女神の法廷に相談に行ったといわれている。この話は民話のひとつとして現地でよく知られており、日本語にも訳されている。

〔124〕アララト――「創世記」八章に記された山の名。ノアの箱船が大洪水のあと、水が引いたときに停泊したのがこの山の頂上だったとされる。

〔125〕創世神バトハラ――訳注〔2〕に既出。

〔126〕アエタ――訳注〔51〕に既出。

〔127〕ホセ・P・サントス（一九〇七〜六四年）――多年にわたってタガログ語の定期刊行物にフィリピン史についての記事やエッセイを執筆するかたわら、フィリピン史に関する多くの書物を自費出版した。本書第6章の後段では、サルバドール自身による記述を「何の修正も加えずに」一九三六年に出版した人物として登場する。

〔128〕この箇所は、著者による英語対訳 "when I arrived in Nueva Ecija" から翻訳すると「ヌエバ・エシハに達し」となるが、著者に確認したところ、タガログ語原文 "nang acoi manggaling sa NoEvacija"「ヌエバ・エシハ州から来た」に即した修正訳が示されたため、それを訳出した。

〔129〕十字架の道行き――訳注〔22〕に既出。

〔130〕アニミズム――精霊信仰、霊的存在への信念。人間、動植物をはじめ、無生物、自然環境など随所に霊的存在が宿っていて、その存在との日常的接触によって、恩恵や厄災がもたらされるとする考え方。

〔131〕訳注〔121〕に既出。

〔132〕過越の日――元来イスラエル人の三大祭のひとつであり、イスラエル人がかつて隷属していたエジプトからの解放（出エジプト）を祝い、子羊を神に献げ、酵母を入れないパンとぶどう酒と苦菜をもって記念するニサンの月（ユダ

ヤ暦の正月、現行太陽暦の三～四月にあたる）の春の祭りである。キリストはこの過越においてパンとぶどう酒による最後の晩餐を行ない（ただし、過越の一連の祝祭のどの日であったのかは諸説ある）、その直後に捕縛され、磔刑に処されたが、キリスト教においてはこのキリストの犠牲を過越の子羊の犠牲の完全な成就とし、これによってこんどは人類が罪と死の隷属からの解放の成就と伝承するようになった。「過越の日」は、最後の晩餐からみるならば聖週間の聖木曜日にあたり、キリストの十字架上での犠牲からみるならば聖金曜日にあたることになるが、この箇所でどちらをさすのかは明らかではない。

〔133〕ヨハネ――「福音史家でキリストの一二弟子の一人ヨハネの母はサロメであった、このサロメはイエスの母マリアの妹であった、従ってヨハネはイエスの従兄弟であったようだ」という伝承が存在していた。ただし新約聖書に明示はなく、教会においても正式に認証されてはいない。パションもこの伝承にもとづいているものとみられる。なおこのヨハネは、既出の「洗礼者ヨハネ」とは別人である。

〔134〕バゴンバヤン――マニラ湾に面し、イントラムロスとエルミタ地区のあいだに位置する一画。この地でホセ・リサールの処刑が執行され、現在ではリサール公園となっている。

解　題

永野　善子

はじめに

過去四半世紀のフィリピン歴史学研究の分野においてもっとも注目され、それゆえもっとも多くの論争を呼び起こしてきた著作が、レイナルド・C・イレート著『キリスト受難詩と革命——一八四〇〜一九一〇年のフィリピン民衆運動』（Ileto, 1979）である。一九七九年における同書の刊行によって、レイナルド・C・イレートの名はフィリピンの歴史学界はもちろん、国際的なアジア研究学界で知れわたるようになり、以後、フィリピン歴史学研究の新潮流を生み出す急先鋒とみなされてきた。本書を公刊したとき、イレートは国立フィリピン大学歴史学科助教授の職にあったが、一九八〇年代半ばからオーストラリアで教鞭を執りはじめ、二〇〇一年には国立シンガポール大学東南アジア研究プログラム教授に就任し、現在、同東南アジア研究プログラム長として活躍中である。

日本では、フィリピン史研究者として著名な池端雪浦がいち早くレイナルド・C・イレートのフィリピン革命史研究に注目し、その著書『フィリピン革命とカトリシズム』（池端、一九八七）において、イレートの議論を手際よく紹介している。また、『キリスト受難詩と革命』をめぐる近年のアメリカ人歴史学者と著者イレートとの論争については、永野（二〇〇〇）でやや詳しく触れており、イレートの略歴や『キリスト受難詩と革命』出版以後の彼の研究業績については、すでに池端（二〇〇一）や筆者が編集した翻訳論文集の解説（永野、二〇〇四）で概略されている。したがって、この解題では、『キリスト受難詩と革命』の読み解き方について若干議論することにしたい。

一

いうまでもなく、『キリスト受難詩と革命』はひとつの歴史学の書である。しかし、歴史の史実を年代順に追うことに第一義的関心をおいた著作ではない。かといって歴史の史実を年代順に追うことを排除した著作でもない。このことは本書の副題に「一八四〇〜一九一〇年のフィリピン民衆運動」とあるように、第1章で本書の主題が説明されたあと、第2章から第6章において、一九世紀半ばから二〇世紀初頭までの、スペイン植民地時代末期からアメリカ植民地時代初期において展開された、植民地支配に対する民衆の抵抗運動を支える彼らの思考様式とその活動のあり方が年代を追って議論されていることからも明らかであろう。

『キリスト受難詩と革命』が刊行以来いち早く注目された理由は、本書がもつつぎのような魅力からであったと思われる。すなわち、「原書版本書要約」で明らかにされているように、本書は、それまでの歴史研究とは異なり、フィリピン農村社会の一般民衆あるいは大衆の意味世界の枠組みにもとづいて、一九世紀半ばから二〇世紀初頭におけるフィリピンの民衆運動を理解するという、新しい研究視座を提示したことにある。イレートは、大量の未刊行の一次史料や既刊文書を渉猟することによって、民衆のあいだで伝承されてきた歌や詩や宗教伝統などを掘り起こし、そこからこれまでの歴史家たちが目を向けてこなかったフィリピンの一般民衆、あるいは農民たちのものの考え方に内在する構造的特徴を描いた。そして彼らの意味世界が、スペインとアメリカの二つの植民地支配に対する抵抗運動のあり方をどのように特徴づけ、そのことによって、フィリピンにおける植民地支配に対する抵抗運動がどのような特徴的展開をするにいたったのかを浮き彫りにしたのである。この意味で、『キリスト受難詩と革命』は、壮大なスケールのマトリックス（母体）のもとに、文字どおり一筆書きで描き上げた「近現代フィリピンにおける植民地支配に対する民衆の抵抗思想とその行動」についての一大叙事詩である。本書を一読すると、著者イレートの類まれな知性に支えられた構想力と、その繊細な感性からにじみ出る艶やかな筆致に感嘆せざるをえない。その理論的な緻密さと情緒豊かな物語の構成様式は、本書がきわめて完成度の高い学術書であると同時に、稀有の優美さを持ったひとつの芸術作品であることを示している。不朽の名作といわれる所以である。

この一大叙事詩としての『キリスト受難詩と革命』の骨格をなす枠組みは、その刊行以来よく知られているように、パション、つまりキリスト受難詩である。キリスト受難詩――キリストの人生、その死と復活についてフィリピン民衆のあいだで伝承されてきた物語――に内在する文化的枠組みは、本書の第1章から第6章にいたるまでその中心に位置づけられ、そして繊細で時にもの悲しく、しかしなお力強く美しい調べを奏で続けている。それがパションであれ、讃歌《ダリット》であれ、詩歌《アウィット》であれ、恋歌《クンディマン》であれ、さまざまなかたちでデフォルメされながらも、フィリピン各地（主としてタガログ語圏）の農村地域の民衆の心のかたちの鏡として描かれ、そうした鏡に照らしてみると、一見、狂信的、あるいは単なるヒステリックな行動に見える民衆の反乱や活動は、彼ら自身の意味世界のなかでは実に理にかなった、「合理的」な行動として理解することができる。東南アジア研究では、従来こうした民衆の反乱の性格が、「狂信的行為」、「土着主義運動」、あるいは「千年王国運動」という概念枠組みで理解されてきたが、イレートは、こうした説明概念はむしろ民衆の反乱についてのわれわれの理解を助けるというよりは、むしろそれを遠ざけると主張する（本書第1章）。イレートにとって、まずもって重要なことは、民衆の反乱や活動を民衆自身の意味世界の枠組みで理解する手法を確立し、それを明らかにすることなのである。

　前記の問題設定のもとに、『キリスト受難詩と革命』では、一九世紀半ば以降におけるスペイン植民地時代末期、フィリピン革命期（一八九六～一九〇二年）、そして一九一〇年までのアメリカ植民地時代初期における代表的な民衆運動が取り上げられている。第1章で本書全体における研究視座が明示されたあと、第2章ではアポリナリオ＝デ＝ラ＝クルスの聖ヨセフ兄弟会《コフラディア・デ・サン・ホセ》、そして第3章ではアンドレス・ボニファシオが創設した革命結社カティプーナンの特徴が描写される。ついで第4章では革命結社カティプーナンの組織的瓦解と民衆のあいだでのその精神の持続過程が議論され、第5章ではマカリオ・サカイの新カティプーナンの、また第6章ではフェリペ・サルバドールの聖教《サンタ・イグレシア》会の活動について、刊行・未刊行史料をふんだんに駆使した考察が加えられている。

　したがって、本書の表題は『キリスト受難詩と革命』であるが、いわゆるフィリピン革命期と呼ばれている、フィリピンの対スペイン独立戦争とその後の対アメリカ戦争の時代だけを扱ったものではない。むしろ、一九世紀半ばから二〇世紀初頭のフィリピンにおいて展開された多様な民衆運動のなかに、世紀転換期に勃発したフィリピン革命の担い手であるアンドレス・ボニファシオが創設した革命結社カティプーナンを位置づけたところに、その特徴がある。このような手法をとることによって、革命結社カティプーナンがフィリピンの歴史のなかで突如として出現した革命組織なのではなく、一九世紀半ばの民衆運動のなかに潜んでいた民衆宗教《フォーク》としてのカトリシズムの伝統を受け継いでいたことを浮き彫りにすることになった。結社カティプーナンの機関誌『カラヤアン（自由）』に掲載されたボニファシオの宣言書をはじめ、この結社の関係者たちがしたためた文書では、それまで民衆のあいだで伝承されてきたパション、すなわちキリスト受難詩の世界観のなかで、「自由《カラヤアン》」の実現への道が説かれていることについて、イレートは本書第3章で緻密な議論を展開している。こうして、『キリスト受難詩と革命』は、一九世紀半ばの聖ヨセフ兄弟会から二〇世紀初頭の聖教会にいたる民衆の思想と行動のなかに、革命結社カティプーナンを投入することにより、一九世紀半ばから二〇世紀初頭のフィリピンにおける民衆運動の連続性を、その運動のなかに内在するパション・モティーフの解明を通して証明することに成功したのである。

このことは、フィリピンでは、本書が考察の対象とした一九世紀半ばから二〇世紀初頭においてだけ、さまざまな民衆運動のあいだに連続性が見られるということを意味するものではない。むしろ、著者イレートの観点からすると、フィリピンの近現代史を形づくるこの時期に見られた民衆運動の特徴は、その後においても持続している。イレートがこのような観点から民衆運動をとらえていることは、本書第

1章において、一九六七年にフィリピンの首都マニラの街のど真ん中で、ラピアン・マラヤと呼ばれる宗教政治結社が国家警察軍と対峙した事件を取り上げていることからもうかがうことができる。さらに、一九九八年にイレートが上梓した『フィリピン人と彼らの革命――出来事・言説・歴史学研究』(Ileto, 1998) の第7、8章では、一九八三年のベニグノ・アキノ暗殺事件と一九八六年の二月政変を取り上げ、今日においても、民衆宗教としてのカトリシズムが政治体制の一大変革にからむような民衆運動のなかに潜んでいることを示唆している(1)。

二

このように『キリスト受難詩と革命』は、世紀転換期のフィリピン革命だけを扱った著作ではない。しかし、このことは、イレートがフィリピン革命をフィリピン近現代史のなかの単なるひとつの現象とみなしている、ということを意味するものではない。むしろ逆である。歴史学者イレートにとって、フィリピン革命ほどの大問題はないように見受けられる。それは、イレート自身によるつぎの文章からも知ることができよう。

「フィリピン近現代史をいかように書こうとも、『一八九六年革命』を起点とする一連の出来事がその基礎となっていることに疑いの余地はない。革命は、フィリピンの社会と政治の双方におけるそれまでの中心的な地位からスペイン・カトリック教会を排除し、国民国家の起源神話となる一連の出来事や今日『国民的英雄』と呼ばれている一群の人びとを新たに登場させた。一八九六年一二月にホセ・リサールが祖国のために受難の死を遂げ、それに続いて『フィリピン人のキリスト』が創出されるという出来事が革命のなかに包摂されることによって、国民国家の新しい社会的叙事詩が展開する要素がほぼ出揃い、究極的には、それらがスペイン統治時代に広まったキリスト受難詩《パション》に取って代わるかのように見えたのである」(イレート、二〇〇四、七頁)。

イレートはまた、なぜフィリピンの歴史家たちがかくも過剰なまでにフィリピン革命をその研究の中心におくのかという、やや批判めいた外国人研究者たちの問いかけに対して、筆者への私信で、四つの点を挙げてつぎのように答えている。

「人々はしばしば、フィリピン革命(それが何であるか、あるいは何を意味するかは別として)の前に三五〇年ものあいだフィリピンがスペインの植民地支配に置かれていたという事実を忘れているのです。日本人のなかには、こうした歴史的事実を奇妙なことだと考える人もいるでしょう。なぜなら、あなた方の歴史は[この点で]私たちの歴史とまったく異なるからです。三五〇年の[植民地支配の]あとの独立というものは、きわめて衝撃的なことなのです。それは今日の[フィリピン]国民国家の基礎をなす出来事です。そのうえ、フィリピン革命の第二段階は、今日の超大国であるアメリカとの熾烈な戦争をともなうものでした。第三には、フィリピン革命が未完成であると考えられてきたことがあげられます。この結果、フィリピン革命は、この出来事の継続を模索してきた二〇世紀におけるさまざまの政治活動にとって、ひとつの言説として機能することになりました。最後に指摘すべき点は、アメリカ植民地政府はフィリピン革命を『すでに完了したもの』とみなしたことにあります――これが、主としてフィリピン人の研究者たちが前世紀を通して異議を唱えてきた植民地言説の起源なのです」(Ileto,

2002a, [ ] 内は筆者による)。

このようにイレートは、フィリピン革命がフィリピン近代国家の起源であり、それゆえフィリピン革命がフィリピン近現代史の中核に位置する、フィリピン歴史学研究における一大問題であることを明快に説明している。とりわけ、フィリピン革命には、スペインからの独立とアメリカによる新たな植民地支配という、二つの植民地支配のあいだの民族独立という問題をはらんでいることによって、この革命自体についてさまざまな解釈が加えられてきた。とりわけ、短命ながらも一度は成立した独立国家たる「フィリピン共和国」の位置づけをめぐっては、当然のことながら、さまざまな見解が成り立つことになる。

フィリピン革命は実に複雑な歴史的出来事であった。フィリピン革命は、一八九六年八月のアンドレス・ボニファシオが創設した革命結社カティプーナンの武装蜂起による対スペイン独立戦争として勃発し、九八年六月には、フィリピン革命軍がスペインに対する独立宣言を行なうにいたった。しかし一八九八年は米西戦争が勃発した年であり、この戦争のなかでアメリカはキューバをめぐってスペインに宣戦布告するとともに、敵国であるスペインの植民地フィリピンに軍隊を派遣し、同年八月にはフィリピン全土をアメリカ軍政下に置く、と宣言した。さらに、同年一二月にアメリカはパリでスペインと講和条約を結んだことにより、国際法上、フィリピンをその植民地とした。ところが、フィリピン革命政府はパリ講和条約に従ってアメリカの植民地支配に屈服するどころか、アメリカ軍の予想をはるかに超えてフィリピン各地で執拗な抵抗を繰り返した。フィリピン革命軍は一八九八年八月のアメリカ軍政開始宣言以後も勢力を拡大し、同年九月には独立国家を作り上げるための革命議会を編成し、憲法制定作業を進めた。こうして、一八九九年一月にはフィリピン共和国（マロロス共和国）が誕生したのである。

しかし、その運命は新たな宗主国アメリカの登場によって翻弄されることになる。フィリピン革命軍とアメリカ軍との関係は悪化の一途をたどり、共和国誕生後、二週間もたたずして両軍が衝突し、戦争状態となったからである。こうして、一八九九年二月にフィリピン・アメリカ戦争の火蓋が切って落とされ、フィリピン革命はその第二段階を迎えた。アメリカ軍はフィリピン各地においてゲリラ戦術で抵抗する革命軍を相手に苦戦を強いられたが、大量の武器・弾薬を投入して革命軍の鎮圧をはかった。アメリカ軍がこの戦争に投入した兵力は一二万人、戦死者は四〇〇〇人、他方、フィリピン革命軍の戦死者は一万六〇〇〇人、飢餓や疫病などによって死亡したフィリピン人住民は二〇万人に達したともいわれている。フィリピン全土で繰り広げられた殲滅作戦のすさまじさから、フィリピンを「最初のヴェトナム」と呼ぶ研究者もいるほどであった。アメリカ軍は一九〇二年七月にフィリピン平定作戦終了を宣言したが、イレートが本書第5、6章で詳細に議論しているように、その後も民衆の抵抗運動はフィリピン各地で持続したのである。

たしかに、『キリスト受難詩と革命』の主題はフィリピンの民衆運動である。しかし、フィリピン革命がその主題の中核をなしている以上、われわれはイレートが革命結社カティプーナンをフィリピンの近代国家形成との関連でどのような組織とみなしていたのかについて考える必要があろう。これについては、さしあたり本書第3章に関連して以下の諸点を指摘しておこう。第3章でみるように、革命結社カティプーナンの正式名称は、タガログ語で“Kataastaasan Kagalanggalang Katipunan ng mga Anak ng Bayan”である。イレートはこれを英語で“The Highest and Most Honorable Society of the Country"と訳しており、本翻訳書においても、これに従って「祖国の子たちの最高でもっとも尊敬すべき結社」と訳した。しかし、イレートによるカティプーナンのタガログ語の正式名称のこの英語訳は、フィリピン歴史学界の重鎮テロドロ・A・アゴンシリョのそれとは異なっている。

アゴンシリョは、その著書『大衆の反乱――ボニファシオとカティプーナンの物語』(Agoncillo, 1956 [1996]) によって、それまでのフィリピン革命史研究を一転させる議論を展開した歴史家として知られている。アゴンシリョの『大衆の反乱』の登場以前には、一般的なフィリピンの通史では、フィリピン革命の主要な担い手はエミリオ・アギナルドに代表される地方有力者層であり、民衆は革命の遂行においてむしろ副次的な役割を担っていたにすぎないとみなされてきた。しかし、アゴンシリョは『大衆の反乱』において、こうしたフィリピン革命史観を覆し、革命を動かしたのはボニファシオを中心とする民衆であるとした(永野、二〇〇〇、三四~三六頁)。この意味で、『大衆の反乱』は画期的著作であり、イレートも本書第1章で的確に位置づけているように、「アゴンシリョのあとに続く幾世代もの研究者たちに対して考えるべき多くの示唆を与えた」のである。

ところで、このアゴンシリョによるカティプーナンのタガログ語の正式名称の英語訳は、"Highest and Most Respective Society of the Sons of the People" (Agoncillo, 1996, p. 46) である。前記のイレート訳との違いでもっとも注目すべき箇所は、イレートが "mga Anak ng Bayan" を "the Sons of the Country" すなわち「祖国の子たち」と英訳しているのに対して、アゴンシリョは、"the Sons of the People" すなわち「人民の子たち」と訳していることである。たしかに、タガログ語の "bayan" は「人々」、「市民」、「祖国」、「国家」、「町」など多様な意味をもつ言葉であり、革命結社カティプーナンの正式名称の英訳としてどの言葉がもっとも適切であると判断するかは、その研究者の革命結社カティプーナンに対する見方、あるいはフィリピン革命における位置づけを決定づける重要な問題であろう。イレートは“mga Anak ng Bayan”を“the Sons of the Country”すなわち「祖国の子たち」と訳すことによって、革命結社カティプーナンそれ自体がひとつの「国家」となることを模索していた組織とみるのに対して、アゴンシリョは、“the Sons of the People”すなわち「人民の子たち」と訳すことによって、大衆を代表する組織であった点に主眼をおいてカティプーナンをみていたと考えることができよう。イレートは本書第3章で、ボニファシオのカティプーナンがスペインに代わる新たな「母なる祖国《イナン・バヤン》」をしきりに求めていたことを、詩歌《アウィット》や恋歌《クンディマン》の歌詞の分析を通して実にみごとに照射している。このことは、イレートにとって革命結社カティプーナンが、マニラ周辺諸州を基盤とする大衆組織という性格をはるかに超えた存在であったことを示唆している。それは、むしろ植民地支配のくびきから解き放たれて真の「自由《カラヤアン》」を実現する「母なる祖国《イナン・バヤン》」フィリピンを求めた革命組織であり、それゆえイレートにとってフィリピン近代国家の起源となりうるものであった。

三

実際、『キリスト受難詩と革命』を各章ごとに丹念に読み進めてゆくと、著者イレートがいかに細心の注意を払いながらひとつひとつの用語を選び、またひとつひとつの文章を練り上げていったかということに、思わずため息をつくことがしばしばある。たとえば、『キリスト受難詩と革命』では、“ilustrado" と "ilustrados"、そして "principalia" と "principales" の使い分けがなされている。本訳書では、前者は「有産知識階層」と「有産知識人たち」、そして後者は「地方有力者層」と「地方有力者たち」とに訳し分けている。筆者のみるかぎり、この二つの用語のなかの二つの言葉の使い分けはあまり行なわれていないのが一般的である。つまり、"ilustrado" と "ilustrados" はともに集合的に「有産知識階層」を表わし、"principalia" と "principales" は集合的に「地方有力者層」を表わす用語として使われている。しかし、『キリスト受難詩と革命』を翻訳する過程で、われわれはイレートがこの二つの用語のなかの二つの言葉を巧みに使い分けていることに気がつき、上記のようにそれぞれの訳語を当てることにした。

その理由は、いうまでもなく、"ilustrado" と "ilustrados" の場合、"ilustrado" は「有産知識階層」として有産知識人たちが集合的にひとつの階層とみなされている。これに対して、"ilustrados" の場合は、有産知識階層の人々を一人ひとりの個人の集まりとみなし、したがって彼らの考え方や行動の特徴をひとつの階層として一定の様式をもつものとしてとらえるのではなく、一人ひとりが異なった考え方や行動様式をもつ個人の集まりとみなしている。"principalia" と "principales" についてもしかりである。このことは、イレートのつぎのような人間に対する見方が反映しているものと思われる。すなわち、人間のものの考え方や行動様式は、ときに階層や階級によって決定づけて考えることができる。しかしそれは、つねに階層や階級によって決定づけられるものではない。むしろ、そうした社会的存在としての人間の思考や行動の様式を超えて、多くの場合、一人ひとりの人間は個の存在として思考し、また行動するという実存としての人間のあり方がある、と。個としての人間のあり方に対する強い関心は、イレートの歴史叙述をきわめてダイナミックにしている、もうひとつの要因でもある。

たとえば、本書第4章は、革命結社カティプーナンが組織として瓦解するなかで、革命運動のなかで民衆のあいだに芽生えた「自由《カラヤアン》」の精神がどのように持続していったのかが議論されている。しかし、同章では同時に、地方有力者層出身のエミリオ・アギナルドが初代大統領として、民衆の意思を汲み取り、ひとつの独立国家たるフィリピン共和国（マロロス共和国）を成立させたものの、その共和国は結局エリート層の利益を温存し、一般大衆の利害が無視されていったことが叙述されている。社会的存在としての階級としてみた場合、エリート層と大衆はまったく異なる利害関係にあり、それゆえ、独立革命に対する考え方もまた関わり方も異なるものであった。にもかかわらず、エリート層と大衆が一体となって、一八九九年一月のフィリピン共和国の発足を祝うことができたのはなぜかを、イレートは第4章の冒頭部分で以下のように説明する（もっとも、前述のように、この共和国は翌二月のフィリピン・アメリカ戦争によって崩壊する運命にあったのだが）。

イレートによれば、民衆は革命結社カティプーナンによる「母なる祖国《イナン・バヤン》」の定義から新たな国家を模索し、他方、エリート層は「『主権国家』の概念を西洋から借用し、政府と憲法に対する忠誠を誓う全住民を包摂する境界内領域としてそれを定義し、制度化」した。フィリピン共和国初代大統領のアギナルドはこうしたエリート層の代表でありながら、一般大衆を引きつけることができた。それは、アギナルドの政治家としての個人的資質によるものであった。イレートは言う。アギナルド大統領は、「軍隊の最高司令官として、民衆のエネルギーを合衆国との戦闘に向けさせる一方で、フィリピン人エリート層の保守的な国家の定義を保護するという厄介な課題に直面した。ほかの誰ひとりとして、このような役割をこなすことはできなかったであろう」、と。アギナルドは、「輝く魔法の軍刀を追随者の前で振りかざしながら現われることを好んだアポリナリオ゠デ゠ラ゠クルスと、何ら違いがなかった」。また、彼は「優れた演説家であって、闘争にまつわる伝統的な慣用語法《イディオム》に精通していた」のである（本書第4章）。つまり、アギナルドはエリート層出身であったが、西洋的な「主権国家」の概念で彼が理解した独立国家を、民衆の言葉で、つまり民衆の意味世界の伝統的な慣用語法に置き換えて彼らの心に訴える雄弁家であった。

このようにイレートは、エリート層や大衆のものの考え方や行動様式を階級や階層という枠組みのなかで画一的に規定するのではなく、階級や階層である以前の一人ひとりの個人がもつ資質が、歴史のさまざまな局面において決定的に重要な役割を果たしてきたことを浮き彫りにしている。歴史のもつ偶然的要素と必然的要因の複雑な絡み合いについても、しかりである。

四

いままで述べてきたことから、『キリスト受難詩と革命』が歴史学の書であることに対して疑いのまなざしを向ける読者は少なくないだろう。しかし、本書がほかのフィリピン歴史学の書に比して、卓越した国際的評価を獲得してきたのは、それが、歴史学（たとえばアナール学派の影響など）はもとより、人類学、宗教学、タガログ文学、文芸批評、思想史・哲学の分野にわたる広い学問領域の上に構成されている書であることを理由としている。パション、すなわちキリスト受難詩を主題とし、それに関連して、パションのテキストはもちろんのこと、多くの讃歌《ダリット》、詩歌《アウィット》、恋歌《クンディマン》などから民衆の意味世界としてのパション様式を分析していることから、宗教学やタガログ文学の専門領域への介入は明らかである。また、民衆の意味世界の分析にあたっては、本書では修辞技法《レトリック》と慣用語法《イディオム》が主要概念として用いられており、文化人類学、あるいは英文学批評から出発したカルチュラル・スタディーズの概念が援用されていることがみてとれる(2)。とりわけ本書で幾度も登場する「十字架の道行き」は、人類学者のヴィクター・ターナーが「ルート・パラダイム」や「コムニタス」の概念を用いて、そのキリスト教の巡礼的実践を対象化したことで知られている（ターナー、一九八一(3)）。

しかし、筆者は『キリスト受難詩と革命』を読み進めていくうちに、以下のように、個々の章がひとつ、もしくは複数の基本概念や基本的主題設定のもとに描かれつつ、他方では、各章がほぼ同一のパターンでもって構成されていることに強い関心を抱いた。すなわち、「第1章　底辺からの歴史に向けて」に立ち現われる基本概念は、「お守り《アンティンーアンティン》（anting-anting）」、つまり、魔よけ、あるいは超人的な力を獲得するものである。フィリピンの民衆宗教としてのカトリシズムのなかで、お守りはきわめて重要な役割を果たしている。お守りを持つことによって超能力を発揮できる人々がいて、彼らが民衆運動の指導者となる場合が多々あったからである。『キリスト受難詩と革命』の原書には、本扉の裏の頁と巻末の要約の裏の頁には、呪文《オラシオン》が全面に書き込まれたシャツの写真の複製が掲載されている。これは、フィリピン革命運動の指導者のひとりマカリオ・サカイが身に着けていたもので、お守りとしての機能を発揮したものであった。この写真によって、『キリスト受難詩と革命』の原書が包み込まれていることは、「本書がこのお守り《アンティンーアンティン》によってさまざまの障碍から守られるように」、との著者イレートの願いが込められているようにも受けとれる。

「第2章　光と兄弟愛」の基本概念は「内心《ロオブ》（loób）」と「共感《ダマイ》（damay）」、そして「行脚《ラカラン》（lakaran）」である。内心とは、人間の心の内側あるいは内面を意味し、とりわけ民衆運動の担い手となった兄弟結社において、人々の心のなかの真の変革が重視されたことから、民衆運動に関わる人々の内的変化を理解するうえでの基本概念として位置づけられている。他方、共感とは、イレートが明快に述べているように、今日では、他人の不幸に同情し哀悼の意を表わす意味で用いられるが、古くは「他者への勤めの参与」を意味する言葉であった。そもそもパション詠唱の本来の趣旨はキリストへの共感を喚起させることにあり、パションの詩句はそうした行動の事例、たとえば、キリストを模範として清浄な人生を過ごすために内心の状態を変えることなどの事例に満ちている。したがって、内心と共感は、人間の心の状態に関わる対概念ともいえるであろう。これに対して、行脚は、いわゆる巡礼を意味する言葉である。兄弟結社のなかでは行脚は、人々が出会い語り合いながら仲間となるという、革命運動への萌芽的過程に関わる身体運動としての意味をもっていた。

「第3章　伝統と反乱──革命結社カティプーナン」における基本概念は「カラヤアン（kalayaan）」、すなわち「自由」あるいは「独立」である。この概念を説明するにあたって、イレートはきわめて重要な指摘を行なっている。そもそも「カラアヤン」という言葉が「自由」や「独立」を意味するようになったのは、一九世紀末のプロパガンダ（啓蒙宣伝）運動を通してであるという。この運動を通して、当時の進歩的エリート層は、西洋から学んだ「自由、博愛、平等」という概念をタガログ語に翻訳する際に、「親の甘やかし」や「厳しい親の管理からの自由」という意味をもつ、「ラヤウ（layaw）」もしくは「ラヤ（laya）」という言葉をよりどころにした。そして植民地統治者（すなわち愛情どころか残忍さをあらわにした母スペイン）からの分離を意味する「カラアヤン」を政治言語として位置づけ、「自由」あるいは「独立」を表現するようになったのである。

こうして『キリスト受難詩と革命』では、第1章から第3章においてその基本概念が出揃うことになる。そして「内心《ロオブ》」、「共感《ダマイ》」、「自由《カラヤアン》」の三つの概念を柱として、タガログ人の意識のなかの「光明《リワナグ》（liwanag）」が近代の「光と闇」の対立概念の物語のなかで定式化され、その意識構造とパラレルなかたちの身体運動の展開として「行脚《ラカラン》」を位置づけ、そうした心と身体の動きを災いから守る存在として「お守り《アンティンーアンティン》」が重要な意味をもつ。また、人々の心と身体の動きを支える感情的発露の源泉ともいうべきものに、「しるし《タンダ》（tanda）」がある。「しるし」とは、日々の生活の流れの陰のなかで神の計画を人々に伝える一種のきざしである。したがって、イレートは、「しるし」のなかに、カトリックとアニミズムのシンクレティズムとしてのフィリピン民衆宗教の真髄を見出しているように思われる。さらに第4章から第6章へと読み進めると、これらの三つの章では、第1～3章で議論された、タガログ人の意識構造とその行動様式の特徴が、フィリピン革命のダイナミズムのなかでどのように展開したのかが、上記五つの基本概念の交錯として描かれ、そのうえで各章ごとの基本主題が設定されていることがわかる。

たとえば「第4章　共和国と一八九六年の精神」の基本主題は、「詩歌《アウィット》のもとにともに集《つど》おう」である。フィリピン・アメリカ戦争が勃発し、エリート層が革命運動の戦列から脱落するなかで、革命結社カティプーナンの精神を持続される民衆の試みが詩歌を通して描写されている。「第5章　自由への道、一九〇一～一九一〇年」では、エリート層主導型の革命が崩壊する一方、民衆による革命運動が持続したことについて、マカリオ・サカイを指導者とする運動を軸に考察されている。その主題は「抵抗運動の慣用語法《イディオム》」、すなわちサカイの運動の意味世界の解明である。「第6章　フェリペ・サルバドールのパション」は、一八九〇年代半ばから一九一〇年頃まで中部ルソン諸州を基盤として活動した、フェリペ・サルバドールの聖教会《サンタ・イグレシア》の活動についての詳細な分析である。その基本主題は、従来、アメリカ側の史料にもとづいて描かれてきたフェリペ・サルバドールとその聖教会の活動を、サルバドール自身の自伝を分析することによって覆し、サルバドール像と聖教会の意味世界を完全に刷新することであった。

最後に、本書の構成に関してもうひとつ興味深い点をあげると、それは、本書における研究の視座についての議論が展開されている第1章を除いて、第2章から第6章までの各章が、以下のような三つの部分によって構成されていることである。その三つの部分とは、章によって若干の違いはあるものの、はじめのおよそ三分の一が歴史叙述、つぎのおよそ三分の一が「内心《ロオブ》」、「共感《ダマイ》」、「自由《カラヤアン》」など人間の心のかたちとその動きを、パション、讃歌《ダリット》、詩歌《アウィット》、恋歌《クンディマン》などの分析によって明らかにした部分であり、そして最後の三分の一は、人間の実際の行動として民衆運動の展開が「行脚《ラカラン》」を基本主題として議論されている部分である。かくして、『キリスト受難詩と革命』が、きわめて強靭な構想力と深遠な哲学的思索にもとづいて構成され、執筆された歴史書であることが確認されよう。

むすび

こうしてみてくると、レイナルド・C・イレートをして『キリスト受難詩と革命』を書かせたものはいったい何であったのかを探りたくなる。もちろん冒頭で述べたように、イレートが類まれな知性の持ち主であることを、その理由のひとつとすることに疑問の余地はない。イレートと並んで現在フィリピン歴史学研究の分野でもっとも注目される研究者のひとりであるビセンテ・L・ラファエルは、イレートを称して「深淵な想像性と強靭な知性」の持ち主と賞賛する（永野、二〇〇四、三七二頁）。しかし、その「深淵な想像性と強靭な知性」が、一九七九年に『キリスト受難詩と革命』となって満面開花したのはなぜなのだろうか。

いくつかの理由を思い浮かべることができよう。しかし、筆者は、フィリピンのアテネオ・デ・マニラ大学で西欧哲学や西欧思想史の素養を身につけていたイレートが、アメリカのコーネル大学に留学している間に起こしたアメリカ流の学問とのあいだの強い葛藤が、この名著を生んだ重要な原動力であったのではないかと考えている。このことは、『キリスト受難詩と革命』の第三刷（一九八七年）で書き改められた序文の以下の箇所からも明らかとなる。

「いま振り返ってみると、本書のような研究書は、ラモン・レイエスをはじめとするアテネオ・デ・マニラ大学の教授たちから受けたフランスやドイツの哲学の手引きなくしては、著わすことはできなかったであろう。アメリカ流社会科学の頑なさと、ときとして、その無意味さに耐える数年を経て、はじめて——実際、本書を書き上げてゆくことを通して——私は、自分の本質的な知的関心をようやく現代の歴史研究の要請と合致させることができたのである」。

とすると、イレートがアテネオ・デ・マニラ大学時代に傾倒していた西欧哲学とは何であったのか、という疑問が湧いてくるであろう。この点については、筆者への私信で「……私は、本当のところ歴史家になるよりもずっと哲学者になりたかったのです。アテネオ時代に興味を持った科目は、ブーバー、ヘーゲル、カント、マルセル、メルロ゠ポンティの哲学についてでした」(Ileto, 2002b)、とイレートが書いてくれたことが大いに参考になる。また、二〇〇三年九月にイレートは「福岡アジア文化賞」を受賞したが、そのあとご夫妻で東京を訪ねられた。筆者はそのとき、イレート夫妻とお話する機会があったが、そのときイレートは、ふと「私がアメリカ人の研究者（たとえばベネディクト・アンダーソン）から受容したものは、『アメリカ』の学問ではなく、彼らが『アメリカ流の学問』を構築するにあたって、受容していた西欧哲学や西欧の社会科学でした」とも語ってくれた。

　つまりイレートは、アメリカでアメリカ人たちが「アメリカ流の学問」を構築するにあたって、受容していた西欧哲学や西欧の社会科学をテコとして、「アメリカ流の学問」と葛藤していたことになる。ここでイレートが言う「アメリカ流の学問」の象徴的存在は、『キリスト受難詩と革命』の第1章からも知られるように、一九七〇年代のフィリピンにおける社会科学を席捲していた行動科学理論、すなわち、恩顧・庇護《パトロン・クライアント》的志向をもつものとしてのフィリピン社会のモデルであり、その中心的概念は「ウタン・ナ・ロオブ」、「ヒヤ」、「SIR（smooth interpersonal relations）」、「パキキサマ」などであった。したがって、前述の『キリスト受難詩と革命』におけるイレートの基本的概念、「お守り《アンティン－アンティン》」、「内心《ロオブ》」、「共感《ダマイ》」、「自由《カラヤアン》」、「行脚《ラカラン》」などは、こうした行動科学的枠組みでフィリピン人の社会的価値観をとらえようとする試みに対する対抗概念であったとみることができよう。

　ところで、イレートが「アメリカ流の学問」と葛藤し、それを乗り越えるために選択した研究主題が革命結社カティプーナンを中核とするフィリピンの民衆運動であった。イレートは『キリスト受難詩と革命』の刊行によって、フィリピン史研究の重鎮アゴンシリョの『大衆の反乱』の水準を超えるにいたるが、イレートが『キリスト受難詩と革命』を執筆するにあたって、その土台としたのは、まさにアゴンシリョの『大衆の反乱』であった。

『キリスト受難詩と革命』の第1章の題目は「底辺からの歴史に向けて（Toward a History from Below）」である。この「底辺からの歴史」という歴史の方法論を示す概念は、『イングランド労働者階級の形成』（一九六三年）（トムスン、二〇〇三）の著者エドワード・P・トムスンが主張した「下からの歴史」に酷似している。しかし、近年になってようやくイレートみずからが語るように、『キリスト受難詩と革命』の執筆当時、トムスンの概念をまったく知らず、彼が「底辺からの歴史」という概念を構想するにあたってヒントを得たのはアゴンシリョの著作であったという[4]。まさに、西欧哲学や西欧の社会科学を武器としながら、「アメリカ流の学問」との葛藤をとおして「アゴンシリョ」を「アゴンシリョ」で乗り越えた独創的なイレート歴史哲学のダイナミックな構築過程を、四半世紀を経た今ここに見る思いがする。

注

（1）同様の視角から、一九八六年二月政変を分析した研究として、清水（一九九一）を参照。

（2）この点については筆者の著者イレートとの議論でも確認している。イレートは『キリスト受難詩と革命』における慣用語法《イディオム》の概念は、今日広く用いられている「言説」と同義であるとする（筆者のイレートとのインタビュー、二〇〇四年一二月一九日、於東京）。

(3) 『キリスト受難詩と革命』においてイレートは、クリフォード・ギアツに代表される解釈人類学やヴィクター・ターナーの象徴人類学の手法を自在に援用している。この点については清水展氏からご教示を受けた。

(4) これは二〇〇二年三月一九日に明治学院大学国際学部付属研究所主催のワークショップにおいて、筆者の質問に答えてイレート自身が語ったことである。詳しくは、"Session 2: Historiography and the Philippines: Discussion Highlights"(2003)を参照されたい。なお、同ワークショップで発表されたイレートのコーネル時代の自伝的論文(Ileto, 2003)はきわめて示唆に富む内容を含んでいる。

参考文献

Agoncillo, Teodoro, A. 1956(1st ed.)/1996(reprint). *The Revolt of the Masses: The Story of Bonifacio and the Katipunan*, Quezon City: University of the Philippines.

Ileto, Reynaldo, C. 1979(1st print.)/1989(3rd print). *Pasyon and Revolution: Popular Movements in the Philippines, 1840–1910*, Quezon City: Ateneo de Manila University Press.

———, 1998. *Filipinos and Their Revolution: Event, Discourse, and Historiography*, Quezon City: Ateneo de Manila University Press.

———, 2002a(March 31). personal email communication with the present writer.

———, 2002b(September 13). personal email communication with the present writer.

———, 2003. "On the Historiography of Southeast Asia and the Philippines: The 'Golden Age' of Southeast Asian Studies—Experiences and Reflections," in *Can We Write History? Between Postmodernism and Coarse Nationalism*, Workshop Proceedings for the Academic Frontier Project: Social Change in Asia and the Pacific, Institute for International Studies, Meiji Gakuin University.

"Session 2: Historiography and the Philippines: Discussion Highlights," 2003, in *Can We Write History? Between Postmodernism and Coarse Nationalism*.

池端雪浦、一九八七、『フィリピン革命とカトリシズム』勁草書房。

——、二〇〇一、「イレート（レイナルド・C）」尾形勇・樺山紘一・木畑洋一編『二〇世紀の歴史家たち（4）世界編　下』刀水書房。

イレート、レイナルド・C、二〇〇四、内山史子訳「一八九六年と国民国家の神話」レイナルド・C・イレート、ビセンテ・L・ラファエル、フロロ・C・キブイェン著／永野善子編・監訳『フィリピン歴史研究と植民地言説』めこん。

清水　展、一九九一、『文化のなかの政治——フィリピン「二月革命」の物語』弘文堂。

ターナー、ヴィクター、一九八一、梶原景昭訳『象徴と社会』紀伊國屋書店。

トムスン、エドワード・P、二〇〇三、市橋秀夫・芳賀健一訳『イングランド労働者階級の形成』青弓社。

永野善子、二〇〇〇、『歴史と英雄——フィリピン革命百年とポストコロニアル』（神奈川大学評論ブックレット　一一）御茶の水書房。

——、二〇〇四、「解説」、イレート、ラファエル、キブイェン著／永野編・監訳『フィリピン歴史研究と植民地言説』。


（二〇〇五年二月稿）

監修者あとがき

紆余曲折があり、こうして本書の翻訳が完成にいたるまでには、正味一五年の歳月が流れました。しかし、永野の解説にもあるように、出版されてから四半世紀が過ぎた現在でも、本書の価値は依然として減ずることはなく、むしろ逆に今だからこそ、本書の洞察の深さと、開示する世界の広さとを、私たちも真に理解できるようになったということができます。一九六〇年代の終盤から七〇年代初めという、ヴェトナム反戦運動と異議申し立ての時代にアメリカに留学し、西欧の社会科学・歴史学と真摯に対峙し、格闘しながら思索を深めていったレイナルド・C・イレート博士の孤高の高みと、その結実である本書の到達点に、時代がやっと追いついたともいえるでしょう。民衆の精神世界に沈潜して歴史を見直す視座、そして底辺からの歴史に与するという「政治的」立場は、イレート博士みずから「日本語版への序文」で書かれているように、現在、同博士が精力的に論考を展開しているポストコロニアル理論への視座を投影した歴史学研究へと直接に結びついています。

本書翻訳の企画は、一九九五年にトヨタ財団の「隣人を良く知ろう」プロジェクトのひとつとして正式に発足しました。訳者は宗教人類学を専門とする川田牧人でした。もっとも川田が第1章の試訳を終えたのは、フィリピンにおける長期のフィールドワークを行なう前の一九九一年のことであり、ほぼ継続して翻訳に着手したのはフィールドワークを終えた一九九四年半ばからでした。

一九九八年には翻訳第一稿が完成しましたが、その直後に、諸般の事情から、当初予定していた出版社からの出版が困難となりました。いくつかの出版社に出版の打診をしましたが、残念ながら、いずれも最終的な契約にまではいたりませんでした。しばらくの空白期間ののち、二〇〇三年の春から勝康裕氏が法政大学出版局にて編集を開始されたのを契機に、同出版局が出版を引き受けてくれることになりました。しかし、助成を受ける関係から、二〇〇四年初旬にトヨタ財団でフィリピンを担当する小川玲子氏に翻訳草稿を送ったところ、同氏より、翻訳チームを編成して訳稿の完成度を高めたほうがよいのではないか、との貴重なアドバイスを受けました。こうして、新しい翻訳チームが編成され、二〇〇四年七月にトヨタ財団から翻訳助成期間の一年延長が認められました。

新たに発足した翻訳チームは五人編成でした。訳者は、第一稿を作成した川田牧人、宗教と政治の社会学、現代フィリピン・カトリック教会研究が専門の宮脇聡史、フィリピンの言語と文学を専門とするフィリピン研究の俊英の高野邦夫の三人で、監修者は文化人類学を専門とする清水展と、社会経済史を専門としつつも近年ポストコロニアル研究に関心を寄せてきた永野善子の二人です。作業は二〇〇四年九月までに、三人の訳者によって翻訳原稿の改訂を行ない、この第二稿を監修者の清水、永野が相互に点検しました。その後、訳語の再確認や訳注その他の作業を行ない、二〇〇五年二月末に最終稿をまとめました。その間に二人の監修者と三人の訳者たちは、訳語の確定や翻訳の方法をめぐって夥しい数の電子メールを交換することになりました。

五人の訳者が、それぞれ真摯に、直接に原典テクストと取り組み、格闘して得られた理解を的確な日本語に翻訳し、それを互いがチェックしあうという作業は手間と時間がかかり、正直に言って大変でした。しかし専門領域を異にする五人が、各自の知識と経験のすべてを動員し、しかも友好的な関係のもとでより良い翻訳のための協力ゲームを続けられたことは、きわめて刺激的で生産的なプロセスでした。私たち自身にとっても新たな知識や発見を得られて勉強となったことを、あらためて嬉しく思うとともに、若手、中堅のフィリピン研究者の実力の高さを実感して心強くも思いました。本書の刊行とあわせて、今後のフィリピン研究のさらなる発展を大いに期待しております。

翻訳の完成にあたっては、川田が独力で第一稿を用意したことが何よりも大きな貢献であったことはいうまでもありません。それに加えて、宮脇、高野から全面的な協力を得ることができたことで、改訂稿の作成がスムースに進みました。また付録のなかのタガログ語詩四篇の難解な表現に関しては、東京外国語大学の山下美知子助教授と国立フィリピン大学のイルマ・ペネイラ教授にご教示いただきました。さらに「ダマイ」や「ロオブ」をはじめとする重要な語彙の訳語を確定するに際しては、東京大学の加納啓良教授から、広くマレー語圏におけるそれらの語彙の中核的な概念や含意について説明していただきました。

原著者のイレート氏からは、私たちの執拗な質問事項に対して丁寧な回答を頂戴しました。イレート氏には、トヨタ財団の「隣人を良く知ろう」プロジェクトが正式に発足した一九九五年から翻訳の刊行にいたるまで、一〇年という長い歳月をお待たせすることになりましたが、その間、折りに触れて暖かい励ましのお言葉ばかりいただきました。困難をきわめた訳業に対する同氏の深いご理解とご協力に対して感謝の言葉もありません。また、翻訳初校を静岡県立大学の玉置泰明教授にお読みいただき、ご意見と助言を頂戴しました。五人の協力体制を創り出す契機を用意してくださった小川玲子氏、また一〇年もの長きにわたって応援を惜しまず出版時の編集作業にご尽力いただいた勝康裕氏とあわせ、本書の完成にお力添えいただいたすべての方々に心よりお礼を申し上げます。

清水　展
永野　善子

二〇〇五年七月

米国国立公文書館が所蔵するマカリオ・サカイのお守《アンティン－アンティン》りの写真からの複製。

《叢書・ウニベルシタス　827》
キリスト受難詩と革命
——1840〜1910 年のフィリピン民衆運動

2005年 9 月30日　　初版第 1 刷発行

レイナルド・C. イレート
清水　展・永野善子 監修
川田牧人・宮脇聡史・高野邦夫 訳
発行所　財団法人　法政大学出版局
〒102-0073 東京都千代田区九段北3-2-7
電話03(5214)5540／振替00160-6-95814
製版，印刷　三和印刷／鈴木製本所

Printed in Japan

ISBN4-588-00827-7

著者・監修者・訳者紹介

［著　者］

レイナルド・C. イレート（Reynaldo C. Ileto）

1946年マニラに生まれる。1967年アテネオ・デ・マニラ大学卒業。1970年コーネル大学修士（東南アジア史・近現代中国史），1975年コーネル大学博士（東南アジア史・人類学），博士論文："Pasión and the Interpretation of Change in Tagalog Society（ca. 1840–1912）"。1977～85年国立フィリピン大学歴史学科助教授（1984年から准教授）。1985年，米国アジア研究学会よりハリー・ベンダ賞受賞。1986～95年，オーストラリアのジェームス・クック大学歴史学科上級専任講師（1991年から准教授）。1996～2001年，オーストラリア国立大学アジア研究学部主席准教授。2001年，シンガポール国立大学東南アジア研究プログラム教授（2003年より同プログラム長）。2003年，福岡アジア文化賞学術研究賞受賞。

［監修者］

清水　展（しみず・ひろむ）

1951年神奈川県に生まれる。東京大学大学院社会科学研究科博士課程修了（社会学博士）。現在，九州大学大学院比較社会文化研究院教授。専攻：文化人類学，東南アジア研究。

主著：『文化のなかの政治――フィリピン「二月革命」の物語』（弘文堂，1991年）；『噴火のこだま――ピナトゥボ・アエタの被災と新生をめぐる文化・開発・NGO』（九州大学出版会，2002年）；*The Orphans of Pinatubo: Ayta Struggle for Existence*（Manila: Solidaridad Publishing House, 2001）。

永野善子（ながの・よしこ）

1950年東京都に生まれる。一橋大学大学院社会学研究科博士課程修了（社会学博士）。現在，神奈川大学外国語学部教授。専攻：国際関係論，東南アジア研究。

主著：『フィリピン経済史研究――糖業資本と地主制』（勁草書房，1986年）；『砂糖アシエンダと貧困――フィリピン・ネグロス島小史』（勁草書房，1990年）；『フィリピン銀行史研究――植民地体制と金融』（御茶の水書房，2003年）。

［訳　者］

川田牧人（かわだ・まきと）

1963年愛知県に生まれる。筑波大学大学院博士課程歴史・人類学研究科単位取得退学。

博士（人間環境学）。現在，中京大学社会学部助教授。専攻：文化人類学。
主著：『祈りと祀りの日常知――フィリピン・ビサヤ地方バンタヤン島民族誌』（九州大学出版会，2003年）；『制度を生きる人々――フィリピン地域社会経済の学際的研究』（西村知と共編，鹿児島大学多島圏研究センター，2003年）；『エスノグラフィー・ガイドブック』（松田素二と共編著，嵯峨野書院，2002年）。

宮脇聡史（みやわき・さとし）
1969年東京都に生まれる。東京大学大学院総合文化研究科博士課程単位取得退学（国際社会科学・国際関係論コース）。現在，東京基督教大学神学部国際キリスト教学科専任講師。専攻：フィリピン地域研究，宗教社会学，政治社会学。
主要論文：「フィリピンの社会構造とキリスト教――国民統合における植民地的遺制と教会」『共立研究』第6巻第3号（2001年3月）；「『キリスト教国フィリピン』の現代カトリック教会の社会観・社会関与――その教会観との関わり」東京基督教大学紀要『キリストと世界』第13号（2003年3月）；「現代フィリピン・カトリック教会の教理教育」『東洋文化研究所紀要』第143冊（2003年3月）。

高野邦夫（たかの・くにお）
1975年愛知県に生まれる。国立フィリピン大学大学院フィリピン語・フィリピン文学科フィリピン研究修士課程修了，同大学大学院フィリピン語博士課程在籍。現在，東京外国語大学，拓殖大学非常勤講師。専攻：フィリピンの言語と文学。
修士論文："Araw na Pula sa Perlas ng Silangan: Ang Representasyon ng Hapones sa Apat na Akdang Pampanitikan（四つの文学作品における日本人の表象について），" 2003；翻訳（共訳）：吉本ばなな著『つぐみ』（フィリピン語版，フィリピン文化芸術庁から近刊予定）。

索　　引

［ア　行］

愛，（必要の）充足　*Layaw*　27, 141–143, 149–150, 175

アギナルド　Aguinaldo, Emilio　297, 310, 311；詩歌における　245–249；大統領としての　187–190, 197, 201–202, 211, 254, 258, 263–264, 356；とお守り　47–48, 187–188；とボニファシオ　15, 129, 179–183, 211, 330

アキノ＝デ＝ベレン　Aquino de Belen, Gaspar　24–26

アグパロ　Agpalo, Remigio　19, 371

アグリパイ　Aglipay, Gregorio　174

アゴンシリョ　Agoncillo, Teodoro　9, 128, 141, 258, 389

アティモナン町　Atimonan town　304, 309, 333

アバド　Abad, Antonio　282

アパリット町　Apalit town　343, 345, 348, 357

アメリカ合衆国　United States of America　253, 266, 269, 288–290, 328

アラヤット山　Mount Arayat　339–340, 363, 388

アラヤット町　Arayat town　384–385, 392

アリタオ　Aritao　100, 105

アルガブレ　Algabre, Saud　13

アルゲリェス　Arguelles, Manuel　196, 272

アルバレス　Alvarez, Santiago　125, 128, 178, 180, 281

アレハンドリーノ一家　Alejandrino family　390–391

憐れみ　*Awa*　295, 367

憐れみ　208　→「憐れみ *Awa*」，「情け深い加護，心を込めた配慮」も見よ

『アン・カイビガン・ナン・バヤン（祖国の友）』　*Ang Kaibigan nang Bayan*　191

『アン・バヤン・カハピスハピス（悲嘆にくれる祖国）』　*Ang Bayang Kahapishapis*　205

行脚　*Lakaran*　96–98, 117, 153, 172, 177, 183, 324, 370–371, 401

アンダーソン　Anderson, Benedict　44–45

イエス・キリスト　Jesus Christ：医者としての　324；エリートの扱い　29–31, 393–398；修道士と対比される　210；受難劇における　33；とアポリナリオ・デ＝ラ＝クルス　86–96, 104–105, 106–107；と混沌　201, 221–225；とサルバドール　354, 371–373, 380–381；とリサール　87, 408；の門出，家からの　27–28, 172；待ち望んでいたメシアとしての　36–37, 223, 271

イサバン　Isabang　99

一致，統一：カティプーナンの詩歌における　229–230, 245, 252；共和国の観念　194, 202；讃歌における　67–69；と内心（ロオブ）　80, 96, 399–400　→「民族主義」，「兄弟愛」も

見よ
偽りの王　324, 327
祈り，その役割　63, 74, 81–82, 106–107, 111–113, 354–355, 357, 377–379
隠喩　*Talinhaga*　54
「失われたエデン」の主題　136–139, 143, 147, 179, 257
ウッズ　Woods, Robert　105
ウニサン町　Unisan town　304
エストレーリャ　Estrella, Jose　213
エリオ　Elio, Salvador　108, 111
エルマノ・プーレ　Hermano Pule　→「デ＝ラ＝クルス」を見よ
エンリケス　Enriquez, Gregorio　110
王としての：ベルナルド・カルピオ　165, 181；キリスト　36–37, 104；コルテス　344；サルバドール　387；アポリナリオ・デ＝ラ＝クルス　100–101, 104–105；ボニファシオ　180–181；リオス　304
オスメーニャ　Osmeña, Sergio　318, 327
お守り　*Anting-anting*　42–49, 307, 343；獲得方法　42–44；ジャワ人との共通性　44–47；とアギナルド　47–48, 187–188；とサルバドール　344–345, 380–382；と聖週間　42–43, 46, 47–48；と聖ヨセフ兄弟会　73–74, 101, 104
オルガ　Oruga, Aniceto　310–312
恩義関係，恩義に対する負い目　*Utang-na-loób*　18, 27, 171, 225–228, 353–354, 371–372

［カ　行］
カイリェス　Cailles, Juan　241, 271, 274, 275, 278, 299, 309, 311
悔悛　Penitence　113, 379–380
カエド　Caedo, Florencio　271
革命の詩歌（歌詞テクスト）　175–176, 191–192, 292–293, 297–298, 付録(17)–(23)
『過去および現在における祖国の受難』　*Pasion ng Bayan sa Kahapo't Ngay-on*　326–331
カティプーナン　Katipunan　129–135；加入儀礼　150–162；詩歌における　221–228；と共和国　190, 196–198, 254, 283–284, 296–297；の意味　141–144, 226；の再興，再生，復活　199, 258, 281–282, 284, 333, 341, 359, 383, 389；歴史の解釈　136–140, 152
加入儀礼　60–61, 150–162, 179–180
カネオ　Caneo, Sebastian　125–127, 195–196, 272
カバリェス　Caballes, Pedro　271, 274–275
ガビニスタ兄弟結社　Gabinista brotherhood　343–344, 348
カミアス村　Camias barrio　→「アパリット」を見よ
ガルシア　Garcia, Manuel　358, 360, 362
カルバリ山　Mount Calvary　114–115, 117–122, 154, 333
カルピオ　Bernardo Carpio　162–169, 181, 306, 456
カレオン　Carreon, Francisco　281, 293–294
カンセーコ　Canseco, Telesforo　181
貴人，支配者　*Maginoo*　→「地方有力者層」を見よ
『昨日・今日・明日』　*Kahapon, Ngayon at Bukas*　306
共感　*Damay*：聖教会における　353, 367；と「思い起こし *pacundangan*」　62；と革命　139–140, 161, 208, 220；と兄弟愛　90, 122；とパション　90–91；と引き続く闘争　291；とリーダーシップ　92–93；の定義　90

兄弟愛の実践：カティプーナンにおける　129, 161–162, 179；聖教会における　367, 383, 392；聖ヨセフ兄弟会における　63, 69–70, 99, 101–103；バナハウ山における　113–122
クーパー法（1902年）　Cooper Act of 1902　312
クラリン　Clarin, Damaso　368, 370, 371, 401
ケソン　Quezon, Manuel　318, 327, 333
ゲレロ　Guerrero, Milagros　193
恋歌　*Kundiman*　160, 174–176
光明　*Liwanag*：と革命　139, 140–141, 143, 152, 169, 173, 206–207, 259, 294；と知識　72–73, 143, 152–154, 234–235；と人々の一致，統一　66, 67, 95–96；物や人のなかの　48–49, 62, 72–74, 79–80, 82–86, 239, 335
国民解放軍（1907）　*Ejercito Libertador Nacional*（1907）　333
ゴメス　Gomez, Dominador　281, 312–314, 316
コルテス　Cortes, Gabino　343–345
コロルム結社　Colorum brotherhood　302–303, 334；サン・クリストバルの結社としての　195–196；とサルバドール　387, 389；と新生カティプーナン　298, 300；と対スペイン戦争　125–129；とマルバール　272–276
ゴンザレス　Gonzales, Guillermo　345
コンスタンティーノ　Constantino, Renato　15, 16
混沌　*Gulo*　221–225, 226–230, 231, 252
　→「終末啓示」も見よ

［サ　行］

「最後の嘆き」　Katapusan Hibik　167, 169, 227
サイデ　Zaide, Jose　273–274
サカイ　Sakay, Macario　281–300, 310–318
サクダル　Sakdal　331
詐術　137–138, 148–149, 235, 245–246, 313, 316, 327–329
サルバドール　Salvador, Felipe：1910年の蜂起　384–401；その力の源泉　354, 372–373, 380–383；その伝記　363–385, 392–402；とイエス・キリスト　354, 371–373, 380–381；と祈り　354–355, 377–379；と王　388；とお守り　344, 380–382；とコロルム　387, 389；と民族主義　351；捕縛と死　403–409
サン＝アグスティン　San Agustin, Felicia　288
サン・アントニオ町　San Antonio town　308–309
サン・クリストバルの結社　Katipunan ni San Cristobal　196
サン・クリストバル山　Mount San Cristobal　100, 102–103, 114, 272, 299, 309
山賊，盗賊：ゲリラの原因とされる　279；と新生カティプーナン　290, 299, 311–312；と聖教会　351–352, 361–362
山賊討伐法（1902年）　Bandolerismo Act of 1902　278–279
山地逃避者　Remontados　196, 299–300
サンチョ　Sancho, Fray Manuel　58, 76–77, 106
サンディコ　Sandiko, Teodoro　199, 325, 360–361
サントス　Santos, Jose P.　363
サン・フランシスコ・デ・マラボン（ヘネラル・トゥリアス）町　San Francisco de Malabon（Heneral Trias）town　178, 180, 205, 207, 310, 445
サン＝ホルヘ　San Jorge, Octabio　79, 80,

82, 83, 98, 107
サン・ルイス町　San Luis town　344, 400–401
時間，その観念　40, 54, 103, 111–112, 168, 209, 370, 379, 387
時代，時　*Panahon*　→「時間」を見よ
シヌクアン　Sinukuan　→「アラヤット山」を見よ
自由，独立　*Kalayaan*　177–178, 209–210；の意味　141–143, 172–173, 291–292, 306–307；のイメージ　145–150, 159–161, 169–170, 305–307, 315–316；への期待　189–193, 196–199, 271, 277–278, 281, 387　→「独立」も見よ
十字架の道行き信心結社　Catipunan nang Laguing Pag-eestacion　134
修辞技法，その効力　110–113, 139, 148, 160–161, 188, 377　→「詐術」も見よ
終末啓示，世の終わり　103, 113, 126, 221–223, 341, 359
主の祈り　Ang Ama Namin　378–379
しるし　*Tanda*　54, 387
『信心者が到達する天国の栄光を讃える讃歌』　*Dalit sa caluwalhatian sa langit na cararatnan ng mga banal*　64–74, 102, 付録（14）-（16）
新生カティプーナン　New Katipunan　284；とコロルム　300–303, 309–310；と山賊　290, 299–300, 311–312　→「サカイ」も見よ
神聖なる扉　Mahal na Pinto　154–158, 314
スイート　Sweet, David　53–54, 428
『崇高な聖ヨセフへの恭順を告白する書』　*Sulat na paquiqui-alipin sa mahal na Poong San Josef*　60–63
スターテヴァント　Sturtevant, David　13–15, 17, 128
スタンレー　Stanley, Peter　385
「すべての者が眠っているわけではない」　*Hindi lahat ang Natutulog*　319–324
聖家族　61–63
聖家族の結社　Catipunan nang Sagrada Familia　134, 360, 387–388
聖教会　Santa Iglesia：兄弟愛　367, 383–384, 392；と共感　353, 367；と共和国　197, 347, 350, 389–390；と対スペイン戦争　344, 345–346, 350, 355–356；と地方有力者層　349–351, 354, 361, 393；と盗賊　351–352, 361–362；とリーダーシップ　353–354, 372, 377, 382–383；とローマ・カトリック教会　354, 395；の起源　343–346
政治：政争，計略　*pulitika*　19, 316；独立の　277–278, 295–296, 324–329；と宗教　35–37, 302, 355
聖週間　22–23, 40–43, 379–380；とお守り　42–43, 46–48；とボニファシオの旅　162, 168
聖母マリア　Virgin Mary　27, 84–85, 150, 172–173, 307, 405–406, 408–409
聖ヨセフ（聖ホセフ，聖ホセ）Saint Joseph（San Josef, San Jose）　61–62, 103, 270
聖ヨセフ，聖アポリナリオ，聖アポロニオの兄弟会　Cofradía de San Jose, San Apolinario y San Apolonio　107–108
聖ヨセフ兄弟会　Cofradía de San Jose：創立と普及　56–59, 95–98；とお守り　73–74, 101, 104；と兄弟愛　63, 69–70, 99, 101–103；の再結成　107–110；反乱と抑圧　98–107；リーダーシップ　82, 91–93
扇動法　282
「1896年8月の最後の日」　*Ang Catapusang Arao ng Agosto 1896*　206–211

[タ　行]
タアル町　Taal town　310
対ゲリラ活動策　276, 279, 307–309, 310–312, 361–362
「対スペイン戦争（物乞いの歌）」 *Ang Paghihimagsik Laban sa España* (*Kantahing Pulube*)　213, 225–239, 付録 (17)–(21)
「タガログ人が知らねばならぬこと」 *Ang Dapat Mabatid ng mga Tagalog*　135–144
タフト　Taft, William Howard　279, 281
力：ジャワ人の概念　44–46, 381–382；と祈り　380；とお守り　46–49, 73–74；と性的能力　382
知識　Dunong　71–72, 80–82, 234, 269, 323
地方有力者層　Principalia：ゲリラの抵抗　265–266, 271–272, 275–276, 277–279, 307–308；と聖教会　348–351, 353, 361, 393；とパション　28–30, 91；とボニファシオ　182, 183
「頂上をめざして」 *Pagbubukas ng Karurukan*　154–162
町長，地方の政治指導者　*Pinunong bayan*　→「地方有力者層」を見よ
チョンソン　Tiongson, Nicanor　23, 33
費やしたもの，投資　Puhunan　352–353
ディ＝マブンゴ　Eusebio Di-Mabunggo　49
ディウスディウサン　Dius-Diusan, Eligio　126
デ＝グスマン　Guzman, Arsenio de　335
デセオ　Deseo, Esteban　333
デ＝タンディアマ　Tandiama, Eulogio Julian de　212
デ＝ベガ　Vega, Lucio de　313, 317
デ＝マス　Mas, Sinibaldo de　56, 105
デ＝ラ＝クルス　Cruz, Apolinario de la：死の様式　106–107；タガログ人の王としての　101, 104；タガログ人のキリストとしての　86–96, 104, 107；と新しきエルサレム　114；と神聖なる扉　158；と聖ヨセフ兄弟会　56–58；の考え　75–86；の再出現　107；の予言　101–104
デ＝ラ＝トーレ　Torres, Carlos Maria de la　109
デ＝ラ＝メルセド　Merced, Aniceto de la　25
デル＝ピラール　Pilar, Pio del　230, 283, 284
デル＝ロサリオ　Rosario, Ernesto del　332
デ＝ロス＝サントス　Santos, Valentin de los　5–6
デ＝ロス＝レイエス　Reyes, Isabelo de los　132–133, 151, 177
天国，楽園　115–118, 137, 153, 155, 165, 334–335
トゥイ隊長　Capitan Tui　→「マヌエル・ガルシア」を見よ
『闘争のなかの我らの兄弟と同士たちへ』 *Mga Capatid at Casamasama sa Paquiquihamoc*　266–270
トゥリアス　Trias, Mariano　264, 265, 275, 311
独立　108–109, 113, 295–296, 305–306
ドハティ　Doherty, David　277, 299, 302
トレンティーノ，アウレリオ　Tolentino, Aurelio　173, 174, 281, 306
トレンティーノ，アトリオ　Tolentino, Atolio　333
ドレンド　Dolendo, Teodorico　60, 75
ドローレス町　Dolores town　115–118

[ナ　行]
内心，内面　*Loób*　28–29, 46, 95–96；と革命　193, 206–207, 208, 254–256,

268, 307, 315–316, 377；の動揺（迷い） 70, 76–82, 399–400；の否定的資質 149, 182, 206, 237, 246, 285–288, 291–292, 322–324；の抑制 78–82, 158, 359, 379–380, 392, 405
ナクピル Nakpil, Julio 297
情け深い加護，心を込めた配慮 *Lingap* 139, 288
ナザレノ結社 Nazareno brother hood 273, 274
ナショナリスタ党 Nacionalista Party 281–282, 318, 385–386
ニクダオ Nicdao, Cenon 296–297
日本の支援 333, 387
ノセダとサンルカール Noceda and Sanlucar 142

［ハ 行］
パガニバン Panganiban, Jose Villa 142
謀り事 *Daya* →「詐術」を見よ
パグサンハン町 Pagsanjan town 271, 273, 274
バーサ，シメオン Basa, Simeon 333
バーサ，ロマン Basa, Roman 179
恥 *Hiya* 18, 20, 255–257, 292
ハシント Jacinto, Emilio 144, 182–183, 322
バタンガス町 Batangas town 270
バナハウ山 Mount Banahaw 106, 110, 114, 126, 340
母なるスペイン 141, 167, 170–171, 210, 225–227
母なる祖国（母なるフィリピン） Inang Bayan 161, 167, 169–173, 174, 187, 255–257, 306–307
パラフィーノ Parafino, Marcelo 333
バリワグ町 Baliwag town 296, 342
ハレー彗星 387, 391, 400
バレンスエラ Valenzuela, Pio 135
繁栄 *Kaginhawahan* 137, 143, 159–160, 190
バンドホルツ Bandholtz, Harry 301, 304, 307–308, 311–312, 316, 325, 332
ビアク・ナ・バト協定 Pact of Biak-na-Bato 246
ぴかぴかした輝き *Ningning* →「詐術」を見よ
ヒソン Hizon, Maximino 347
ピラピル Pilapil, Mariano 23–24
『ピラピル版パション』 *Pasyon Pilapil* 23–27, 118
ビリャヌエバ Villanueva, Jose 270, 271
ビリャフエルテ Villafuerte, Leon 313
フィリピン議会 Philippine Assembly 278, 312, 313, 318
フィリピン治安警察隊 Philippine Constabulary 307–308
フィリピン独立教会 Philippine Independent Church 174, 281
フィリピンの社会構造：恩顧・庇護的関係 19–20, 28–29, 265, 271–272, 298, 371–372；と社会的転倒 30–37, 91, 105, 191–197, 335–336, 343–344, 353–354, 372
フェデラル党 Federal Party 325
フェリサルド Felizardo, Cornelio 310–311
ブエンカミーノ Buencamino, Felipe 315–316
フランシスコ Francisco, Gabriel Beato 88
フリーメイソン 131, 151
プルガトリオ Purgatorio, Apolonio →「サン＝ホルヘ」を見よ
ブルゴス Burgos, Fr. Jose 128, 175–176, 209, 220
ブロック Bloch, Marc 21
フローレス Flores, Ambrosio 199–201
ペイン法案（1909年） Payne Bill of 1909 385–386

ベル　Bell, J. Franklin　273, 276
ペンサコラ事件　Pensacola revolt　194
豊饒　*Kasaganaan*　137, 190
星の十字架結社　Cruz na Bituin brotherhood　197, 198
ボニファシオ，アンドレス　Bonifacio, Andres　131, 183–184, 300；王としての　180–181；とアギナルド　10–11, 15, 16, 129, 179–183, 211, 330；と加入儀礼　179–180；と軍事問題　233；とサカイ　282；とベルナルド・カルピオ神話　165–169, 181；と民衆詩歌　227；の著作　135–144, 167–170, 227
ボニファシオ，プロコピオ　Bonifacio, Procopio　170, 183
ボバディーリャ　Bobadilla, Fray Diego de　37
誉れ高きマリアの衛兵（兄弟結社）　Guardia de Honor de Maria（Cofradía）　57, 134, 197, 359

［マ　行］

マカベベの民　Macabebes　236–237, 251
マキリン山　Mount Makiling　334, 340
マグダロ　Magdalo, Juan　127
マスカルド　Mascardo, Ramon　349–350
マニボ　Manibo, Joaquin　326–331
マハイハイ町　Majayjay town　58, 98
マビニ　Mabini, Apolinario　190, 194, 211–212, 220, 242, 330, 356
マルクス　Marx, Karl　7, 423
マルシェ　Marche, Alfred　114–115
マルティン　Martin, Emilio　108
マルバール　Malvar, Miguel　264–268, 272–276
マロロス町　Malolos town　360, 361
ミランダ　Miranda, Claudio　168
民族主義：カティプーナンの観点　142–143, 167；共和国の観点　188–189, 200–201；サルバドールの観点　353
物乞い：聖教会の営みとしての　358–359, 366；とアポリナリオ・デ゠ラ゠クルス　87–88, 89, 90；とマルバール　267–268
モヒカ　Mojica, Diego　205–212, 443
モンタラン　Montalan, Julian　293, 310, 311, 313
モンテネグロ　Montenegro, Antonio　230, 243

［ヤ　行］

唯一の神結社　Solo Dios brotherhood　309

［ラ　行］

『ラ・インデペンデンシア（独立）』　*La Independencia*　319, 322, 324
ラオン　Laóng　300
ラチカ　Lachica, Catalino　335
ラピアン・マラヤ　Lapiang Malaya　5–8
ラビオス　Labios, Januario　108–113
リオス　Rios, Ruperto　303–308
リカルテ　Ricarte, Artemio　141, 212, 331–333, 390
リサール　Rizal, Jose　87, 136；殉教者の死　176, 334–335, 408；天国における　330；とベルナルド・カルピオ神話　165；内心（*Loób*）の概念　335；バナハウ山における　128；マキリン山における　334–335；恋歌のなかの　174–177
理性，真直，道理　*Katwiran*　140, 212, 267–268, 270, 290, 294, 297, 361
リーダーシップ：聖教会における　353–354, 371–372, 377–378, 382–383；聖ヨセフ兄弟会における　80–83；とマルバール　267–268；とラビオス　110–113；の基礎　80, 82–83, 91–93,

332–333
ルギ　Lugui, Isidoro　348
ルクバン町　Lucban town　55, 57, 90
ルロイ　LeRoy, James　280, 308
ルンベラ　Lumbera, Bienvenido　24, 25
霊媒：ラビオス　110；カティプーナンの指導者　160；カネオ　126；サルバドール　358；リオス　306
レターナ　Retana, Wenceslao　47
労働者連合　Union Obrero　281, 314
労働ストライキ　198–202, 332–333
ロンキーリョ　Ronquillo, Carlos　176, 181, 213, 214, 215
ロントク　Lontok, Agripino　126–127

［ワ　行］
ワタワット・ナン・ラヒ（民族の旗）Watawat ng Lahi　336
「我らの兄弟たちの生涯の物語の続編」*Casunod nang Buhay ng Ating manga Capatid*　212–257, 付録（23）–（32）

用語一覧

愛・必要の充足（ラヤウ；Layaw）：親の甘やかし，欲求の充足，親の監視からの自由。

憐れみ（アワ；Awa）：慈悲，哀れみ。

インディオ（Indio）：現地フィリピン人をさすスペイン語。19世紀的用法には侮蔑的な含みがある。

隠喩（タリンハガ；Talinhaga）：隠喩，思索すべき謎。

英知（ドゥノン；Dunong）：知識，ときには秘密の口伝に関連する。

演劇（コメジャ；Komedya）：民衆タガログ劇。イスラム教徒とキリスト教徒の対決を主題としたものが多いので，モロ・モロ〔モロはイスラム教徒に対する蔑称〕とも呼ばれる。

お守り（アンティン－アンティン；Anting-anting）：傷害からの保護や壁をすり抜ける能力など，特別な力を賦与するお守りや飲み薬。

恩義に対する負い目・恩義関係（ウタン・ナ・ロオブ；Utang na loób）：感謝の負債（字義どおりには「内面の負債」）。

カティプーナン（Katipunan）：（文字どおりには「ともに集まること」）ボニファシオによって1892年に結成された革命秘密結社。

貴人・支配者（マギノオ；Maginoo）：「ダトゥ（datu）」に相当するタガログ語。19世紀における高貴な人物をさす。

共感・共苦（ダマイ；Damay）：感情移入，他者の経験への参入。

行脚（ラカラン；Lakaran）：伝統的には聖書的な意味合いをともなうかたちでの巡礼をさす（字義どおりには「徒歩による旅」）。

光明（リワナグ；Liwanag）：光，あかり。

コロルム（Colorum）：ラテン語の「per omnia saecula saeculorum（とこしえにいたるまで）」に由来する。とくに南部ルソン地方における，数々の兄弟会《コフラディア》の「狂信的な」会員たちをさす通称。

混沌（グロ；Gulo）：混沌，混乱。

詩歌（アウィット；Awit）：現地住民の歌や物語風韻文詩。

時機・時代（パナホン；Panahon）：時，季節，時代。

自由・独立（カラヤアン；Kalayaan）：自由，解放（「愛・必要の充足（layaw）」）を見よ。

首長（カベシーリャ；Cabecilla）：地方指導者や首長をさすスペイン語〔ただし，聖ヨセフ兄弟会《コフラディア・デ・サン・ホセ》の組織のなかでは「支部長」〕。

受難劇（シナクロ；Sinakulo）：タガログ語によるキリスト受難劇。

しるし（タンダ；Tanda）：神のしるし，きざし。

スペイン軍勢（カサドーレス；Cazadores）：軍勢をさすスペイン語（字義どおりには「狙撃兵」）。

治安警察隊（グアルディア・シビル；Guardia civil）：1868年にフィリピンで組織された治安警察組織。

地方の政治指導者・町の指導者・町の貴人たち（ピヌノン・バヤン；Pinunong bayan）：町の支配層エリート。

地方有力者層（プリンシパリーア；Principalia）：pinunong bayan をなす階層。有力市民層であり，一般に財をなした人々。

町長（ゴベルナドルシリョ；Gobernadorcillo）：行政町におけるフィリピン人下級首長。

費やしたもの・投資（プフナン；Puhunan）：投資（社会的意味では，utang na loób に関連している）。

同胞（カパティド；Kapatid）：同胞，兄弟結社の会員。

内心・内面（ロオブ；Loób）：ものごとの「内側」，内的存在。

情け深い加護・配慮・憂慮（リガップ；Lingap）：情け深い世話。

謀り事・詐術（ダヤ；Daya）：欺き，策略。

恥（ヒヤ；Hiya）：互酬的義務を敏感に受け止める感受性（字義どおりには「恥」）。

母なる祖国（イナン・バヤン；Inang Bayan）：母なる祖国，母国フィリピンの擬人化。

繁栄・充足（ギンハワ，カギンハワハン；Ginhawa, Kaginhawahan）：繁栄，暮らしよさ，苦痛の除去。

ぴかぴかした輝き（ニンニン；Ningning）：きらびやかさ，表面上の輝き，空虚な外面。

豊饒（サガナ，カサガナアン；Sagana, Kasaganaan）：豊富さ（食物，作物などの）。

貧しく無学な者たち（ポブレス・イ・イグノランテス；Pobres y ignorantes）：「貧しく無学な者たち」，現地の大衆をさしてスペイン人と上層フィリピン人が共通に用いた慣用語。

有産知識階層（イルストラード；Ilustrado）：「啓蒙された人々」。現地住民のなかの知識人階層。

理性・真直・道理（カトゥウィラン；Katwiran）：道理，「まっすぐな道」（語根は tu-wid＝まっすぐ）。

付　　録

［日本語版への解説］

ここに収録した祈禱文 1 篇と詩 歌《アウィット》 3 篇は，原書の巻末に「付録」として原語のタガログ語だけが掲載されたものの日本語訳である。タガログ語からの日本語への翻訳は，高野邦夫が担当した。4 篇の付録とも本書の本文で引用されており，「付録 1　信心者が到達する天国の栄光を讃える讃歌」は本書第 2 章で，「付録 2　対スペイン戦争」，「付録 3　物乞いの歌」および「付録 4　我らの兄弟たちの生涯の物語の続編」の 3 篇はいずれも本書第 4 章で引用され，引用文は著者レイナルド・C. イレートによって英訳されている。本翻訳書においても，本文では，これらの祈禱文や詩 歌《アウィット》については，タガログ語のパションやその他詩歌などの引用文と同様に，著者イレートによる英訳から日本語に訳出されている。ただし，本付録に収録された 4 篇のタガログ語全文については，著者イレートによる英訳がないため，本翻訳書では，原語のタガログ語から日本語への翻訳を行なった。本翻訳書において，本文のなかの本付録 4 篇の引用箇所の日本語訳と本付録 4 篇のタガログ語からの日本語への全訳とのあいだに齟齬がある場合には，本付録の訳者である高野邦夫によるタガログ語からの日本語訳と，著者イレートによるタガログ語の英訳にもとづいてわれわれが日本語に翻訳した訳文とのあいだに，微妙なニュアンスの違いや解釈の違いがあることを示している。このような場合には，本翻訳書における本文中の引用箇所に訳注を付けて，タガログ語から直接日本語に翻訳した場合の訳文を示した。

なお，本付録 4 篇のタガログ語の原題と出所は以下のとおりである。

Appendix 1: Dalit sa Caluwalhatian sa Langit na Cararatnan ng mga Banal（19 Feb., 1840), Apolinario de la Cruz Papers, Philippine National Archives, Manila（手書きの祈禱小冊子).

Appendix 2: Carlos Ronquillo ed. “Ang Paghihimagsik Laban sa Espanya,” RENFIL I（7 June 1911): 34;（14 June 1911): 33.

Appendix 3: “Kantahing Pulube” in Jose Estrella, “Old Tagalog Songs”（1921), BCTE, vol. 10, no. 352.

Appendix 4: Julian de Tandiama Eulogio, Casunod nang buhay na Pinagdaanan ng Ating manga Capatid（awit), N.p., n.d.

（担当：高野邦夫）

付録1 『信心者が到達する天国の栄光を讃える讃歌』[1)]

1 待ち望みたる日
より幸多きものになる
その安楽の源が
我らの目に映らば

2 純朴でつつましければ
それに見合うよう
神が命じ
運命を定める

3 どの人を生き返らそうと
信心深く
従順な者が
恵まれると言えよう

4 特別な能力が与えられるとは
想像もつかないだろう
望むものは手にすることができ
苦悩からは解放される

5 その機敏さは言いようがない
まるで神のようである
行ないはすべて
自身がその報いを受ける

6 天上の人々は
鳥が飛ぶがごとき速さで移動する
たとえ遠くとも
瞬きよりも速く

7 軽く重さがないかのごとく
移動する
上へも下へも
一瞬にして

8 光明は
真昼のように明るく
直視できる地上の者は誰もいない
目をくらますほど眩しいからである

9 人は
自らの価値を深く知り
聖霊の存在に
逆らうことはできない

10 5人の仲間
その口調は鋭く
それぞれ内に
光明を抱える

11 ひとつになることを
実現することはできず
最愛のイエス様を
切望する

12 それでイエス様が訪れる
4分の3の人々を
若者だろうが
年寄りだろうが

13 神が人の姿になって
12年
我らもその姿に似通ってくる
そのことを忘れたり，思い出したり

14 若人や娘たち
彼らより先に生まれた人々も
親と子どもでさえも
すべて似かよっている

15 高貴な生まれも卑しきも
富める者も持たざる者も
皆同じく見えるなり
神ぞこれを慈しみたる

16 夜がなければ昼もなく
暑さもなければ寒さもなく
飢えることもなければ喉が乾くこと
もない
悲しみもなければ憂いもない

17 恐れもなければ脅威もなく
眠りもなければ睡眠不足になること
もなく
探し求める
心配もない

18 嫉みはなく
慢りたかぶりもなく
人々は皆，聖となり
互いを愛し合う

19 天地の創造主なる神
慈しむべきもの
人々は聖人のごとくふるまい
罪の汚れの跡もない

20 怠けることもなければ怒ることもな
い
情欲は切り捨てられる
不快感も退屈も
なくなる

21 手に入れたのは
大いなる高潔
守備兵を従えた神に
いつも大事にされる

22 神を称え
常にその目で
見つめている
絶えることなくいつまでも

23 そのことで充足され
内心が満たされ
喜びいっぱいに
飽くことなく見続ける

24 地上にあるいかなるものにも
注意を払わなければならない
嘘つきや哀訴
幻覚，幻想に

25 善と真実
人が探し求めるもの
しかし地上にては手にできず
天にて実現されるものなり

26 陽の光りに
月の薄光
彼らの傍らでは
暗くかすむがごとし

27 天国が終の棲家
たとえ立ち続けても
疲れることはなく
混乱もなし

28 嘲りの声はなし
たとえ裸で伏そうとも
罪とがのなかりせば
何ら恥に思うことなし

29 体のいかなる損失も
元通り
足を引きずる者，歩けない者，目の
見えぬ者
傷跡，欠けた歯も

30 傷跡その他
すべて消え去る
品行も
悪党の人格も含めて

31 運勢は

ますます良くなり
悲しみや苦しみに
置き換わることはない

32 移り気心変わりはなし
良心が苦しめられることもなし
状態は何ら変わることなし
いついつまでも永劫に

33 たとえ汝の父母が
地獄にあるを見たとても
汝の幸は損なわれず
孤児のごとくにあらず

34 神は父で
友人であり仲間である
神は常に心のなかに居り
拝まれている

35 その心は
神を畏敬し
その思考は研ぎ澄まされ
また記憶力についてもしかり

36 たとえ小さな赤子であろうとも
賢人になれる
宙にいて
地上に降りてくる

37 神のいるところを
眺めるのがよい
そこでふさわしい
知識が得られるからである

38 賢人や知識人になれる
たとえ無学であろうとも
その思考には
最高の智が与えられる

39 常にともにおりし者
光り輝く天使たち
彼らとともに
語らう

40 殉教者は知遇をえ
乙女たちは友となり
証聖者は慈しみを受ける
すべての者はまばゆく輝く

41 神が見え
澄んだ思考が成就される
マリア様を讃え
慰めを追い求める

42 そうすれば幸せになる
創造主に感謝し
この世の恐ろしい日々から
解放される

訳注

1) 手書き祈禱冊子からのレイナルド・C. イレートによる写本。

付録2　「対スペイン戦争」(ロンキーリョによる写本)

1　あぁ，母なるスペインよ！
さまざまな知識を貸してくれたことに
我らは
大いなる感謝の意を述べる

2　我らがあなたを忘れずあなたに仕え
イスラム教徒との戦闘から
あなたを守ると
堅く約束したのは事実だ

3　あなたのために
血を流すと誓った
甘やかされた末子として
母を心から愛さねばと考えたからだ

4　しかしあなたは母ではなかった
我らを「獣」のごとく扱い
理由もなく罵声を浴びせ
こちらが知識を身につければ
追放や処刑の憂き目に遭わせた

5　タガログ人はいかに知識を身につけていけるというのか
理由があるのに不服を唱えられず
我らが反抗すればあなたは応諾せず
我らを山賊やフリーメイソン扱いした

6　母よ，これがあなたの愛というものか
修道士たちの殴打による涙の洪水に
おぼれさせたまま我らを置き去りにするか
おそらく大金を積まれて抱き込まれたのだろう！

7　無知で愚かな者を教育するために
学校を建てさせたのではないのか？
我らが学識を得るや否や
投獄したり追放したりした

8　すべての困難は修道士から端を発し
母よ，あなたのすべての子はそれらに堪えた
修道士らがこのフィリピンを嘆き悲しませ
あなたに多くの銀を貢いでごまかした

9　あらゆる町に
修道士の権力は及び
彼らが王であり，長であり
神であるかのごとくに振舞った

10　我らの土地を測量し
多額の税を要求した
借地人《インキリーノ》はその下僕のごとく
働かせられた

11　田畑には税がかけられ
時期が来ると稲で納め
大きな米倉庫は一杯になり
大農場主《アセンデーロ》は私腹を肥やしている

12　木々にもすべて税が課された
マンゴの木には25センタボ，竹には12.5センタボ
値切ろうとするものなら
真っ赤になって目を釣り上げた

13　腹を空かせた獣のように
少しでも怠ければムチで叩かれ
刃向かえばそこには治安警察隊がい

て
両腕を縛られ営舎に連行される

14 隊長のところへ連れて行かれ
よりきつく縛られ
ビリビッド監獄に連れて行かれる前に
考えも及ばないような拷問が待っている！

15 選挙になれば
彼らがすべてを操作する
当選者が気に入らなければ
従順で無学な者と取り替える

16 従順な無学な者を村長に配置し
気に入った乙女の
気を引く時は
この村長が仲介者となる

17 慈悲深き天空は
我らが苦しんでいるのをただ見守るだけ
故に多くの苦悩の鋭い痛みに対し
自ら戦うことを計画したのだ

18 東方より昇る
我らがリサールの怒りの太陽
それこそ300年の間
悲しみと苦悩の海に水没していたものだ

19 それ以来ずっとあなたの子たちは
苦悩と困難の荒れ狂う嵐のなかに繋がれたままだった
フィリピンの心はひとつ
もはやあなたは我らの「母」ではない

20 あなたのような母はいない
その子ども困窮と悲しみに暮れ
意気阻喪しあなたに哀願するが
見返りにあなたがくれた解決策はひどいものだった

21 我らタガログ人の腕をきつく縛り
殴り蹴り
我らを獣のように扱う
これが母よ，あなたの愛なのか？

22 広大なタガログの地[1]の
人々の熱い思いを見よ
愛情のない母なるスペインに対し
戦うと自ら考えたのだ

23 カビテ州が動き始めた
ノベレタ，カウィット，ビナカヤン，イムス
メンデス，アマデオの人々も皆従った
シラン，バコール[2]出身者もしかり

24 ダスマリニャスの町には
インダンやマラボン・グランデの出身者が
ナイック，マラゴンドン[3]
戦いに参加した人数は数え切れないほど

25 バラやアルフォンソ出身者
前述の混乱に参じた
タンサやサリナスでも
多くの人が集まり戦いに参じた

26 イムスに
力強く勇猛な愛国者たちが集まった
秀抜なアギナルド将軍の
指揮に従った

27 やがて混沌から名のある志士が現わ

れた
バゴンバヤン（?）出身の愛国者ヒメネス
モンタルバンの住人リセロ
ともに多くの兵士を従えていた

28 ルイスにユーセビオ
秀抜なるアントニオ・モンテネグロも現われた
ここに挙げた3人は
ほぼ同数の兵士を従えていた

29 豪勇の誉れ高きフリアンが現われた
美しい心を持ったマリキナ（?）出身者
サンパロックからは軍曹（?）
やはり兵士を従えて

30 この混沌のさなかに
マリバイ出身のピオ・デル＝ピラールも現われた
殺戮に対する心構えができている
多くの兵士の指導者である

31 名を挙げられた者はすべて
それぞれの兵士を従え
ブランコ将軍が指揮を取った
最初の戦いから参加している

32 各地で民衆は拷問を受け
それ以来
タガログ人とスペイン人の殺戮は
止まなかった

33 野火のように猛威を奮った混沌は
あらゆる努力にもかかわらず抑えがきかず
ブランコ将軍は
書簡をしたためた

34 偉大なるスペインの女王陛下は
混乱の中で多くの民衆が平穏に暮らせないため
5万人のスペイン軍勢が
フィリピンに到着した

35 この者たちは名だたる将軍により
各州各町津々浦々に放たれた
このことを知ってもカティプーナンは
襲撃を止めなかった

36 ほぼ昼な夜な，躊躇なく襲撃は続いた
伝染病がスペイン軍勢に襲いかかったようだった
とりわけサポテでは
おびただしい数のスペイン人が殺害された

37 ブランコ将軍は
混沌の収拾がつかないことがわかると
ただちに大軍勢を
イムスに向かわせた

38 それだけではなく
スペイン海軍艦隊にも
ブランコ将軍の命令が伝えられ
イムスの町を砲撃した

39 大砲やモーゼル銃による攻撃は
数カ月止まなかった
しかし弾丸がイムスに届くと
砂の中に埋まるばかりであった

40 実際この戦は驚きをもって見られた
イギリス人，フランス人，日本人，そしてドイツ人に
大砲とモーゼル銃に対し

タガログの民はただ鈍い山刀だけで戦ったのである

41 スペイン軍の指揮官は皆
戦いに怒り狂った
数え切れない武器にもかかわらず
タガログ人を打ち負かすことができなかったからだ

42 スペイン人とタガログ人の戦いは
止まなかったが
イムスのような要衝地を詐術によって乗っ取ろうともしなかった
なぜならスペイン軍勢は恐れていたから

43 大砲はすべて役に立たなかった
塹壕が堅固だったからである
白兵戦に持ち込むこともできなかった
そうすれば皆殺しにされるからである

44 スペイン人指揮官は皆震えていた
敵が皆容赦なかったからである
詐術で負かすこともできなかった
なぜならアギナルドには善良な考えがあったから

45 この戦いでは驚くべきことに
すべての州の戦場で
スペイン側指揮官，兵士，助任司祭らは
殺されず捕虜にされただけだった

46 そういうわけで名高い将軍[4]は
意気消沈していた
しかしイロンゴの民が到着し
将軍の悲しみは緩和された

47 裏切り者のマカベベの民もやって来て
エミリオ[5]を生け捕りにする前に
彼らが堅固な塹壕を破壊すると
傑出した将軍に堅い誓いを立てた

48 ブランコ将軍は約束を信じ
鉄の牢屋を作らせた
エミリオを
収監するためである

49 獣のような品行の者どもの陰謀は
挫折させられた
彼らが狙っていた者は神の御加護により救われ
陰謀者を企てた者どもは死んだ

50 ゆえに誰であれ
持ち前の勇猛さを自慢すべきではない
長いにせよ短いにせよ，サンダルであろうと木靴であろうと
各々見合った足を持っている

51 スペイン軍勢は
大砲やモーゼル小銃を持っていたのに対し
タガログの民は
竹槍や鈍い山刀で立ち向かった

52 ここまでで止めておこう
私の話を繋ぎ合わせて
もしも言葉足らずのところがあれば
親切にも付け足してくれるとありがたい

訳注

1）フィリピン全土をさす。

2）原文ではバコオド（Bacood）となっているが，カビテ州バコール町（Bacoor）をさすと考えられる。

3）原文ではマリグンドン（Marigundong）となっているが，カビテ州マラゴンドン町（Maragondon）をさすと考えられる。

4）ブランコ将軍をさす。

5）アギナルド将軍をさす。

付録3 「物乞いの歌」(エストレーリャによる写本)[1)]

1 対スペイン戦争
バゴンバヤン出身の愛国者ヒメネス
モンタルバンの住人リセロ
ともに多くの兵士を従えていた

2 ルイスにユーセビオ
秀抜なるアントニオ・モンテネグロも現われた
ここに挙げた3人は
ほぼ同数の兵士を従えていた

3 豪勇の誉れ高きフリアンが現われた
美しい心を持ったマリキナ出身者
サンパロックからは軍曹
やはり兵士を従えて

4 この混沌のさなかに
マリバイ出身のピオ・デル＝ピラールも現われた
殺戮に対する心構えができている
多くの兵士の指導者である

5 名を挙げられた者はすべて
それぞれの兵士を従え
ブランコ将軍が指揮を取った
最初の戦いから参加している

6 各地で民衆は拷問を受け
それ以来
タガログ人とスペイン人の殺戮は
止まなかった

7 野火のように猛威を奮った混沌は
あらゆる努力にもかかわらず抑えがきかず
ブランコ将軍は
書簡をしたためた

8 偉大なるスペインの女王陛下は
混乱の中で多くの民衆が平穏に暮らせないため
5万人のスペイン軍勢が
フィリピンに到着した

9 この者たちは名だたる将軍により
各州各町津々浦々に放たれた
このことを知ってもカティプーナンは
襲撃を止めなかった

10 ほぼ昼な夜な，躊躇なく襲撃は続いた
伝染病がスペイン軍勢に襲いかかったようだった
とりわけサポテでは
おびただしい数のスペイン人が殺害された

11 ブランコ将軍は
混沌の収拾がつかないことがわかると
ただちに大軍勢を
イムスに向かわせた

12 それだけではなく
スペイン海軍艦隊にも
ブランコ将軍の命令が伝えられ
イムスの町を砲撃した

13 大砲やモーゼル銃は
数カ月止まなかった
しかし弾丸がイムスに届くと
砂の中に埋まるばかりであった

14 実際この戦は驚きをもって見られた
イギリス人，フランス人，日本人，そしてドイツ人に
大砲とモーゼル銃に対し
タガログの民はただ鈍い山刀だけで戦ったのである

15 スペイン軍の指揮官は皆
戦いに怒り狂った
数え切れない武器にもかかわらず
タガログ人を打ち負かすことができなかったからだ

16 スペイン人とタガログ人の戦いは
止まなかったが
イムスのような要衝地を詐術によって乗っ取ろうともしなかった
なぜならスペイン軍勢は恐れていたから

17 大砲はすべて役に立たなかった
塹壕が堅固だったからである
白兵戦に持ち込むこともできなかった
そうすれば皆殺しにされるからである

18 スペイン人指揮官は皆震えていた
敵が皆容赦なかったからである
詐術で負かすこともできなかった
なぜならアギナルドには善良な考えがあったから

19 この戦いでは驚くべきことに
すべての州の戦場で
スペイン側指揮官，兵士，助任司祭らは
殺されず捕虜にされただけだった

20 そういうわけで名高い将軍[2]は
意気消沈していた
しかしイロンゴの民が到着し
将軍の悲しみは緩和された

21 裏切り者のマカベベの民もやって来て
エミリオ[3]を生け捕りにする前に
彼らが堅固な塹壕を破壊すると
傑出した将軍に堅い誓いを立てた

22 ブランコ将軍は約束を信じ
鉄の牢屋を作らせた
エミリオを
収監するためである

23 獣のような品行の者どもの陰謀は
挫折させられた
彼らが狙っていた者は神の御加護により救われ
陰謀者を企てた者どもは死んだ

24 ゆえに誰であれ
持ち前の勇猛さを自慢すべきではない

長いにせよ短いにせよ，サンダルで
あろうと木靴であろうと
各々見合った足を持っている

25 スペイン軍勢は
大砲やモーゼル小銃を持っていたのに対し
タガログの民は
竹槍や鈍い山刀で立ち向かった

26 ここまでで止めておこう
私の話を繋ぎ合わせて
もしも言葉足らずのところがあれば
親切にも付け足してくれるとありがたい

訳注
1) 第１連は第１行を除いて，ロンキーリョ版（「付録２」）の第27連と同一である。第２連は第28連と同一であり，以降，エストレーリャ版は最終の第26連がロンキーリョ版の第52連と対応するまで同一の対応関係を保っている。
2) ブランコ将軍をさす。
3) アギナルド将軍をさす。

付録４　『我らの兄弟たちの生涯の物語の続編』[1)]

1 嵐はあまりに激しく凶暴で
商人たちの活動を壊滅してしまうほどだ
しかし嵐は殺戮に慣れてしまった人々の不眠と疲れを
止めるために使われるべきもの

2 善良な聖職者から
虐げられた人々まで
フィリピン全土が静まらず
現時点まで混沌ばかり

3 起きている混沌が明るみに出た
この州で修道士や
ヒル神父に起因する，
スペイン政府は黙って従うばかり

4 この修道士，トンドで神父をしていた
その善良さで人々に
よく知られた神父であったが
実際には人々を撃ち殺させたり，追放させたり

5 多くの生命が失われ
苦痛にさらされた
スペイン政府は多いに喜び
偉大なる神父は栄誉を得た

6 悪賢い殿方であり
名高いその神父
その処理の手際よさに
神父の名は本国スペインにまで知れ渡った

7 すべての州の神父が
あたかも予定されていた特定の時に
裕福であろうと教育を受けていようと
皆に罪をきせた

8 罪のない人々は

収監されるべきではないのに
カスティーリョやビリビッド監獄は
数え切れない人々で一杯になった

9 この窮屈な状態から
逃れられるのは
このあわれな者たちが
銃殺されるか，または追放される時のみ

10 2000人くらいいるだろうか
この監獄に
しかし次々に銃殺され
人の数が減っていく

11 処刑をのがれたわずかな者が
牢獄に残されるが
ひと月たつまでもなく再び
別の町から連れてこられた大勢の者であふれかえる

12 ビリビッド監獄の状態は
蛇口にたとえられる
昼な夜なと水を汲んでも
その水の減ることなし

13 我らタガログ人
おぼれさせられ，銃で撃たれ
抵抗すれば
殺される

14 各町の地方有力者たちすべての悲嘆は
止まることなく
より大きくなる苦難のなかで，カティプーナンの内心の情熱は
強まり，炎となって燃え上がった

15 幸福な村のバリンタワグに
多くの人々が集まった
聡明な指導者の
アンドレス・ボニファシオに従って

16 2番目の指導者であるバレンティン・デ＝ラ＝クルス
サントラン出身で，多くの同志を抱えている
彼らが初めて
サンタ・メサに混沌をもたらした

17 ラモン・ブランコ将軍のもとに
カティプーナンの勢力拡大との知らせが届いた
将軍は治安警察隊に
前線に出るよう命じた

18 よきスペイン人隊長らの
努力は徒労に終わり
鎮圧せんとしたカティプーナンは
さらに勢力を広げていった

19 カビテ州が動き始めた
ノベレタ，カウィット，ビナカヤン，イムス
パサイ，パラニャーケ，ラス・ピーニャスすべては組織立てられた
またサポテ，シラン，バコール[2]出身者もしかり

20 ダスマリニャスの町には
インダンやマラボン・グランデの出身者が
ナイック，マラゴンドン[3]
戦いに参加した人数は数え切れないほど

21 バラ出身の悪党どもさえ
前述の混沌に参じた
タンサやサリナスでも
多くの人が集まり戦いに参じた

22 イムスに
力強き愛国者たちが皆集まった
最後まで
秀抜なアギナルド将軍の指揮に従うと

23 やがて混沌から名のある志士が現われた
バゴン－バヤン出身の愛国者ヒメネス
モンタルバンの住人リセロ
ともに自分たちの兵士を従えて

24 はたまた豪勇の誉れ高きフリアンは
美しい内心を持ったマリキナ出身者
サンパロックからは軍曹
やはり兵士を従えて

25 ルイスにユーセビオ
秀抜なる愛国者アントニオ・モンテネグロも現われた
ここに挙げた３人は
各々の配下の者たちを従えていた

26 この混沌のさなかに有名になったのは
かのピオ・デル＝ピラールというマリバイの住人
やはり多くの兵士の指揮官
皆スペイン人に対する心構えができている

27 名を挙げられた者はすべて
それぞれの兵士を従え
ラモン・ブランコが将軍として
指揮を取った最初の戦いから参加している

28 各地で民衆は拷問を受け
それ以来
タガログ人とスペイン人の殺戮は
止まなかった

29 野火のように猛威を奮った混沌は
あらゆる努力にもかかわらず抑えがきかず
ブランコ将軍は
書簡をしたためた

30 偉大なるスペインの女王陛下は
混乱の中で多くの民衆が平穏に暮らすことができないため
５万人のスペイン軍勢が
フィリピンに到着した

31 この者たちは名だたる将軍により
各州各町津々浦々に放たれた
カティプーナンが彼らを見つけると
終わりなき殺戮が始まった

32 昼な夜な，躊躇なく殺戮は続いた
伝染病がスペイン軍勢に襲いかかったようだった
とりわけイムスの人々は
おびただしい数のスペイン人を殺害した

33 ブランコ将軍は
混沌の収拾がつかないことがわかると
ただちに軍勢を
イムスに向かわせた

34 それだけではなく
スペイン海軍艦隊にも
ブランコ将軍の命令が伝えられ
イムスの町を砲撃した

35 大砲やモーゼル銃による攻撃は
数カ月止まなかった

しかし弾丸がイムスに届くと
砂の中に埋まるばかりであった

36 実際この戦いは驚きをもって見られた
イギリス人，フランス人，日本人，そしてドイツ人に
大砲とモーゼル銃に対し
カティプーナンはただ鈍い山刀だけで戦ったのである

37 スペイン軍の指揮官は皆
戦いに怒り狂った
数え切れない武器にもかかわらず
タガログ人を打ち負かすことができなかったからだ

38 スペイン人とタガログ人の戦いは
止まなかったが
イムスのような要衝地を詐術によって乗っ取ろうともしなかった
なぜならスペイン軍勢は恐れていたから

39 大砲はすべて役に立たなかった
塹壕が堅固だったからである
白兵戦に持ち込むこともできなかった
そうすれば皆殺しにされるからである

40 全スペイン軍勢はどうすることもできなかった
敵が皆容赦なかったからである
詐術にも頼れなかった
なぜならアギナルドには善良な考えがあったから

41 この戦いでは驚くべきことに
カティプーナンはすべての州で
スペイン側指揮官，兵士，助任司祭らは
殺されず捕虜にされただけだった

42 教区神父やスペイン兵が
哀れにも捕虜にされた事態に
ブランコ将軍は意気消沈し
ほとんど病気になってしまった

43 〔ブランコ将軍の〕悲しみが緩和されたのは
イロンゴとマカベベの民が
到着したからだ
傑出した将軍に堅い誓いをたてた裏切り者たちである

44 彼らはイムスの町に向かった
急襲し
堅固な塹壕を破壊し
エミリオ[4]を生け捕りにすることを約束した

45 ブランコ将軍は約束を信じ
鉄の牢屋を作らせた
エミリオを
収監するためである

46 獣のような品行のこの裏切り者の内心からくる脅迫は
挫折させられた
彼らが狙っていた者は神の御加護により救われ
陰謀者を企てた者どもは死んだ

47 だから豪胆で知識もある者に対し
暴力を振るうべきではない
長いにせよ短いにせよ，木靴であろうとサンダルであろうと
各々見合った足を持っている

48 悪い気質や心を持つ者がどうなるのか
よく思案されなければならない
わずかな破れ目につぎ当てが当てられなければ
ほころびはますます大きくなる

49 スペイン軍勢は
モーゼル小銃や大砲を持っていたのに対し
タガログの民は
竹槍や鈍い山刀で立ち向かった

50 蛮行は繰り返された
昼でも夜でもタガログの民とスペイン人が互いに出会うと
衝突した
死体があたり一面に転がっていた

51 すぐにスペインから
多くの軍勢が到着したが
タガログの民の豪胆さに
どうしようもなかった

52 そういうわけでスペインの偉大なる女王陛下は
悲嘆に暮れ
スペインの柱石
ポラビエハ将軍を派遣した

53 彼らが到着すると
その戦場で鍛えぬかれた肉体
熟練で大胆不敵であることが
フィリピン各地に広まった

54 これを待ち構えるのが
やはり戦いの豪胆さで有名な
アギナルド将軍
死の野営地で待ち受ける

55 しみやひびのない光沢を持った
万物の鏡だと告げ知らされたのに
時が来た時に
なぜ光沢は鈍くなり，鏡は割れたのか

56 パラニャーケの町で
このポラビエハ将軍は恐れの中で勇気を奮っていた
もし将軍が本当に英雄ならば
どうして命令ばかりしていないで総司令部から降りて来ないのか

57 将軍の計画はうまくいかなかった
現場指揮官のサバラ大佐
サポテの橋で
銃弾の前に倒れた

58 ことの成り行きがすべて知れると
ポラビエハ，ランチャブレ両将軍は
恐怖のあまり立ち去った
ブランコ将軍もそれに続いた

59 ここにプリモ・デ＝リベラ総督がやって来た
偉大なる女王陛下に堅く約束してきたのだ
フィリピンで起こった混沌を
うまく対処すると

60 懐を銀で満たすのに慣れている欲の深い者は
少なからず誘惑された
彼らはスペイン人にすべてを話し
正しい接近手段をすら教えた

61 兄弟結社を裏切り鎮圧する試みは
失敗に終わり
彼らは悪事を働いて威嚇することもできなかった

なぜならエミリオには善良な考えがあったから

62 カティプーナン全員はイムスを去り
多くの町を通り過ぎた
彼らの目的地はよりよい土地
ビアク・ナ・バトに落ち着いた

63 スペイン人指揮官や軍勢は
大いに喜んだ
各地を訪れても
誰もいなかったからだ

64 イムスから入り
ノベレタ，ナイク，マラゴンドンまで訪れた
マラボン・グランデや他の町々
敵はどこにもいなかった

65 この知らせが
前述の町々にいる
スペイン軍勢に届き
彼らは皆で祝い合った

66 スペイン万歳という叫びが四方から聞こえてきた
教会の鐘の音は鳴りやまず
彼らは戦争に勝ったことを宣言した
その勝利は地上戦で得たものだった

67 彼らは町々に留まったが
幸福に浸っている暇はなかった
まだ残っていたわずかなカティプーナンが
しばしばやって来たからだ

68 名高いルイス将軍
37人の兵を従えて
ノバリチェスの町にやって来た
多くのスペイン軍勢を相手にした

69 全員で38人
持っていたのは6丁のライフル銃
山刀しか持っていない者もいる
それに加えて爆竹

70 スペイン衛兵は100人を超える
ノバリチェスの町を見張る者たちだ
爆竹の爆発音に
皆逃げまどった

71 力みなぎるアントニオ・モンテネグロは
バランカの地で戦ったが
敵に撃たれ
この愛国者は命を失った

72 ヒメネス，リセリオ，ピオ・デル＝ピラール
彼らは皆将軍
戦闘でスペイン人を相手に
多くの試練を経験した

73 パンタ将軍はその名が知られることになった
カロオカンの地で指揮をとった
従う兵士らは
屈強な者ばかりであった

74 仲間を皆
アギナルド氏の下へ行かせ
ビアク・ナ・バトに留まった
プリモ・デ＝リベラは意気消沈していた

75 その理由は一体となって行動するカティプーナンを
追いつめることはできないからだ
多くの罠や謀り事がなされたが
失敗して捕らえることもできない

76 プリモ・デ＝リベラは考えに考え
策略を変えた
カティプーナンの指導者や兵士らに
町へ入る通行証を与えた

77 計画は
思い通りにはいかなかった
そこでカティプーナン指導者らを
言葉巧みに味方に引き入れることにした

78 自身の甥と
スペインの使者のようなパテルノを
ビアク・ナ・バトに行かせた
彼らはアギナルド氏に懇願した

79 6カ月の休戦が要求された
協定は証人たちによって署名され
その美辞麗句に
エミリオ氏はしぶしぶ従った

80 しかしこれは
スペイン軍勢がやられないよう[5)]
身を隠す堅固な塹壕を
作るためであった

81 何人かの指導者はこの地を去り
残された者たちは悲しみに暮れた
スペイン人は喜び
カティプーナンを殲滅せんと願った

82 休戦でさえ
獣より獰猛なタガログ人を制圧できず
プリモ・デ＝リベラは考えを変え
通行証はすべて没収された

83 このやり方にタガログ人は怒り
その怒りの炎は燃えさかった
あらゆる町に侵攻し
スペイン軍勢を襲った

84 恐ろしい殺戮が止むことはなく
プリモ・デ＝リベラは
程なく現場を離れ
アウグスティン将軍が後任にあたった

85 新しく着任した将軍が何をしようが
混沌を平和に収めることはできず
あらゆる戦場での殺戮が
止むことはなかった

86 稲妻を超える戦いの熱気は
おさまることがなかった
この混沌のさなかアメリカ兵が
海上に突然大挙して現われた

87 この憐れむべき出来事に際して
アウグスティン将軍は悲しみに暮れた
なぜならタガログの民は
彼の誘いに乗らなかったからだ

88 名高いアウグスティン将軍は
考えに考え
各町にいたスペイン軍勢を
集めた

89 マニラ全域に兵士を展開させ
指揮官を配置した
ピネダ，コンセプション，マラテ，エルミタ
シガロン，パコ，サンタ・アナにまで

90 スペイン軍勢は
近接する町や村いたる所に配置された
サン・フアン，サンタ・メサ，近郊

の畑にまで
歩哨が配置された

91 あらゆる通りや路地にまで
スペイン軍勢が見張りに立っていた
マラリム通りからパアン・ブンドクにまでいて
恐るべきである

92 ビノンドの住民のための
有名な墓地にさえ
ガガラニン[6]全域が
雄々しいスペイン軍勢でいっぱいであった

93 カロオカンの町では
修道院から鐘楼まで歩哨が大勢いた
マイパホやトンドの町では
指揮官や兵士で数え切れないほどであった

94 マニラ湾沿岸部から内部までもが
歩哨にたったスペイン軍勢であふれかえった
タガログ人はすべて警告を与えられ
町へ入ることも出ることも禁じられた

95 このようなやり方に対して，すべてが動き出した
マラボン，オバンドなどの広い町
プロ，メイカワヤン，マリラオ，アンガットでは
戦闘の準備が整えられた

96 ブカウェ，ビガア，ギギント，プリラン
パオンボン，ハゴノイやその他の町
ファクトリア，サントル，カバナトゥアン
カビアオ，ペニャランダ，ブガボン
そしてガパン

97 これらの町を指揮したのは
高名なマリアノ・リャネラ将軍
1000人以上の同志を率い
スペイン軍に戦いを挑んだ

98 カルンピット[7]と
アパリット，サント・トマス
サン・フェルナンド，メキシコ，サンタ・アナにアラヤット
サン・ルイス，サン・シモンにカンダバン[8]が集合してひとつになった

99 サンタ・リタ，コリアットに飛び火した
バコロドにも
ベティス，ワワ，そしてセクスモアンにも
ルバオの人々も戦いに賛同した

100 ブラカン州とキグアでも人々が動き出した
バリワグとブストが集合した
人々は皆ゲリラ活動に参加した
マロロス出身の人々も

101 この混沌の中，サン・ミゲル，サン・ラファエル
ガライ，サン・ジョセフがひとつに包摂された
マカベベの民とスペイン軍勢は
罠にはめられ窮地に追い込まれた

102 バリワグ出身の
マリアノ・ヨヨンコン，時代の申し子
モーゼル銃やその他多くの武器を

スペイン軍勢から奪ってきた

103 名高いグレゴリオ・デル＝ピラールと
勇猛さで知られるプリゴが
指揮して町を包囲したから
ブラカン州を占拠できた

104 一体となる際のこの混沌の中で
プロに塹壕が掘られ
タンボボン，カラオカンを占拠し
サンタ・マリアにまで広がった

105 ラグナ州の人々も従った
ルシャノ・タレオンが指揮を取り命令した
恐るべきカティプーナンは
山地にまで勢力を広げた

106 冷静な内心を持つアルベルティン大佐
軍勢を率い
サンタ・クルスの町に
やって来た

107 やって来たときは
全員平静を装っていたが
長居することはできなかった
カティプーナンの数の多さに

108 すべての町々が動き出した
パグサンハン，ルンバン，サン・アントニオ
パエテ，パンキルが集合し
シニロアン，パニル，ルゴスの町も加わった

109 マビタク，サンタ・マリア
カビンティ，ナグカルランにマグダレーナ
マハイハイ，リリウ，サン・パブロにピラ
カラワン，バイにロス・バーニョスまで

110 カランバ，カブヤオ，サンタ・ロサ，ビニャンに
カルモナ，サン・ペドロ，トゥナサン
愛国者ポテンシャノ・リサール将軍が
これらの町で指揮を取った

111 勇猛果敢の誉れ高きカティプーナンによって誘発された
混沌状態の極致に
アルベルティ大佐は大いに恐れ
敵に降伏した

112 スペイン軍勢の持っていた
すべての武器は
ポテンシャノ・リサールや
彼の勇猛な兵らに差し出された

113 非常に勇猛かつ慎重に
愛国者タレオンは
町々に侵攻し
タヤバス州までたどり着いた

114 タレオンのスペイン軍勢との戦いは
長引かなかった
すぐにスペイン側が皆
降伏したからだ

115 バタンガス州で
恐るべきカティプーナンが組織化された
指揮を取ったのは
勇敢さで名高い愛国者マルバール

116 彼は他の勇者とは違っていた
教育があって財産もあるのに
敵を恐れず
戦闘に身を捧げていた

117 すべての州は次々に
戦闘に直面する覚悟をした
スペイン軍の占拠する町に侵攻すると
スペイン軍勢はまるで伝染病にやられたようになった

118 ピオ・デル゠ピラール，マリアノ・ノリエル
フリアン・デ゠オカンポにレオン・ファンチン
イシドロ・カルモナらが
戦上手であるのは言うまでもない

119 ところでフアン・グティエレスは
バコールからの10の軍勢を扱った
彼がどうなったかはわからない
最後にどうなったかわかるだろう

120 アメリカを相手にした戦闘に
スペイン軍勢はどうすることもできなかった
誉れ高きアウグスティン将軍は
部隊をそのままにしてスペインに戻ってしまった

121 ハウデネス将軍は恐怖に駆られて
全勢力を放った
しかし彼が何としようとも徒労に終わった
物量豊かで数の上でも勝るアメリカ軍に対しては

122 ここまででわかるように，あなた方はいまや困難のさなかにある
末子たちを守り情を持って世話をしなさい
彼らこそが
私が担うべき恥を頭に載せるのを手伝ってくれる長子たち

訳注

1)　本編の第19連以降は，「付録２」の第23連以降とほぼ対応し，本編第49連と「付録２」の第51連まで，ほぼ一致の対応関係が続くが，本編第48連は対応する連はない。

2)　原文ではバコオド（Bacood）となっているが，カビテ州バコール町（Bacoor）をさすと考えられる。第119連も同様。

3)　原文ではマリゴンドン（Marigondong）となっているが，カビテ州マラゴンドン町（Maragondon）をさすと考えられる。

4)　アギナルド将軍。

5)　「戦いでやられないよう」の意。

6)　ガガラニンは，ビノンドの場所の名前。

7)　タガログ人の町。

8)　パンパンガ人の町。

参考文献

訳注：タガログ語文献の表題については，〔　〕内に日本語訳を付した。

略語一覧

ANL　Australian National Library, Canberra

APSR　Archivo de la Provincia del Santisímo Rosario, Quezon City

ARPC　Annual Reports of the Philippine Commission, Washington, 1901–1910（刊行年次によって書名に異同がある）

BCTE　Beyer Collection, Tagalog Ethnography Series, ANL

BIA　Bureau of Insular Affairs, USNA, Washington, D.C.

BRPI　Blair and Robertson, *The Philippine Islands, 1493–1898*

MHC　Michigan Historical Collections, University of Michigan

PCR　Philippine Constabulary Records, H.H. Bandholtz Papers

PIR　Philippine Insurgent Records, PNL

PIR-SD　Philippine Insurgent Records, Selected Documents（PIR 抜粋版）

PNA　Philippine National Archives, Manila

PNL　Philippine National Library, Manila

RENFIL　*Renacimiento Filipino*, Manila, 1910–1912（スペイン語およびタガログ語による隔月刊雑誌）

USNA　United States National Archives, Washington, D.C.

WPC　Worcester Philippine Collection, University of Michigan Library, Ann Arbor

未刊行文書

Archivo Histórico Nacional, Madrid. 本研究に関連した文書は，Legajo 5336, Sección de Ultramar, "Sucesos contra el orden publico independientes de la rebelión" で，同ファイルのなかでもっとも重要なものは，Manuel Garcia Morales and Euprasio Munarriz, "Ynformación sobre los sucesos de Apalit . . . el 19 de Febrero de 1898" である。

Archivo de la Provincia del Santismo Rosario（The Dominican Archives）Quezon City.

Canseco, Telesforo. "Historia de la insurrección filipina en Cavite." 1897. タイプ複写版をアテネオ・デ・マニラ大学リサール図書館（ケソン市）が所蔵。

Australian National Library, Canberra.

Beyer Collection of Tagalog Ethnography. このコレクションの中核は，大半が国立フィリピン大学 H. オトリー・ベイヤー教授の門下生による研究論文からなる，民族誌

的記録についての既製本あるいは非製本のシリーズ集であり，タガログ社会に関するこの民族誌シリーズのうち以下の論文がとくに本研究にとって役立った。
Arriola, Asuncion. "How 'Holy Week' is celebrated in Gasan Marinduque." 1916. Vol. 1, no. 6.
Atienza Aquilino. "The Kolorum." 1915. Vol. 1, no. 39.
Caluag, Hermogenes. "Some Tagalog Beliefs and Maxims." 1915. Vol. 1, no. 156.
Estrella, Jose Dal. "Old Tagalog Songs." 1921. Vol. 10, no. 352.
Fernandez, Dominador. "Superstitious Beliefs of the People of Lilio." 1918. Vol. 2, no. 81.
Gonzales, Mariano. "Stories about *Anting-Anting*" 1915. Vol. 4, no. 183.
Guzman, Paz de. "Tagalog Songs." 1915. Vol. 4, no. 167.
Lopez, Julian. "Social Customs and Beliefs in Lipa, Batangas." 1915. Vol. 1, no. 64.
Magpantay, Severo. "Kabal." 1915. Vol. 1, no. 57.
Malabanan, Tarcila. "Social Functions among the Peasants of Lipa, Batangas." 1917. Vol. 2, no. 59.
Mariano, Honesto. "Popular Songs of the Revolution of '96." 1915. Vol. 4, no. 198.
Mascardo, Seviliano. "Ceremonies for Dying and Dead Persons in Lopez (Tayabas)." 1916. Vol. 1, no. 12.
Morente, Amanda. "Social Customs of the People of Pinamalayan." 1916. Vol. 1, no. 2.
Pagaspas, Juan. "Native Amusements in the Province of Batangas." 1916. Vol. 2, no. 66.
Penson, Maximo. "Superstitious Beliefs in our Town (San Miguel, Bulacan)." 1917. Vol. 3, no. 147.
Reyes, Benito. "Lenten Fiestas in Manila and Neighboring Towns." 1937. Unbound ms.
Silva, Paz. "Some Interesting Customs in Laguna Province." 1915. Vol. 2, no. 86.
Tirona, Ramona. "The Kolorum and the Spiritismo." 1916. Vol. 1, no. 41.

Michigan Historical Collections, Bentley Library, University of Michigan.
H.H. Bandholtz Papers. ハリー・ヒル・バンドホルツは1902～1903年にタヤバス州知事を務め，その後フィリピン治安警察隊副長官に就任した。1907～1913年には准将で治安警察隊長官であった。その地位の重要性ゆえに，彼の書簡にはほかでは見当たらない情報や所見が含まれている。バンドホルツ文書には，1909～1913年にわたる期間のフィリピン治安警察隊報告書のカーボン・コピーが二巻にまとめられている。
LeRoy Papers. ジェームズ・アルフレッド・ルロイは1901年にフィリピン委員会の補佐秘書官としてタフトに同行した。1905年に彼はタフト陸軍長官の私設秘書としてフィリピンに戻った。本研究では，この二度の旅行の記録および関連する新聞の切り抜きや記事を参照した。

Philippine National Archives, Manila.
Apolinario de la Cruz Papers.　フィリピン国立公文書館館長室には，1840～41年の聖ヨセフ兄弟会《コフラディア・デ・サン・ホセ》ならびに1870年のラビオスによる聖ヨセフ兄弟会の再生に関する

未整理文書の束が保管されている。これらの文書のなかには，アポリナリオと聖ヨセフ兄弟会との間の押収された往復文書，ルクバン，マハイハイ，タヤバス各教区司祭の雑書簡，オラア総督の本国政府に宛てた報告，ならびに1870年に捕縛された兄弟会員《コフラーデス》たちへの尋問記録などがある。同様に興味深いものとして，聖ヨセフ兄弟会の守護聖人である聖ヨセフへの恭順の誓約，また，*Dalit sa Caluwalhatian sa Langit na Cararatnan ng mga Banal*〔信心者が到達する天国の栄光を讃える讃歌〕（19 Feb., 1840）と題する43連の賛美歌がある。

Philippine National Library, Manila.

Historical Data Papers, 1952–53. 学校教員がとりまとめたフィリピン全国各町の「歴史と文化的生活」についてのこの記録は，古い歌やお守り《アンティン-アンティン》についての話，その他革命期に関連した奇妙な出来事などを含んでいるという点で役に立った。

Philippine Insurgent Records（Revolutionary Records）. 革命政府についてのこの押収文書は，1958年に合衆国からフィリピン国立図書館に移管され，現在，再整理中である。私はこの文書を閲覧し，つぎの文書箱がとりわけ興味深く有用であることがわかった。Box I–19（Public Instruction）, I–25（Religion）, VII（Newspapers）, IX（Katipunan）, P–9（Poems and Hymns）.

文書がフィリピンに移管される以前に，すべての文書についてマイクロフィルムが作成され，米国国立公文書館に「マイクロフィルムコピー254番」として保管された。このマイクロフィルム・セット全643巻は，オーストラリア国立図書館やフィリピン国立図書館などで入手されている。このうち私が完全に検索できたのは，“Selected Documents”（SD）を構成するおよそ80巻だけであった。その第4巻には，“Selected Documents” に含まれている1306冊の書類フォルダーの目次が列挙されているが，この手引きは信頼に足るものではない。

Miscellaneous Bound Manuscripts. フィリピン国立図書館のフィリピン関係部門における以下の文献には，カティプーナンに関する非常に有益な情報が含まれていた。Alvarez, Santiago, “Ang Katipunan at Paghihimagsik”〔カティプーナンと革命〕（25 July 1927, 426 pp., typescript）; Kasandugo（pseud.）, “Ang Katipunan at si Gat Andres Bonifacio”〔カティプーナンとアンドレス・ボニファシオ氏〕（n.d., 947pp., typescript）; and *Documentos de la Revolucion Filipina*（Kalaw collection, 1952［？］, 2 vols., typescript）.

U.S. National Archives, Washinton, D.C.

Correspondence of the Office of the Adjutant General（AGO）, Record Group 94. セバスチャン・カネオ，ルペルト・リオスやその他の抵抗運動の指導者たちの活動は，タヤバス州の初代知事を務めたアメリカ義勇兵団コーネリウス・ガーデナー大佐の軍事調査に関連する文書のなかで示唆されている（AGO 421607）.

Records of the Bureau of Insular Affairs（BIA）, Record Group 350. つぎのファイルがとりわけ役に立った。1184（Philippine Constabulary）, 2291（Insurgent Records）, 2760（Tayabas: government, officials, etc.）, 3841（Doherty file）, 4587（Katipunan Society）,

4865 (Pacification).

U.S. Army Operations and Commands, 1898–1942, Record Group 395. ラグナ州とバタンガス州の米駐屯軍からのいくつかの報告は，1901～1902年のマルバールに対するコロルムへの支援について言及している。地方有力者《プリンシパーレス》たちから米軍指揮官への書簡，逮捕あるいは拘留されたゲリラとその同調者の「告白」，情報部員によるさまざまの査定など，いずれもマルバールが主導する抵抗運動に対する民衆の参加について何らかのデータを提供している。

Worcester Philippine Collection, Harlan Hatcher Library, University of Michigan.

Documents and Papers, 1834–1915. 以下の諸巻が本研究に役立った。vol. 4 (American occupation and Philippine independence); vol. 6 (Philippine insurrection); vol. 21 (Philippine government and Politics).

The University of the Philippines Library, Diliman, Quezon City.

Carlos Ronquillo, "Ilang talata tungkol sa paghihimagsik ng 1896–97"〔1896年から97年までの革命に関する覚え書き〕. MS., Hongkong, 1898.

新聞および逐次刊行物

Ang Bayang Kahapishapis〔悲嘆にくれる祖国〕. San Francisco de Malabon, Cavite, 1899 (PIR Box 7所蔵).

La Independencia, 1906–1907. Library of Congress, Washington, D.C.

Ang Kaibigan ng Bayan〔祖国の友〕, 1898–1899. 本刊行物はPIRとLibrary of Congress, Washington, D.C. が散逸的に所蔵。

Kalayaan〔自由〕, January 1896. スペイン語の翻訳は，W. Retana, *Archivo del Bibliófilo Filipino*. Vol. 3, Pp. 52–64にある。

La Politica de España en Filipinas, 1891–1892.

Renacimiento Filipino, 1910–1912.

El Renacimiento/Muling Pagsilang〔復興〕, 1906–1907.

未刊行学位論文および口頭発表論文

Cauayani, Consejo V. "Some Popular Songs of the Spanish Period and Their Possible Use in the Music Program of Our Schools." M.A. thesis, University of the Philippines, 1954.

Coats, George Y. "The Philippine Constabulary: 1901–1917." Ph.D. dissertation, Ohio State University, 1968.

Eugenio, Damiana L. "*Awit* and *Korrido*: A Study of Fifty Philippine Metrical Romances in Relation to Their Sources and Analogues." Ph.D. dissertation, University of California at Los Angeles, 1965.

Guerrero, Milagros C. "Luzon at War: Contradictions in Philippine Society, 1898–1902." Ph.D. dissertation, University of Michigan, 1977.

Lumbera, Bienvenido L. "Tradition and Influences in the Development of Tagalog Poetry

(1570–1898).” Ph.D. dissertaion, Indiana University, 1967.

Sturtevant, David R. “Philippine Structure and Its Relation to Agrarian Unrest.” Ph.D. dissertation, Stanford University, 1958. 本書の執筆後に，スターテヴァントの学位論文の改訂版が *Popular Uprising in the Philippines, 1840–1940*, Ithaca, Cornell University Press, 1976として出版された。

________. “Rural Discord: The Peasantry and Nationalism.” Paper for a symposium on Philippine Nationalism, Ithaca, 1969.

タガログ語刊行文献

Aglipay, Gregorio. *Pagsisiyam sa Virgen sa Balintawak: Ang Virgen sa Balintawak ay ang Inang Bayan*〔バリンタワクの聖母は母なる祖国である〕(原書はスペイン語). Manila: I. de los Reyes.

Aguinaldo, Emilio. *Mga Gunita ng Himagsikan*〔革命の記憶〕. Manila: N.p., 1964.

Anak-bayani (pseud.). “Anting-anting”〔お守り〕. RENFIL 3 (1913): 1369.

Aranas, Simeon. *Kaligaligayang Bundok ng Banahaw*〔幸あるバナハウ山〕(詩歌《アウィット》). 2 vols. Manila: P. Sayo, 1927.

Azagra, Gregorio. *Maicling Casaysayan nang Catipunan nang Laguing Pag-eestacion*〔十字架の道行き信心結社についての小話〕. Manila, 1894.

“Bagumbayan”〔バゴンバヤン〕. RENFIL 2 (14 July 1913): 189.

Casaysayan nang Pasiong Mahal ni Jesucristong Panginoon Natin〔わが主イエス・キリストの聖なる受難の物語〕. Manila: J. Martinez, 1925 (初版の出版は1814年).

“Mga Dahon ng Kasaysayan: Sa Kalupi ng Isang Babaing Naanib sa Katipunan”〔歴史の断片——カティプーナンに加わったある女性の書類入れのなかで〕. RENFIL 2 (28 Sept., 7 Oct. 1911): 388, 454–56.

Flores, Hermenigildo. *Hibik ng Filipinas sa Ynang España*〔母なるスペインに対するフィリピンの嘆き〕(詩). N.p., 1888.

Francisco, Gabriel B. *Kasaysayan ni Apolinario de la Cruz na may Pamagat na Hermano Pule*〔エルマノ・プーレと呼ばれたアポリナリオ・デ＝ラ＝クルスの話〕. N.p., 1915.

________. *Ang Katipunan: Aliwan na may Dalawang Bahagui*〔カティプーナン——二部からなる冒険に満ちた話〕. Manila, 1899. 2 d. Printing.

Gala, Severino. *Dasala't Dalit ng Kolorum*〔コロルムの祈りと讃歌〕. Manila, J. Fajardo, 1912.

Herrera, Pedro de. *Meditaciones, cun manga Mahal na Pagninilay na Sadia sa Santong Pageexercicios*〔神聖性について熟考する聖なる修養会における瞑想〕. Manila, 1645.

Historia Famosa ni Bernardo Carpio〔ベルナルド・カルピオの有名な話〕(詩歌). Manila: J. Martinez, 1912 (原書の出版は1860年).

Iglesia Watawat ng Lahi. *Bagong Liwanag: Ang Tinig ng Katotohanan*〔新しき光——真実の声〕. Calamba: F. Salazar, 1970.

Mahalagang Kasulatan: Alaala sa Magiting na Dr. Jose Rizal〔貴重な書簡——英雄ホセ・リサール医師の記憶〕. Barasoain, 30 December 1898.

Mañibo, Joaquin. *Pasion ng Bayan sa Kahapo't Ngay-on*〔過去および現在における祖国の受難〕. Bauan, Batangas: Javier Press, 1934.

Mariano, Antonio, O.S.B. *Patres Patriae*（*Mga Ama ng Bayan*）〔祖国の父たち〕. Manila: Institute of National Language, 1950.

Merced, Aniceto de la. *El Libro de la Vida*. . .〔生命の書〕. Manila: J. Martinez, 1906.

________. *Manga puna*. . .〔批評〕. Manila: Fajado y Cia, 1907.

Mojica, Diego. "Pasiong Bagong Katha"〔新作パション〕. RENFIL 1（21 March 1911）: 34.

Molina, Antonio J. *Ang Kundiman ng Himagsikan*〔革命の恋愛歌〕. Manila: Institute of National Language, 1940.

Natividad, T.E. "Ang Bundok ng Arayat o ang Sinukuan"〔アラヤット山，別名シヌクアン〕. RENFIL 2（21 Dec. 1911）: 818–20; 2（7 Jan. 1912）: 883–84.

Poblete, Pascual. *Caguilaguilalas na Buhay ni Juan Soldado*〔フアン・ソルダドの素晴らしき人生〕（韻文）. Manila, 1899.

Quezon Province. *Dahong Pang-alaala sa Bayan Tayabas*〔タヤバス町の記憶の断片〕. 1928.

Ricarte, Artemio. *Himagsikan nang manga Pilipino Laban sa Kastila*〔スペインに対するフィリピン人の反乱〕. Yokohama, 1927.

Robles, Alfredo Jr., ed. "Mga Kilusang Mesiyaniko sa Pilipinas"〔フィリピンのメシア主義運動〕. In *Likas*. Quezon City: University of the Philippines, 1976. Pp. 50–113.

Ronquillo, Carlos, ed. Mga Kantahing Bayan"〔民族の歌〕. RENFIL 1（28 August 1910）: 23.

________. ed. "Ang Paghihimagsik Laban sa Espanya"（Kantahing Pulube）〔対スペイン戦争（物乞いの歌）〕. RENFIL 1（7 June 1911）: 34; 1（14 June 1911）: 33.

________. "Ang Tagalog: Kung Bakit Mahiligin sa Tula"〔タガログ人——どうして詩を好むのか〕. RENFIL 1（21 August 1910）: 24–26.

Santos, Jose P. *Si Andres Bonifacio at ang Himagsikan*〔アンドレス・ボニファシオと革命〕. 2d. printing. N.p., 1935.

________. *Buhay at mga Sinulat ni Emilio Jacinto*〔エミリオ・ハシントの人生とその著述〕. Manila Published by author, 1935.

________. *Buhay at mga Sinulat ni Plaridel*〔プラリデルの人生とその著述〕. Manila: Dalaga, 1931.

________. *Ang Tatlong Napabantog na "Tulisan" sa Pilipinas*〔フィリピンの名の知れた3人の「山賊」〕. Gerona: Tarlac, 1936.

Sequera, Mariano. *Justicia ng Dios: Mga Ilang Bagay na Inasal dito sa Filipinas nang manga Fraile*〔神の正義——修道士たちがフィリピンで行なった事柄〕（韻文）. Manila, 1899.

Tandiama Eulogio, Julian de. *Ang Cahabaghabag na Buhay na Napagsapit nang manga Capatid*〔我らの兄弟たちの哀れな生涯の物語〕（詩歌）. N.p., n.d.

Tiongson, Nicanor. *Kasaysayan at Estetika ng Sinakulo at Ibang Dulang Panrelihiyon sa Malolos*.〔マロロスにおける受難劇やその他宗教劇の歴史と美意識〕. Quezon City: Ateneo de Manila University Press, 1975.

スペイン語刊行文献

"Amuletos Guerreros de la Pasada Revolución." RENFIL 1 (7 Oct. 1910): 17–18.

Caro y Mora, Juan. *La Situación del País*. 2d. ed. Manila, 1897.

Chamorro, Pedro. *Memoria Histórica de la Conducta Militar y Política del Teniente General D. Marcelino Oraa*. Madrid, 1851.

Cruz, Apolinario de la. "Declaración de Apolinario de la Cruz." *La Política de España en Filipinas*, Vol. 2. Madrid, 1892. No. 32, pp. 113–14; no. 33, pp. 130–31; no. 34, p. 155.

Dolendo, Teodorico T. "Los sucesos del Mag-Puli." RENFIL 2, (21 Aug. 1911): 220–23; (21 Sept. 1911): 367–69.

Guerra, Juan A. *De Manila á Tayabas*. 2d. ed. Madrid: Fortanet, 1887.

Kalaw, Teodoro. *Cinco Reglas de Nuestra Moral Antígua; Una Interpretación*. Manila Bureau of Pirinting, 1947 (初版の出版は1935年).

Mas, Sinibaldo de. *Informe sobre el Estado de las Islas Filipinas en 1842*. 2 vols. Madrid, 1843.

Miranda, Claudio. *Costumbres Populares*. Manila: Imprenta "Cultura-Filipina," 1911.

Noceda, P. Juan de, and P. Pedro de Sanlucar. *Vocabulario de la Lengua Tagala*. Manila, 1860 (初版の出版は1754年).

Retana, Wenceslao. *Archibo del Bibliófilo Filipino*. 5 vols. Madrid, 1895–1905.

________. *Supersticiones de los Indios Filipinos: Un Libro de Aniterias*. Madrid, 1894.

Reyes, Isabelo de los. *Apuntes para un Ensayo de Teodicea Filipina: La Religión del "Katipunan"*. . . Madrid, 1899.

________. *El Folk-lore Filipino*. 2 vols. Manila, 1899, 1890.

Sancho, Fr. Manuel. "Relación Espresiva de los Principales Acontecimientos de la Titulada Cofradía del Señor San Jose. . . ," *La Política de España en Filipinas*, vol. 1, 21 (1891): 250–51; vol. 1, 23 (1891): 289–91; vol. 2, 25 (1892): 18–19; vol. 2, 26 (1892): 30–32; vol. 2, 29 (1892): 74–75; vol. 2, 31 (1892): 99–101.

Venegas, Paco. "El anting-anting." RENFIL 2 (from 21 Sept. to 28 Nov. 1911).

英語刊行文献

Abad, Antonio K. *General Macario L. Sakay: Was He a Bandit or a Patriot?* Manila: J.B. Feliciano & Sons, 1955.

Achútegui, Pedro S. de, S. J. and, Miguel A. Bernad, S. J. *Aguinaldo and the Revolution of 1896: A Documentary History*. Quezon City: Ateneo de Manila, 1972.

Agoncillo, Teodoro A. *The Revolt of the Masses*. Quezon City: University of the Philippines, 1956.

________. *Malolos: The Crisis of the Republic*. Quezon City: University of the Philippines, 1960.

________. *The Writings and Trial of Andres Bonifacio*. Manila: Bonifacio Centennial Commission, 1963.

________. and Milagros Guerrero. *History of the Filipino People*. 5th ed. Quezon City: R. P. Garcia, 1977.

Agpalo, Remigio. *Pandanggo-sa-ilaw: The Politics of Occidental Mindoro*. Ohio University Center for International Studies, 1969.

Alip, Eufronio. "The Mystic Lure of Mount Banahao." *Philippine Magazine* 34 (1937): 542–43, 561–62.

Alzona, Encarnacion. *Julio Nakpil and the Philippine Revolution*. Manila: Carmelo and Bauermann, 1964.

Anderson, Benedict R. O'G. "The Idea of Power in Javanese Culture." In *Culture and Politics in Indonesia*, ed. by Claire Holt, Benedict R. O' G. Anderson and James Siegel. Ithaca: Cornell University, 1972. Pp. 1–70. 〔中島成久訳「第 1 章　ジャワ文化における権力観」『言葉と権力——インドネシアの政治文化探求』日本エディタースクール出版部，1995年〕

Auerbach, Erich. *Mimesis: The Representation of Reality in Western Literature*. Princeton, N.J.: Princeton University, 1953. 〔篠田一士・川村二郎訳『ミメーシス——ヨーロッパ文学における現実描写』上・下，筑摩書房〔ちくま学芸文庫〕，1994年〕

Benda, Harry. "Peasant Movements in Southeast Asia." *Asian Studies* 3 (1965): 420–34.

Bernad, Miguel A., S. J. *Philippine Literature: A Twofold Renaissance*. Manila: Bookmark, 1963.

Blair, Emma H. and Alexander Robertson, eds. *The Philippine Islands, 1493–1898*. 50 vols. Mandaluyong, Metro Manila: Cacho Hermanos, 1973.

Bloch, Marc. *The Historian's Craft*. New York: Vintage Books, 1953. 〔松村剛訳『新版・歴史のための弁明——歴史家の仕事』岩波書店，2004年〕

"The Christmas Eve Fiasco and a Brief Outline of the Ricarte and Other Similar Movements from the Time of the Breaking up of the Insurrection of 1899–1901." In Artemio Ricarte, *Memoirs*, Manila: National Heroes Commission, 1963. Appendix N. pp. 157–216.

Bonifacio, Amelia Lapeña. *The "Seditious" Tagalog Playwrights*. Manila: Bookmark, 1972.

Constantino, Renato. *The Philippines: A Past Revisited*. Quezon City: Tala Publishing, 1975. 〔池端雪浦・永野善子・鶴見良行ほか訳『フィリピン民衆の歴史——往時再訪』Ⅰ・Ⅱ，井村文化事業社，1978年〕

Corpuz, Onofre D. *The Philippines*. Englewood Cliffs, New Jersey: Prentice-Hall, 1965.

Costa, Horacio de la. *Readings in Philippine History*. Manila: Bookmark, 1965.

Covar, Prospero. "Religious Leadership in the Iglesia Watawat ng Lahi." In *Filipino Religious Psychology*, ed. by L. Mercado, S. V. D. Tacloban, Leyte: Divine Word University, 1977.

Dichoso, Fermin. "Some Superstitious Beliefs and Practices in Laguna, Philippines." *Anthropos* 62 (1967): 61–67.

Doherty, David H. *Conditions in the Philippines*. U.S. Senate Doc. 170, 58th Congress, 2nd Session, February 1904.

Foronda, Marcelino. *Cults Honoring Rizal*. Manila: R.P. Garcia, 1961.

Friend, Theodore. *Between Two Empires: The Ordeal of the Philippines, 1929–1946*. New Haven: Yale University, 1965.

Guerrero, Milagros C. "The Colorum Uprisings: 1924–1931," *Asian Studies* 5 (1967): 65–78.

Haslam, Andres J. *Forty Truths and Other Truths*. Manila: Philippine Publishing Co., 1900.

Hobsbawm, Eric. *Primitive Rebels: Studies in Archaic Forms of Social Movement in the 19th and 20th Centuries*. New York: Norton, 1963.〔水田洋・堀田誠三・安川悦子訳『素朴な反逆者たち』社会思想社，1989年〕

Hurley, Victor. *Jungle Patrol: The Story of the Philippine Constabulary*. New York, 1938.

Ileto, Reynaldo C. "Tagalog Poetry and Perception of the Past in the War against Spain." In *Perceptions of the Past in Southeast Asia*, ed. by A. Reid and D. Marr. Singapore: Heinemann, 1979.

Kessler, Clive. "The Politics of Islamic Egalitarianism," *Humaniora Islamica* 2 (1974): 237–52.

Kiefer, Thomas. *The Tausug: Violence and Law in a Philippine Muslim Society*. New York: Holt, Rinehart & Winston, 1972.

Larkin, John A. *The Pampangans: Colonial Society in a Philippine Province*. Berkeley: University of California, 1972.

Leon, Felipe P. de. "Poetry, Music and Social Consciousness." *Philippine Studies* 17 (1969): 266–82.

LeRoy, James A. *Philippine Life in Town and Country*. New York: G.P. Putnam & Sons, 1905.

Lumbera, Bienvenido. "Assimilation and Synthesis (1700–1800): Tagalog Poetry in the Eighteenth Century." *Philippine Studies* 16 (1968): 622–62.

________. "Consolidation of Tradition in Nineteenth-Century Tagalog Poetry." *Philippine Studies* 17 (1969): 377–411.

Lynch, Frank, S. J., comp. *Four Readings on Philippine Values*. Quezon City, Ateneo de Manila Institute of Philippine Culture, 1962.

Mabini, Apolinario. *The Philippine Revolution* (Guerrero translation). Manila: National Historical Commission, 1969（スペイン語の原書は1931年に出版）.

Maceda, Generoso. "The Remontados of Rizal Province," *Philippine Journal of Science* 64 (Nov. 1937): 313–21.

Majul, Cesar A. *Apolinario Mabini, Revolutionary*. Manila: National Historical Commission, 1964.

________. *The Political and Constitutional Ideas of the Philippine Revolution*. Quezon City: University of the Philippines, 1957.

Manuel, E. Arsenio. *Dictionary of Philippine Biography*. 2 vols. Quezon City: Filipiniana Publications, 1955, 1970.

Marche, Alfred. *Luzon and Palawan*, Trans. By C. Ojeda and J. Castro. Manila: Filipiniana Book Guild, 1970（フランス語の原書は1887年に出版）.

Marx, Karl and Friedlich Engels. *Basic Writings on Politics and Philosophy*, ed. by Lewis Feuer. New York: Doubleday Anchor, 1959.

Mayo, Katherine. *The Isles of Fear: Truth about the Philippines*. New York: Harcourt, Brace & Co., 1925.

Minutes of the Katipunan. Manila: National Heroes Commission, 1964.

Moses, Edith. *Unofficial Letters of an Official's Wife*. New York: Appleton, 1908.

Owen, Norman G. *Compadre Colonialism*. University of Michigan, Center for South and

Southeast Asian Studies, 1971.
Panganiban, Jose V. *Diksyunario-Tesauro Pilipino-Ingles*. Quezon City: Manlapaz, 1972.
Pastores, Elsabeth. "Religious Leadership in the *Lapian Malaya*: A Historical Note." In *Filipino Religious Psychology*, ed. by L. Mercado, S.V.D. Tacloban: Divine Word University, 1977.
Phelan, John L. *The Hispanization of the Philippines*. Madison: University of Wisconsin, 1959.
Quirino, Carlos. "Historical Introduction." In *The Trial of Andres Bonifacio*. Manila: Ateneo de Manila, 1963.
Ricarte, Artemio. *Memoirs*. Manila: National Heroes Commission, 1963.
Rizal, Jose. *The Subversive* (El Filibusterismo). Trans. By Leon Ma. Guerrero. New York: Norton, 1968.〔岩崎玄訳『反逆・暴力・革命——エル・フィリブステリスモ』井村文化事業社，1976年〕
________. *Noli Me Tangere*. Trans. By Leon Ma. Guerrero. London: Longmans, 1961.〔岩崎玄訳『ノリ・メ・タンヘレ——わが祖国に捧げる』井村文化事業社，1976年〕
St. Clair, Francis (pseud.) *The Katipunan; or the Rise and Fall of the Filipino Commune . . .* Manila: n.p., 1902.
San Juan, Epifanio, Jr. *A Preface to Pilipino Literature*. Quezon City: Alemar's, 1971.
Santos, Alfonso P., ed. *Rizal Miracle Tales*. Manila: National Bookstore, 1973.
Santos, Epifanio de los. *The Revolutionalists: Aguinaldo, Bonifacio, Jacinto*. Manila: Historical Conservation Society, 1971 (原書はスペイン語).
Schumacher, John N., S. J. *The Propaganda Movement, 1880–1895*. Manila: Solidaridad, 1972.
________. "The Religious Character of the Revolution in Cavite, 1896–1897." *Philippine Studies* 24 (1976): 399–416.
Siegel, James T. *The Rope of God*. Berkeley: University of California, 1969.
Stanley, Peter. *A Nation in the Making: The Philippines and the United States, 1899–1921*. Cambridge, Mass.: Harvard University, 1974.
Steinberg, David J. "An Ambiguous Legacy: Years at War in the Philippines." *Pacific Affairs* 45 (1972): 165–90.
________. *Philippine Collaboration in World War II*. Ann Arbor: University of Michigan, 1967.
Sturtevant, David R. *Agrarian Unrest in the Philippines*. Ohio University: Center for International Studies, 1969.
________. "Epilog for an Old Colorum." *Solidarity* 3 (1968): 10–18.
________. "Guardia de Honor: Revitalization Within the Revolution." *Asian Studies* 4 (1966): 342–52.
________. *Popular Uprisings in the Philippines*, 1840–1940. Ithaca: Cornell University, 1976.
Sweet, David. "The Proto-Political Peasant Movement in the Spanish Philippines: The Cofradia de San Jose and the Tayabas Rebellion of 1841." *Asian Studies* 8 (1970): 94–119.
Taylor, John R. M. *The Philippine Insurrection against the United States: A Compilation of Documents with Notes and Introduction*. 5 vols. Pasay City: Eugenio Lopez Foundation, 1971–1973 (1906年ゲラ刷りにもとづく).
U.S. Philippine Commission. *Annual Reports of the Philippine Commission* (various titles).

Washington, D.C.: Government Printing Office, 1901–1910.

Villamor, Ignacio. *Criminality in the Philippine Islands: 1903–1908*. Manila, 1909.

Woods, Robert G. “Origin of the Colorum.” *Philippine Magazine* 16 (December 1929): 428–29; (Jan. 1930): 506, 514, 516–7.

________. “The Strange Story of the Colorum Sect.” *Asia* 32 (1932): 450–54, 459–60.

Zaide, Gregorio F. *History of the Katipunan*. Manila: Loyal Press, 1939.

________. *The Philippine Revolution*. Rev. ed. Manila: Modern Book Co., 1968.